학교신경심리 |제2판|

학교현장의 신경심리학적 진단과

Daniel C. Miller 지음 | 이태강 옮김

Σ 시그마프레스

학교신경심리

학교현장의 신경심리학적 진단과 중재, 제2판

발행일 | 2018년 4월 5일 1쇄 발행

저　자 | Daniel C. Miller
역　자 | 이태강
발행인 | 강학경
발행처 | ㈜시그마프레스
디자인 | 송현주
편　집 | 문수진

등록번호 | 제10-2642호
주소 | 서울특별시 영등포구 양평로 22길 21 선유도코오롱디지털타워 A401~403호
전자우편 | sigma@spress.co.kr
홈페이지 | http://www.sigmapress.co.kr
전화 | (02)323-4845, (02)2062-5184~8
팩스 | (02)323-4197

ISBN | 979-11-6226-078-4

Essentials of School Neuropsychological Assessment,
Second Edition

* 책값은 뒤표지에 있습니다.
* 이 도서의 국립중앙도서관 출판예정도서목록(CIP)은 서지정보유통지원시스템 홈페이지(http://seoji.nl.go.kr)와 국가자료공동목록시스템(http://www.nl.go.kr/kolisnet)에서 이용하실 수 있습니다.(CIP제어번호 : CIP2018009670)

겉으로 표출되어 나타나는 인간의 행동과 뇌기능 간의 메커니즘을 연구하는 신경심리학적 학문 분야는 점점 더 과학적인 미래를 위해 우리가 관심을 두어야 할 중요한 분야다. 지금까지 신경심리 평가와 중재는 주로 임상장면에서 주의, 기억, 언어, 시공간능력, 관리 기능, 고등 인지, 운동, 심리적 적응과 성격, 직업-사회장면에서의 부적응 또는 기능적 뇌손상 부위의 판단과 치료 계획 및 개입을 위해 활용되어 왔다. 신경과학을 적용한 개인의 성격, 적성, 인지능력 평가에 대한 기본 개념은 인간의 인지, 행동, 정서행위 표출이 특정 영역의 뇌 활동들에 근거하기 때문이다. 뇌기능 손상 여부의 진단은 임상군에 대한 치료 계획을 세우기 위해 매우 중요하다. 마찬가지로 정상군의 사고 기능에 대한 강약점에 대한 개인차 정보는 효과적인 사후 계획을 위한 과학적 지침을 제공하고 있다.

학습이나 행동 및 정서장애에 대한 진단과 원인 확인의 중요성이 증가하면서, 해외의 많은 연구자들은 원인과 결과에 대한 인과관계를 증명할 수 있는 신경생물학에 기초한 연구들을 진행하여 왔다. 이러한 연구들은 그들의 학교 현장에 학교신경심리학적 진단과 중재에 관심을 갖도록 하였다. 이에 부응하여 신경심리학적 원리와 교육현장을 접목하는 노력들과 함께, 1990년대 이후 진로검사, 학습특성검사, 성격유형검사와 같은 진단도구들이 전반적으로 신경과학 기반으로 넘어가고 있는 현상들을 지켜보게 하였다.

학교신경심리학은 신경심리와 교육적 원리들을 통합하여 영·유아, 소아, 청소년들로 하여금 학교나 가정에서 일어나는 학습과 행동 및 정서에 대한 근거 있는 평가와 이를 기초로 치료 계획과 중재를 연결하는 것에 주된 관심을 둔다. 또한 학교신경심리학은 교육과정 개발, 교실 인테리어, 그리고 뇌와 행동원리를 기반으로 한 차별화된 최적의 학습환경을 제공하는 데도 큰 역할을 하고 있다.

생물학적 요인이 인간 행동에 영향을 미친다는 점에 대한 이해는 심리학이 시작되는 시점부터 지금까지 함께해 왔다. 최근 신경심리학적 이론들이 평가 도구에 적용되는 사례가 증가하고, 뇌 영상 기술의 기능적·구조적 발전, 학교환경에서 임상적 적용의 한계, 소아·청소년 사이에서 증가하고 있는 약물 복용과 이에 대한 잠재적인 부작용 위험, 외상성 뇌손상, 신경발달장애, 기질적 질병이 신경 인지에 영향을 끼친다는 점에 대한 이해가 증가하면서 신경심리학적 원리를 학교심리학의 실천과 교육적 환경에 적용하는 데 더욱 관심을 갖게 되었다.

국내에서도 최근 병원 임상장면에서 아동·청소년 학습에 관심을 갖는 새로운 소비자 층들의 전문적인 진단과 중재 욕구가 증가하면서 임상가들에게 신경과학 기반 전문성이 요구되고 있다. 신경심리 평가와 중재는 임상군의 학습장애, 행동 및 정서장애 영역을 평가하고, 정상군의 고유한 잠재 특성과 성격 특성 및 인지발달에 대한 개인차 이해와 근거 기반 처치들을 시행하는 데 반드시 필요한 과정이 되어 가고 있다. 현재 국내에서는 학교신경심리 분야가 아직 낯선 영역이지만 동시에 미래 교육을 위해 불가피하게 기다려 왔던 영역이기도 하다. 교육적 변화를 기대하는 교육자와 중재자들은 학습자들의 다양한 기능 결함과 행동문제에 대한 타당한 설명과 개선안에 대해 설명을 듣길 원한다.

새로운 패러다임의 학교신경심리학 태동과 함께 학교신경심리가 학교현장에 명료한 실증적인 근거들을 제공할 수 있기를 기대한다.

추천의 글

Daniel C. Miller의 학교신경심리 : 학교현장의 신경심리학적 진단과 중재는 와일리의 기초 시리즈(Essential Series)에 추가된 또 하나의 뛰어난 작품이다. 수년 동안 Alan과 Nadeen Kaufamn에 의해 디자인되고 편집된 우리의 기초 시리즈는 많은 특수 심리 분야의 정보를 보급하는 가치 있는 길의 역할을 해 왔다. 이 책들은 간결하고 잘 쓰여졌으며, 최신 정보를 담고 있는 실용적인 자원이다. 이 '작은' 책들의 크기는 작을 수 있지만 방대한 양의 정보가 통합되어 담겨 있다. 이 책들은 비교적 저렴하나 일상적인 업무에서 지속적으로 쓰이는 참고문헌들을 제공한다.

나의 경험을 돌아보았을 때 이렇게 읽기 쉬운 책을 쓴다는 것은 쉬운 일이 아니다. 원고 준비에 있어 절약은 경험의 법칙인데, 저자는 방대한 양의 정보를 통합하여 작은 표와 상자, 그리고 능률적인 장들로 정리해 놓았다. 이는 주제의 구성요소들에 대해 이야기함과 동시에 큰 그림을 잃지 않고 유지하고 있다. 기초 시리즈의 작가들은 공정하려고 노력하고, 주제를 객관적인 관점에서 다룰 줄 알며, 믿을 수 있는 증거에 기반하여 소개한다. 그들은 실용적이며 증거에 기반한 지침을 일상적인 실무에 빠르게 담아내기 위해 많은 노력을 한다. 나는 Miller가 제2판을 통하여 또 하나의 기초 시리즈 책을 제공하고 있어 매우 기쁘다.

1960년대와 1970년대에 학교심리학의 실무가 형성되기 시작한 시기에는, 현재와 비교해 뇌-행동의 상관관계에 대해 알려진 것이 많이 없었다. 특수교육이 필요한 아동들의 무료 공교육에 대한 권리를 보장하는 첫 번째 법안이 통과되었을 때 학교심리학 전문가들은 재빨리 모여야 했다. 연구자들은 뇌에 대해 알아내기 위해 막연한 과학기술과 씨름했다. 또 학교 심리학자들은 과학을 학교에서의 일상에 적용해야 하는 그들의 의무를 다하기 위해 고군분투했다. 그럼에도, 연구실과 학교라는 환경적 차이는 좀처럼 좁혀지지 않았다.

1980년대와 1990년대에 기술이 발전하면서 연구자들은 더욱 선명해진 매체와 정보 적용에 대한 자연스러운 향상을 통해 뇌의 처리과정에 대해 관찰할 수 있게 되었다. 난독증, 주의력결핍 과잉행동장애, 자폐증 등에 대한 조사 연구는 아동이 교실에서 보이는 행동들에 대한 물리적 과정을 이해할 수 있는 발판이 되어 주었다. 그 결과 명확한 신경과학 영상을 바탕으로 한 직접적인 치료 시도도 이루어졌다. Sally Shaywitz, Bob Schultz, Ami Klin, Peg Semrud-Clikeman, Erin Bigler와 같은 많은 저명한 연구자들은 연구실에서 찾은 결과들을 의료 실무에 직접적으로 적용하려는 영향력 있는 시도들을 해 왔다. 이론과 추측을 기반으로 했던 지난 해결방안들과 달리, 현재의 해결방안들은 신경가소성을 고무하는 명확한 시도들과 치료 교육에 대한 강도 모형의 모든 장점을 기반으로 한다. 이처럼 과학과 실무의 차이는 지속적으로 감소하고 있으며, 학교심리 전문가들은 쏟아져 나오는 새로운 정보들을 실무에 변환해 적용하는 역할의 중심에 서 있다.

이 책의 초판에서 우리는 "학교심리학계에 신경심리학적 평가 원리를 일상의 실무에 포함시키려는 움직임이 있다"고 하였다. 이 움직임은 이것이 알려져야 한다는 강한 반동력에서 비롯된 것이라기보다는 '현대 과학의 발전을 유지하려는 실무자들의 노력에 대한 반영'이다. 그리고 5년 후 자폐증, 외상성 뇌손상 그리고 특정학습장애의 신경심리적 관점에 대한 연구가 학교심리학 저널과 출판물에 자주 등장하는 것처럼 이 조용하고 중대한 움직임은 점점 힘을 실어가고 있다. 사실상, 학습장애 불일치 모형의 시대는 끝이 났고, 인지 강점과 약점이 어떻게 학습 기술과 관련이 있는지 알아내는 이론에 기반한 방법이 주목받고 있다. 후자의 경우 뇌-행동 상관관계에 대한 연구와, 신경과학적 지식을 학교에서 사용할 수 있는 개인적인 단계로 변환시키는 것에 대한 학교심리학계의 전념을 필요로 한다.

학교심리학자들은 어떻게 이를 따라갈 수 있을까? 오늘날의 작업환경에서 필요한 정보는 무엇인가? 신경심리학적 정보를 학교심리의 실무에 적용하는 이 조용한 움직임은 점차 확고해지고 있다. 학계의 지도자들은 교육의 필요성을 인지하여 학교심리 교육 프로그램의 커리큘럼에 신경해부학, 신경심리 평가, 상담, 그리고 의료적 교류활동의 능숙함 등을 포함시켜 강화하고 있다. 사실상 학교심리학 박사학위 프로그램에서 소아 신경심리학에 강한 역점을 두는 것은 흔한 일이 되었다.

학교신경심리학에 대한 흥미와 학교심리학 안의 신경심리학적 특수화에 대한 필요성은 여러 작가들로부터 이미 제안되었다. 하지만 이러한 특수화에 대한 자격 인정과 능숙도를 둘러싼 이슈들은 매우 복잡하다. 하지만 학교심리학자들이 깨어 있고 과학적 정보를 일상생활에 적용하는 것에 대한 윤리적 요구는 계속될 것이다. 이 책에서 찾아볼 수 있는 실무 지침을 암호화하고 표현하는 것에 대한 노력이 필요한 시점이 되었고, 학교심리학자들이 미래에 그들의 길을 찾을 수 있도록 이끌고 도와야 한다. 새로운 지식을 적용하기 전에 이에 대한 모든 이슈를 해결하는 것은 불가능하며, 그런 날은 오지 않는다. 결국 우리는 우리가 가진 모든 것을 동원하여 실제 일상생활에서 우리 아동들이 필요로 하는 것을 충족해주며 그들이 학업을 이어나갈 수 있게 도와야 한다. 이는 임상 현장, 병원 또는 재활센터가 아닌 대부분의 아동들이 조금씩의 문제를 가지고 일과를 지내며, 쉽게 학습과 사회 과제를 수행할 수 있는 실제 교실에서 이루어져야 한다.

이 책은 우리에게 신경심리학적 정보와 연구를 어떻게 임상 현장이 아닌 교실환경에서 사용할지에 대한 명확하고 간결한 지침을 제공한다. 제2판은 CHC 모형의 신경심리학적 원리에 대한 이론적인 적용이 더해졌으며, 이를 통해 학교 체계 안에 있는 교직원이 정보를 적용할 수 있길 바란다. 또 이 책은 즉각적인 실무 적용을 위해 만들어진 추가적인 정보도 제공한다. 임상학자들은 소아 · 청소년을 위한 신경심리학적 처리 과정 체크리스트(NPCC)를 즉각적으로 사용할 수 있다. 학교신경심리 보고서 샘플 또한 준비되어 있다. 저자는 또한 실용적인 모형 안에서 가장 적절한 도구의 사용을 장려하기 위해 수많은 새로운 검사와 평가 도구들도 소개하고 있다. 여러 가지로 제2판의 추가 구성은 풍부하며, 지난 5년간의 열정과 진보의 힘을 반영하고 있다.

이 책에 포함된 지침들은 초보적이지 않으며, 도리어 복잡하고 책임자가 완전히 이해하고 이를 일상의 실무에 적용하는 데 많은 노력을 필요로 한다. 저자는 공식적인 연수, 적절한 감독, 그리고 지속적인 교육에 대한 필요성을 강조한다. 또한 그의 글은 특별할 만큼의 능력, 열정, 소재에 대한 흥미로 가득 차 동기부여가 되기에 충분하다. 제2판은 초판과 마찬가지로 학교심리학자들의 서재에 환영받을 만하고, 매우 유용하게 사용될 것이다!

Elaine Fletcher-Janzen, EdD, NCSP, ABPdN

차례

제8장 시공간과 청각 인지 과정

제9장 학습과 기억 인지 처리 과정

제10장 실행 기능

제11장 주의력과 작업기억 촉진/억제

제12장 처리 과정 촉진/억제의 속도, 유창성, 그리고 효율성

제13장 획득된 지식 : 문화 변용 지식과 언어 능력

제14장 획득된 지식 : 학업 성취도

제 1 장

학교신경심리학 전문화의 출현

최근 학교신경심리학의 전문화에 대해 관심이 높아지고 있다. 아동기 학습이나 행동 장애가 신경생물학적으로 관련이 있고, 만성적 장애로 인해 학교생활에 지장을 받는 아이들이 늘어나고 있는 추세에 있다. 또한 학령기 아이들 사이에서 약물복용이 증가하고 있고, 많은 아이들이 심각한 행동 및 정서적 어려움을 겪고 있다는 점과, 학습장애를 가진 아이들에 대한 문제인식이 높아진 관심의 이유가 될 것이다. 이와 관련한 내용을 이 장에서 좀 더 자세히 다룰 것이다. 또한 학교 안에서의 신경심리학적 진단과 상담 제공의 필요성에 관하여 다룰 것이다. 학교신경심리학의 정의와 학교신경심리사의 역할 및 기능에 대해서도 논의할 것이며, 마지막으로 학교신경심리 주제와 관련된 연구들이 담긴 출판물과 논문들을 소개할 것이다.

학교신경심리학에 대한 관심이 늘어나고 있는 이유

신경심리학에 대한 관심이 늘어나고 있는 여러 가지 이유는 다음과 같다.

1. 아이들의 학습이나 행동장애에 대한 신경생물학적 근거와 관련된 연구가 활발하기 때문이다.

2. 아이들의 장애가 학교생활에 영향을 끼치는 경우가 늘고 있는 추세이다.

3. 아이들에게 처방되는 약물이 늘어나고 있다.

4. 심각한 학습 및 행동 문제를 가진 아이들의 발생률이 증가하고 있다.

5. 학습장애에 대한 진단과 원인 확인의 중요성이 증가하고 있기 때문이다.

이 이유들에 대해서는 더 자세하게 논의하게 될 것이다.

학습과 행동장애의 신경생물학적 근거에 관한 인식

인간 행동에 생물학적 근거가 있다는 주장은 심리학자들에게는 새로운 주제가 아니다. 그러나 이러한 주장은 현 시대의 학교심리학자들로 하여금 더욱 무게가 실리고 있다. 이와 관련된 경험이 많은 전문가들이나 심리학자들은 행동에는 언제나 생물학적 근거가 있다고 주장해 왔다. 사실, '선천성 vs. 후천성'에 관한 논쟁도 심리학계에서는 아주 오래된 이야기이다. B. F. 스키너나 존 B. 왓슨도 철저한 행동주의 심리학자들이었다. 그들은 오직 관찰 가능한 행동만이 인간 행동의 기본적 요소라고 믿었다. 그리고 오늘날 대부분의 실무자들이 주장하는 교육 중심의 평가는 이 행동주의 이론에 뿌리를 두고 있다.

그러나 1950년대 후반, 연구자들은 행동주의적 접근이 언어나 다른 지각 기능들처럼 복합적인 정신적 기능을 설명할 수 없다(Gazzaniga, Ivry, & Mangun, 2002, p. 21)는 것을 깨달았다. 이론적 범위의 정반대에는 조지 밀러, 노암 촘스키나 마이클 포스너 같은 인지심리학자들이 존재한다. 그들은 뇌의 기능이 인간 행동을 이해하는 데 필요하다고 주장하였다. 그리고 1970년대 초부터 오늘날까지, 인지심리학은 신경촬영기술의 발전을 통해 그 주장에 큰 힘을 실어왔다. 자기공명영상(Magnetic Resonance Imaging, MRI), 양전자방출단층촬영(Positron Emission Tomography, PET), 그리고 기능적 자기공명영상(functional MRI, fMRI) 등은 인지심리학자들에게 인식의 이론적 모델을 입증하기에 훌륭한 도구로 사용되고 있다.

신경심리학적 원리와 교육현장의 접목은 쉽지만은 않았다. 1970년대 이전부터 이 분야에 발을 담그고 있었던 전문가들은 Doman과 Delcato의 '미세 뇌기능장애' 아이들을 위한 지각운동 훈련을 기억할 것이다. 일리노이 심리언어 능력검사(Illinois Test of Psycholinguistic Abilities, ITPA)(S. Kirk, McCarthy, & W. Kirk, 1968)와 같은 실험 등이 그 예다. 이러한 접근들은 꽤나 타당성이 있지만 처치나 반응에 대한 효과, 지각운동의 결여, 또 언어적 결함에 대해서는 정확하게 설명해주지 못하고 있다. 이처럼 초기

의 신경심리학적 원리와 교육현장의 접목
이 어려워, 그동안 학교심리학은 행동주의
에 그 뿌리를 둘 수밖에 없었다(Hynd &
Reynolds, 2005). 오늘날 특정학습장애에
대한 기준은 현대 영향력 있는 학자들에 의
해 부적절한 1970년대 연구 결과와 의견이

기억하기

다수의 부모와 교육자들은 학교
심리학자로 하여금 특수교육을 위한 진단과 상
담보다는 왜 학생들이 학업 수준을 따라오지
못하는지, 사회적으로 올바르지 못한 행동을 하
는지에 대한 답을 얻고 싶어 한다.

여전히 반영되기도 하였다(Reschly, Hosp, & Schmied, 2003). 불행하게도, 이들은 지난
30년간 생물학적 근거가 대부분의 아동 장애에 영향을 미쳐 왔다는 것을 증명하는 실증
적인 연구가 있었다는 사실을 놓치는 것 같다.

　1970년대에 공법 94-142가 통과된 후, 연구자들은 학습과 행동장애가 신경생물학적
근거와 어떠한 관련이 있는지에 대해 활발하게 조사하였다(Obrzut & Hynd, 1996). 지
난 40년간 그들은 생물학적 근거가 행동과 관련이 있다는 상당한 증거들을 발견하였다.
주의력결핍 과잉행동장애(Attention Deficit Hyperactivity Disorder, ADHD)(Hale et al.,
2010 참조), 읽기장애, 문자언어장애, 수학장애, 전반적 발달장애, 자폐스펙트럼장애,
그리고 아스퍼거 증후군 등도 강력한 신경생물학적 증거가 있다. D. Miller(2010)의 연구
는 신경생물학이 대부분의 복합적인 아동
발달장애, 학습장애, 처리장애와 상관관계
가 있다는 것에 대해 설명한다. 이 뇌-행동
연구를 실전에 적용하고자 하는 학교심리
학자들은 신경심리학적 원리를 학습현장에
적용하는 것에 많은 관심을 쏟고 있다.

주의

연방법과 국가적 보고서에서 아동의 학
습 과정에서 개인의 인지 차이의 역할
대신 행동 기술에 대한 중요성이 증가하고 있다
는 것이 학교신경심리사들의 가장 큰 걱정거리
이다.

아동의 학교생활에 영향을 끼치는 의학적 상태 증가

이미 알려지거나 유사한 신경학적 질환에 의해 학교생활에 지장을 받고 있는 학생들의
수가 증가하고 있다. 불행하게도, 다수의 해당 학생들은 이 문제에 대해 교육적 도움을
거의 받지 못하는 것이 현실이다. 아무리 정확한 발달 이력도 조기발달 영향이나 의학적
질환, 또는 유전적 요인들이 제대로 반영되지 못하고 있다.

　신생아 중환자실을 걷는다고 생각해보자. 거기에 있는 대부분의 신생아들이 조산아,
또는 저체중아일 것이고, 손바닥 안에 들어갈 만큼 작은 아이일 수도 있다. 이 신생아들
은 생후 첫 수개월 동안 호흡기와 여러 의료 모니터들에 의존해 살아간다. 연구자들은

≡ 빠르게 찾기 1.1

의료 영향이 증가하고 있는 학교신경심리학

- 출생 시 외상을 입거나 질병을 앓는 아동은 이후에 학습 및 행동문제와 높은 관련성이 있다.
- 외상성 뇌손상을 겪은 소아 · 청소년들을 교육하는 것에 선생님들은 특별한 어려움을 겪고 있다.
- 아주 많은 아동들이 감정조절이나 행동장애로 인해 처방 약물을 복용하고 있다.
- 많은 연구 결과들이 천식, 당뇨, 심장질환같은 만성질환마저도 신경심리적 결손과 관련이 있다고 강조한다.
- 많은 연구 결과들이 임상치료는 자폐와 같은 신경적 장애를 치료하기에는 한계가 있다고 주장한다.

이러한 조기 요인들은 조산아/저체중아들이 학령기 또는 그 이후의 삶에 미치는 잠재적이고 부정적인 학업과 행동 결과에 대해 점점 관심을 보이고 있다.

지금까지 특수교육이 필요한 아동들의 기록을 보면, 출생 시의 외상이나 출생 위험요인들에 노출되었던 기록이 관련이 없지 않았다. 매년 발생하는 저체중아의 수가 눈에 띄게 줄고 있지는 않지만, 높아진 신생아 집중치료의 질은 저체중아들의 생존율을 높이는데 기여하였다. 저체중아 조산아가 높은 사망률을 보였던 가까운 과거에 비해, 더 많은 고위험군의 출생아들이 신경학적 손상을 입은 채 생존하게 된 것이다. 1980년대부터 2006년까지 미국의 조산아 비율은 1/3 이상 증가했으며, 이 상승 추세가 2007년과 2008년에 뒤바뀌었다. 2008년, Martin과 그 동료들은 전체 출생 중 12.3%를 조산아로 보고하였다. 빠르게 찾기 1.1에서는 조산아/저체중아 외에도 다른 의학적 문제에 대해 논의하고 있다.

출생아의 사망률이 높더라도(10만 명 중 741명, Miniño, 2011), 저체중아의 생존율은 관련 의료기술의 발전과 함께 나날이 높아지고 있다. 흥미롭게도, 조산의 실질적 원인에 대해서는 아직 확실히 밝혀지지 않은 상태이다. 분명한 위험인자(예 : 아프리카계 미국인, 낮은 사회경제적 지위, 약물남용, 저조한 산중 영양분 섭취 등)들은 어느 정도 밝혀진 데 반해, 그 원인에 대해서는 그 어떤 것도 확실히 밝혀진 것이 없다. 저체중 출생아들은 감각신경, 인지/신경심리적, 행동적, 그리고 학업적 어려움을 겪을 위험이 높다.

현대 의학은 암이나 에이즈, 탈수질환, 외상성 뇌손상과 더 많은 희귀 질환을 가진 아동들의 삶까지도 영향을 미치고 있다. 미국의 아동들 중 만성적 건강문제를 가진 아이들의 비율은 1994년 12.8%에서 2006년 26.6%로 증가하였다(Van Cleave, Gortmaker, &

Perrin, 2010). Kline, Silver, Russell(2001)에 의하면, 만성적 질환을 가진 아동 인구 중 30~40%의 아이들이 학교생활과 관련된 문제를 겪고 있다고 보고하였다. 이들 중 대부분의 아동들이 달리 분류되지 않은 보건장애인(OHI)으로 분류되어, 특수교육에 속하는 미국의 장애인교육법(Individuals With Disabilities Education Act, IDEA)의 보호를 받을 수 있는 대상이다. 건강문제와 그에 대한 치료 과정은 이차적인 학업과 행동문제를 초래할 수 있는데, 이것 또한 장애인교육법에 속하는 특수교육 대상자에 포함될 수 있다(예 : 특정학습장애, 심한 감정조절장애).

1990년대 초, 두부에 외상을 입은 아동은 물질적, 의학적 도움을 받을 수 있는 응급처치 병원에서 인지 재활이 가능한 재활원으로 이동하게 되었다(D. Miller, 2004). 오늘날에는 인지 재활원을 거치지 않고 육체적 건강이 회복되는 대로 학교로 돌아가는 경우가 대부분이다. 지난 10~15년간, 외상성 뇌손상(TBI)을 겪은 청소년들에게 인지 재활 서비스는 의료 서비스에 의해 감소해 왔다. 의료 서비스산업의 옹호를 위해, 인지 재활의 효능에 대한 논문을 찾기가 어려운 것이 현실이다(Slomine & Locascio, 2009). 외상성 뇌손상(TBI)이나 개방성 뇌손상(OHI)이 질병으로 분류된 지 오래되었지만, 학교는 여전히 그 질병들로 인해 고통 받고 있거나, 그 질병들로부터 회복하고 있거나, TBI를 포함한 심각한 만성적 질환을 가진 학생들을 배려한 교육 준비가 부족한 상황이다. 기타의 특수교육과 달리 TBI를 가진 소아·청소년들은 특수화된 치료와 관찰이 요구된다. 일정치 않은 뇌기능 회복 과정과 지속된 발달 변화로, TBI의 임상소견은 끊임없이 변화하며 지속적인 관찰이 필요하다. 3년 단위의 재평가가 이루어지는 다른 장애소견과 달리, TBI를 겪은 소아·청소년들의 학습, 행동, 적응, 사회정서적 기능은 지속적으로 관찰을 요한다(Morrison, 2010). 이 소아·청소년들의 학교와 의료생활, 전학과 재입학 계획, 또 사고 후 복학 등에 학교신경심리사들은 큰 역할을 할 수 있으며, 복학 후 개별화교육계획(IEP) 개발과 모니터링에도 도움이 된다.

약물을 복용하는 학령기 아동 수의 증가

향정신성 약물을 복용하는 학령기 아동의 수가 극적으로 증가하고 있다. Patel(2005)은 1996~2001년 사이의 오하이오, 텍사스, 캘리포니아 의료보험과 사립 의료시설의 청소년 항정신병 약물 사용 유병률을 연구하였다. 그 결과, 이례적인 항정신병 약물의 사용이 극적으로 증가함을 발견하였다(오하이오 병원 : 1,000명 중 1.4~13.1명, 텍사스 병원 : 2.5~14.9명, 캘리포니아 병원 : 0.3~6.2명, 관리의료시설 : 0.4~2.7명). 파괴적 행동장애가 항정신병 약물을 복용하는 이유 중 가장 높은 비중을 차지하였다. 다른 16개 주의 소아 · 청소년의 의료보험 항정신병 약물 사용을 연구한 결과, 2007년에 1.7%의 (보험이 적용된) 소아 · 청소년들이 항정신병 약물을 처방받았다. 이는 2004년에 비해 10%가 증가한 추세이다.

학령기 아동들의 약물복용과 관련한 또 다른 충격적인 사실은 많은 종류의 약물들이 부작용에 관한 주의 없이 무분별하게 처방되고 있다는 것이다. Zonfrillo, Penn, Leonard (2005)가 1994~2004년 사이에 출판된 소아 · 청소년의 정신치료를 목적으로 한 다수의 약물처방과 관련한 연구 자료들을 검토한 결과, 충분한 연구 근거가 없음에도 불구하고 아동들에게 처방되는 다수의 약물처방이 뚜렷하게 증가하고 있었다. Constantine, Boaz 와 Tandon(2010) 또한 2002~2007년 사이에도 비슷한 일이 벌어지고 있다는 것을 발견 하였다.

학교신경심리사들이 의료진이라고 할 수는 없다. 그러나 그들은 어떻게 항정신병 약 물이 학습과 행동에 방해가 되는지, 또 우울증, 불안감, 주의력 장애 등에 도움이 되는지 에 대한 정보를 학생들에게 제공할 수 있다. 인터넷에도 약의 상호작용과 부작용에 대한 정보는 얼마든지 있다. 다중약물요법의 장기적 부작용과 신경심리학적 영향에 대해서는 현재 연구 중이다.

학교 안에서 학습 및 행동적 문제의 증가

학교심리학자들에 의하면 최근 10~20년 전보다 심각한 행동, 사회정서적, 학업적 문제 를 가진 학생들의 수가 증가하였다고 한다. 이러한 의견을 뒷받침하는 증거들도 물론 존 재한다. 2000년도에 출판된 한 아동정신학회 논문에 의하면, 대략 600~900만 명의 미 국 소아 · 청소년들이 심각한 정서장애를 겪고 있다고 보고하였다. 이는 모든 아동의 9~13%에 해당하는 수이다. 그러나 안타깝게도 진단 가능한 정신질환을 가진 많은 아동 이 적절한 학업적 도움을 받지 못하고 있는 실정이다. 2001년에 발간된 같은 학회의 자 료에 의하면, 대략 70%의 치료가 필요한 소아 · 청소년들이 치료를 받지 못하고 있다. 아 이들이 겪고 있는 우울증, 불안증이나 ADHD 같은 대부분의 심각한 정서장애는 신경학 적인 문제가 원인이라고 밝혀졌거나 의심되고 있다. 그러나 정신적 문제(신경 손상의 원 인으로 추측되거나 밝혀진)가 있는 많은 학생들이 확인되지 않았거나, 확인이 되었더라 도 적절한 조치가 없는 상황이다.

교육실천 중 또 다른 주된 염려 중 하나는, 신경적 손상이 있는 소아 · 청소년의 정확하지 않은 진단과 배치이다. 신경적 손상이 있는 아동들은 때때로 정서장애나 학습장애를 가졌다고 오해를 받는다. 이런 오해로 인해 내려지는 학습 또는 행동문제들에 대한 해결책들은 신경 손상 문제에 대한 해결책이 되지 못한다. 이러한 진단오류나 분류오류는 아동들의 일생 동안 심각한 폐해를 불러올 수 있다. Lewis 등(1988)이 4개 주에서 수감된 14명의 청소년들의 포괄적인 정신의학적, 신경학적, 신경심리학적, 교육학적 평가를 해본 결과는 매우 우려할 만한 상태임을 확인하였다. 14명 중 9명의 청소년이 지속적인 신경 손상의 증상을 가지고 있었으며, 7명이 수감 전부터 정신병적 장애를 가지고 있었고, 7명은 신경심리검사 결과 심각한 뇌기능장애를 가지고 있었으며, 오직 2명의 청소년만이 90 이상의 IQ를 가지고 있었다.

예방적 차원이나 해결책의 관점에서 보면, 신경 손상을 입은 학생들이 적합한 교육을 받는 것은 당연하게 여겨진다. 아주 빈번하게, 교육자들은 오직 증상만을 치료할 뿐 근본적인 문제는 해결하지 못한다. 1990년부터 외상성 뇌손상(TBI)이 IDEA 법에 포함되었다 하더라도, 많은 교육자들과 학교심리학자들이 이들 학생들에게 필요한 도움을 주기에는 아직 제대로 준비가 되지 않은 상태다.

학교심리학자들은 또한 기타 질병 또는 학습과 행동 등에 영향을 끼칠 수 있는 약물을 복용하는 학생들을 위해 일을 한다. 교육 관련 법, 교육정책, 실천의 변화들이 학교신경심리학 출현에 미치는 영향들에 대해 논의하였다. 다음 절에서는 신경심리 진단이 학교에서 이루어져야 하는 이유에 대해 다뤄볼 것이다.

특정학습장애 아이들의 정보처리장애 여부의 중요성 증가

특정학습장애(Specific Learning Disability, SLD)를 가진 아이들에 대한 정보처리장애 여부의 중요성이 증가하고 있다. 가장 최근(2004년)의 장애인교육법(Individuals with Disabilities Act of 2004)에 의하면 특정학습장애는

> "완벽하지 못한 듣기, 생각하기, 말하기, 읽기, 쓰기, 산수, 철자 등을 통해 나타나는 말하기나 쓰기를 포함한 언어 사용에서 하나 이상의 심리적인 과정에 관여된 질병을 말한다. 이것은 지각장애, 뇌손상, 미세 뇌기능장애, 난독증과 발달성 실어증과 같은 상태를 포함하며" … "주로 시각적, 청각적, 운동적 장애나 지능적, 정서장애, 환경적·문화적·경제적 결핍" 등은 포함되지 않는다. (34 C.F.R. § 300.8(c)(10))

진단 전문가들로 하여금 지적장애나 지각적 한계를 특정학습장애의 요인으로부터 배제

함으로써 특정학습장애를 진단하는 전문가들은 왜 학습 지연이 일어나고 있는지 그 이유를 밝히고자 한다. 진단 전문가들(혹은 학교신경심리학자들)은 특정학습장애가 근본적으로 신경심리학적 결함에 있다는 것을 밝혀낼 여러 가지 독특한 도구를 활용할 것이다. 학교신경심리학자들은 더욱 정교한 실험 도구들로 특정학습장애 아동들의 신경인지적 강점과 약점을 반영해 명료한 표적점을 확인하고, 증거에 기초한 해결책으로 학습 개선효과를 가져올 것이다.

IDEA 2004는 연방주들로 하여금 특정학습장애에 대한 불일치모형의 식별 방식으로부터 벗어나도록 하였다. 특정학습장애 인지를 위한 입증된 접근법 중 하나는 특정학습장애의 근본적인 원인에 대한 강점과 약점을 진단해내는 것이다. 이 연방법의 변화와 함께, 많은 학교심리학자들을 포함한 진단 전문가들이 그들의 전문적 도구들을 강화할 필요성을 느낄 것이다. 학교심리학자들은 어떻게 신경심리적 원리와 그들의 전문적 실천을 융합할 것인지에 대해 훈련되어 있으며, 이는 특정학습장애 학생들의 강점과 약점을 평가하기에 적합하다.

학교에서 신경심리학적 진단의 필요성

왜 학교에서 신경심리학적 진단이 필요할까? 학교에서의 신경심리학적 진단의 접근성을 높여야 하는 이유는 다음을 포함한다.

1. 일반적인 치료 상황에서 소아의 신경심리학적 서비스의 접근성이 제한적이기 때문이다.
2. 몇몇 신경심리 보고서들은 그 실용성이 제한적이다.
3. 학교신경심리학적 증거에 기초한 해결방안을 찾는 데 큰 기여를 할 수 있다.

학교에서 신경심리학적 도움의 접근성

학교 안팎으로 신경심리학적 서비스에 대한 접근성은 종종 제한적인 편이다. 공급과 수요의 문제로 인해 학교가 아이들을 평가하기 위해 신경심리학자를 고용한다 하더라도 그 평가 서비스가 매우 비싸거나, 아주 오랜 시간을 기다려야만 한다. 게다가 신경심리학자들이 흔하지 않은 지방의 경우, 신경심리학적 도움에 대한 접근성은 더욱 어렵거나 불가능한 정도라고 볼 수 있다.

이상적으로는, 각 학교는 학생들에 대한 정보나 교육과 관련된 보고서를 작성하고 부모와 교육자들과 상담할 수 있는 소아전문 신경심리학자가 필요하다. 그러나 전국적으로 임상신경심리학자들이 소아전문 신경심리학자들보다 훨씬 많은 추세이다. 그러나 대부분의 임상신경심리학자들은 학령기의 아동들보다는 성인을 상대하도록 교육받아 왔다. 소아전문 신경심리학자들은 대부분 병원이나 재활환경에서 심각한 손상을 입은 아이들을 위주로 일하고 있기 때문에, 학교생활을 바탕으로 한 접근성이 많이 부족한 상태다. 따라서 학교에서 이루어지는 학령기 아동들을 대상으로 한 신경심리학적 서비스의 접근성은 많이 떨어지는 편이다.

신경심리학 보고서의 제한적인 유용성

선생님들이라면 IEP 미팅에서 학부모들이 가져온 신경심리 상담 보고서를 본 적이 있을 것이다. 너무나 빈번하게, 외부상담을 통해 가지고 온 신경심리 보고서는 진단적 결론이나 결과 데이터만 나열되어 있을 뿐 실질적으로 교육환경에서 적용할 수 있는 처방형 권고사항은 찾아보기 힘들다. 학자들은 이러한 보고서들이 문제만 지적할 뿐 치료 방안은 없는 보고서라고 꼬집는다. 이러한 경우, 이 값비싼 보고서들은 교육적으로 도움이 되지 못한 채 학생기록부 파일에 보관된다.

역사적으로 신경심리학자들은 임상심리학 박사학위 과정에서 양성되었다. 그들은 임상적 정신병리 평가 도구를 활용하도록 교육받았으나, 그 평가 도구들이나 치료 방안은 성인들에게 초점이 맞추어져 있다. 이 전문가들은 대부분 교육적인 IDEA, NCLB, 재활법 504조 및 학교 관련 기관과 익숙지 않다. Hurewitz와 Kerr(2011)는 "신경심리학자들이 처치나 학교 프로그램, 법적 분쟁과 같은 여러 가지 상황에 대한 보고서를 작성하는 역할을 하기 때문에 특수교육이 필요한 장애 아동들의 학교 프로그램 과정이나 고유의 소송절차에 익숙한 사람이어야 한다"(2011, p. 1058) 고 언급하였다. Fletcher-Janzen(2005)은 학교에서 일하는 신경심리학자들과 사설 기관에서 일하는 신경심리학자들을 비교하는 도표를 발표하였다. 학교신경심리학자들은 그들이 오랫동안 수집해 온 교육 이력, 다수의 평가 기회와 제시된 해결방안을 모니터링할 수 있다는 이점이 있었다. 비교적으로, 소아 신경심리학자들은 교육환경을 벗어난 곳에서 아주 잠깐 동안만(내원했을 시) 접촉하며, 아이들

기억하기

학교에서 시행하는 신경심리 서비스는 포괄적인 평가를 완성하는 것 그 이상의 의미가 있다. 증거에 기반한 해결책이 시행되고 있는지 감독하는 것은 매우 중요하다.

을 자연스러운 학교환경에서는 관찰할 수 없고, 그들이 제시한 치료 방안의 효과성에 대해서도 후속 관찰을 하는 데 어려움이 있었다.

또한 임상신경심리학자들은 DSM의 진단을 기반으로 한 임상 보고서들이 특수교육이 필요한 아이들에게 언제나 해당하는 것은 아니라는 점을 제대로 이해하지 못한다. 학교심리학과 소아 신경심리학을 포함한 임상신경심리학을 접목해 교육하는 것이 필요한 상황이다. 아이들에게 최선의 도움을 주기 위해, 임상신경심리학자들은 어떠한 진단과 교육적 해결책이 유용할지 공부해야만 한다(Hurewitz & Kerr, 2011). 신경심리학을 공부한 학교심리학자들은 상담 시 임상장면에서 신경심리학이 큰 역할을 한다는 것을 이해하고 학교에서 어떠한 도움을 줄 수 있을지에 대해 폭넓은 결정을 할 수 있어야 할 것이다.

신경심리학자들과 아동들의 알려지거나 의심되는 신경심리적 상태의 기록에 대한 접근성이 제한적이라는 사실을 기억해야 한다. 아이들과 직접적인 접근성을 가진 미국의 대략 35,000명의 학교심리학자들을 주목해보자. Miller(2004, 2007, 2010)는 학교에서 학교심리학자들이 지속적으로 사용하고 있는 인지, 기억, 학습 기능을 평가하는 검사들은 대체로 신경심리학적 이론에 강한 이론적 기초를 두고 있다고 지적하였다. 최소한, 이 테스트의 결과들을 적절하게 해석하기 위해서 모든 학교심리학자들은 그들의 신경심리학적 이론에 대한 지식을 증진시켜야 한다. 신경심리학적 이론을 실제 교육에 접목할 줄 아는 학교심리학자가 존재함으로써 생기는 이점은 모든 교육 활동의 결과가 학교와 아이들에게 실용적이라는 것이다. 그럼에도 불구하고, Miller(2004, 2007, 2010)에 의하면 아무리 학교신경심리학자가 통찰력 있는 보고서를 쓰고, 실용적이며 증거에 기초한 추천사항들을 제공하더라도, 그 추천사항들이 실질적으로 시행될지 여부는 불확실하다. 외부의 사설 상담기관이든 신경심리학 전문가인 내부의 학교신경심리학자든, 신경심리학자의 중요한 역할 중 하나는 그들의 상담 기술, 교육설계 지식, 또 프로그램 평가 기술을 통해 선생님들을 도와 교육적 추천사항들을 실질적으로 적용하는 것이다. 아무리 훌륭해도 이미 학생기록부 파일 속에 들어가 버려 적용되지 않고 있는 신경심리학적 평가들은 학교와 아동 모두에게 그 어떤 도움도 주지 못한다.

학교신경심리 평가의 독특한 기여

일반적으로 신경심리 평가는 심리학적 학습능력 평가나 심리학적 요소들을 아우르는 가장 포괄적인 도구이다. 개개인의 감각-운동 기능, 주의 과정, 학습과 기억력, 실행 기능 같은 신경인지적 요소들을 포함해 더욱 심층적으로 평가할 수 있다는 점이 학교신경심리 평가를 돋보이게 만든다.

신경심리 평가가 유용한 때는 다음과 같다.

- 아동들의 교육 성과에 불리하게 작용할 수 있는 처리 기능의 결여를 확인하거나, 아동의 학습 잠재력을 최대한으로 끌어올릴 수 있는 해결책이나 보상적 계획을 개발할 때
- 아동의 신경인지적 강점과 약점을 이용해 학교와 가정에서의 학습과 행동 방안에 대한 정보를 기술할 때
- 학습과 행동의 변화가 신경적 질병, 심리적 상태나 신경발달장애나 비신경적 상태와 관련이 있는지 알아낼 때
- 긴 시간에 걸쳐 아이들의 교육적 진척에 대해 모니터링할 때(외상성 뇌손상과 같은 심각한 신경심리적 손상을 겪은 아동인 경우 더욱더 모니터링이 필요함)
- 증거에 기초한 해결책의 성공률을 높이기 위한 포괄적인 평가 데이터를 제공할 때

학교에서 이행되는 학교신경심리 평가의 필요성에 대한 요약

학교 안에서 이루어지는 신경심리 서비스의 필요성을 기록한 문서는 많다. 그러나 발달과 관련된 문제들과 교육적 실천을 위한 규정을 제대로 이해하고 있는 신경심리학자를 만나는 것은 너무나 어렵다. 임상신경심리학자들이 작성한 보고서는 학교라는 환경에서는 유용하지 못한 경우가 많다. 이 보고서들은 길고 복잡하고 해당 아동에 대해 설명하기보다는 검사항목들에 대해 묘사하고 있으며, 거기에 명시된 추천사항들은 학교와 관련된 학습환경에서 실질적으로 적용할 수 없는 경우가 많다. 게다가 임상신경심리학자들은 그들이 제시한 해결방안에 대한 성공과 실패에 책임이 없는 위치에 있다. 그에 비해 학교심리학자들은 결과에 대한 직접적인 책임이 있으며, 해당 아동들과 일상을 함께하며 그들이 제시한 해결방안들의 성과를 지켜볼 수 있다. 학교심리학자는 신경심리학적 역량을 넓힘으로써 교육자와 아동, 그리고 그들의 가족을 위해 조력하기에 가장 이상적인 후보이다.

학교신경심리학의 정의

Miller와 그의 동료들은 학교신경심리학을 다음과 같이 정의하였다.

> 학교신경심리학은 신경심리와 교육적 원리들을 통합해 영·유아, 소아, 청소년들의 학교나 가정에서 일어나는 학습과 행동에 대한 평가와 개입 과정이 용이하도록 하는 것이다. 또한 학교신경심리학자들은 교육 과정 개발, 교실 인테리어 디자인, 그리고 뇌-행동 원리를 기반으로 한 차별화된 지시사항들을 통합해 모든 학생에게 최적의 학습환경을 제공하는 데 큰 역할을 하고 있다(D. Miller, DeFina, & Lang, 2004).

이 정의가 의미하는 바에 대해 논의하기 위해, 우리는 이 정의가 가지고 있는 여러 요소를 분석하여 해석해볼 필요가 있다.

"학교신경심리학은 신경심리와 교육적 원리들을 통합해…" 교육적, 신경심리학적 기초의 혼합은 학교신경심리학자들에게 있어 가장 기본적인 지식의 바탕이 된다.

학교신경심리학은 "영·유아, 소아, 청소년들의" 평가와 진단만으로 제한되어 있지 않다. 근거 있는 평가를 기초로 치료 계획과 연결하는 것은 학교심리학과 학교신경심리학의 중요한 초점이다. 또한 학교신경심리학자들은 영·유아와 학령기 아동에 맞춰 일할 수 있도록 양성되었다.

"학교나 가정에서 일어나는 학습과 행동에 … 용이하도록 하는 것이다." 학교신경심리학자들은 소아·청소년들의 학교와 집 등의 실질적인 생활 반경에서 일한다. 학습과 행동의 문제는 방과 후 학교와 함께 끝나는 것이 아니다. 가족들의 관심과 참여가 아동의 긍정적인 행동과 학습 변화에 있어 아주 중요한 역할을 한다.

"또한 학교신경심리학자들은 교육 과정 개발, 교실 인테리어 디자인, 그리고 뇌-행동 원리를 기반으로 한 차별화된 지시사항들을 통합해 모든 학생에게 최적의 학습환경을 제공하는 데 큰 역할을 하고 있다." 학교심리학자와 학교신경심리학자들은 학습환경, 구조 설계, 교육편성의 개발과 연구에 기초한 세분화된 평가와 치료 계획을 제시하는 데 도움을 줄 수 있다. 이에 학교신경심리학자들은 뇌연구의 원리를 바탕으로 한 교육환경 증진에도 큰 역할을 한다.

학교신경심리학자들의 역할과 기능

George Hynd(1981)는 학교심리학자임과 동시에, 가장 먼저 학교심리학자들이 임상신경심리학을 박사학위 과정으로 공부해야 한다고 주장한 인물이다. Hynd는 신경심리학을 박사학위 과정으로 공부한 학교심리학자들은 다음과 같다고 이야기하였다.

- 신경심리학적 평가의 결과물들을 해석하고 해결책 수립을 고안한다.
- 치료 교육을 위해, 과학적인 지식을 바탕으로 적합한 해결책과 참고사항들을 제안한다.
- 어떠한 교육적 접근이 신경심리학적 성장을 잘 반영한 교육인지에 대해 교육 과정 전문가들과 자문상담을 한다.
- 의료 커뮤니티와 연결고리 역할을 함으로써, 제시된 해결방안들이 의학적으로도 조율되고 고려되게 한다.
- 재직 중에 있는 교육자들과 학부모를 포함하여 신경심리학적 성장과 학습에 대해 인지할 수 있도록 워크숍 등을 개최한다.
- 신경심리학의 기초나 이미 응용되고 있는 신경심리학을 바탕으로 한 해결방안들과, 학교에서 이루어지고 있는 상담의 효과성을 조사한다.

최근 Crespi와 Cooke(2003, pp. 98-99)는 Hynd의 목록에 더해 신경심리학을 공부하는 것은 다음과 같다고 하였다.

- 교사와 부모 사이의 교육/상담을 가능하게 한다.
- 신경심리학적으로 고려된 특수교육을 선택하는 데 도움이 된다.
- 신경심리적 도움을 받을 수 있는 기관을 찾을 수 있도록 도움을 준다.
- 아동의 발달장애가 행동 또는 학습에 병리적 요인이 될 수 있다고 주장하는 신경심리학적 학술 자료들을 해석할 수 있는 능력이 증가한다.
- 지나치게 단순화되고 정확하지 않은 관점에서 벗어날 수 있다(예 : 한 가지 심리학적 판단만으로 뇌의 기능과 기능장애를 국한하는 오류).
- 구체적인 결과나 추천사항들에 대한 의미를 설명해줌으로써 임상신경심리학자와 학교심리학자들 사이에 연결고리 역할을 이행할 수 있다.
- 쉽게 추론할 수 없는 다차원적이고 복잡한 뇌의 가치에 대한 이론적 체계를 제공할 수 있다.

요약

생물학적 요인이 행동에 영향을 미친다는 점에 대한 이해는 심리학이 시작되는 순간부터 함께 한다. 신경심리학적 원리를 학교심리학 현장과 교육적 환경에 적용하고자 하는 관심이 높아지고 있다. 이는 다음과 같은 여러 가지 요소의 직접적인 결과가 된다.

- 소아/아동 신경심리학 연구의 성장
- 신경심리학적 이론들이 평가 도구에 적용되는 사례 증가
- 뇌 영상 기술의 기능적 · 구조적 발전
- 학교환경에서 임상적 적용의 한계
- 소아 · 청소년 사이에서 증가하고 있는 약물복용과 이에 대한 잠재적인 부작용 위험 (특히 인지적인 부분에 대한 부작용)
- 외상성 뇌손상, 신경발달장애, 만성적 질병이 신경인지적 건강에 영향을 끼친다는 점에 대한 이해 증가

학교신경심리학에 대한 관심은 확산되어 가고 있는데, 이는 학교심리학자들이 신경발달장애를 가졌거나 이로 의심되는 학생들과 매일 시간을 보내고 있기 때문이다. 근거에 기초한 해결방안의 계획, 시행 및 그 효과에 대해 모니터링하는 것이 얼마나 중요한지에 대한 과학적 인식이 강조되고 있어, 학교심리학자들은 가장 효과적인 평가와 해결방안을 빠른 시간 내에 제공해야 한다는 부담감을 갖고 있다. 학교심리학자와 교육자들은 일반적 신경발달장애가 신경심리학적 원인과 관계가 있다는 것을 알고, 가장 효과적인 처방을 제시하고 모니터링해야 한다. 지난 20년간은 학교심리학자들에게 있어 아주 흥미로운 시간이었다. 그들은 신경심리학에 대해 더 많은 지식들을 쌓았고, 이 지식들을 학생들과 가족들 그리고 교육자들에게 어떻게 적용시켰을 때 도움이 될 수 있을지를 고려하였다. 오늘날 학교심리학자들은 예전보다 훨씬 나아진 심리측정 평가 도구들을 가지고 있다. 또한 학교심리학을 원리로 한 학교신경심리학의 출현으로 가장 효율적인 평가 데이터와 처방된 해결방안들에 대한 연구가 활발해지고 있다.

학교신경심리학은 임상신경심리학과 학교심리학에 그 역사적 기초를 단단히 뿌리내리고 있다. 이 역사적 사실들이 어떻게 학교신경심리학의 전문화에 대한 출현에 영향을 끼쳤는지 다음 장에서 논의할 것이다.

자기점검

1. 1970년대 연구자들이 학습장애와 행동장애의 신경생물학적 기반을 조사하기 위해 사용하던 문서는 무엇인가?

   a. 아동낙오방지법

   b. Doman Delcato의 지각 운동 훈련

   c. 공법 94-142의 구절

   d. 일리노이 심리언어학 능력검사(ITPA)

2. 참인가 거짓인가? 분만 외상과 질병으로부터 살아남은 많은 아동이 후의 학습적 또는 행동적 문제를 보이는 것과 연관이 있다.

3. 다음 용어 중 아동이 약물 상호작용 부작용을 제대로 고려하지 않은 채 여러 약물을 복용하는 것을 뜻하는 단어는 무엇인가?

   a. 다중약물요법   b. 약물남용

   c. 결합약물치료   d. 복합약물요법

4. 외상성 두부 손상이 IDEA에 포함된 해는 언제인가?

   a. 1976년   b. 1990년

   c. 1997년   d. 2004년

5. 임상신경심리학에서 학교심리학 박사과정을 수련해야 한다고 주장한 첫 번째 학교심리학자는 누구인가?

   a. Alfred Binet   b. Cecil Reynolds

   c. David Wechsler   d. George Hynd

6. 참인가 거짓인가? 학교신경심리학의 주요 역할은 학업 성취, 발달 보충, 그리고 보상 전략에 부정적인 영향을 줄 수 있는 아동의 처리 과정 결핍을 확인하여 해당 아동의 학습 잠재력을 최대한으로 하는 데 있다.

7. 다음 중 학교신경심리학자의 일반적인 역할이 아닌 것은 무엇인가?

   a. 학습 실천에 최신의 뇌 연구를 통합시키도록 시도한다.

   b. 개인적 차이에 대해 고려하지 않고 CBM 측정을 시행한다.

   c. 신경심리학적 또는 학습적 연구자료를 기반으로 한 학습적 해결방안을 제공한다.

   d. 학교와 의료 커뮤니티 사이에 연결고리 역할로서 외상성 뇌손상과 기타 장애를 가진 소아 · 청소년의 전환계획을 세운다.

답 : 1. c 2. 참 3. a 4. b 5. d 6. 참 7. b

제 2 장

임상신경심리학과 학교심리학의 **역사적 영향**

이 장에서는 임상신경심리학과 학교심리학이 어떻게 교육정책/법과 마찬가지로 학교신경심리학의 전문화에 큰 영향을 끼쳤는지에 대해 초점을 맞추고자 한다. 또한 학교신경심리학의 발전에 큰 기여를 했던 주요한 역사적 사건들과 대표적인 출판물들에 대해 다룰 것이다.

임상신경심리학과 학교심리학의 역사적 영향

최근 일어나고 있는 학교신경심리학의 전문화에 대해 이해하려면, 우리는 성인 임상신경심리학, 소아 신경심리학, 학교심리학과 일반적 교육의 영향에 대해 검토해보아야 한다. 여러 학자들은 성인 임상신경심리학의 역사에 대해 연구해 왔다. Rourke에 의하면 임상신경심리학의 세 가지 역사적 단계는 (1) 단일 검사 단계, (2) 종합검사/병변 세부화 단계, (3) 기능적 관심 단계이다. 이어, Rourke는 지금의 신경심리학적 트렌드를 통합(integrative)과 예측(predictive)의 단계라고 한다. 이 단계들에 대해 이 장에서 자세히 이야기할 것이다.

단일 검사로 접근하는 단계

현대 성인 임상신경심리학은 뇌기능의 국부화(localization)를 연구한 19세기 중반 연구들에 그 기원을 두고 있다. 브로카나 베르니케 영역처럼 뇌기능 국부화에 대한 관심이 높았던 19세기 중반의 연구자들과 달리, 초기의 미국 임상신경심리학은 전체적인 뇌기능과 장애에 대해 집중하였다.

이 단일 검사는 1900~1950년대까지 성인 임상신경심리 현장의 전반적인 접근법이었다. 이 기간 동안 전문가들의 한 가지 목표는 단일 수치를 이용해 뇌에 손상을 입은 환자들을 다른 집단들로부터 구별해내는 것이었다. 벤더 시각-운동 게슈탈트 검사나 벤턴 시각기억 검사, 혹은 디자인에 대한 기억력 테스트 같은 단일 검사 접근법을 통해 그 당시의 전문가들은 전체적인 '장기(organicity)의 특징'이나 뇌장애의 징후를 찾는 것에 집중하였다.

단일 검사 접근법은 케이크를 굽는 예로 비유할 수 있다. 케이크를 구울 때, 그 속이 다 익었는지 알기 위해 긴 막대나 이쑤시개로 케이크의 가운데를 찔러본다. 케이크의 가운데를 한 번 찔러봄으로써 케이크의 전체적인 상태를 유추할 수 있기 때문이다. 이쑤시개가 깨끗하게 나온다면, 케이크의 나머지 부분도 잘 익었다고 추측할 수 있다. 이 이쑤시개를 이용한 '단일 실험'은 매우 유용하다.

그러나, 만약 그 케이크가 뇌라는 장기라고 개념화해보면, 이 단일 실험만으로는 전체적인 뇌기능을 절대 일반화할 수 없다. 예를 들어 한 아이가 벤더 시각-운동 게슈탈트 검사에서 나쁜 점수를 받았다고 해보자. 이 결과는 어떠한 특질을 나타내거나 전체적인 뇌기능의 지표라기보다는 여러 가지 요인으로 인해 만들어졌다고 볼 수 있다. 만약 벤더 시각-운동 게슈탈트 검사에서 나쁜 점수가 나왔다면 이는 시각-운동 부조화, 운동 기능 부족, 시공간 기능 부족, 동기부여의 부족이나 소근육 운동의 부족 등이 그 이유인 경우가 많다. 오늘날의 학교 심리 현장에도 몇몇 전문가들은 단일 검사를 통해 어떠한 특질의 징후에 대해 평가하기도 한다. 그러나 이 접근법은 뇌손상 아동과 비뇌손상 아동을 구별해내는 데 충분한 타당성을 갖추고 있지 않다.

종합검사/병변 세부화 단계

신경심리학적 측정 도구가 정교해짐에 따라, 임상가와 연구자들은 같은 구성으로부터 다수의 샘플을 얻는 것이 뇌의 특질이나 장애에 대해 더 나은 측정치를 얻을 수 있다는 것을 깨달았다. 다시 케이크에 비유하자면, 케이크가 어떤 특질들의 구성물이라면, 그

구성물이 잘 측정되기 위해서는 여러 '위치'에서 샘플이 측정되는 것이 더 나을 것이다. 이를테면 시공간적 기능, 집행 기능, 주의력, 기억과 학습의 기능같이 인지 과정을 측정하는 것을 말한다. 여러 가지 신경심리학적 구성물들을 측정하는 종합검사는 단일 검사만으로 신경심리학적 장애에 대한 판단을 내리는 것은 적절하지 않다는 걱정을 완화하기 위해 개발된 것이다.

1940년대에 일어난 제2차 세계대전은 임상신경심리학이 재구성되는 데 큰 역할을 하였다. 전쟁으로 하여금 많은 군인들이 심각한 뇌진탕이나 머리가 관통되는 부상을 당하였다(Hartlage, Asken, & Hornsby, 1987). 이 시기에 임상심리학 분야 또한 전문화되기 시작했으며 전문가들에게 이들 뇌손상 환자들은 연구하고 평가할 수 있는 대상이 되어 주었다. 1940년대부터 1970년대까지, 여러 주된 신경심리학적 종합검사는 임상가들에 의해 널리 사용되며 발전해 왔다. 이 시기 동안의 임상신경심리학자들의 원칙적 역할은 이 종합검사를 통해 뇌장애의 원인을 밝혀내는 것이었다. Ward Halstead, Ralph Reitan, Alexander Luria, Edith Kaplan과 같은 학자들의 기여에 대해서는 다음 절에서 다룰 것이다.

Halstead와 Reitan의 임상신경심리학에 대한 기여

Ward Halstead는 유명한 학자임과 동시에 전문가였다. 그가 발간한 1947년도 논문에서 수백 명의 전두엽 손상을 입은 환자들에 대한 관찰이 다루어진다. Halstead의 평가 접근은 대부분 반이론적이고, 뇌손상 환자들이 정상적인 사람들과 얼마나 다른지 구별해내는 것에 중점을 두고 설계되었다.

Halstead의 학생이었던 Ralph Reitan은 Halstead의 신경심리 종합검사를 확대시켜 뇌의 편측화 기능장애, 편측화된 운동 결여, 측두엽 손상, 추상능력, 실어증과 감각운동 기능 등을 측정하는 데도 사용되게 하였다. Halstead-Reitan의 신경심리 종합검사(HRNTB)는 성인의 임상신경심리 치료에 널리 사용되었다.

성인용 HRNTB의 규준은 지금도 새롭게 업데이트되고 있으며, 오늘날 성인들을 위한 임상에서도 여전히 활용되고 있다. 그러나 HRNTB가 종합검사로 활용되고 있음에도 불구하고, 초기에 활용되었던 단일 검사 접근이 여전히 남아 있다. 예를 들어 Halstead-Reitan의 실어증 검사에서, 한 가지 실험만 실패해도 해당 아동은 난독증으로 평가되곤 하는데 이는 매우 미심쩍은 결과임에 틀림없다. 부정적 결과들은 단지 신경심리학적 문제라기보다는 다방면에 원인이 있을 확률이 높기 때문이다.

Luria의 임상신경심리학에 대한 기여

Alexander Luria는 러시아의 신경심리학자였다. 그는 40년 넘는 시간 동안 성인에게 뇌 손상이 어떠한 심리학적 · 행동적 영향을 미치는지에 대해 연구하였다. 비록 Luria와 Halstead는 동시대 사람이었지만, 그들의 뇌-행동 관계에 대한 이해는 매우 달랐다. Halstead가 뇌손상을 입은 사람들에 대한 변별을 양적으로 접근하였다면, Luria는 환자의 오류적 패턴에 대한 질적인 관찰을 아주 중요하게 생각하였다. 그는 그의 이론적 · 임상 적 관찰을 두 권의 영향력 있는 책 *Higher Cortical Functions in Man*(Luria, 1973, 1980)과 *The Working Brain*(Luria, 1966)에 서술하였다.

　Luria는 상세한 임상적 통찰력과 비공식적 가설검증에 의존하는 방식을 사용하였다. 미국의 임상의들은 Luria의 접근법에 대해 의혹을 갖기도 했는데 이는 그의 방법이 그들 에게 익숙한 표준화된 절차나 정신 측정적인 도구를 사용하지 않았기 때문이다. Luria의 제자였던 Lise Christensen은 1960년대 들어 Luria의 연구물들을 표준화하였다. 1970년 대에 영문 버전의 시험이 Charles Golden, Thomas Hammeke와 Arnold Purish라는 네브 래스카의 신경심리학자들에 의해 표준화되었다. Golden과 그의 동료들은 Luria의 실험 을 신경학적으로 손상된 성인들과 손상되지 않은 성인 모두를 대상으로 적용했다. 그리 고 판별분석을 이용해 정상인을 뇌손상 환자들로부터 구별해냈다. 그들의 연구는 Luria-Nebraska 신경심리학적 종합검사(LNNB; Golden, Hammeke, & Purish, 1978)의 첫 번째 버전을 탄생시켰다.

Kaplan과 그의 동료들의 임상신경심리에 대한 기여

1960년대와 1970년대, 보스턴 지역의 임상의들과 연구자들은 임상 집단을 대상으로 인 지과정의 다양성을 조사하였다. 이 조사는 HRNTB나 LNNB를 사용하지 않는 대신, 여 러 질문에 답할 수 있도록 만들어진 유연한 종합검사로 이루어졌다. 이러한 접근은 1986 년 보스턴 과정 접근법(Boston Process Approach)으로 알려졌는데, 이후 *Boston Hypothesis Testing Approach*라고 불리고 있다(Semrud-Clikeman & Teeter-Ellison, 2009). 이 신경심 리학적 평가의 기본적인 원리는 이 실험에서 얻게 되는 점수보다는 실험의 대상자가 어 떤 방식으로 답에 다다르게 되는지를 파악하는 것이다. 이 질적인 행동에 중요성을 둔 가설검증은 Luria의 임상 방법과 비슷한 면이 있지만, 보스턴 과정 접근법은 표준화된 검 증법을 사용한다.

　'한계를 시험하는 것'은 보스턴 과정 접근법의 특징인데, 이에 대한 원리는 개개인이 가지고 있는 한계를 뛰어넘는 질문을 하거나 질문을 수정하는 데 있다. Kaplan은 이러한 평가 접근법에 대한 가장 큰 지지자 중 한 사람이었다. 여러 '과정에 중점을 둔' 접근법들은 이 임상가와 연구자들에게 지지를 받았으며, 이는 오늘날 평가 기술의 일부분이 되었다.

아동들을 위한 초기의 신경심리학적 종합검사

1990년대 말, 성인 임상신경심리 평가 접근법이 고리타분한 종합검사 평가로부터 보다 유연한 종합검사로 바뀌어 갈 때, 소아 신경심리에서는 여전히 평가 도구 선택의 폭이 좁았다. 이제 소아 신경심리와 이것이 학교신경심리학에 미친 영향에 대해 알아보자.

아동을 위한 최초의 신경심리학적 종합검사. 1960년대에 소아 신경심리학이 임상신경심리학의 세분화된 분야로 출현하였다. 초기의 아동을 위한 대부분의 신경심리학적 종합검사는 성인을 위한 종합검사의 하위 버전일 뿐이었다. Ernhart, Graham, Eichman(1963)은 뇌손상을 입은 아이들의 발달과 결과를 평가하기 위해 처음으로 종합검사를 적용한 인물들이다. 이들은 뇌손상을 입은 아이들이 다방면의 언어적 · 개념적 · 지각적 결여를 겪고 있다는 것을 알아냈다. 뇌손상을 입은 아이들을 구분해내는 것에 대해, 그 어떤 단일 검사도 종합검사를 사용하는 것만큼 만족할 만한 결과를 보이지 않았다. 이는 다방면의 측정이 행동만으로 판단하는 단일 검사보다 뇌의 기능/장애를 구별해내는 데 더 적합하다는 주장과 일맥상통한다.

Halstead-Reitan의 아동을 위한 실험. 1970년대에 성인을 위한 HRNTB의 하위 버전이 9~14세 아동에 맞추어 개발되었다. 이 시험은 Halstead-Reitan의 아동을 위한 신경심리학적 종합검사(Halstead-Reitan Neuropsychological Test Battery for Older Children, HRNTB-OC)라고 불렸다.

5~8세 아동을 위한 버전도 개발되었는데, 이는 Reitan-Indiana의 신경심리학적 종합검사(Reitan-Indiana Neuropsychological Test Battery, RINTB)였다. 몇몇 학자들은 Halstead-Reitan의 아동을 위한 검사는 주의사항을 숙지하고 적용해야 한다고 주장하였다. HRNTB-OC나 RINTB는 다음과 같은 우려가 있다—충분치 않은 표준치, 지능의 공분산, 아동들의 정신질환과 신경학적 상태를 제대로 구분해내지 못한다는 점, 국부화된 장애를 검사하지 못하거나 뇌손상 이후 회복에 대한 추측이 불가능하다는 점 등.

HRNTB-OC와 RINTB의 규준자료가 여러 연구자의 초기 연구에 참고되었지만, 전문가들은 40년이 넘게 지난 원본의 Halstead-Reitan 검사를 사용하기보다 Dean-Woodcock 의 신경심리학적 종합검사(Dean-Woodcock Neuropsychological Battery, DWSMB) 사용을 권장받고 있다. DWSMB는 Halstead-Reitan 검사와 많은 면에서 비슷한데, 이 검사는 전국 표본을 대상으로 재표준화하였기 때문이다. DWSMB에 대해서는 나중에 다시 설명하게 될 것이다.

Luria-Nebraska 신경심리학적 종합검사 : 아동용. 1978년 성인용 Luria-Nebraska 신경심리학적 종합검사가 소개되었을때, Golden과 그의 동료들은 아동용 개정도 시작하였다. 1986년 성인용 종합검사가 개정되어 출판될 때, Luria-Nebraska 신경심리학적 종합검사 : 아동용(LNNB-CR)이 분리되어 출판되었다. LNNB-CR은 8~12세 아동의 신경심리학적 과정을 진단하기 위해 폭넓은 기능들을 평가하도록 설계되었다. Golden과 그의 동료들은 1980년대 중반부터 1990년대 중반까지 거의 10년에 걸친 시간을 LNNB-III를 위해 투자하였다. LNNB-III는 아동과 성인을 통합하는 검사지만 출판으로 이어지지는 않았다. 그러므로 LNNB-CR을 사용하는 전문가들은 1980년대에 표준화된 샘플을 여전히 사용하고 있는 셈이다. 어떤 논문에서는 LNNB-CR이 학습장애(LD)와 비학습장애(non-LD)를 구분하는 데 유용하다고 했으나, 이 검사가 비임상 집단에서 나타날 수 있는 신경적 손상을 가진 아동들의 구분에 대해 효과적인지는 충분한 연구가 이루어지지 않았다.

Halstead-Reitan과 Luria-Nebraska 검사의 가장 큰 문제는 개념적으로 두 검사 모두 성인용의 하위 버전으로 만들어졌다는 것이다. 아동을 작은 성인이라고 여기는 데서 출발한 이러한 초기의 종합검사들은 아동기의 발달적 다양성을 충분히 반영하지 못한다.

요약하면, 종합검사/병변 세부화 단계에서는 종합검사들을 통해 다방면의 신경심리학적 측정을 개발하는 데 초점을 두었다. 이 검사들은 종합적으로 볼 때 뇌기능장애를 예측하기에 유용하였다. 그러나 고리타분하고 고정된 종합검사 접근법은 제한적이다. 이 검사들은 뇌기능과 기능장애의 총체적 지표로 사용될 수 있지만, 해결방안을 제시하는 발판으로 쓰이기에는 부족하다. 진단을 넘어선 해결방안을 처방하기 위한 평가의 필요성으로 임상신경심리학자들은 다음의 단계로 나아간다. 이 단계는 기능적 관심(functional profile) 단계이다.

기능적 관심 단계

Rourke(1982)는 임상신경심리학의 역사 중 초기의 두 단계(단일 검사 접근법과 종합검사/병변 세부화 단계)를 고정된 단계라고 하였다. 1970년대 후반에 세 가지 요인이 신경심리학 진화에 영향을 끼쳤다.

1. 소아 신경심리학자들이 하위 버전의 성인용 검사를 아동에게 적용하는 것에 대해 의문을 갖기 시작한 점
2. 대부분의 신경심리학자들이 국부적 뇌병변을 밝히는 신경심리학적 종합검사에 대한 타당성에 의문을 갖기 시작한 점
3. 뇌병변을 추측할 수 있는 비침투적 신경진단 기술(예 : CAT, MRI, PET scan 등)이 발전함으로써 신경심리학적 검사들을 대체하기 시작하였다는 점

신경 촬영 기술이 진화함과 동시에, 신경심리학자들은 더이상 뇌기능장애의 국부화를 위해 종합검사를 할 필요가 없게 되었다. CAT와 MRI는 뇌의 구조를 아주 상세히 보여 주었고, 초기의 PET는 뇌의 구조적·기능적 정보를 제공하였다. 이 시기에 뇌 국부화에 관심을 갖던 신경심리학자들은 개인의 강점과 약점에 대한 기능적 정보를 수집하는 일에 더 집중했고, 신경심리학자들의 목표는 손상된 기능과 손상되지 않은 기능을 구분하는 것이 되었다.

Rourke(1982)는 이러한 기능적 관심 단계를 인지 단계라고 하였다. 그는 기능적 관심 단계는 인지심리학의 원리를 신경심리학적 현장에 옮기는 것이라고 하였다. 종합검사를 통해 의심되는 병변의 유무를 판단하던 초기의 단계들과 달리, 1980년대 이후의 신경심리학자들은 개개인의 포괄적인 인지 과정 평가를 할 수 있게 되었다.

임상신경심리학의 고정된 종합검사/뇌 국부화 단계, 기능적 관심과 최근 학교심리학의 특정학습장애(SLD) 식별에는 유사성이 있다. 빠르기 찾기 2.1에서는 그 유사성에 대해 나열한다. 종합검사 단계에서의 평가 도구들은 임상신경심리사들은 임상가보다는 기술자로 여겨졌다. 이때의 검사 결과는 뇌기능장애의 유무를 나타내므로 그 기준이 명확하였다. 1980~2000년대 사이의 학교심리학자들은 특정학습장애 여부를 종합적으로 판단하기 위해 종합검사를 사용하였다. 그러나 신경심리계가 개개인의 강점과 약점을 평가하고 그 정보를 기반으로 한 해결책을 찾는 기능적 평가에 대한 중요성을 강조하게 되었을 때, 신경심리학자들에게 이 새로운 개념을 반영한 새로운 평가 도구가 없어 곤란한 경우가 빈번해졌다.

기억하기

최근의 교육법 변화로 인해 학교심리학자들은 인지심리학의 원리와 신경심리학의 접목을 통해 학교심리학의 실천에 '심리학'의 의미를 다시 불어넣으려 하고 있다.

빠르게 찾기 2.1

신경심리학의 고정적 종합검사 단계로부터 기능적 관심 단계까지의 변화, 그리고 오늘날의 학교심리학 실천의 유사성

신경심리학	학교심리학
• 인식력의 강점과 약점에 중요성을 통한 '재심리학화'에 대한 고찰 • 1980년대에 새로운 검사들이 새로운 개념을 반영하기 위해 출현함	• SLD 차이를 강조하지 않고, 과정의 결여를 재강조 • 과정의 결여에 대한 새로운 평가 도구들과 해결방안의 기술이 증가함

학교심리학은 1980년대의 신경심리학보다 호의적 평가를 받고 있는데, 이는 1990년대부터 기능적 강점과 약점을 이를 통해 처방을 내릴 수 있는 평가 도구들에 대한 연구가 지속적으로 이루어지고 있기 때문이다. 학교심리학자들은 인지심리학의 원리와 신경심리학의 접목을 통해 학교심리학 현장에 '심리학'의 의미를 다시 불어넣으려 하고 있다.

그러므로 신경적 문제에 대한 심리학적 관점의 강조와 개개인의 기능적 강점과 약점 인지 등을 통해, 기능적 관심 단계는 신경심리학의 '재심리학화'에 대해 다시금 강조하고 있다. 비록 이 단계에서 신경심리학적 평가 목적이 바뀌었지만, 검사나 측정 도구들에 있어 혁신적인 변화는 없었다. 이 단계에서 임상신경심리학의 평가에 사용된 세 가지 주된 검사는 여전히 Halstead-Reitan, Lurian perspective, 그리고 보스턴 과정 접근법이다.

다시 케이크의 비유로 돌아가보자. 구성물의 특질과 종합적 뇌기능에 대해 계속 이 비유를 사용한다면, 신경심리학자들에게 뇌기능에 대한 관심 단계는 여러 개의 행동 표본(또는 검사)을 수집하는 것으로 전과 달라진 것이 없다. 그러나 '특질' 측정에 중점을 두었던 지난 검사들과 달리, 행동 표본들 간의 관계 분석으로 그 초점이 옮겨갔다(예를 들면 '케이크 표본이 수집된 위치에 따른 표본 간의 차이가 있는가?'에 대한 질문을 하기 시작한 것이다).

통합과 예측의 단계

Rourke에 의하면 1990년대 초반부터 지금까지를 통합과 예측의 단계라고 하였다. 이 시기에 여러 학문 분야에 걸친 변화들이 학교신경심리학에 영향을 미치기 시작하였다. 많은 변화들은 어떻게 뇌가 학습과 행동에 영향을 끼치는지에 대한 진전에서 비롯된 것이다.

수많은 뇌-행동 관련 연구들은 미 의회로 하여금 1990년대를 '뇌의 시대'라고 칭하도록 하였다.

학교신경심리학자들은 확실하고 유효하게 신경인지적 기능을 평가할 방법에 관심이 높다. 정확한 진단과 처방된 해결방안에 힘을 싣기 위해 정확한 평가는 필수적이다. 1990년대부터 학교심리학과 학교신경심리학을 구분하는 데 영향을 준 다방면적 진전은 아동을 위해 설계된 검사들의 발전, 교차 검사 접근성의 영향, 과정-평가 접근성의 영향, 생태학적 타당성과 관련된 평가 데이터들 및 증거에 기반한 해결책들에 대한 전문성이 포함된다.

아동들을 위해 설계된 신경심리검사의 발전

통합 단계 이전에는, 예를 들어 시각적 단기기억에 대한 새로운 검사를 만든다면, 그 과정은 명확하게 정해져 있었다. 항목들을 개발하고, 그것을 광범위한 실험 대상자들에게 적용하고, 정신 측정의 검사 특징을 입증하고, 개발된 검사를 발표하면 되었다. 이 새로운 검사의 타당성을 입증하는 방법은 같은 구성을 측정하는 것으로 알려진 기존의 다른 검사와 비교해보는 것이었다. 만약 두 검사가 연관성이 있다면, 이 새로운 검사는 타당성 있는 측정 도구라고 여겨졌다. 오늘날, 검사 개발자들은 두 가지 도전에 직면한다. 새로운 검사가 정신능력 측정에 엄격한 목적을 두고 있되, 이 검사가 언급한 이론적 틀이 중요하고, 행동 표본들이 양적·질적으로 보고되어야 하며, 생태학적으로 타당해야 하고, 또 증거에 기초한 해결책이 있어야만 한다. 이러한 통합에 대한 요구는 통합과 예측 단계에 있어 중요한 특징이기도 하다.

통합과 예측 단계에 있어 가장 중요한 특성 중 하나는 이 시기에 개발된 아동용 신경심리 검사가 성인용의 하위 버전이 아니라는 것이다. 이러한 아동을 위한, 아동용 새로운 신경심리 종합검사는 특별히 아동들을 위해 개발되고 표준화되었다. 기억과 학습 검사(Test of Memory and Learning, TOMAL)는 학령기 아이들을 위해 개발된 최초의 신경심리 검사들 중 하나였다. 그리고 1990년대에 검사 개발자들은 학교신경심리학자들을 위해 아이들을 대상으로 개발된 다양한 평가 도구를 제공하였다.

학습과 행동의 뇌 영상법 연구에 대한 영향

TOMAL은 CT를 이용해 측정하는 최초의 검사 중 하나이다. fMRI 같은 신경 촬영 기술은 신경심리 도구가 인지 과정을 올바르게 측정하는지 검증하기 위해 점점 많이 사용되고 있다. 게다가 기능적 영상 기술은 '마음의 창'을 열도록 해 아이들이 기본적 인지 기능을 행할 때 뇌의 상태를 관찰할 수 있게 한다. 또한 최근 Shaywitz(2003), Odegard, Ring, Smith, Biggan과 Black(2008) 같은 연구자들은 기능적 영상 기술을 통해 구체적으로 읽기 해결방안의 효과에 대해 평가하고 있다. 미래의 신경심리 검사 개발과 그 타당성은 신경 촬영 연구를 포함하게 될 것이다.

과정 평가의 영향

보스턴 과정 접근법은 아동 행동에 대한 질적인 관점을 새로운 검사에 포함시킨 것이다. 전문가와 연구자들은 아이들의 행동양상에 대해 양적, 질적 관점의 중요성을 깨달았다. 질적 행동의 중요성은 폭넓은 과정 평가 접근방법의 일부이다. 과정 평가 접근법을 사용하는 학교신경심리학자들은 한 아동이 어떠한 임무를 수행해내는 전략에 대해 밝혀낸다. 검사 개발자들은 최근 일반적인 질적 행동의 규준을 확립해가고 있다. 이렇게 표준화된 검사는 임상 전문가들로 하여금 이를테면 "언어로 설명된 자료에 대해 10번의 반복 시에, 이 빈도는 5세 표본의 3~10%에 해당하는 수치이다"라고 보고할 수 있게 한다. 이 질적인 정보는 개선방안을 위해 유용한 실마리가 되곤 한다. 빠르게 찾기 2.2는 질적인 요소들이 포함된 평가 도구 리스트이다.

생태학적 타당성 평가의 중요성

전문가들은 학교에서 아동에게 표준화된 평가를 적용하기 위해 노력하고 있다. 전문가들이 관심 있는 것은 이 검사 결과가 아이들의 실제 수행 수준과 성취를 반영하는지 여부이다. 이는 생태학적, 예언 타당도에 대한 사안이다(Chaytor & Schmitter-Edgecombe, 2003; Sbordone, 1996). 평가 접근성의 생태학적 타당성을 높이는 것은 2002년 개최된 미래 학교심리학회의 목표 중 하나였다(Harrison et al., 2004).

통합과 예측의 단계에서, 평가의 결과가 개개인의 일상적인 기능을 얼마나 반영하는지 그 확률을 증가시키는 것은 늘 중요하게 여겨진다. Sbordone(1996)은 생태학적 타당성에 대해 "환자에 대한 신경심리 검사와 다양한 환경에 노출되는 실생활 간의 기능적이고 예측적인 관계(p. 16)"라고 언급하였다. 신경심리학의 기능적 단계에서 오늘날 평가가 진단 결과보다는 처방 권고사항에 중점을 둔다고 하였다. 최근 임상신경심리학, 학교심리학과 학교신경심리학계에서는 평가 기술의 예언 타당도 입증을 강조하고 있다. 부모와 교육자들은 평가 데이터를 통해 해당 아동이 미래에 얼마나 잘 적응할 것인가를 알고 싶

빠르게 찾기 2.2

질적인 관점이 강조된 검사들

- Luria-Nebraska Neuropsychological Battery-Children's Revision(Golden, 1986)
- Naglieri-Das Cognitive Assessemtn system(Naglieri & Das, 1997)
- NEPSY(Korkman, Kirk, & Kemp, 1997)
- Wechsler Intelligence Scale for Children – 3rd Edition(Kaplan, Fein, Kramer, Delis, & Morris, 1999)
- Delis-Kaplan Executive Function System(Delis, Kaplan, & Kramer, 2001)
- Wechsler Intelligence Scale for Children – 4th Edition(Wechsler, 2004a)
- NEPSY-II(Korkman, Kirk, & Kemp, 2007)

어 하는데, 이는 2001년 아동낙오방지법(NCLB)을 따른 등급별 역량기반 검사가 현재의 평가 데이터를 사용한다는 점에서도 알 수 있다. 만약 이러한 등급 평가를 계속 사용한 다면, 언제나 몇몇 학생들은 준거점수에 도달하는 데 실패할 것이다. 학교신경심리학자 들은 역량 기반 검사에서 실패한 학생들에게 가치 있는 평가를 제공할 수 있으며, 이 평 가 결과를 통해 개인의 문제를 보충하는 해결방안 또한 제시할 수 있을 것이다.

마지막으로 다시 한 번 케이크의 비유를 들어보자. 케이크 팬이 뇌기능장애 또는 '특 질'이라고 한다면, 통합과 예측 단계에 있는 현대 신경심리학자들은 여전히 다수의 행동 표본을 수집할 것을 지지할 것이다(케이크에 여러 번의 이쑤시개 검사를 하는 것과 같은 원리). 그러나 과거 단계에서는 모든 행동 표본이 행동 검사 표본을 기반으로 하였던 반 면, 오늘날 임상 연구에서는 뇌기능을 이해하기 위해 통합 기능 영상 기술, 검사 개발의 발전과 검사 결과에 대한 질적 분석을 포함시킨 여러 학문 분야의 접근법을 사용한다. 이 다방면에 걸친 표본들은 생태학적 효력과 예측 효율성도 좋을 수밖에 없다. 미래 연 구자들은 교육, 심리학(신경심리학 포함), 학교심리학, 기능적 신경해부학, 생화학, 전기 생리학, 유전학과 같은 지식을 기반으로 한 교육 진전에 끊임없이 힘쓸 것이다. 이 다양 한 학계들로부터 얻은 지식으로 우리가 행하는 모든 것들의 방법이 바뀔 것이다.

임상 소아 신경심리학이 학교신경심리학에 끼친 영향에 대한 개요

빠르게 찾기 2.3은 임상 소아 신경심리학의 역사적 단계와 각 단계의 주된 초점에 대해 정리한 것이다. 임상신경심리학과 소아 신경심리학이 학교신경심리학의 세분화에 어떠

≡ 빠르게 찾기 2.3

신경심리학 평가의 역사적 단계

단계	단계의 초점
• 단일 검사(1900~1950년)	• 뇌기능장애를 예측하기 위해 단일 검사를 사용하는 데 중점을 두었다.
• 종합검사/병변 세분화 (1940~1980년대)	• 종합검사를 통해 뇌기능장애를 예측해내는 것에 중점을 두었다.
• 기능의 관심(1970~2000년)	• 뇌 '병변'의 국부화를 강조하는 대신, 손상된 기량과 나머지 기량을 식별하는 데 집중하였다.
• 통합과 예측(1990년~현재)	• 복합적 종합검사, 다방면적, 그리고 생태학적으로 타당성 있는 평가를 강조하는 현대의 신경심리학적 관점

한 영향을 끼쳤는지에 대해 다루었다. 다음은 학교심리학의 역사와 이것이 학교신경심리학에 미친 영향에 대해 다룰 것이다.

학교심리학이 학교신경심리학에 미치는 영향

이 절에서는 학교심리학이 학교신경심리학의 특수화 출현에 미친 영향과 관련해 다음과 같은 내용을 다룰 것이다.

1. 연방의 교육법과 국가적 전문 보고서의 영향
2. 점점 확장되고 있는 이론적 준거의 틀
3. 교차 종합검사 평가의 영향
4. 평가를 처방된 해결방안으로 연결시킬 수 있는 국가적 교육 권한

이 학교신경심리에 끼친 영향들에 대해 좀 더 자세히 다루어보자.

연방 교육법과 국가적 전문 보고서의 영향

2000년부터, 연방법과 국가적 전문 보고서들은 학교신경심리학의 실행에 영향을 끼쳐 학교신경심리학이 나타나는 데 큰 기여를 하였다.

2001년 아동낙오방지법(NCLB)과 2004년 교육증진법(IDEA)는 서로 크게 다르지 않

게 설계된 법안들이다. 이 두 법안은 증거에 기반한 방법을 사용해 일반적임과 동시에
특수교육을 제공하기 위해 만들어졌다(Kovaleski & Prasse, 2005). 이 두 법안은 과학적
인 방법, 교육과정과 해결방안들을 중요하게 여겼는데 이는 다음을 포함한다—학습장
애의 조기확인, 지속적인 연간(annual yearly process, AYP) 모니터링, 일반 교육과정을 따
라가지 못하는 학생들을 위한 맞춤형 해결방안의 개발과 적용, 그리고 기관 또는 주 전
체 책임 시스템에 학생들을 포함하는 일 등이다. 학교신경심리학자들의 주된 고민은 이
연방법과 전문 보고서들이 개인의 인지 처리 차이가 아동들의 학습에 큰 역할을 한다고
강조하는 점이다.

NCLB는 초기의 해결방안에 중점을 두었는데, 특히 독서문제, 주 전체적 책임 요구와,
학부모들로 하여금 학교생활에 어려움을 겪고 있는 그들의 아이들을 학교로부터 멀어지
게 하는 대안에 집중하였다. NCLB를 통한 변화는 공교육에 깊은 영향을 주었다. 2001
년 NCLB 통과 후, 특수교육이 무엇인지에 대해 초점이 맞추어졌다. 이 시기의 여러 논
문은 특정학습장애(SLD)의 분류에 대한 조작화를 명확하게 문제제기 하고 있다. SLD
식별의 문제점에 대해서는 다음과 같다.

- 다른 장애에 비해 너무 많은 학생들이 SLD로 여겨진다는 점
- SLD라고 과장되어 구분지어진 소수자들이 있다는 점
- '실패할 때까지 기다리는' 방식의 접근성을 가진 차별적 검사가 폭넓게 이용되어,
  교육과정에서 확인이 너무 늦다는 점
- 현재의 식별 방법이 너무 비싸고 정확하지 않다는 점

2002년, 미국 교육부의 특수교육 프로그램은 Learning Disailies Roundtable 회담을
개최하였다. 학교심리학협회를 포함한 10개의 해당 기관은 이 행사에 참가했고 결과물
(*Specific Learning Disabilities : Finding Common Ground*)을 발표하였다. 여기에는 학교신
경심리학자들과 관련된 몇 가지 일치된 의견들이 있었는데 이는 다음과 같다.

- 특정학습장애(SLD)의 개념이 유효하며, 이를 뒷받침하는 강력한 근거들이 있다.
- SLD는 신경학적 바탕이 있으며, 개인에 내재되어 있다(그리고 법률상 SLD의 정의
  는 IDEA 연장 시 유지되어야 한다).
- SLD가 있는 사람은 기능과 능력에 개인차가 있다.
- 자격 여부를 판단할 때 능력-성취 불일치 기준을 사용해서는 안 된다.

- 특수교육의 자격 여부 결정과 관련해 결정을 내릴 때는 다수의 방법과 자료를 통해 얻은 포괄적이고 종합적인 정보들을 고려해 결정해야 한다.

2002년의 Learning Disabilities Roundtable 보고서를 향한 비판의 목소리가 없는 것은 아니었다. Reschly와 그의 동료들(2003)은 이 회담의 보고서에 대해 몇 가지 우려를 내비치며 SLD 확인과 관련된 몇 가지 유용한 조사 자료를 제공하였다.

> 학습장애합동위원회(NJCLD)가 1988년에 SLD에 대한 정의를 세웠음에도 불구하고, LD Roundtable 의 참가자들은 SLD의 정의와 관련한 IDEA의 변화를 요하지 않았다. 이것이 단순한 실수라기보다는, 의식적으로 능력-성취 불일치 기준 배제나 타당한 대체 방안 개발 등 긴급한 문제에 좀 더 집중하기 위해서라고 볼 수 있다(p. 7).

이에 대해 LD Roundtable의 회원들은 Reschly에게 Roundtable이 다시 모이게 된다면, SLD의 정의가 토론 주제가 되게 할 것이라고 하였다. 수년간 경험을 토대로 보았을 때 학습장애는 신경심리학적 결여에서 오는 것이 증명되었지만, 아직도 몇몇 주된 교육 정책 입안자들은 확신하지 못하고 있는 상태이다.

2004년 IDEA법과 이후 2006년 연방규정에 오래된 SLD의 정의는 똑같이 유지되었다. IDEA법과 규정은 특정학습장애 여부에 대한 판단 시 불일치 기반의 공식을 사용하면 안 된다고 주장한다. 불일치 기반 공식을 대체하여, 중재반응모델(RTI)을 제안한다. SLD의 판단 여부에 RTI를 포함시킨 것은 많은 논란을 만들었다. 우려의 목소리들은 오직 RTI 모델을 사용하는 지역에서는 증거에 기반한 해결방안이 실패할 시 불필요하게 많은 학생들이 SLD라고 구분지어질 것이라고 걱정하였다. 2011년, 미국 교육부의 특수교육 및 재활 담당부서는 특수교육 실무자들에게 보내는 제안서(Memorandum to State Directors of Special Education)를 통해 RTI 과정은 IDEA 자격 평가 거부 또는 지연 용도로 쓰일 수 없다고 하였다.

2004년 IDEA법에 의하면, RTI는 특수교육과 그에 관련된 서비스가 필요한 특정학습장애 아동을 확인하는 여러 과정 중 한 가지뿐이라고 하였다. 연구를 기반으로 한 해결 방안이 왜 어떤 아동에게는 도움이 되지 않았는지에 대해 알아보기 위해서는 포괄적인 평가가 필요하다. RTI가 포괄적인 평가를 대신할 수는 없는 것이다. 또한, IDEA법은 다양한 평가 도구 사용을 요했으며, SLD의 판단 여부에 대해 단일 측정이나 단일 평가는 허용하지 않았다. 마지막으로, IDEA법은 평가가 절대로 인종이나 문화 차별을 두어서는 안 된다고 하였다. 2004년 IDEA 연장은 능력성취 불일치 기준 외에도 절차 지향적, 학교신경심리학적 접근이라는 SLD 정의 방법을 제시하였다.

2010년, 미국 학습장애협회는 특정학습장애 학생을 위한 평가, 확인, 자격 기준에 대한 백서(White Paper on Evaluation, Identification, and Eligibility Criteria for Students with Specific Learning Disabilities)(Hale et al., 2010)를 출판하였다. 이 백서에 대한 다섯 가지 결론은 다음과 같다.

1. SLD의 정의는 유지되어야 하며, 법에 명시되어 있는 SLD의 확인에 대한 절차 요건들은 강화되어야 한다.
2. 능력-성취 불일치나 해결방안에 대한 실패만으로는 SLD 확인이 충분히 이루어질 수 없다.
3. 심리학적 강점과 약점 처리 패턴을 확인하고, 약점 과정의 패턴이 계속된 성취 결여 확인과 같은 '세 번째 방법'과 같은 접근법은 가장 실증적이고 임상학적이다.
4. 실증적으로 유효한 RTI 모델은 학습문제를 예방하는 데 사용될 수 있으나, SLD 확인 목적이나, SLD 아동을 위한 개별 개선 방안과 더 심층적인 해결방안을 위해서는 포괄적인 평가가 꼭 필요하다.
5. 인지적, 신경심리학적 과정 평가는 SLD 확인 및 해결방안 목적으로만 사용되어야 한다.

이 책에서, Hale은 ADHD, SLD나 TBI 같은 신경인지적 처리 장애 아동들을 평가하는 데 과정 진단 접근법을 추천한다.

확장되는 이론적 준거의 틀

1990년대 초부터 1980년대 중반까지, 인간의 인지능력 분류에 대한 이론적 기준은 한 가지 요소(언어)나 두 가지 요소(언어와 시공간)로 제한되어 있었다. 이 지능에 대한 이론적 모델들은 1990년대 통합과 예측의 단계가 시작될 무렵 증가하였다. Flanagan과 Harrison(2012)은 Caroll의 인지능력 3층 이론(Three-Stratum Theory), Gardner의 다중지능이론(Theory of Multiple Intelligences), Cattell-Horn Fluid-Crystalized 이론이나 Luria-Das Model of Information Processing 같은 현대 인지 이론에 대해 정리하였다.

현재 학교심리학과 학교신경심리학은 인지능력 평가에 강력한 이론적 토대가 있다고 믿는다. 이 강력한 기초는 이론적 기준에 해당하는 검사 데이터 해석을 가능하게 한다. 예를 들어 강화되고 통합된 Carroll-Horn-Cattell 이론은 Woodcock-Johnson 인지능력 검사, 제3판의 이론적 근거가 되어 준다. 또한 Luria-Das의 정보 과정 모델은 Naglieri-Das 인지 평가 시스템과 Kaufman의 아동 평가 종합검사, 제2판의 이론적 모델이 되어 준다.

교차 종합검사 접근의 영향

인지능력 개념화가 이론적으로 강화되어 뻗어 나온 것이 교차 종합검사 접근법이다. 여러 가지 질문에 답하기 위한 학교 기반 신경심리학적 평가를 구상할 때, 학교신경심리학자들은 다수의 종합검사들로부터 보조검사를 만들어야 했을 것이다. 이 보조검사들이 바로 교차 종합검사이다. 교차 종합검사의 기초로, Carroll(1983, 1993)과 Horn(1988, 1994)은 다수의 인지 측정에 걸친 여러 요소에 대한 분석 연구를 하였으며, 이는 인지능력 분류론을 탄생시켰다. Woodcock(1990)은 최초로 단일 평가 중 하나 이상의 인지 종합검사는 더욱 폭넓은 인지능력 측정치를 제공한다고 하였다. 교차 종합검사 접근법은 현대 인지 구성 이론의 간격을 이어주고, 인지능력 평가에 그 의미가 확장되고 있다.

증거를 바탕으로 한 해결방안과 평가 결과의 연결

전체적으로 볼 때, 학교심리학계는 비교적 그 역사가 짧다. 지난 100년간, 학계는 발전하고, 이론적 구성과 평가에 대한 접근성을 타당하게 만들고 있다. 그럼에도 불구하고, 학계는 경험에 의한 해결방안 연구에 대해서는 뒤떨어지고 있다. 학교심리학자들에게 일반적인 학습, 행동 문제에 대해 권고할 수 있는 '요리책'같은 자료들은 많다. 그러나 연구논문들은 대부분의 권고사항들이 실제 상황에서는 지속적으로 사용되지 않는다고 말한다. 최근 입법적 변화로 인해, 실질적으로 유용한 교육방안을 찾는 것이 강조되고 있다.

증거에 기반한 해결방안이 필요하다는 판단하에, 학계는 과연 어느 방향으로 나아가야 하는 것일까? "무엇이 증거에 기반한 해결방안으로 여겨지는가?"에 대한 질문과 함께 답변되어야 할 질문들이다. Kratochwill과 Shernoff(2004)는 해결방안의 적용이 구체적으로 명시되거나, 적용된 후 효과가 있을 때 해결방안이 증거에 기반한다고 할 수 있다고 하였다. 현재 여러 전문기관들은 증거 기반 해결방안의 가이드라인을 수립하는 데 힘쓰고 있다. 이 연구는 학교심리학과 학교신경심리학 특수화의 신뢰성에 있어 매우 중요하다. 지난 세월 동안 우리는 학생들을 평가하고 교육적으로 구분하는 것에 집중해 왔다. 분명한 것은 입법자, 교육자, 선생님과 학부모들 모두 해결방안을 이끌어낼 수 있는 평가를 원한다는 점이다.

학교에서 증거 기반 연구를 지휘하는 데는 어려움이 있는데, 이는 관리자, 선생님과 학부모가 고부담, 능력 중심의 검사는 학교에서 이루어지기에는 시간적 어려움이 많다고 생각하기 때문이다. 증거에 기반한 연구가 검사나 능력 평가의 결과에 도움이 된다는 것이 증명될 때, 이 연구가 학교에서 행해질 확률이 높다.

학교신경심리학에 미치는 학교심리학의 역사적 영향에 대한 요약

학교심리학자들은 신경심리학적 원리에 대해 1980년대 초반부터 관심이 많았다. 그때부터 생물학이 학습 및 행동과 관련이 있다는 것에 대한 연구가 쏟아져 나왔다. 20년 전부터 여러 가지 요인으로 인해 학교신경심리학에 대한 관심이 부활하였다. 첫 번째로, NCLB와 2004년 IDEA의 연장과 같은 연방법이 학교심리학자들로 하여금 그들이 사용하고 있는 교육 모델을 비판적으로 평가하게 만들었다. SLD 확인을 위한 능력-성취 불일치 모델과 같은 구식 방법들은 효과가 없다고 밝혀졌다. 교육 시스템의 변화와 함께, 학교심리학 전문가들은 개념적 줄다리기를 하고 있는 상황이다 — 한편에는 보수적 행동주의자들(교육과정을 기반으로 한 평가를 옹호하는 사람들)이 있으며, 이들은 개인별 인지능력 평가의 가치를 깎아내린다. 또 다른 한편에는 학교심리학자들과 학교신경심리학자들이 있는데, 이들은 좀 더 개별화된 과정을 기반으로 한 평가로 만들어진 해결방안을 옹호한다.

요약

이 장에서는 학교신경심리학의 관심에 대한 역사와, 이것이 어떻게 임상 신경심리학에 영향을 끼쳤으며, 학교심리학, 교육 정책과 법에 영향을 주었는지에 대해 소개하였다. 다음 장에서는 학교신경심리학의 연수와 자격에 대해 이야기하고, 연수 기준과 연구 모델 프로그램에 대해서도 논의할 것이다.

자기점검

1. 벤더 시각-운동 게슈탈트 검사를 사용하여 전체적인 뇌기능장애를 예측하는 것은 다음 임상적 신경심리학 역사에 어느 단계에 해당하는가?

   a. 통합과 예측 단계　　　　　　　b. 기능적 관심 단계
   c. 단일 검사 접근 단계　　　　　　d. 종합검사/병변 세분화 단계

2. 저자에 따르면, Halstead-Reitan 검사와 Luria-Nebraska 신경심리 종합검사가 최근의 임상 사용에 적합하지 않은 주된 이유는 다음 중 무엇인가?

   a. 이 검사들이 뇌손상과 정상적 통제를 구분하지 못한다.
   b. 이 검사들이 최근의 광범위한 정상 데이터를 갖추고 있지 못하다.
   c. 이 검사들에 강경한 이론적 기반이 없다.
   d. 이 검사들이 경험에 기인하여 만들어지지 않았다.

3. 참인가 거짓인가? George Hynd는 신경심리학을 학교심리학 박사학위의 특수분야라고 칭한 첫 번째 인물이다.

4. 다음 검사들 중 Luria의 뇌 안에 '기능적 체계'의 개념화에 이론적 기반을 두지 않은 것은 무엇인가?

   a. Naglieri-Das Cognitive Assessment System
   b. Kaufman Assessment Battery the Children—Second Ed.
   c. NEPSY-II
   d. Test of Memory and Learning—Second Ed.

5. 참인가 거짓인가? 최신의 실행은 평가가 검사 해설을 보조할 수 있는 이론적 기반을 갖추고 있기를 요구한다.

6. 다음 중 어떠한 임상신경심리의 역사 단계에서 뇌 '병변'의 국부화를 중요시하지 않고 손상된 능력의 확인을 강조하는가?

   a. 통합과 예측 단계　　　　　　　b. 기능적 관심 단계
   c. 단일 검사 접근 단계　　　　　　d. 종합검사/병변 세분화 단계

7. 참인가 거짓인가? IDEA(2004)에, 해결방안에 대한 반응 모형은 특정학습장애의 확인에 필수적이다.

답 : 1. c　2. b　3. 참　4. d　5. 참　6. b　7. 거짓

제 3 장

학교신경심리학의 **연수와 자격**

이 장에서는 학교신경심리학의 연수와 자격에 대해 다루고, 연수 과정에 대해서도 다룰 것이다.

신경심리학의 원리가 광범위한 학교심리학에 통합될 수 있을까?

독자들에게 네 가지 질문이 있다.

1. 학교심리학 현장에서 신경심리 원리를 적용하는 것이 전문가 수준에서 받는 기초 신경심리학 교육의 연장인가?
2. 학교신경심리학은 학교심리학의 한 분야인가?
3. 학교신경심리학은 학교심리학과 소아 신경심리학으로부터 분리되었으나 관련이 있는 전문분야인가?
4. 학교심리학 현장에 신경심리 원리를 적용하는 것이 박사학위 단계에서 받는 교육의 연장인가?

위의 네 가지 질문은 현재 실정에서 학교신경심리학의 상이한 분류를 나타낸 것이다. 첫 번째는 학교신경심리학이 학교심리학 전문가들의 관심 분야일 것이란 추측에서 나온 질문이다. 많은 전문가들은 신경심리학을 주제로 한 교육 연수에 가능한 자주 참석한다. 매년 열리는 국제학교심리학회(National Association of School Psychologists, NASP)와 미국심리학회(American Psychological Association, APA)에서 학교신경심리학에 대한 관심이 늘고 있다. 현재 단계는 학교신경심리학의 입문 단계라고 할 수 있다. 즉 학교신경심리학에 관심은 있으나, 아직 무르익은 단계는 아니라고 볼 수 있다.

두 번째 질문은 학교신경심리학이 학교심리학의 한 전문분야라고 추측한다. 현재 NASP는 학교신경심리를 학교심리학의 일부로 생각하지 않는다. Hynd와 Reynolds(2005)는 학교신경심리학 핸드북(Handbook of School Neuropsychology)이라는 책에서 "학교심리학이 전문분야로 발전할 시기가 왔다"(p. 12)고 강하게 말하였다. 이들은 이러한 분위기를 내비치며(D. Miller, DeOrnellas, & Maricle, 2008; D. Miller, Maricle, & DeOrnellas, 2009), 학교심리 전문가들 사이에 이 주제가 아직도 논란이 되고 있다는 점도 언급하였다(Pelletier, Hiemenz, & Shapiro, 2004).

전문화된 학교심리학 지식은 최근 몇 년 사이에 급속하게 증가했고, 우리는 정보화 시대에 살고 있다. 입문 단계 학교심리학 전문가에 대한 연수 요건은 1990년대 초에 빠르게 불어났다. 학교심리학자 양성을 도맡은 교육 담당자들은 입문 단계와 심화 단계의 전문가들을 양성하기 위해 데이터 기반에 대해 문제 해결, 진단, 상담, 위기 개입과 연구 등을 포함한 다양한 역할과 기능을 가르치는 데 최선을 다하였다. 거의 모든 레벨의 전문가들은 학교심리학 교육과정이 생물학적 기반의 행동을 다루지만, 신경심리학에 대한 깊이 있는 교육은 없다. 학교심리학 교육 담당자들은 전문가 레벨의 학생들에게 전문가로서의 광범위한 기능과 역할에 대해 소개하는 것만으로도 시간이 빠듯하다고 느낀다. 학교신경심리학과 같은 전문분야가 역량개발을 위한 대학원 자격 연수나 학교신경심리학 박사학위 프로그램 등을 통해 발전되는 것이 꼭 필요하다.

많은 학교심리학 대학원 과정(전문가 혹은 박사학위 단계)의 졸업생들은 졸업 후 빠르게 전문분야를 선택한다고 보고하였다. 어떤 졸업생들은 자폐 평가와 치료 계획 '전문가'가 되고, 다른 이들은 유아기 평가 '전문가'가 되며, 청소년 정신병리 및 학습 진단 평가 전문가 등이 그 예이다. 그러나 중요한 것은 학교심리학계는 너무 광범위하여 전문가들이 전문분야를 찾기 시작하였다는 것이다. 이 전문화는 학계에 이미 자리 잡고 있으며, 이는 개인적 관심과, 더 깊은 지식과 좀 더 세분화된 교육이 필요하기 때문이다.

현재 학교심리학 현장에 신경심리학의 원리를 통합시키는 움직임은 학교심리학계 내 전문분야의 발전으로 나타나고 있다. 전문분야 주제와 관련된 질문은 다음과 같다 — 무엇이 전문적으로 여겨지는가? 대중을 상대로 한 신경심리학적 종합검사를 어떻게 관리하는가에 대한 한 학기짜리 강의를 듣는 것으로는 전문화로 여겨질 수 없다. 학교신경심리학의 전문화는 적어도 자격이 있는 대상을 교육하는 것이 필요하다.

세 번째 질문은 학교신경심리학이 학교심리학과 소아 신경심리학과 분리되었으나, 관련 있는 전문화된 분야라고 말한다. 이는 학교 현장에서 학교신경심리학은 관심 있게 지켜볼 만한 분야이자 광범위한 학교심리학의 부전문분야로 여겨질 것이다.

마지막으로, 네 번째 질문은 학교신경심리학이 학교심리학의 대학원 과정에 전문분야가 될 수 있다고 제안한다. 학교심리학의 복잡성이 증가하고 있고, 개선된 실행이 요구되고 있다는 것을 고려할 때, 학교신경심리학의 연수는 전문가 수준에서 이루어져야 한다고 주장하는 목소리가 커질 것이다.

연수와 자격 기준

이 절에서는 학교신경심리학의 전문화에 관련한 연수 과정과 자격 기준을 알아볼 것이다. 특수 분야 자격위원회가 정의하는 자격을 갖추었다는 것이 어떤 것인지에 대해서도 이야기할 것이다.

자격을 갖추었다는 것은 무엇을 뜻하는가?

다수의 학교심리학자들이 존재하는 커다란 교육기관에 있는 전문가들은 본인의 선택 또는 타인의 요구로 인해, 흥미와 전문지식 사이 그 어딘가에 '전문화'된 사람들이다. 예를 들어 1명 이상의 학교심리학자들은 자폐스펙트럼장애, 유아기 평가/해결방안, 또는 신경심리학적 평가/치료 계획 등 다양한 분야의 전문가로 확인되고 있다. 떠오르는 질문은 '전문분야에 자격을 갖추었다는 것은 무엇을 뜻하는가?'이다. 자격은 대부분 전문 기관에서 정한 연수 기준이다.

학교심리학자들은 이해하고, 인식하고, 신경심리학적 원리를 그들의 업무에 활용하기 위해 연수를 받는다. 그러나 오직 신경심리학적 종합검사를 관리하고 해석하기 위해 연수를 받는다는 오해가 생기기도 한다. 사실 특수교육이 필요한 모든 사람이 신경심리학적 평가로부터 도움을 받는 것은 아니다. 신경심리학적 평가는 시간이 많이 걸리는 반면, 검사 건수가 많은 전문가들에게는 유용하지 않은 편이다(D. Miller, 2010).

대부분의 학교심리학자들이 신경심리학에 대해 강화된 교육을 받으면 아동에 대한 관점이 명백히 바뀐다고 말한다. 학교신경심리학의 실제는 뇌와 행동의 관계를 질적으로 이해하고, 이 관계가 행동과 학습에 큰 영향을 미치는지 이해하는 것이다. 뇌와 행동과의 관련성에 대해 잘 이해하고 있는 능숙한 학교신경심리학자는 아동의 일상 활동을 관찰함으로써 신경심리학적 상태를 인지할 수 있으며, 레고블록으로도 아동의 신경심리학적 검사를 진행할 수 있다. 신경심리학적 검사들은 도구인데, 이 검사들을 어떻게 사용하는지 안다고 해서 학교신경심리학자가 될 수는 없다. 학교신경심리학자는 그저 워크숍을 다녀온, 최근 나온 최고의 신경심리학적 종합검사를 시행할 줄 안다고 해서 되는 것이 아니다. 학교신경심리학자는 교육, 심리학, 신경심리와 관련없이 어느 데이터든 신경심리학적 관점으로 해석할 수 있고, 이를 아동의 행동과 연관지어 교육적으로 관련 있는 개선방안을 제시할 수 있다.

대학원 CEU 연수와 관련해서 많은 전문가들이 자격에 대해 막연한 정의를 내리고 있다. 그 예로, 학교심리학에서 새로운 버전의 인지능력 테스트가 나오면, 전문가들은 이 도구의 사용법과 해석 방법을 배우기 위해 3시간 과정의 워크숍을 받는다. 과연 이 워크숍이 전문가들에게 새로운 검사를 시행할 수 있는 권한을 준 것일까? 이 질문에 대한 답은 당연히 '아니요'이다. 자격이란, 어떠한 새로운 업무에 대해 배워 나가는 동안 감독 지도와 피드백이 오고가야만 얻을 수 있다. 더 나은 접근방법은 기본적인 3시간 연수와, 새로운 검사 실행, 그리고 새로운 검사를 실행하고 해석하는 자격에 대한 소규모 지도 모임을 갖는 것이다. 만약 전문가가 새로운 검사에 대해 완벽히 적응하였다면, 그때 새로운 검사는 실제 사례에 적용될 수 있는 것이다. 만약 전문가가 새로운 검사에 대해 완벽히 적응하지 못하였다면 추가적인 지도가 이루어져야 한다. 이 역량 기반의 워크숍과 연수는 늘 변화하고 때로는 기술적·이론적으로 복잡한 학교심리학계에서 꼭 사용되어야 한다.

Crespi와 Cooke(2003)는 신경심리학의 전문화에 대해 여러 질문을 던졌는데, 이 질문들은 전문가들 사이에 논란거리를 주었다. 그중 한 가지 질문은 "신경심리학자로서 일하고 싶어 하는 학교심리학자들에게 어떤 교육과 연수가 적절한가?"이다. **심리학자**(psychologist)와 **신경심리학자**(neuropsychologist)라는 용어는 심리학 허가 법률(Psychology Licensing Acts)을 통해 보호받고 있는 용어이다. 대부분의 주에서, 한 전문가가 심리학자라는 호칭을 얻으려면 이 사람은 심리학과에 박사학위가 있어야 하고 심리학자로서 허가를 받아야 한다. 이러한 심리학자의 허가는 대부분의 주에서 포괄적인데, 이는 박사학위를 가진 심리학자가 임상이나 학교신경심리학자, 또 산업/기관 심리학까지 동등하게

심리학자라는 호칭을 얻기 때문이다. 신경심리학자라는 호칭은 주의 허가 법률의 규제를 받지 않고, 전문적 경험이나 연수의 단계로 규제받고 있다. 안타깝게도, 다수의 전문가들이 최소한의 연수를 받고 자신이 신경심리학에 대한 전문지식이 있다고 주장한다.

미국심리학회(APA)는 소아 신경심리 전문분야를 포함한 임상신경심리학과 연수를 위한 입문 단계는 박사학위 과정이라고 주장해 왔다. 1987년, 국제신경심리학회(INS)와 APA의 부서 40이 함께 처음으로 공식적인 임상신경심리학자의 교육, 연수, 자격에 대한 가이드라인을 발표하였다. 이 기준은 1997년에 텍사스주 휴스턴에서 개최된 신경심리학자 컨퍼런스에서 가장 최신 버전으로 수정되기도 하였다. 이 '휴스턴 학회' 보고서는 임상신경심리학 연수의 입문 수준은 박사학위 과정이라고 반복한다.

APA의 부서 40과 미국신경심리학회(National Academy of Neuropsychologists, NAN)는 임상신경심리학자의 정의에 대해 비슷한 가이드라인을 발표하였다. 두 기관은 임상의 신경심리학자는 박사학위 레벨의 진단과 해결방안 서비스를 제시할 수 있는 사람이며, 다음과 같은 역량을 갖추고 있다고 하였다.

- 신경심리학과 신경과학에 대해 체계적이고 교훈적, 경험에 의한 연수를 공인된 대학에서 성공적으로 완료함
- 임상에서의 신경심리학적 적용을 2년 이상의 지도식 연수를 통해 받음
- 이 역량에 대해 동료들로부터 심의를 받음

임상신경심리학자로 거듭나기 위해, 대부분의 연수는 PhD나 PsyD의 임상심리학 프로그램에서 진행된다. 거의 모든 임상신경심리학 연수 프로그램은 그 대상이 성인에 맞추어져 있고, 소아에 대해서는 소수의 프로그램에서 제공되고 있다. 또 몇몇 학교심리학 박사학위 과정에서 학교신경심리학이 전문분야로 제공되고 있다(예 : 텍사스여자대학교, 텍사스 A & M 대학교, 텍사스대학교, 볼주립대학교, 노던콜로라도대학교).

성인과 소아 임상신경심리학 전문가 인증

박사학위 단계의 임상신경심리학자는 2개의 인증협회에서 임상신경심리학자로 허가받을 수 있다. 하나는 미국임상신경심리학회(American Board of Clinical Neuropsychology, ABCN)이고, 다른 하나는 미국신경심리학전문학회(American Board of Professional Neuropsychology, ABN)이다. 1984년, 미국심리학전문학회(American Board of Professional Psychology, ABPP)는 ABCN에 대해 공식적으로 승인했고, ABN은 자주적인

상태로 남았다. 이 협회들은 심리학자의 자격으로서 공인된 대학의 박사학위 과정, 적어도 3년의 지도감독을 받은 신경심리 훈련 경험과, 엄격한 기준의 업무 보고를 필수 조건으로 여긴다. 또 ABPP, ABCN과 ABN 모두 주관적 서술형 시험과 구두 시험을 요구한다. APA, 국제신경심리학학회(International Neuropsychological Society, INS), 미국신경심리학회(National Academy of Neuropsychologists, NAN)와 박사과정 전문협회에 따르면, 임상신경심리학자는 특수 전문 교육을 받았으며, 지도감독의 경험이 있고, 신경심리학에 능숙한 박사학위 단계의 심리학자라고 정의된다.

임상신경심리학계에서 소아 신경심리학이 세분화되는 것에 대해서 전문가들 사이에서는 아직도 불분명하고 논란이 많다. 1996년, 일부 소아 신경심리학자들은 ABCN과 ABN 모두 소아 신경심리학 특유의 평가업무를 충분히 수행하기 위한 협회 시험을 제공하지 않고 있다고 불만을 표하며 미국소아신경심리학회(American Board of Pediatric Neuropsychology, ABPdN)라는 세 번째 인증협회를 만들었다. ABPdN은 2004년에 인증되었으며, 2007년에는 ABPP에 정식 회원으로 인정해줄 것을 신청했지만 받아들여지지 않았다. Baron, Wills, Rey-Casserly, Armstrong과 Westerveld(2011)에 의하면 이미 ABCN의 협회 시험 과정에 소아 신경심리 평가에 필수적인 다수의 절차들이 포함되어 있기 때문에 ABPP가 ABPdN의 회원 신청을 거절한 것이라고 설명한다. ABCN이나 ABN에 비교해서 ABPdN은 작은 학회로 남아 있다.

2007년, ABN은 기존의 포괄적 협회 자격증에, 추가 자격증(Added Qualifications Certificate)을 더해 임상신경심리 관련 전문분야가 증가하고 있다는 것을 인정하였다. ABN은 소아 · 청소년 신경심리학, 범죄 신경심리학, 노인 신경심리학과 재활 신경심리학계의 동등 비평과 추가 시험에 대해 인정했지만, 안타깝게도 아동 · 청소년 신경심리학에 대한 추가 자격증은 2010년 폐지되었다.

2010년 임상신경심리학자/미국임상신경심리학회의 급여 설문조사(Sweet, Meyer, Nelson, & Moberg, 2011)에서, 비록 40.7%의 ABCN 자격 취득 응답자들이 소아 환자들을 위해 일한다고 했지만 소아 신경심리학의 특수 전문화에 대한 공식적 승인은 열매 맺지 못하고 있는 상황이다(Baron et al., 2011). 그럼에도 불구하고, 소아 신경심리학에 흥미를 느끼는 박사학위 과정의 심리학자들과 임상신경심리학에 전문 지식을 갖춘 심리학자들은 협회 인증에 있어 여러 선택권이 있다.

학교신경심리학 전문 인증

1999년, 학교신경심리학에 자격을 갖추었다고 주장하는 학교심리학자들의 업무 실제에 대한 기준이 필요하다는 점에 따라 미국학교신경심리학회(ABSNP)가 조직되었다. ABSNP의 목적은 학교심리학자들로 하여금 신경심리학적 원리에 대해 교육받고 또 그 것을 그들이 돕고 있는 개인에게 적용하도록 장려하는 것이다. ABSNP의 자격을 얻기 위해 지원자는 다음과 같은 조건을 갖추어야 한다 — 학교신경심리학에 자격이 있는 학교심리학자, 학교신경심리학 전문 심리학자, 또는 ABPP 자격 취득을 한 학교심리학자. 빠르게 찾기 3.1에서는 성인과 소아 신경심리학 그리고 학교신경심리학 전문 협회들의 자격 요건에 대해 비교하였다.

빠르게 찾기 3.1

신경심리와 학교신경심리 전문자격 요건

자격요건	ABCN[a]	ABN[b]	ABPdN[c]	ABSNP[d]
심리학 박사학위	O[e]	O	O	X[f]
60시간 이상의 학교심리학에 대한 전문가 레벨 교육 이수	해당 없음	해당 없음	해당 없음	O
APA[g], CPA[h], 또는 APPIC[i] 인턴 과정 이수	X	X	O	X
최소 600시간 이상의 학교 경험을 포함한 1,200시간의 인턴 과정	X	X	X	O
심리학자 면허 소지	O	O	O	X
학교심리학자 주 면허 소지 또는 NCSP[j]나 ABPP[k] 인정 학교심리학자	X	X	X	O
3년 이상의 경험	O	O	O	O
박사과정 후 2년 동안의 레지던트 기간[lm]	O	X	X	X
지난 5년간 매년 최소 500시간 이상의 신경심리학적 서비스 제공	X	O	X	O
지속적인 CEU 워크숍 참석에 대한 기록	X	O	X	O
주관식 서술형 시험	O	O	O	O

(계속)

업무 샘플 동등 비평	O	O	O	O
구두 시험	O	O	O	O
1999년 협회 인정 면허 소지자 수	444^n	217^n	알 수 없음	10°
2006/10/25 협회 인정 면허 소지자 수[p]	562	197	40	197
2008/10/25 협회 인정 면허 소지자 수[q]	632	283	41	354
2012/10/25 협회 인정 면허 소지자 수[r]	864	323	73	490
3년 동안의 변화율	36.7%	14.1%	78.0%	38.4%

[a] ABCN stands for the American Board of Clinical Neuropsychology.
[b] ABN stands for the American Board of Professional Neuropsychology.
[c] ABPdN stands for the American Board of Pediatric Neuropsychology.
[d] ABSNP stands for the American Board of School Neuropsychology.
[e] For persons receiving a doctorate after 1/1/2005, the training program must have conformed with the Houston Conference Guidelines (Hannay et al., 1998).
[f] A doctorate in psychology (school or clinical) with a specialization in neuropsychology is recognized but not required. ABPP Board Certified in School Psychology is also recognized.
[g] APA stands for the American Psychological Association.
[h] CPA stands for the Canadian Psychological Association.
[i] APPIC stands for the Association of Psychology Postdoctoral and Internship Centers.
[j] NCSP stands for Nationally Certified School Psychologist.
[k] ABPP stands for the American Board of Professional Psychology.
[l] The ABCN board will accept 3 years of experience, including 1 year predoctoral, for candidates who received their doctorate between 1/1/90 and 1/1/05.
[m] The ABCN board requires that candidates who received their doctorate after 1/1/05 must document a 2-year postdoctoral residency (a requirement consistent with the Houston Conference Training Standards: Hannay et al., 1998).
[n] As cited in Rohling, Lees-Haley, Langhinrichsen-Rohling, & Williamson, 2003.
[o] Review of historical records from the ABSNP.
[p] Cited in D. Miller (2007, p. 46). Includes board-certified professionals from both United States and Canada.
[q] Cited in D. Miller (2010, p. 30). Includes board-certified professionals from both United States and Canada.
[r] Data retrieved from certification board websites or through personal communication with their respective offices on 10/25/12.

전문 자격 취득 요망 시, 어떠한 협회에 지원해야 할지 고민이 된다면 다음과 같은 요소들을 고려해봐야 할 것이다.

- 지원하려고 하는 자격증이나 협회 인증 자격이 해당 전문가의 과거나 현재의 전문 경험을 반영하는가? 예를 들어 신경심리학 연수를 받은 임상심리학자는 대부분 ABCN이나 ABN 자격증을 취득하려고 할 것이며, 신경심리학적 원리를 학교환경에서 적용하려고 하는 학교심리학자는 ABSNP 자격증 취득을 고려하거나 임상심리학 면허를 갱신하여 ABCN이나 ABN에 지원하려고 할 것이다.

- 지원하려고 하는 자격증이나 협회 인증 자격이 해당 전문가가 일반적으로 상대하는 임상 대상들의 특징을 반영하는가? 성인 임상신경심리학자는 소아 신경심리학이지만 학교신경심리학 협회 자격을 취득하는 것이 어려울 것이다. 협회 자격 지원자는 협회의 자격 요건을 자세히 읽어보고 최근 자격을 취득한 동료 전문가들에게 조언을 구해볼 필요가 있다.
- 자격증이나 협회 인증 자격 취득 후, 특정한 지역(주)에서 행해지는 업무 실행이 가져오게 될 영향은 무엇인가? 일반적으로, 자격증은 신경심리학 분야의 전문지식에 대한 공식적 승인이며, 이는 전문분야에 대한 업무 실행에 대한 허가라고 볼 수는 없다. 신경심리학 자격 취득을 원하는 지원자는 실질적인 업무 실행을 위해 현재 거주하는 지역(주)의 면허법에 대해 인지하고 있어야 한다.

학교신경심리학자 양성을 위한 전문 지침서

현재 학교신경심리학의 실천에 대한 전문적 기준이나 지침은 미흡한 상태이다. 미국 학교심리학자협회(National Association of School Psychologists, NASP)가 연수 기준을 정해 놓았지만, 앞서 언급했듯이 NASP는 학교심리학계 안의 특수 분야에 대해 찬성하지 않는다. D. Miller(2007, 2010)가 학교신경심리학자 양성을 위한 전문 지침서를 제안하였는데 이는 빠르게 찾기 3.2에서 자세히 알아볼 것이다. Shapiro와 Ziegler(1997)가 소개한 소아 신경심리학자 양성 지침과 Miller의 지침을 비교해보면 눈에 띄는 차이점을 발견할 수 있다. Miller는 소아 신경심리학자와 학교신경심리학자 양성 지침들에 개념적인 중복은 있을 수 있지만 두 지침은 본질적으로 달라야 한다고 주장하였다. 소아 신경심리학자 양성 지침은 신경생리학, 신경 화학, 영상 기술에 대한 기본적 지식, 그리고 인지적 의료 재활 시설 환경 등과 같은 신경심리학의 의료적 측면에 대한 중요성을 더욱 강조한다. 반면에 학교신경심리학 양성 지침은 이론, 평가, 그리고 여러 가지 신경발달 과정(주의력, 기억력, 실행 기능 등)을 실질적인 교육환경과 고려해 반영하는 해결방안 제시 등을 강조한다.

　학교신경심리학자들은 입문 단계에서 NASP가 정한 전문가 단계 교육 기준 자격을 갖추고 있어야 한다. 그러므로, 학교신경심리학자가 되길 원하는 학교심리학자들은 심리학적, 교육적 원리에 대한 기초적 지식(소아 정신병리학, 진단/해결방안, 특수교육법안, 전문가적 윤리 등)에 대해 이미 전문가나 박사 단계의 수준을 갖추고 있다. 학교신경심

빠르게 찾기 3.2

Miller가 제안한 학교신경심리학자 양성 지침

학교신경심리학자는 일차적으로 학교심리학자로서의 명확한 전문가적 정체성을 갖추어야 한다. 학교신경심리학자는

- 지역의 공인된 대학에서 학교심리학 전문 과정 또는 박사 과정을 이수해야 한다.
- 최소 600시간의 학교 경험을 포함한 1,200시간의 인턴 과정을 이행해야 한다.
- 주에서 제공하는 학교심리 자격증(또는 동등한 자격증)을 소지하고 있거나, 미국 학교심리학 자격증 (Nationally Certified School Psychologist, NCSP)이나 ABPP 학교심리학 자격증을 소지하고 있어야 한다.
- 학교신경심리학자로서 학교에서 근무한 경험이 최소 3년이 되어야 한다.

지금까지 언급한 입문 단계의 자격사항 외에, 학교신경심리학자는 다음 분야에 대해 전문적 지식과 자격을 갖추고 있다는 사실을 서류상으로 증명할 수 있어야 한다.

- 기능적 신경해부학
- 임상신경심리학, 소아 신경심리학과 학교신경심리학의 역사
- 인지 과정과 뇌-행동 관련성이 학습과 행동에 미치는 영향에 대한 이론적 이해
- 학교신경심리학에 대한 전문적 사안
- 신경심리학적 장애에 대한 명명법(명칭)
- 학교신경심리학 평가에 대한 개념적 모델
- 다음에 대한 구체적인 이론, 평가, 해결방안 : 감각-운동 기능, 주의 기능, 시공간 기능, 언어 기능, 기억 과 학습 기능, 실행 기능, 인지 효율과 능률, 그리고 처리 속도 기능, 전반적 인지능력
- 유전적 · 신경발달적 장애
- 소아 · 청소년기의 임상적 증후군과 관련된 신경심리학적 결여
- 신경심리약학
- 신경심리적 치료 계획 기술
- 전문가적 윤리와 전문가적 자격(예 : 보고서 작성 능력, 문진, 보고서 검토 등)
- 구체적으로 학교신경심리학에 대한 자격 기반의 지도적 경험(최소 500시간 이상)
- 지속적인 교육 요건(매년 최소 6시간의 CEU 교육 이수)

리학의 박사과정 단계 특수화는 교육 연수에 있어 선호되고 있는 방법이지만, 몇몇 전문 단계 학교심리학자들은 이 분야에 대해 형식적인 연수가 이루어지길 원할 것이다.

이 학교신경심리학자 양성을 위한 지침은 빠르게 찾기 3.3에서 좀 더 자세히 다루어질 것이다.

≡ **빠르게 찾기 3.3**

학교신경심리학 박사과정 커리큘럼 모델

중점 분야	수강 가능 수업
• 기능적 신경해부학	기능적 신경해부학 행동적 신경과학의 심화 신경생리학의 심화 (3학기 수강)
• 임상신경심리학, 소아 신경심리학, 학교신경심리학의 역사 • 전문가적 윤리 • 이론적 접근법과 전문가적 사안 • 학교신경심리학의 개념적 모델 • 신경심리학적 장애 명명법(명칭) • 감각-운동 기능, 주의 과정, 시공간 과정, 언어 기능에 대한 이론, 평가와 치료 계획 • 보고서 작성 • 최소 50시간의 수퍼바이저 감독하의 실습	학교신경심리학 I 신경심리학적 평가 I (3학기 수강)
• 학습과 기억 기능, 실행 기능, 인지 과정의 속도와 효율, 사회정서적 기능에 대한 이론, 평가와 치료 계획 • 소아/청소년기의 임상 증후군과 관련된 신경심리학적 결여 • 보고서 작성 • 전문가적 윤리 • 최소 50시간의 수퍼바이저 감독하의 실습	학교신경심리학 II 신경심리학적 평가 II (3학기 수강)
• 유전적 · 신경발달적 장애	유전적 · 신경발달적 장애(3학기 수강)
• 신경심리약학	신경심리약학(3학기 수강)
• 신경심리학적 해결방안 기술	신경심리학적 해결방안 기술 또는 신경인지적 해결방안 기술 (3학기 수강)
• 자격 기반의 지도적 경험(최소 225시간, 500시간 우선)	지도 실기(3학기 수강)
• 인턴 과정(최소 600시간의 학교신경심리학 경험)	인턴 과정(6~8학기 수강)
• 총 시간	27~29시간의 신경심리학적 집중 교육

출처 : School Psychology Doctoral Training Program at Texas Woman's University, Denton, Texas.

기능적 신경해부학

학교신경심리학자는 기능적 신경해부학에 대한 기초적 지식을 반드시 갖추고 있어야 한다. 특히 학교환경에 있는 학교신경심리학자에게는 구조적 신경해부학보다 기능적 신경해부학이 더 중요하다. 또한 학교신경심리학자는 fMRI나 확산텐서영상(Diffusion Tensor Imaging, DTI) 같은 연구 자료와 임상에서 아동의 신경발달장애에 대해 점차 사용이 늘어나고 있는 신경 촬영 기술에 대해 잘 알고 있어야 한다(Miller & DeFina, 2010; Noggle, Horwitz, & Davis, 2011).

임상, 소아, 학교신경심리학의 역사

학교신경심리학자들이 현재의 전문분야에 대해 제대로 이해하기 위해서, 기타 관련된 분야와 학교신경심리학 특수화의 출현에 대해 검토하고 이해하는 것은 매우 중요하다.

학교신경심리학에 대한 이론적 접근

다수의 최신 인지능력 평가의 이론적 기초는 신경심리학적 이론에 기반하였다(예 : Luria 이론, 과정 평가 접근 등). 그러므로 관련된 분야에 대한 주된 이론적 접근법에 대해 이해하는 것이 학교신경심리학자에게 있어 매우 중요하다.

학교신경심리학에 대한 전문가적 사안

학교신경심리학자들은 학계에서 이슈가 되고 있는 전문적 사안에 대해서 늘 깨어 있어야 한다(예 : 학교신경심리학자라는 명칭에 대한 논쟁, 현재의 업무 실제 트렌드 등)

신경심리학적 장애 명명법(명칭)

학교신경심리학자들은 지속적으로 의료 기록이나 이전의 신경심리학적 보고에 대해 교육자들과 학부모들에게 알기 쉽게 통역해주는 역할을 한다. 신경심리학적 명칭에 대해 그 의미를 알고 적절히 사용할 줄 아는 것이 매우 중요하다.

학교신경심리학적 평가에 대한 개념적 모델

신경심리학적 평가와 해결방안 모색을 위해 개념적 모델을 사용하는 법을 배우는 것은 중요하다. Miller의 학교신경심리학 개념적 모델(2007, 2010, 2012)은 나중에 더 자세히 설명할 것이다.

다음 사항에 대한 구제적인 이론, 평가, 해결방안

- 감각-운동 기능
- 주의 과정
- 시공간 과정
- 언어 기능
- 학습과 기억 기능
- 실행 기능
- 인지 과정의 속도와 효율
- 일반적인 지적 기능의 지표
- 학습 성취
- 사회정서적 기능
- 적응 행동

학교신경심리학자는 구체적인 이론적 모델에 대해 알고, 위에 나열된 과정과 기능들, 그리고 이것들의 학습장애에 나타나는 징후를 이해하고 이 데이터 차이를 통해 적절한 진단을 내리고 적용할 수 있어야 한다. 또한 개인의 구조를 측정하도록 만들어진 평가도구를 능숙하게 사용할 줄 알아야 한다. 학교신경심리학자들은 경험에 의해 입증된 다양한 치료 계획 중 평가 결과와 연결짓고 해당 학생에게 최대한 학습 기회를 누릴 수 있도록 해야 한다.

유전적·신경발달적 장애

학교신경심리학자들은 소수의 학생에게서 발병하는 발생률이 낮은 유전적·신경발달적 장애에 대해서도 인지해야 한다. 유전적·신경발달적 장애와 관련된 특징들과 그에 관련된 신경심리학적 연관성에 대해서도 인지할 수 있어야 한다. 때때로, 발생률이 낮은 장애를 가진 아동은 추가적 의료 서비스를 요하기도 하는데, 학교신경심리학자와 학교보건 간호사는 그 아동의 특징적 징후에 대해 가장 먼저 발견할 수 있는 사람들이다.

소아·청소년기의 임상 증후군과 관련된 신경심리학적 결여

학교신경심리학자들은 신경심리학과 연관된 일반적인 아동 장애(예 : ADHD, 투렛 증후군, 여러 발달장애 등)에 관한 여러 연구에 대한 지식을 갖추고 있어야 하고, 경험에 의해 증명된 해결방안을 학교환경에서 적용할 수 있어야 한다.

신경심리약학

제1장에서 이야기한 것처럼, 소아·청소년의 약물 사용은 나날이 증가하고 있다. 학교신경심리학자들은 뇌 신경화학을 통한 약물의 원리에 대해 이해해야 한다. 또 흔히 쓰이는 아동 장애 관련 약물과 그에 대한 잠재적 부작용에 대해 알고, 학부모와 교육자, 그리고 임상의 사이에서 효과적인 상담을 할 줄 알아야 한다.

신경심리학적 증거에 기반한 해결방안

학교신경심리학자들은 증거에 기반한 해결방안들과 평가 데이터를 연결시키는 것에 능숙해야 한다. 또한 그들이 추천한 권고사항에 대한 실질적 이행과 해결방안의 효율성에 대해서도 평가해야 한다.

전문가적 윤리와 전문적 자격

학교신경심리학자의 일상적인 업무 실천에 있어 전문가적 윤리를 접목하고 이해하는 것은 매우 중요하다. 또한 통합적인 보고서 작성, 문진 기록과 보고서 검토, 그리고 임상면접 등에 대해 능숙해야 한다.

자격 기반의 지도적 경험

Miller에 의하면, "학교신경심리학적 지식을 마스터하는 것으로 학교신경심리학에 대한 자격을 갖추었다고 말하기에는 충분하지 않다. 지식을 기반으로 실제 상황에 적용할 수 있는 지도적 경험은 학교신경심리학의 형식적 교육 과정에 기본적인 요건이다." 자격 기반의 지도적 경험이 없는 학교심리학자는 학교신경심리학자가 될 수 없다. 교육 연수 프로그램 중, 개별적 지도나 그룹 지도하에 실습생으로 하여금 실제 상황에 업무를 이행해 보고 피드백을 주고받는 것은 필수적이다. 학교신경심리학자는 최소 500시간 이상의 지도하의, 실제 상황에 기반한 경험을 하도록 정해져 있다.

지속적인 교육

학교신경심리학자들은 평생 동안 학습해야 한다. 학교신경심리학은 이제 막 출현하고 있는 학계이기 때문에 새로운 자료들(책, 검사, 해결방안 등)이 지속적으로 제공되고 있으며, 이 전문 지식과 기술들을 익히기 위한 지속적인 배움을 이어 나가야 한다. ABNSP 는 학교신경심리학 자격 소지자들로 하여금 매년 6시간의 지속적 교육(Continuing Education, CE)을 자격 유지를 위해 의무화하고 있다. 다른 기관들도 자격 갱신을 위해 CE나 CEU를 의무화한다. 예를 들어 NASP는 NCSP 자격 갱신을 위해 3년마다 75개의 전문적 발달을 요구하고 있다. 빠르게 찾기 3.3은 학교신경심리학 박사 과정에 대한 모델인데, 이는 텍사스여자대학교의 학교심리학 박사 과정에 의한 것이다.

요약

이 장에서는 학교신경심리학자들의 전문 교육에 대한 필요성과 자격 요건, 그리고 교육과정의 모델 등에 대해 다루었다. 학교신경심리학에 대해 점점 높아지는 관심과 연수에 대한 요구는 미래에 자격증과 관련된 사안이 더 나은 방향으로 나가게 할 것이다. 학교신경심리학자와 교육자들은 근본적으로 아동들의 학습을 돕고 필요한 해결방안을 제공하길 원하고 있다. 인지신경과학과 신경심리학에 대한 기초적 연구가 교육적 실천에 점점 적용되고 있는 것처럼, 전문가들로 하여금 이 지식을 학령기의 소아·청소년들에게 적용하기 위해 전문 자격을 갖출 필요성이 높아지고 있다.

자기점검

1. 다음 중 어떠한 분야의 훈련이 학교신경심리 훈련 프로그램보다 소아 신경심리 훈련 프로그램에 더 흔하게 포함되는가?

   a. 기능적 신경해부학

   b. 직업 윤리

   c. 유전적·신경발달적 장애

   d. 신경심리의 의학적 측면

2. 저자에 말에 따르면, 다음 중 학교 기반의 신경심리학적 서비스가 아닌 것은 무엇인가?

   a. 최근의 신경심리 도구들에 대해 CEU 연수를 듣는다.

   b. 학교신경심리학에 초점을 맞춘 박사학위 프로그램을 완수한다.

   c. ABSNP에서 학교신경심리학 자격을 취득한다.

   d. 대학원에서 역량 기반의 자격 프로그램을 감독하에 완수한다.

3. 다음 중 어떠한 신경심리 자격 기관이 미국심리학전문협회(ABPP)와 연계되어 있는가?

   a. 미국학교신경심리학회(ABSNP)

   b. 미국임상신경심리학회(ABCN)

   c. 미국신경심리학전문협회(ABN)

   c. 미국소아신경심리학회(ABPN)

4. 참인가 거짓인가? 모든 신경심리 자격 기관들은 주관적 서술 시험 통과를 필수로 여긴다.

5. 다음 중 어떠한 신경심리 자격 기관이 심리학 박사학위를 요구하는가?

   a. 미국학교신경심리학회(ABSNP)

   b. 미국임상신경심리학회(ABCN)

   c. 미국신경심리학전문협회(ABN)

   c. 미국소아신경심리학회(ABPN)

6. 참인가 거짓인가? 학교신경심리에 대한 국가적으로 채택된 훈련 표본이 존재한다.

7. 참인가 거짓인가? 학교신경심리학자는 평생 공부해야 한다.

답 : 1. d 2. a 3. b 4. 참 5. a 6. 거짓 7. 참

제 4 장

학교신경심리학적 평가가 필요한 때

이 장에서는 어떤 이유에서 학생들이 학교신경심리학적 평가를 받도록 의뢰되는지에 대해 설명할 것이다. 대부분의 이유는 아동의 알려진 또는 의심되는 신경 질환(예 : 외상성 뇌손상, 후천적 뇌손상 등), 신경근육병(예 : 뇌성마비, 근이영양증), 뇌종양, 소아 중추신경계 감염, 신경발달적 위험 인자 소지 아동(예 : 태아기의 약물/알코올노출, 저체중아 또는 조산아), 두부 외상 후 학교 복귀, 사회적·정서적·환경적 요인으로 설명할 수 없는 급격한 학업 성취 저하, 현재의 치료 계획으로 도움을 받지 못하는 학생, 여러 과정에서 결핍을 보이는 학생, 그리고 학습심리검사에서 좋지 못한 점수를 받은 학생 등 다양한 이유가 포함된다. 또한 특수한 도움이 필요한 학생들에 대해 숙고할사항에 대해서도 다룰 것이다.

학교신경심리학적 평가를 받도록 의뢰되는 공통적 이유

어떤 학생이 학습이나 행동에 어려움을 겪을 때, 신경심리학적 평가를 받는 것이 흔한 일은 아니다. 이 절에서는 신경심리학적 평가가 평가들의 계층에서 어디에 속해 있는지 다룰 것이다. 빠르게 찾기 4.1은 학생들이 겪을 수 있는 여러 가지 상황에 대해 나열하였다. 만약 이 중 하나라도 해당된다면 그 학생은 학교신경심리학적 평가를 받아볼 수 있

빠르게 찾기 4.1

심리학적 학습능력 평가를 받도록 의뢰되는 공통적 이유

- 학생에게 현재 적용되고 있는 여러 기존 개선방안 계획에 반응하지 않는 경우
- 학생의 심리학적 학습능력 평가에 결점의 증거가 발견되는 경우
- 학생의 심리학적 학습능력 검사 도표가 크게 흩어져 있는 경우
- 학생에게 알려지거나 의심되는 신경학적 장애가 있는 경우
- 학생이 신경발달적 위험 인자를 가지고 있는 경우
- 신경 손상이나 두부 외상 후 학생이 다시 학교에 복귀하는 경우
- 학생의 학업 성취가 설명될 수 없는 이유로 크게 떨어지는 경우

도록 해야 한다.

또한 아동기에 일어날 수 있는 신경심리학적 평가가 필요한 임상적 장애에 대한 기본적인 검토를 할 것이다.

신경학적 장애를 가지고 있거나 의심되는 아동

신경학적 장애를 가지고 있거나 의심되는 모든 소아 · 청소년들이 명확하고 쉽게 접근 가능한 발달 및 의료적 기록을 가지고 있는 것은 아니다. 보호자로부터 제공된 과거 발달기록에 대한 충분한 검토와 수집은 과거의 신경학적 외상(트라우마)을 알아내는 데 중요한 단계이다. 그러나 신경학적 트라우마나 위험 인자에 대해 알아내는 것은 과거 아동학대나 방치 등 가족들이 노출하기 꺼리는 주제일 수 있으며, 또 아동이 입양되거나 친척 및 위탁가정에서 자랐을 경우 과거 기록에 대해 알아내는 것은 쉽지 않다.

만약 어떤 학생이 신경적 트라우마나 손상에 대한 병력이 있거나 학교신경심리학자, 부모 또는 교육자가 의심은 되지만 기록되지 않은 신경심리학적 트라우마나 손상에 대한 병력을 발견한다면, 해당 학생은 학교신경심리학적 평가를 받기에 적합한 후보로 여겨질 수 있다. 학교신경심리학적 평가를 진행하기 전에 반드시 확인해야 하는 것은 해당 학생이 어떠한 학습적 또는 행동적 어려움을 반드시 겪고 있어야 한다는 것이다. 어떤 아동들은 두부 외상의 병력이 있으나 학습 또는 행동에 어려움을 전혀 겪고 있지 않은 경우도 있다. 이렇게 분류된 학생들은 지속적인 관찰이 필요하다. 신경 손상(예 : 외상성 뇌손상) 기록이 있는 소아 청소년을 관찰하는 것은 매우 중요한데, 이 아동들이 현재는

해당 학년의 과정을 충분히 따라가는 듯 보이지만 미래 학습 및 행동 문제를 갖게 될 위험이 있기 때문이다. 유아 시기에 두부 손상을 경험한 아동들이 '괜찮아 보이고' 모든 기능이 한동안 정상처럼 여겨지는 것이 드문 일은 아니다. 그러나 나중에 뇌가 성숙해질수록 학습적 또는 행동적 결여를 보이거나 학교의 학업 과다 시 어려움을 느낄 수 있다.

학업적 또는 행동적 어려움을 겪고 있는 과거나 최근에 두부 손상을 겪은 아동

"외상성 뇌손상(TBI)은 후천적 뇌손상 또는 두부 손상이라고 불리는데, 이는 갑작스러운 외상이 뇌에 손상을 일으킬 때 나타난다"(National Institute of Neurological Disorders and Stroke). TBI는 대부분 어떤 물체가 갑작스럽게 두개골에 부딪치거나, 두개골이 둔력의 힘을 가진 물체에 맞았을 때 일어난다. 폐쇄성 뇌손상은 두개골이 관통되지 않았으나 그 타격의 힘이 손상을 일으킬 때 나타난다. 개방성 뇌손상은 어떠한 물체가 두개골을 뚫고 뇌 조직으로 들어갔을 때를 말한다. TBI는 가벼운(mild), 보통의(moderate), 또는 심한(severe) 정도로 구분되는데 이는 뇌손상의 규모에 따라 구분된다. 가벼운 TBI의 증상으로는 의식 상실 없음 또는 몇 초나 몇 분 단위의 의식 상실, 두통, 혼란, 약간 어지러움, 어지러움, 몽롱, 눈의 피로, 귀 울림, 피로, 무기력, 수면 패턴의 변화, 행동 또는 기분 변화, 그리고 기억력, 집중력, 주의력과 사고력 등의 문제를 포함한다(Semrud-Clikeman, 2001).

보통 또는 심한 정도의 TBI가 있는 학생은 기본적으로 가벼운 TBI와 같은 증상을 포함해 가라앉지 않고 점점 심해지는 두통, 지속적인 구토와 메스꺼움, 경련이나 발작, 수면 상태에서 깨어나지 못함, 한쪽이나 두 쪽 이상의 동공 팽창, 불분명한 발음, 사지의 무기력함이나 마비, 조정능력 상실과 증가된 혼란, 초조, 불안 등의 증상을 보인다.

TBI의 신경심리학적 결과에 대해 연구자들은 광범위하게 조사하고 있다. 다수의 장애나 뇌의 외상처럼, 발달적 요인은 아동의 현재와 미래의 삶에 일어날 기능 상실, 회복 과정, 그리고 TBI 증상 징후에 큰 영향을 미친다. 가벼운 두부 손상이 장기적인 신경인지적 결여와 어떤 관련이 있는지에 대한 연구는 아직 부족하다(Anderson & Yeates, 2007). 그러나 문제 해결능력, 학습과 기억력, 그리고 주의력과 집중력을 포함한 신경인지적 결함이 보통부터 심한 정도의 TBI와 관련이 있다(Yeates et al., 2007).

TBI를 가진 아동이 학업과 행동적 어려움을 겪고 있을 때, 그들은 종종 특정학습장애, 지적장애, 또는 심한 정서장애 등과 같은 다른 장애로 오진되거나 잘못 분류된다(Morrision, 2010). Morrison이 말한 것처럼, TBI가 있는 소아청소년과 일하는 전문가들은 외상성 뇌손상 직후의 몇 년 동안이 잠재적 기능적 변화와 치료 교육에 있어 가장 중 요한 시기라는 것을 기억해야 한다. TBI를 겪은 기록이 있는 학생은 행동적 또는 학습적 어려움을 겪는지에 대해 지속적인 관찰이 필요하다. 더 나아가, TBI가 있는 아동들은 대 부분의 특수교육을 받는 아동들이 3년마다 재평가받는 것보다 더 자주 재평가받아야 한 다. 같은 뇌 부분에 손상을 입었어도 종합적인 결함은 학생마다 다르게 나타날수 있다. 이는 신경의 절단, 뇌 팽창, 감염 등과 관련된 이차적 결함에서 차이가 있기 때문이다.

후천적 또는 선천적으로 뇌손상을 입게 된 아동

이 절에서는 무산소증, 뇌종양, 뇌염, 유전적 기형, 뇌수막염, 신경섬유종, 발작장애, 겸 상 적혈구 빈혈과 뇌혈관 질환 등으로부터 오는 선천적 또는 후천적 뇌손상과 신경심리 적 관계에 대해 이야기 나눈다.

무산소증(산소결핍증)

산소결핍증이란 뇌를 포함한 장기의 조직으로 산소가 공급되지 않는 상태를 말한다. 저 산소증은 장기의 조직으로 가는 산소 공급이 저하된 상태이다. 무산소증과 저산소증은 익사 직전의 상태, 교살, 흡연 또는 이산화탄소 흡입, 음독 등 여러 가지 요인으로 인해 일어날 수 있다. 무산소증/저산소증은 의식 상실, 혼수상태, 발작을 비롯해 심지어는 죽 음의 원인이 되기도 한다. 무산소증/저산소증의 예후는 부상의 정도와 얼마나 빠르게 환 자의 호흡기관과 심혈관계가 지지를 받을 수 있는지에 따라 달라진다. 무산소증과 저산 소증은 환자에게 돌이킬 수 없는 피해를 끼치기도 한다. 환자가 무산소증/저산소증에서 회복된 후 여러 가지 심리적, 신경적 증상이 잠시 나타날 수 있으나 이는 곧 사라진다. 이 증상에는 정신착란, 성격 퇴행, 두정엽 증후군, 기억상실, 환각, 기억 손실 등이 포함 된다. 저산소증은 분만 시 호흡곤란 등으로 인해 생기는 분만외상과 관련이 있다는 사 실이 지속적으로 언급되고 있다. Colaluca와 Ensign(2010)에 의하면, 비교적 가벼운 분만 저산소증도 선택적 또는 지속적 주의력, 유치원에서의 어휘능력, 수학능력, 종합적인 인 지 또는 학습 기능, 그리고 사회능력과 같은 중요한 인지 손상의 원인이 될 수 있다.

뇌종양

빠르게 찾기 4.2에서는 아동기 뇌종양의 여러 종류와 특징에 대해 설명한다. 뇌종양은 좁은 부위 중심으로 생길 수 있고, 넓은 부위에 퍼져서 생길 수도 있다(침습성의 경우).

빠르게 찾기 4.2

아동기 뇌종양

종류	특징	발생률
• 소뇌성상세포종	• 대부분 양성, 낭포성이며 천천히 자란다. • 대부분의 징후는 한 손의 어색함, 한쪽으로 절뚝거림, 두통과 구토 등을 포함한다. • 일반적인 치료는 외과적 종양 제거이다. • 치유율은 일정치 않으며, 이는 외과적 수술의 완성도, 종양의 종류, 치료에 대한 반응에 의해 달라진다.	• 소아 뇌종양의 약 20%를 차지한다(5~8세까지가 절정 시기이다).
• 수모세포종	• 두통, 구토, 균형 잡히지 않은 동작과 무기력함 등의 징후를 보인다. • 척수를 통해 전이될 수 있다. • 외과적 제거만으로는 치료할 수 없으며, 방사선 치료 또는 화학요법이 수술과 함께 병행되어야 한다. • 암이 재발한다면, 대부분 치료 후 5년 안에 재발한다.	• 가장 흔한 소아 악성 뇌종양이다(소아 뇌종양의 약 10~20%를 차지한다). • 여아보다는 남아에게 더 빈번하게 발생하며, 절정 시기는 약 5세이다. 대부분 10세 이전에 발병한다.
• 뇌실막종	• 종양의 성장률이 일정하지 않다. • 종양이 뇌실에 위치하여, 뇌척수액(cerebrospinal fluid, CSF)의 흐름을 방해한다. • 두통, 구토, 균형 잡히지 않은 동작 등의 징후를 보인다. • 외과적 수술, 방사선 치료나 화학요법으로 단일 또는 복합적 치료가 필요하다. • 치유율은 일정치 않으며, 이는 외과적 수술의 완성도, 종양의 종류, 치료에 대한 반응에 의해 달라진다.	• 소아 뇌종양의 8~10% 정도를 차지한다.
• 뇌간교종	• 거의 아동들에게서 발병하며, 종양이 뇌의 뇌교와 수질에 위치한다. • 증상이 나타나기 전에 아주 크게 자랄 수 있다.	• 아동기 주요 뇌종양의 약 10~15%를 차지하며, 평균 연령은 약 6세이다.

(계속)

| | • 복시, 안면의 힘 없음, 보행 시 어려움, 구토 등의 징후를 보인다.
• 종양의 위치 때문에 외과적 제거가 거의 불가능하다.
• 방사선 치료와 화학요법이 종양의 크기를 줄이고 생명연장을 위해 행해진다.
• 5년 생존율이 낮다. | |
| • 두개인두종 | • 종양이 뇌하수체 줄기 근처에 위치한다.
• 대부분 생명유지와 관련된 구조에 위치해 외과적 절제가 어렵다.
• 시력 변화, 두통, 체중 증가, 내분비 변화 등의 징후를 보인다.
• 외과적 수술, 방사선 치료 또는 병행을 통해 치료한다. 두개인두종 치료의 최선적 접근법에 대해서는 여러 논란이 있다.
• 생존율과 치유율은 높은 편이지만, 내분비장애와 방사선 치료에 의한 인지(사고능력) 영향은 지속될 수 있다. | • 드문 편이며, 아동기 뇌종양의 약 10% 미만을 차지한다. 평균 연령은 약 7~12세 사이다. |

출처 : National Institutes of Health http://www.nlm.nih.gov/medlineplus/ency/article/000768.htm

또 비암성(양성)인 경우와 암성(악성)인 경우가 있다. 뇌종양이 자라면서 뇌세포를 파괴할 수 있는데, 이는 이차적 뇌손상의 원인이 된다. 뇌종양은 염증, 주변 조직과 뇌 전체적으로 부종을 유발한다. 뇌종양은 크기, 위치, 공통적인 특징과 치료 결과 등 여러 가지 요인에 따라 구분되는데, 뇌종양의 영향과 치료는 방대한 범위의 신경인지적 결함의 원인이 된다. 학생이 의료적으로 안정을 찾고 학교로 복귀하면, 학교신경심리학자가 해당 학생에 대한 신경인지적 강점과 약점에 대한 프로파일 기저선을 제대로 수립하는 것이 매우 중요하다. 지속적인 관찰과 학생의 뇌가 치료될수록 강점과 약점을 정리해 둔 프로파일을 바꿔주는 것 또한 아주 중요하다. 알맞은 개선방안 계획과 시행을 기록하고 관찰하기 위해 다면적인 신경심리적 기능을 수집해 놓은 기능적 프로필은 꼭 필요하다. 만약 학생에게서 뇌종양이 의심된다면 학교신경심리학자는 해당 학생을 신경과 전문의에게 의뢰해야 한다. 정상적이지 않게 짜증이 늘었거나 무기력, 복시, 구토, 두통 또는 설명할 수 없는 행동/성격 변화 등과 같은 증상은 뇌종양과 관련이 있다.

뇌염

뇌염은 뇌의 출산 전 또는 출산 후 바이러스에 의해 뇌가 감염된 상태를 말한다(Semrud-Clikeman & Teeter-Ellison, 2009). 급성 증상으로는 발열, 의식장애, 발작, 방향감각 상실, 기억 상실 등이 있다(Colaluca & Ensign, 2010). 뇌염은 급성, 아급성, 또는 만성과 같이 발병의 종류에 따라 분류된다. 뇌염의 신경심리학적 영향에 대한 연구 자료는 부족하지만, 지적 장애, 성급함 그리고 불안정성, 발작, 과다 긴장증이나 골 신경 관여 등의 증상이 감염된 아동들에게서 더 극심하게 나타난다.

유전적 기형

이 책에서 신경심리학적 과정에 영향을 끼칠 수 있는 모든 유전적 기형에 대해 다룰 수는 없다. 다운 증후군, 허약성 X 증후군, 윌리엄스 증후군, 엔젤만 증후군, 프래더-윌리 증후군, 터너 증후군, 클라인펠터 증후군, 누난 증후군 등이 신경심리학적 과정에 영향을 끼치지만, 이들이 전부는 아니다. 이 장애들의 신경인지적 결함에 대한 관계는 Goldstein과 Reynolds(2010), Riccio, Sullivan, Cohen(2010)의 연구 자료에서 찾아볼 수 있다.

뇌수막염

뇌수막염은 뇌와 척수를 둘러싸고 있는 얇은 막에 염증이 생긴 것으로, 아동들에게서 흔히 발생하며 목숨을 위협하기도 한다(Anderson & Taylor, 2000). 뇌수막염 초기 증상으로는 심한 두통, 목 경직, 환한 불빛을 싫어하는 것, 발열/구토, 피곤함, 자극에 대한 느린 반응, 멍한 시선, 피부발진, 또는 발작 등을 포함한다. Baraff, Lee, Schriger(1993)가 뇌수막염과 신경심리학적 결함의 관계에 대한 보고서 19가지를 메타분석한 결과, 뇌수막염을 앓았던 아동 중 16%의 아동이 장기적 결함을 갖게 되었다고 보고하였다. 이는 완전난청(11%), 양쪽의 심한 청각 손상(5%), 지적장애(6%), 경직 또는 마비(4%), 그리고 발작 질환(4%)을 포함한다. 신경심리학적 문제 또는 결함과 뇌수막염의 관계를 기록하는 것이 연구 방법론적 문제로 인해 어렵지만, 뇌수막염과 관련된 신경심리학적 결함은 발달상의 변수인 것으로 보인다. 예를 들어 병원에서 막 퇴원한 아동에게서 보이는 문제는 총체적(대근육) 운동 기능인 반면, 미세근육 운동 실조, 시지각 기능 결여, 또는 언어장애 등은 해당 아동이 학교를 다시 시작할 때쯤에 확인이 가능해진다.

신경섬유종

신경섬유종은 신경피부 증후군의 한 분류로 드문 질병이다. 신경섬유종에는 두 종류가 있으며 NF1과 NF2로 불린다. NF1의 경우 아동에게서 흔히 발병되고, NF2는 그렇지 않다. NF1은 모반처럼 보이는 피부 색소침착, 피부나 피부 안쪽의 양성 종양, 눈 홍채에 양성 종양, 뇌 여러 부분의 집중적 손상, 겨드랑이 같은 노출되지 않은 신체 부위에 주근깨가 나는 것과 같은 증상들로 특징지어진다(NINDS, 2012). NF2는 더 드문 편인데, 제8뇌신경에 천천히 자라는 종양이 생긴 것으로 특징지을 수 있다. NF2의 증상으로는 청각 손실, 균형 감각 저하, 두통, 귀 울림 등이 있다.

시공간 손상은 NF1의 주된 신경심리학적 결함 중 하나로 여겨진다(Billingsley et al., 2004). Cutting, Clements, Lightman, Yerby-Hammack, Denckla(2004)에 의하면 NF1을 가지고 있는 아동들은 언어, 운동 기능, 시각-운동 부분에 신경인지적 결함이 있다고 하였다.

발작장애

아동기에게 일어나는 대부분의 발작장애는 대사 이상, 저산소증, 두부 외상, 종양, 고열, 또는 선천적 원인에 의해 일어난다. 발작 원인을 정확하게 찾아내는 것은 어려우며, 다른 심각한 신경학적 상태나 이차적 장애를 반영하기도 한다. 모든 발작장애의 70% 정도가 알려진 원인 없이 일어나며, 이를 특발성(idiopathic)이라고 부른다. 아동들에게는, 임상소견이 발작장애 진단을 복잡하게 하는데, 이는 나이에 좌우되며 성인의 발작장애와는 매우 다르다. 50% 이상의 발작장애는 25세 이전에 시작하며, 이 중 많은 비중이 이른 아동기에 시작한다(Freeman et al., 2002).

발작이 개별특유 상태를 의미한다면, 간질은 다방면의 신경심리학적 과정에 영향을 끼치는 발작과 관련된 만성적인 상태를 의미한다. 발작은 아동들의 정상적인 뇌 기능을 방해한다. 발작은 의식, 움직임, 또는 감각에 갑작스러운 변화를 생성한다. 치료받지 못한 발작은 총제적 신경인지 기능 저하와 성취 저하를 가져올 수 있다.

빠르게 찾기 4.3에서는 주요 발작 종류와 이들의 신경심리학적 결함의 연관성에 대해 알아본다.

강직-간대 발작은 때로 긴 시간 동안 장기화되곤 하는데, 이 상태는 간질 지속증(status epilepticus)이라고 불리며, 입원을 요하게 된다. 아동에게 영향을 끼치는 다른 발작 증후군으로는 소아 간대성 간질, 양성 롤란드 간질, 유아성 경련, 레녹스-가스토 증후군, 라

=== 빠르게 찾기 4.3

발작의 종류

종류	특징
	부분 발작
단순 부분 발작	• 손가락과 발가락에서부터 시작해 온몸으로 진행되는 갑자기 날카롭게 움직이는 동작이 보인다. • 대부분 몸의 한쪽에 감각이 생기며 시각, 후각, 미각, 청각, 촉각 이상의 원인이 될 수 있다. • 아동이 주변환경에 대해 의식하고 있는 상태이다.
복합 부분 발작	• 의식 변화가 생긴다. 발작 시 아동이 주변에 무슨 일이 일어나는지 의식하지 못한다. • 시선이 멍해지면서 시작하고, 씹는 동작 같은 구강 움직임이 뒤따르며, 흐트러진 동작이 반복된다(예 : 입술을 쩝쩝대거나, 머리카락을 꼬거나, 손을 치는 동작).
이차적 일반화	• 부분 발작으로 시작한 발작이 일반적 발작으로 바뀌는 상태
	일반적 발작
결여 발작	• 소발작(petit mal seizures)으로 알려져 있다. • 멍한 시선은 가끔 ADHD로 오진되기도 한다. 멍한 시선은 하루에 100회 이상 생긴다. • 변별적 뇌전도파(EEG wave pattern)가 진단에 사용된다.
간대성 근경련 발작	• 팔과 몸통에 짧게 불수의성 근육 발작이 생긴다. • 단일 발작 또는 집단성 발작으로 생길 수 있다.
간대 발작	• 앞선 경직 없이, 사지에 발작이 생긴다.
강직 발작(긴장 발작)	• 갑작스러운 근육 수축과 함께 몸이 경직된다.
무긴장 발작	• 갑작스러운 근긴장 손실로, 아동이 넘어질 수 있다.
강직-간대 발작	• 대발작(grand mal seizure)으로 알려져 있다. • 경련이라고 불리기도 한다. • 의식 손실이 생긴다. • 갑작스러운 울음, 넘어짐, 몸의 경직 등으로 시작하며, 근육 긴장으로 인한 발작 동작(간대)과 이완(무긴장)이 반복하여 뒤따른다.

출처 : Salpekar, Berl, and Kenealy(2011); Semrud-Clikeman and Teeter-Ellison(2009); Riccio, Sullivan, and Cohen (2010); Youngman, Riccio, and Wicker(2010).

스무센 증후군, 랜도-클래프너 증후군과 점진적 근 간대성 간질 등이 있다.

겸상 적혈구 빈혈과 뇌혈관 질환

뇌혈관 질환은 혈관 질환의 일부가 뇌손상의 원인이 되는 것을 뜻한다. 몇몇 뇌혈관 질환은 뇌졸중을 일으키기도 하며, 뇌혈관장애(cerebrovascular accidents, CVAs)라고 불린다. 여러 가지 이유로 CVA를 겪은 아동들은 심각하고 영구적인 신경심리학적 손상을 입게 되기도 하는데, 이는 지적장애, 언어장애, 주의력 장애, 언어 학습과 기억력 장애, 시공간 처리 장애 등을 포함한다(Colaluca & Ensign, 2010; Riccio et al., 2010).

겸상 적혈구 빈혈(sickle cell disease, SCD)은 만성적 빈혈의 원인이 되는 유전적 혈액 질환이다. SCD는 아프리카계 사람들에게서 높은 발생률을 보인다(Wang, 2007). SCD와 관련된 신경심리학적 결여는 어린아이의 운동 기능과 언어 기능 결여, 초등기 아동의 IQ 감소, 그리고 모든 연령대에서 주의력, 작업기억력, 읽기와 수학의 어려움을 포함한다.

신경근병을 앓고 있는 아동

이 절에서는 아동기 뇌성마비와 근육 위축증 같은 신경근 질환과 신경심리학적 관계에 대해 알아보자.

뇌성마비

뇌성마비(cerebral palsy, CP)는 만성적 운동 질환을 뜻한다. CP는 근육이나 신경의 혼란으로 생기는 것이 아니다. 이는 운동과 자세를 담당하는 뇌 구조(추체로 또는 추체외로) 발달의 결함으로 생기는 것이다. CP는 다음과 같은 특징이 있다.

> "특히 근육 통제와 조율에 있어, 운동 기능을 완전히 통제하는 것은 불가능하다. 뇌의 어떤 부위가 손상되었는지에 따라 다음 중 하나 또는 그 이상의 증상이 나타난다 ─ 근육 긴장 또는 경직, 불수의성 움직임, 걸음걸이 또는 이동 장애, 삼키거나 말하는 데 어려움을 느끼는 것 등. 또한 비정상적 감각과 지각, 시각, 청각, 언어 손상, 발작, 정신지체도 나타날 수 있다. 다른 문제점으로는 식사의 어려움, 방광과 창자의 조절 문제, 자세로 인한 호흡 곤란, 욕창으로 인한 피부질환, 학습장애 등이 있다."(United Cerebral Palsy)

뇌성마비는 대부분 네 종류로 나뉘는데 이는 경직형 뇌성마비, 불수의 운동형 뇌성마비, 운동 실조형 뇌성마비, 그리고 복합적 뇌성마비이다. 뇌성마비와 신경심리학적 관계에 대해서는 완전히 조사되지 않았다. Semrud-Clikeman과 Teeter-Ellison(2009)이 뇌성마비와 신경심리학적 기능의 연관성에 대한 보고서를 검토하였는데, 그들에 의하면 경직성 뇌성마비를 가지고 있는 아동의 시각-지각-운동 기능에 손상이 두드러진 특징이 있고, 언어적 IQ보다 비언어적 IQ에 더 낮은 성취를 보인다고 하였다. 뇌성마비로 진단받은 아동은 학교신경심리학적 종합검사를 받고 여러 가지 기능(특히 감각-운동, 시공간, 학습 성취 등)의 기본적 단계가 어디인지 알아낼 필요가 있다.

근육 위축증

선천적 근육 위축증(congenital muscular dystrophy, CMD)은 신생아 또는 생후에 발견되는 근력저하 질병 중 하나를 뜻한다. CMD는 일반적으로 근긴장성 근육 위축증(Myotonic Muscular Dystrophy, MMD), 뒤시엔느 근육 위축증(Duchenne Muscular Dystrophy, DMD), 베커 근육 위축증(Becker Muscular Dystrophy, BMD), 지대 근육 위축증(Limb-Girdle Muscular Dystrophy, LGMD), 얼굴 어깨 팔 근육 위축증(facioscapulohumeral muscular dystrophy, FSH 또는 FSHD)(랑도우지-데제린 근위축증이라고도 함), 그리고 척수근 위축증(Spinal Muscular Atrophy, SMA)의 6개 종류로 나뉜다. 근육 위축증은 출생 시 또는 출생 직후부터 모든 근육에 영향을 끼친다. 진행속도는 종류마다 다르며, 대부분은 천천히 진행하지만 몇 가지는 수명을 단축시키기도 한다. 심각한 지적장애가 근육 위축증과 관련이 있는데 이는 뇌의 구조적 변화로 일어난 것이며, 근육 위축증 자체가 인지능력에 미치는 영향은 일정하지 않다(Blondis, 2004).

신생아에게 일어나는 근긴장성 근육 위축증(MMD)은 다양한 근육에 영향을 끼치며 지적장애와 관련이 있고, 청소년기에 일어나는 MMD는 학습장애, 운동의 시작 문제 등과 관련이 있다(Blondis, 2004). ADHD와 불안장애 또한 MMD를 가진 아동에게서 관찰된다. MMD의 진행은 느린 편이며, 약 50~60세까지의 수명을 갖는다.

뒤시엔느 근육 위축증(DMD)은 몸 중심부의 근육과 관련이 있으며 DMD 아동의 평균 IQ는 85 정도이다(평균보다 조금 낮은 정도). 평균적으로 DMD가 발병하는 나이는 2~6세이며 언어, 읽기, 음운 축약, 수용 및 표현언어, 언어 학습과 주의력, 작업기억력에 신경심리학적 결함을 보인다. 이들의 수명이 30대 초반을 넘기는 일은 드물다(Blondis, 2004).

베커 근육 위축증(BMD)과 지대 근육 위축증(LGMD)은 팔 다리 이음근과 몸의 중심부 근육에 영향을 미친다. 두 종류의 근육 위축증은 성인 또는 청소년기에 나타난다. 아직 이 질환에 대해 알려진 것은 많이 없지만, BMD를 가지고 있는 아동은 언어적·비언어적 평균 IQ가 낮은 편이고, LGMD를 가지고 있는 아동의 IQ는 그 격차가 큰 편이다. 두 종류의 근육 위축증을 가진 아동들은 대부분 중노년기까지 살기도 한다.

얼굴 어깨 팔 근육 위축증(FSH 또는 FSHD)은 초기에는 몸의 중심부에서 시작해 말단근육으로 퍼져 나가며, 20대 이후에 나타난다. 이에 대한 신경심리학적 영향은 밝혀진 바가 없다. 마지막으로 척수근 위축증(SMA)은 몸의 중심부 근육에 영향을 끼치고, 아동기에 시작되어 성인이 될 때까지도 진행된다. FSH/FSHD처럼, 신경심리학적 연관성에 대해서는 알려진 것이 없다.

중추신경계 감염 또는 면역 질환을 가진 아동

대부분의 충추신경계 감염 또는 면역 질환은 천식, 말기 신장 질환, 후천성 면역결핍 증후군(HIV/AIDS), 소아 당뇨병, 백혈병, 이분척추증(척추뼈 갈림증), 또는 뇌수종 등을 포함하는데, 이 절에서는 이 질병과 신경심리학적 관계에 대해 다룰 것이다.

천식

질병관리예방센터(CDC, 2007)에 의하면 약 960만 명(13.1%)의 18세 미만 아동이 천식 진단을 받은 적이 있다고 한다. 이는 천식이 소아에 있어 일반적인 질병임을 상기시킨다. 천식의 부정적 결과 중 하나는, 아이들이 결석하는 일이 많아지고 이로 인한 학업적 손실이 많아진다는 것이다. 알부테롤(Albuderol)과 같은 의약품은 아이들을 각성시키고, 주의력, 기억력, 끈기력, 그리고 시공간적 계획 능력을 감소시키는 부작용이 있다. 최근 연구들은 천식과 신경심리학적 결여의 관계가 너무 과장되었으며, 아주 심한 천식을 앓는 어린이들에게만 영향을 끼친다고 제안한다(Colaluca & Ensign, 2010). 학교신경심리학자는 아동의 천식 기록에 대해 알고, 교육자와 부모에게 의약품의 잠재적 부작용이 아동의 행동과 학습에 부정적 영향을 끼칠 수 있다는 것을 알려야 한다.

말기 신장 질환

아동 신부전은 신장의 외상, 저산소증, 감염, 약물 독성, 그리고 면역 질환을 포함한 여러 질환이나 기형에 의해 발생한다(Fennell, 2000). Colaluca와 Ensign(2010)에 의하면, 신부전은 신경심리학적 문제와 관련이 있으며 이는 다음을 포함한다 — 지적 손상(IQ검사에서 낮은 점수), 유아기의 발달 지연(운동적·정신적), 기억장애(단기기억 손상과 언어학습 문제), 주의력 기능장애(즉각적 손상, 느린 반응 시간, 조심성 검사에서 충동성·부주의성의 오류), 그리고 시공간적 시각구조상의 문제(이차원 구조 손상, 이차원 복사 손상). 학교신경심리학자는 해당 학생에게 학습과정 관찰과 질병을 견뎌낼 수 있는 정신적 지지로 도움을 줄 수 있다.

인간 면역 결핍 바이러스 / 후천성 면역결핍증후군(HIV / AIDS)

아동의 인간 면역 결핍 바이러스(HIV) 감염과 후천성 면역결핍증후군(AIDS)은 주로 HIV 양성의 어머니에게서 아동에게로 바이러스 전염이 되어 발생한다(Dhurat, Manglani, Sharma, & Shah, 2000). Allen, Jesse와 Forsyth(2011)에 의하면, 성인의 경우 HIV가 이미 성숙하고 골수가 있는 신경계에 영향을 미치는 반면, 아동에게는 아직 뇌가 발달하고 있는 중이어서 더 취약하다고 하였다. Pulsifer와 Aylward(2000)가 연구 보고서를 검토한 결과, AIDS를 앓고 있는 아동은 유아기(12개월 이하)부터 지속적인 운동 기능 기형에 시달리며, 이 기형은 시간이 지날수록 감소한다고 밝혔다. 연구자들은 AIDS를 앓고 있는 취학 전 연령 아동은 점진적 뇌질환, 발달 지연 증가 또는 발달이정표 상실, 추체 운동 기능 장애 등과 밀접한 상관관계가 있다고 밝힌다. 다른 모든 면역 질환처럼 AIDS 아동의 인지 감소 또한 발견되는데(Jeremy et al., 2005; Pulsifer & Aylward, 2000) 소근육과 대근육 발달(Pearson et al., 2000), 주의력과 실행 기능(Schneider & Walsh, 2008), 시각 주사, 언어적 또는 비언어적 기억력, 표현언어와 수용언어, 정신운동 속도(Pulsifer & Aylward, 2000) 등이 그 예이다. AIDS 아동의 학습적 결여는 수학(Pearson et al., 2000)과 작문(Fundarò et al., 1998) 기능에서 보여지기도 한다. 또 다른 HIV 바이러스의 잠재적 손실은 AIDS의 의료적 치료가 중대한 인지 손상을 발생시킬 수 있다는 것이다. AIDS 아동은 필요에 따라 OHI(Other Health Imparied)의 특수 학습 서비스를 받을 자격이 주어진다. 학교신경심리학자는 AIDS 아동이 가진 잠재적 인지 또는 행동 관련 문제에 대해 상담하고 평가할 수 있도록 준비되어야 한다.

소아 당뇨병

인슐린 의존형 당뇨병(insulin-dependent diabetes mellitus, IDDM)는 흔한 아동 자가면역 질환이다. 이 질병은 인슐린을 만드는 데 필수적인 췌장 안의 세포를 파괴시켜 인슐린 분비를 불가능하게 만든다. 이 질환을 앓고 있는 아동은 매일 인슐린을 주사해야만

한다. Rovet(2000)에 의하면 당뇨에 의한 뇌의 당과 인슐린 불균형 상태(당과 인슐린이 너무 많거나 또는 너무 적은 상태)가 미치는 영향은 일시적이기도 하며 영구적이기도 하다. 당뇨를 가진 아동은 시각-운동, 기억력, 주의력 분야에 있어 신경심리학적 결여를 보이기도 한다. Rovet은 IDDM의 시작 나이에 의해 신경심리학적 문제의 정도나 분야가 달라질 수 있다고 했으며, 그의 연구에 의하면, 시공간 능력의 경우 이른 나이에 당뇨가 시작될수록 부정적 영향을 받고, 언어, 기억력과 주의력의 경우 당뇨가 늦게 시작된 경우 더 부정적 영향을 받는다고 하였다. 학교신경심리학자는 IDDM 진단을 받은 아동들에 대해 알고 그들의 학습 과정을 관찰해야 한다.

백혈병

급성 림프구성 백혈병(acute lymphoblastic leukemia, ALL)은 아동들에게 가장 흔하게 일어나는 악성 종양이다. 현재의 백혈병 치료제는 70% 이상의 차도 성공률을 보인다. 가장 많이 쓰이는 ALL의 치료법은 화학요법과 방사선 치료이다. 이러한 치료법은 특히 어린아이일수록 중추신경계 전체의 유독성과 관련이 있다. 소아 신경심리학자의 역할은 암 연구자를 도와 치료법의 신경행동 결과 피해 범위에 대해 알아내는 것이다. Espy 등(2001)은 백혈병 아동이 화학요법을 받은 2, 3, 4년 후 장기적 결과에 대해 연구하였는데, 산수, 시각-운동 통합과 언어 유창성 면에서 결여가 발견되었다. Donnelly(2005)에 의하면 학교신경심리학자의 가장 중요한 역할은 교육 성취에 대해 관찰하고, 개선을 위한 정보나 의견을 제공하며, 자기효능감을 유지할 수 있도록 도와 백혈병을 앓고 있는 학생이 학교환경과 지속적인 연결고리를 가질 수 있도록 돕는 것이다.

이분척추증(척추뼈 갈림증) 또는 뇌수종

이분척추증은 태아 초기(3~6주)에 신경관 융합 실패로 인해 발생한다. 이분척추증과 관련된 신경심리학적 결여는 척수의 병변 위치에 따라 달라지는데, 병변이 더 위에 있을수록 더 심각한 손상에 시달린다(Colaluca & Ensign, 2010). 뇌수종은 뇌실에 뇌척수액이 과도하게 많은 의학적 상태이며, 이는 두개 내의 압력을 증가시킨다(Fletcher, Dennis & Northrup, 2000). 뇌수종은 이 자체로는 질병이 아니나, 다른 생리적 장애(예 : 종양, 감염, 또는 뇌 외상 등)의 증상이 될 수 있다. 1세 미만의 이른 뇌수종 발생은 선천적 또는 주산기 질병의 결과이다(Fletcher et al., 2000). 뇌수종으로 인해 두개골 내의 압력이 증가하면, 머리 크기 증가와 함께 뇌 조직이 두개골에 뭉개지며 뇌 조직 손상을 일으킬 수 있다. 가장 흔히 사용되는 뇌수종 치료법은 척수액을 복강으로 빼낼 수 있게 션트(액체를 빼주는 선로같은 것)를 외과적 시술을 통해 삽입하는 것이다. 이른 시기에 뇌수종이 발병한 아동의 경우 소근육과 대근육 운동 협응 기능, 시각-운동 그리고 시공간적 과정, 언어 지연, 문제 해결 능력과 집중력 등에 결여를 보인다. 유치원 또는 학령기 아동에게 뇌수종 기록이 발견되면, 학교신경심리학자는 위에 나열된 잠재적 결핍에 대해 관찰해야 한다.

신경발달적 위험인자 소지 아동

신경발달적 위험인자는 태아기에 약물이나 알코올 등에 노출되는 것과 저체중 및 조산을 포함한다. 이 위험인자들과 관련된 신경발달적 결여에 대해서 의논할 것이다. Horton Jr., Soper, McHale과 Doig(2011)는 아편/헤로인, 흡입제 또는 용제, ACID나 엑스터시 같은 환각제 등에 대한 노출과 신경심리학적 관계에 대해 검토하였다. 소아 · 청소년기의 메탐페타민(Methamphetamine＝Meth, 각성제) 복용이 심각한 문제가 되고 있으며, 아기들이 처방약이나 불법적인 약물에 중독되어 태어나는 것 또한 심각한 문제이다. 그러나 이러한 소아 대상 약물 남용과 이것이 미치는 영향에 대한 연구는 아직 충분하지 않다.

알코올

태아 알코올 증후군 장애(fetal alcohol syndrome disorder, FASD)는 태아기의 알코올 노출에 대한 큰 분류를 일컫는 것으로, 태아 알코올 증후군(fetal alcohol syndrome, FAS), 태아 알코올 영향(fetal alcohol effects, FAE), 부분적 태아 알코올 증후군(partial fetal alcohol syndrome, PFAS)을 포함한다. Vaurio, Crocker와 Mattson(2011)에 의하면 FASD 아동은 청각 주의, 언어 유지와 기초적 언어 기능에 강점을 보이나, 전체적 인지능력, 실행 기능, 시각 주의, 언어적 또는 비언어적 학습, 운동 기능, 외현화 행동과 적응행동 면에서 약한 모습을 보인다고 하였다.

코카인

Frank, Augustyn, Knight, Pell, Zuckerman(2001)은 태아기 코카인 노출의 영향에 대해 검토하였다. 많은 사람들이 코카인 노출이 심한 신경발달적 또는 신경행동적 문제를 발생시킬 것이라고 우려하는 것과 달리, 연구 결과들은 이 주장을 뒷받침해주지 않으며, 만약 상관관계가 있더라도 그것은 아주 미미하다는 결과가 있다(Horton et al., 2011). 아동들에게서 코카인 노출에 의한 행동적 또는 신경발달적 영향이 관찰된다면, 이는 아마도 임신 시 동시에 발생된 다른 물질(예 : 니코틴, 마리화나, 또는 알코올 등)에 의한 문제이거나, 산모 방치 또는 학대에 의해 발생했을 수 있다.

환경적 독소

기형 발생 물질(teratogen)은 정상적 발달에 부정적 영향을 미치는 물질이다. 기형 발생 물질 노출에 따른 영향은 노출 시간, 노출량, 노출 지속기간, 그리고 산모와 태아의 기형 발생 물질에 대한 유전적 취약성에 따라 달라진다. 지난 수십 년간, 태아와 아동이 환경적 독소에 노출되는 것이 눈에 띄게 증가해 왔다(Arnstein & Brwon, 2005). 폴리염화 비페닐(polychlorinated biphenyl, PCBs), 메틸수은, 납 등에 노출되는 것은 신경발달적 문제를 일으킨다고 알려져 있다.

니코틴

Martin 등(2003)에 의하면, 임신한 여성 중 11.4%가 임신 기간 동안 계속 흡연한다. 임신 중 흡연은 태아에게 이산화탄소, 니코틴과 함께 다른 화학물질에 노출되게 만든다. 불임, 유산, 사산과 저체중아 출산 등과 흡연은 인과관계가 있다(Olds, 1997). Olds가 니코틴의 장기적인 신경행동적 영향에 대해 메타분석한 결과, 산모의 니코틴 흡연이 아동의 주의력 문제와 연관이 있는 것으로 나타났다.

조산아/저체중아

저체중아는 발달 지연, 주의력 문제, 행동적 장애, 학업 실패, 그리고 인지 손상과 관련이 있다. 저체중아 기록을 가진 아동에게서 인지와 운동 기능 지체는 빠르면 생후 18개월부터 24개월 사이에도 관찰되곤 한다(Dooley, 2005). Riccio 등(2010)이 조산아 연구에 대해 검토한 결과 많은 신경심리학적 결여에 대해 확인할 수 있었다. 학교신경심리학자들은 해당 아동들을 상대로 폭넓은 기반의 평가를 통하여 강점과 약점을 정리한 프로파일을 갖추도록 해야 한다.

마리화나

담배 흡연과 비슷하게, 산모가 마리화나를 흡연하게 되면 태아는 이산화탄소에 노출되며, 마리화나에서 발견되는 THC(tetrahydrocannabinol)라는 물질에 노출된다. Fried 와 Simon(2001)은 임신 중에는 마리화나 흡연이 태아에게 부정적 영향을 끼치지 못하나, 태아기의 마리화나 흡연은 추후의 신경신지적 문제와 관련이 있다고 하였다. Fried와 Simon(2001)에 의하면, 산모의 마리화나 사용은 아동의 실행 기능 결여와 관련이 있다고 하였다. Goldschmidt, Richardson, Cornelius, Day(2004)의 연구에 의하면, 산모를 통한 태아기의 지속적인 마리화나 노출은 해당 아동이 10세가 되었을 때 읽기와 철자법 성취도를 낮추는 것으로 밝혀졌다. Horton Jr. 등(2011)은 태아기 마리화나 노출의 장기적 영향에 대한 폭넓은 이해를 위해 추가 연구가 필요하다고 하였다.

두부 외상 후 학교로 돌아가는 학생

학교신경심리학자는 외상성 뇌손상이나 기타 신경학적 상태로 병원 신세를 졌던 소아·청소년들이 병원이라는 환경에서 학교로 자연스럽게 돌아올 수 있도록 돕는 특수한 위치에 있다. 또, 운동 선수들(학생)의 운동 관련 뇌진탕에 대해 관찰하는 역할도 맡고 있다. 학생들의 신경적 외상의 원인이 무엇이든, 의료적 회복 후 학교로 복귀하는 학생들에 대한 대책을 가지고 있는 것은 매우 중요하다.

한 학생이 외상성 뇌손상을 가지고 있다는 사실을 학교가 알게 될 때는, 일반적으로 부모가 선생님이나 학교장에게 알리거나, 저녁 뉴스를 통해 큰 교통사고 소식을 접했을 때이다. 학생이 외상성 뇌손상으로 인해 병원에 입원하였다는 소식을 학교가 접하였다면, 그의 특수교육 책임자도 이에 대해 알고 있어야 한다. 이상적으로는, 지역 내에 연락을 취할 수 있는 외상성 뇌손상팀(TBI팀)이 갖추어져 있어야 한다. TBI팀은 학교신경심리학자(또는 학교심리학자), 언어치료사, 작업치료사, 보건 교사, 그리고 교육과정 전문가(선생님이나 자택교사 등)로 구성되어 있어야 한다. 물리치료사나 이동 전문가 등과 같은 다른 전문가들 또한 학교구 안에 존재한다면 필요 시 연락을 취할 수 있다. TBI팀의 기능은 병원 또는 의료환경과 학교의 접점을 찾아 해당 학생에게 현재와 장기적인 학습적 도움을 계획하는 것이다.

학생이 외상성 뇌손상이나 다른 신경학적 손상을 갖게 되었을 때, 해당 학생은 우선적으로 의료적 처치를 받아야 한다. 학생의 의학적 상태가 호전되고 의사 능력이 회복되면 학교가 교육을 제공할 수 있게 된다. 학생이 외상성 뇌손상으로부터 회복되면, 교육 서비스는 자택 교습부터 완전한 교실생활로의 복귀까지 다양하게 제공될 수 있다. 학교 기반의 TBI팀은 학생의 교육적 요구사항에 대해 가능한 빠르게 결정을 내려야 한다. 학교

빠르게 찾기 4.4

학교 기반 TBI팀의 역할

단계	가능한 기능
TBI 아동의 초기 신원확인	• TBI 학생의 학교 친구들에게 상담을 제공한다. • 부모/보호자가 제공한 학업 기록 정보를 병원과 공유한다.
병원에서 의료적 치료를 계획	• 병원에서 열리는 해당 학생에 대한 치료 계획 회의에 참석하여 어떠한 치료(예 : 언어치료, 재활치료 등)를 받는지 확인하고 추후 학생이 학교로 복귀했을 때 이 치료들을 학교환경에서 이어 나갈 가능성을 염두에 둔다. • 학생이 의료적으로 안정되었을 때를 위한 학습 계획을 세운다. • 특수교육 담당자, 학교장 또는 선생님에게 해당 학생에 대한 소식을 전한다.
퇴원 전	• 해당 학생이 집으로 퇴원하기 전, 병원 재활 담당자, 학교 기반 TBI팀과 함께 가정 방문하여 집의 물리적 설계(건축상의 장애물이나 위험요소 등)에 대해 평가를 실시한다. • 학교의 물리적 설계(건축상의 장애물이나 위험요소 등)에 대해서도 평가를 실시한다. • 학교 직원과 타 학생을 위한 현장 교육, 상담, 또는 준비에 대한 필요성을 확인하고 필요 시 적합한 교육과 상담을 제공한다. • 병원 사회복지사, 재활 담당자와 협력해 해당 학생의 복귀를 위한 가족들의 준비를 돕는다. • 교육 과정 준비를 위해 가족/보호자를 통해 해당 학생에 대한 의료 기록을 얻는다. • 퇴원 후 해당 학생과 정기적으로 접촉할 스케줄을 세운다. • 해당 학생의 교육적 필요 요소를 알아보기 위한 학교신경심리학적 평가를 시행한다.
학교 복귀	• 특수교육 또는 교육 개선을 시행하고, 지속적으로 관찰한다. • 집/학교/기관 도움을 학생에게 전달하고 조율한다. • 학생의 교육 과정을 지속적으로 관찰하며 필요할 때 IEP 목표를 조정한다.

기반의 TBI팀이 초기에 참여하게 되면, 해당 학생이 병원-집-학교가 협조하는 개선방안으로부터 혜택을 받을 수 있게 된다. 빠르게 찾기 4.4는 학생 회복 과정 중의 학교 기반 TBI팀의 기능에 대해 정리하였다. 또한 외상성 뇌손상뿐만 아니라 기타 신경학적 질환으로 인한 병원생활에서 학교로 복귀하는 학생들에게도 같은 원리의 방법들을 적용한다는 사실을 기억해야 한다.

사회정서적 또는 환경적 원인으로 설명할 수 없는 급격한 학업 성취 저하를 보이는 학생들

만약 학교신경심리학자가 갑작스러운 학업 성취 저하와 함께 무기력함, 두통, 늘어난 짜증, 복시, 구토, 또는 설명할 수 없는 성격과 행동의 변화 등의 증세를 보이는 학생에 대한 의뢰를 받았다면, 해당 아동은 주의 깊게 평가되어야 한다. 학생의 약물 남용 여부를 확인해야 하고, 갑작스러운 사회정서적 변화나 환경적 요인에서 이러한 비일반적인 행동들에 대한 원인을 찾도록 노력한다. 또한 공격적인 뇌종양이나 진단받지 못한 발작장애도 갑작스러운 변화의 원인이 된다는 것도 염두에 두어야 한다. 만약 해당 학생의 신경적 질환이 의심된다면, 학교신경심리학자는 평가 실행 이전에 치료를 위해 신경과 전문의에게 의뢰해야 한다.

지속된 개선방안에도 효과가 없는 학생들

NCLB(2001)나 IDEA(2004) 같은 최근의 연방교육법은 증거에 기반한 구조의 개선방안을 초기에 적용하는 데 초점을 둔다. 만약 학생이 다수의 개선방안에도 응답하지 않는다면, 해당 학생은 여러 분야에 걸친 팀으로 구성된 종합적 평가를 받도록 의뢰되며, 이를 통해 특수교육이나 관련된 혜택의 자격에 대해 평가된다. 종합적, 다원적 검사의 구성은 의뢰 내용에 따라 달라질 수 있다.

학교신경심리학적 평가의 목적은 학생의 사전 개선방안 비응답에 대한 신경인지적 이유가 있는지 알아내기 위함이며, 이 신경인지적 평가 데이터를 반영한 새로운 개선방안을 제시하기 위해서다. 올바르게 실시된 학교신경심리학적 평가는 선별된 개선방안이 성공적일 이유를 제공하게 된다. 예를 들어 어떤 학생이 음운론적 기술 부족으로 인한 독해에 어려움을 겪고 있다면, 초기의 개선방안과 개선 전략으로 음운처리 교육이 시도되어야 한다. 그러한 노력에도 불구하고 해당 학생의 독해능력이 나아지지 않는다면, 대체할 만한 개선방안을 찾기 위한 추가적인 평가가 필요하다.

다양한 처리 과정에 결핍을 보이는 학생

일반적으로 학습장애를 겪고 있는 학생들은 학교신경심리학적 평가 이전에 심리학적 학습능력 평가를 받는다. 예를 들어 한 학생이 WJIII-COG의 장기기억 부분(Woodcock, McGrew, & Mather, 2001, 2007a)이나, WISC-IV(Wechsler, 2003)의 작업기억력에서 낮은 점수를 받으면 추가적인 신경심리 검사가 필요할 수 있다. 학생의 상대적 강점과 약점에 대해 평가하고 그 결과를 해당 학생의 이전 점수들과 비교해보는 것(ipsative 비교법 : 한 대상자에 대한 평가 결과를 본인의 예전 결과와 비교하는 것), 또 같은 평가 결과를 표준 그룹의 점수와 비교해보는 것은 매우 중요하다. 일반적으로, 처리 과정에 결핍을 보인다는 것은 아동이 얻은 점수가 평균 점수보다 1.5표준편차만큼 낮고, 표준 그룹의 평균 점수와 비교해 1표준편차만큼 낮은 상태를 말한다. 처리 과정(processing)에 결핍을 보이는 학생들을 위한 학교신경심리 평가의 목적은 어떠한 과정 결여 유무에 대한 확인, 확정 또는 부정하고, 이러한 결여들이 학습에 잠재적으로 끼칠 영향에 대해 논하고 적절한 교육적 개선방안을 적용하기 위해서이다.

심리학습 능력 평가 결과 도표에서 큰 산포도를 보이는 학생들

아동들은 가끔 심리학습 평가 측정에 일반적이지 않은 큰 편차를 보인다. 예를 들어 WJII-COG에서 평균 65~115점의 점수를 받는 학생이 있다(이는 같은 나이 아동의 1% 미만에 속한다). 만약 검사 시행자가 이 점수가 해당 학생이 최선을 다한 결과라고 인정한다면, 해당 학생은 신경심리학적 평가를 받아볼 필요가 있다. 추후 학교신경심리 검사는 구체적인 신경인지적 강점과 약점을 판별하여, 해당 학생에게 적절한 개선방안을 계획하고 적용하는 데 도움이 된다.

특수교육이 필요한 학생들을 위한 숙고사항

이 절에서는 특수교육이 필요한 학생들을 평가할 때 고려할 점에 대해 이야기할 것인데, 이는 다음을 포함한다 — 검사 자료나 표준화된 설명서 수정, 검사 결과에 미치는 문화적, 사회-경제적, 환경적 요인의 인지.

검사 자료와 표준화된 시행 설명서 수정

검사 시행 시 표준화된 지침을 따르기 위해 총력을 다해야 한다. 그러나, 과정 평가 접근성 대부분이 검사의 한계가 된다. 표준화된 방식으로 검사가 시행되고 나면 검사 시행자는 개인의 최고 레벨을 뛰어넘은 질문으로 '한계를 시험'하거나, 질문을 수정하여 아동의 검사가 발전될 가능성이 있는지 검사할 수 있다. WISC-IV 종합본(Wechsler et al., 2004a) 검사는 학생들의 한계에 대해 검사하는 표준화된 검사이다. 표준화 검사의 결과는 늘 보고되어야 한다. 수정된 검사의 결과는 검사 시행자가 어떻게 시험 지침이나 내용이 수정되었는지 분명하게 설명할 경우 보고된다. 수정된 검사 결과는 표준화된 검사 결과를 대체할 수 없다.

대부분의 학령기 아동을 위한 신경심리학 검사는 아동의 운동적, 감각적 기능이 온전하다는 추정하에 만들어졌다. 아동의 운동 기능(예 : 뇌성마비, 근육 위축증 등) 또는 감각 기능(시력, 청력 등)이 손상된 경우, 학교신경심리학자들이 해당 아동들을 제대로 평가하는 것은 어려워진다. 특정한 아동을 위해 검사 수정이 필요하다면, 학교신경심리학자들은 해당 아동의 요건을 충족시키는 표준화된 검사가 있는지 먼저 확인해야 한다. 만약 행동적 양상을 이끌어내기 위한 검사 내용을 검사 시행자가 맞춤 수정한다면, 수정에 대한 특징을 첨부해야 한다. 예를 들어 시각 손상 아동의 수용적 언어 기능을 검사할 때는 시각 자극이 확대되거나 시각 자극을 없앤 검사를 시행해야 한다. 빠르게 찾기 4.5에서는 특수 도움이 필요한 학생들을 위한 수정 검사의 예를 살펴볼 것이다.

문화적, 사회경제적, 환경적 요인들에 대한 영향 인식

감각-운동 기능, 주의력, 기억력, 실행 기능과 같은 신경심리학적 구성은 문화, 신분, 인종을 거쳐 보편적으로 여겨진다. 정말 어려운 건 문화에 따른 신경심리학적 구성을 측정하는 것이다. 대부분의 신경심리학적 검사는 '서구 문화를 바탕으로 표준화'되었다(Nell, 2000, p. 3). 비서구화 문화의 아동들에게 이 검사들은 두 가지 주된 어려움이 있는데 언어 차이와 문화 변용이 그 문제이다. 이제 막 멕시코에서 미국으로 온 7세 아동은 지능 검사에서 낮은 점수를 받을 수밖에 없다. 영어를 이해하지 못하고, 미국 문화에 대한 낮은 지식은 낮은 점수의 주된 요인이다. 또한 대부분의 규준참조 검사들은 미국 밖의 학생들에 대해서는 반영하지 못하고 있다.

미국 내에서도 많은 언어들이 사용된다. 예를 들어 대부분의 사람들은 텍사스에서 영어와 스페인어가 주된 언어로 쓰이고 있다고 생각한다. 이것은 사실이나, 댈러스 독립학교구(Dallas Independent School District)의 학생들은 가정에서 70가지 이상의 다른 언어를 사용한다고 말하였다. Ardila, Roselli, Puente(1994)에 의하면, 영어가 모국어가 아닌 학생들을 위한 일반적인 평가 방법은 검사의 번역본을 사용하는 것이다. 실제로 여러 외국어로 번역된 신경심리학적 검사가 있다.

또 다른 외국어 번역본이 부족한 신경심리 검사의 접근법으로는 검사 시행 시 통역사를 사용하는 것이 있는데, 통역사 사용에는 세 가지 문제점이 있다. 그것은 (1) 영어 버전 검사에 있는 개념이 외국어로 직역될 수 없는 경우가 있고, (2) 통역 시 통역사가 질

빠르게 찾기 4.5

특수 도움이 필요한 학생들을 위한 수정된 종합검사의 예

시력 손상 학생 검사

- 표준화 시험을 구두 형식으로 시행한다.
- 시각능력을 이용하지 않는 공간 제어와 문제 해결 능력을 필요로 하는 비구두 형식의 검사를 시행한다.
- 표준화된 또는 구체적으로 시각 손상 학생 평가를 위해 만들어진 준거참조 검사를 시행한다.

청각 손상 학생 검사

- 언어 업무 검사가 가능한 경우, ASL(American Sign Language, 미국식 수화) 통역을 제공한다.
- 구어를 문어로 대체한다.
- 팬터마임, 수화, 제스처 등을 통해 지시사항을 설명한다.
- 표준화된 비구두 검사를 사용한다.

표현언어 장애 학생 검사

- 적합한 의사소통 경로를 정한다(가리키기 등).
- 표준 검사에 표현언어 결여 여부를 기록한다(예 : NEPSY-II; Korkman, Kirk, & Kemp, 2007).
- 비구두 검사를 사용한다.
- 팬터마임이나 제스처 등을 통해 지시사항을 설명한다.

운동 기능 손상 학생 검사

- 구두 또는 운동 기능이 필요없는 방법을 통해 종합적 인지능력을 평가한다.
- 빠른 운동 기능을 필요로 하는 업무를 피한다.
- 시간제한 없이 운동 기능 평가를 시행한다.

출처 : Hebben and Milberg, 2009, p. 90.

문의 의미를 바꾸거나 학생의 응답에 덧붙여 통역하지 않을 것이라고 장담할 수 없다는 점, (3) 통역사가 사용된다 하더라도 대부분의 신경심리학적 검사가 다른 문화권에서 자란 아동들의 표준을 적절히 반영하지 못한다는 점이다(Ortiz, Ochoa, & Dynda, 2012). 더 문제인 것은 다른 나라에서 자란 아동의 경우 적절한 표준을 반영하기가 더욱 힘들다는 점이다. 번역된 검사들은 아직도 백인의, 미국 사람을 기준으로 하여 그 결과가 정확하지 않다(Ortiz et al., 2012). Rhodes(2000)는 학교신경심리학자와 관련하여 학교환경에서 실행 가능한 통역사 사용 지침을 개발하였다.

또 다른 비서구문화 아동 평가의 주된 장애물은 문화 변용(acculturation)이다. 문화 변

용이란 '직접적이고 지속적인 다른 문화와의 접촉으로 문화적 변형이 생기는 것'을 뜻한
다(Pontón & Leon-Carrión, 2001). 문화 변용은 '언어, 가치, 신념, 사고방식, 성 역할,
심리학적 준거틀, 기술, 매체 선호, 여가 활동, 국경일 기념과 문화 정체성'을 포함한 서
로 연관성 있는 변수들의 집합체라고 표현할 수 있다.

  문화적으로 다양한 인구가 계속 늘어나고 있는 학교환경에서 일하는 학교신경심리학
자에게 주어진 유용한 평가 접근법도 있다. Nell(2000)은 신경심리학자들에게 문화간 비
교 평가를 위해 핵심(core) 종합검사 사용을 추천하였다. 그가 추천한 아동 평가의 구체
적 인지 구조는 시각운동 능력, 시각 교정, 자극 저항, 작업기억력, 청각기억력(즉각적,
지체적, 인지), 시각기억력(즉각적, 지체적), 그리고 언어이다. Nell은 여러 검사에 대한
서술을 제공하였는데, 이는 각 인지 영역을 측정하는 데 사용될 수 있다.

  학교신경심리학의 시행은 주로 뇌-행동 간의 관계에 대해 질적으로 이해하고, 이 관계
가 행동과 학습에 어떻게 나타나는지 이해하는 것이다. 신경심리적 검사는 뇌-행동 기능
을 평가하기 위한 하나의 도구일 뿐, 유일한 도구는 아니다. Hess와 Rhodes(2005)에 의
하면 아동의 언어적·문화적 다양성으로 인해 신경심리학적 측정이 부족한 상황에서 가
장 믿을 만한 정보의 출처는 임상적 기록이다. 문화적·언어적으로 다양한 인구를 대상
으로 한 신경심리학적 평가는 전문가들에게 늘 도전과제일 것이다. 연구자, 검사를 만드
는 사람들, 그리고 저자는 앞으로도 다양한 인구를 포함할 수 있는 생태학적으로 유효하
며 믿을 수 있는 측정법을 개발하도록 장려될 것이다.

요약

이 장에서는 학교신경심리학적 평가를 받도록 의뢰되는 이유에 대해 검토해보았다. 또
한 특수 도움이 필요한 아동들을 위한 검사 수정과 문화적·사회적·경제적·환경적 요
인이 신경심리학적 평가에 어떤 영향을 미치는지에 대해서도 이야기 나누었다. 다음 장
에서는 학교신경심리학적 검사의 개념적 모델에 대해 소개할 것이다.

자기점검

1. 다음 중 신경심리 평가를 받기에 적합한 이유가 되지 못하는 것은 무엇인가?

   a. 두부 손상 후 학교로 돌아오는 학생

   b. 심리교육 검사에서 좋지 못한 결과를 받은 학생

   c. 지적장애 아동

   d. 여러 가지 해결방안 전략에 반응하지 못하는 학생

2. 다음 중 뇌에 산소 공급이 감소하는 상태를 뜻하는 단어는 무엇인가?

   a. Anoxia   b. Repoxia

   c. Dyspoxia   d. Hypoxia

3. 참인가 거짓인가? 뇌손상을 입은 아동들이 회복된 것처럼 보이고 기능적으로는 정상인 것처럼 보이나, 뇌가 성숙해 갈수록 표면적인 학습과 행동장애를 보이게 되는 경우는 흔하다.

4. 다음 중 어떠한 종류의 뇌성마비가 뇌성마비 환자의 70~80%에 해당하며, 근육이 뻣뻣하고 영구적으로 수축된 증상을 보이는가?

   a. 경직형 뇌성마비   b. 운동 실조형 뇌성마비

   c. 복합적 뇌성마비   d. 불수의 운동형 뇌성마비

5. 아동에게서 가장 흔하게 나타나는 악성 뇌종양은 무엇인가?

   a. 소뇌성상세포종   b. 수모세포종

   c. 뇌실막종   d. 뇌간교종

6. 참인가 거짓인가? 태아기의 코카인 노출은 심각한 신경발달적·신경행동적 방해를 일으킨다.

7. 연구에 따르면, 급성 림프구성 백혈병과 관련된 장기 신경심리학적 결여는 다음 중 어떤 것인가?

   a. 읽기, 서술 언어, 언어적 즉각 기억에 대한 결여

   b. 사회적 기술, 표현적 언어, 소근육 운동 조화에 생기는 심각한 결여

   c. 산수, 시각-운동 통합, 그리고 언어적 유창성 결여

   d. 철자, 읽기, 그리고 서술 언어에 대한 심각한 결여

8. 청소년기에 발생하는 이 근육 위축증은 운동 시작 전에 발생하는 학습장애와 관련이 있다. ADHD와 불안장애도 동반한다. 다음 중 이 근육 위축증은 무엇인가?

   a. 선천적 근육 위축증   b. 근긴장성 근육 위축증

   c. 뒤시엔느 근육 위축증   d. 베커 근육 위축증

답 : 1. c 2. d 3. 참 4. a 5. b 6. 거짓 7. c 8. b

제 5 장

학교신경심리학적 검사의
통합적 모형

이 장은 학교신경심리학의 개념적 모형에 대해 검토할 것이다. 소개될 평가 모형의 단계는 다양한 평가 검사들 중 신경심리학 평가가 어디에 속하는지 설명한다. 마지막으로, 종합적 학교신경심리학적 평가 모형의 진화에 대해서 소개할 것이며, 각 구성이 포함된 이유에 대해서도 설명한다.

이전의 학교신경심리학적 평가

거래 모형(Transactional Model)과 인지 가설 검사 모형[Cognitive Hypothesis Testing (CHT) Model]이 학교신경심리학을 개념화한다고 소개되어 있다. 아동의 임상신경심리학적 거래 모형은 Teeter와 Semrud-Clikeman(1997; Semrud-Clikeman & Teeter-Ellison, 2009)이 제안하였다. 이 모형에서 연구자들은 중추신경계의 발달과 성숙에 유전적·환경적 요인이 얼마나 중요하게 작용하는지 알려준다. 또한 여러 가지 신경인지적 기능에 뇌의 피질하 영역과 피질 영역이 양방향으로 영향을 끼친다는 것을 설명한다. 신경인지적 기능은 지능 또는 인지능력의 기초를 형성하는데, 이는 차례로 학습, 행동, 그리고 사회적 기능에 영향을 미친다. 신경심리 패러다임의 변화 원리는 신경발달적 질환을 가진 아동의 전체적 조정을 위해 신경심리가 정신질환, 신경발달, 그리고 아동의 후천적 질환과 관련이 있다는 사실을 이해하는 것, 이러한 질병들에 대한 신경발달적 과정을 이해하는 것, 그리고 조절변수(인지, 사회적, 행동적 변수)의 중요성에 대해 인식하는 것이다. 이 아동 임상신경심리학적 거래 모형을 뒷받침하는 근거는 제2장에서 검토했던 신경심리학의 통합적 단계와 같다.

Hale과 Fiorello(2004)는 인지 가설 검사 모형(CHT Model)을 제안하였다. 그들은 이 모형에서 두 가지 접근을 결합했는데 이는 다음과 같다─(1) 개인의 심리학적 학습능력 평가, (2) 개선방안 개발과 관찰, 행동적 해결방안과 문제 해결 상담 두 가지 다 사용하는 것. Hale과 Fiorello의 모형에는 환경적 범위 안에서 아동들의 행동을 평가하는 것과 아동의 행동에 대한 신경심리학적 제약이 미치는 영향 평가가 내재되어 있다. 그들은 개선방안의 진척에 대해 추적할 때 행동적 분석 이용을 옹호하며, 단일 집단 설계의 중요성에 대해 강조한다. 그러나, 행동적 평가와 관찰만을 주장하는 엄격한 행동주의자들과 달리, Hale과 Fiorello는 적합하고 실질적인 해결방안 형성을 위해서는 아동의 인지 기능 정보에 대한 중요성 또한 인지하고 있다.

CHT 모형의 기본적 요소는 상담이나 의뢰 전 중재팀 등과 같은 간접적인 서비스를 제공할 수 있는 학교신경심리학자의 존재이다. 문제 해결 기술에 의존하는 간접적인 서비스 제공 모형은 미국의 학교심리학 기관들이 지난 20년간 채택해 온 방식과 같다. 최근 심화된 학교심리학자 부족현상으로 인해 간접적 서비스 제공 모형은 가장 중요하게 여겨진다(D. Miller & Palomares, 2000). 최근의 IDEA 2004 연장과 특수교육을 위한 개선방안 반응 모형(response-to-intervention model)의 잠재적 채택으로, 학교심리학계는 드디어 의뢰 전 중재팀과 증거에 기반한 치료법을 사용하도록 요구되고 있다.

CHT 모형에는 이론, 가설, 자료 수집, 해석의 네 가지 구성요소가 있다. 아동이 심리학습적, 또는 학교신경심리학적 평가를 받도록, 13단계로 구성된 CHT 평가 검사를 받게 된다. 그림 5.1은 CHT 모형에 대해 설명한다. Hale과 Fiorello에 의하면 대부분의 학습능력 평가는 이 모형의 5단계에 그친다고 하였다. 2001년 NCLB나 2004년 IDEA 같은 최근의 연방 권한은 교육자들로 하여금 9단계부터 13단계까지 사용하도록 의무화하고 있으며, 이는 해결방안 반응 모형의 Tier I, II단계와 같은 수준이다.

CHT 모형의 핵심 평가요소는 주어진 과제를 수행하는 신경인지적 수요/해결 전략에 대한 분석이다(Fiorello et al., 2010). 특정 학생에게 주어진 과제 수행의 성패와 관련한 가설을 만들기 위해, 시험관들은 성공적인 과제 수행을 위한 신경인지적 수요/해결 전략을 이해해야 한다. 시험관들은 이러한 정보를 여러 방법으로 얻을 수 있다. 첫 번째로는

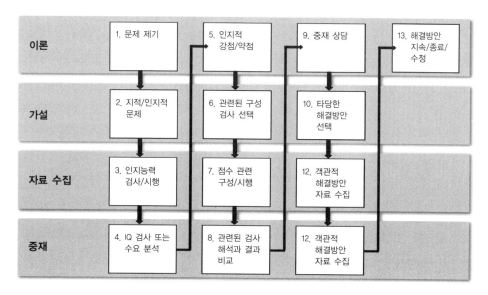

그림 5.1 인지 가설 검사(CHT) 모형

출처 : Hale and Fiorello, 2004.

검사 작성자가 배포한 검사 홍보물을 읽고, 해당 검사가 어떠한 측정을 위한 것인지 이해하는 것이다. 두 번째로는 검사자가 검사 설명서를 읽고 해당 검사의 구성에 대한 타당성을 평가하는 것이다(이 검사가 측정하고자 하는 것에 대해 측정 가능한 구성을 갖추었는가?). 세 번째로 검사자는 검사에 대한 문헌들을 읽고 해당 검사가 임상 집단에게 적용 가능한지, 비슷한 측정과 어떤 관련이 있는지 알아보는 것이다. 네 번째로, 더 나아가 학교신경심리학에 대한 연수가 검사자로 하여금 독해, 수학, 작문, 철자 등 발달에 필수적인 신경심리학적 구성요소에 대해 더 잘 이해할 수 있도록 해준다. 위에서 이야기한 두 번째와 세 번째 방법은 특정 시험의 특징 요소를 얻기에 가장 적합한 방법이기도 하다.

CHT 모형은 Lurian과 절차 지향 접근에 의존한 신경심리학적 평가이다. CHT 모형에서 만약 한 학생의 평가 자료에 전반적 결손이 관찰되면, 그 이유에 대한 가설이 제기되며, 구체적 결여에 대한 검사가 추가된다. 이러한 접근방법은 Lurian과 절차 지향 접근과 일관된다. 지금까지 학교신경심리학에 대한 이전의 접근에 대해 알아보았다. 빠르게 찾기 5.1은 이 두 이론에 대한 기본적 원리를 비교할 것이다. 다음으로는 평가 모형의 단계와 학교신경심리학적 평가에 대한 개념적 모형에 대해 소개할 것이다. 이 모형들 또한 거래 모형과 CHT 모형의 기본적 원리에 많은 공통점을 둔다.

빠르게 찾기 5.1

두 가지 학교/소아 신경심리학적 모형 비교

모형	기본적 원리
소아 임상신경심리학의 거래 모형(Semrud-Clikeman & Teeter-Ellison, 2009; Teeter & Semrud-Clikeman, 1997)	• 정신질환, 신경발달, 그리고 아동의 후천적 장애와 신경심리적 연관에 대한 이해 • 장애에 대한 신경발달적 과정 이해 • 신경 발달적 장애 아동의 전체적 조절을 위한 조절변수의 중요성을 이해
인지 가설 검사(CHT) 모형(Fiorello et al., 2012; Hale & Fiorello, 2004)	• 환경의 제약 안에서 아동의 행동을 평가 • 아동의 행동에 대한 신경심리학적 제한이 미치는 영향 평가 • 간접적 상담 모형과 문제 해결 접근 모형 이용 • 성공적 과제 이행을 위한 문제 해결 전략/특징 파악 • 체계적인 가설 검사 시행

평가 모형의 단계

공식적이거나 비공식적인 평가 기록 없이 신경심리학적 평가를 제안받는 것은 흔하지 않다. 일반적으로, 신경심리학적 평가는 평가 모형 단계에 속한다. 그림 5.2는 평가 모형의 단계에 대해 설명한다.

어떠한 학생이 학습장애의 증상(예 : 독해 습득 능력 부족 등)을 보일 때, 평가 모형의 첫 번째 단계는 문제의 심각성을 파악하는 것이다. 담임(학급 선생님)이 다양한 학습 지도 기술을 사용해 해당 아동의 결손을 개선하려고 노력할 수 있다. 학생의 부모/보호자는 성적표나 학부모 면담 등을 통해 해당 학생의 결격사항이나 중재사항에 대해 통지받는다. 이러한 개선방안(중재)의 단계에서, 해당 학생의 현 상태를 평가하기 위해 선생님들은 다양한 비공식적 평가를 시행할 수 있다. 이러한 평가들은 일반적으로 학생의 강점과 약점을 파악하기 위한 목표의 검사인 경우가 많다. 이 평가와 중재의 단계는 해결방안-반응(Response to Intervention, RTI) 모형의 첫 번째 열(Tier I)에 해당한다(그림 5.3 참조).

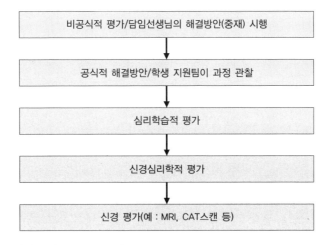

그림 5.2 평가 모형의 단계

출처 : D. C. Miller, 2007, *Essentials of School Neuropsychological Assessment,* p. 93. Copyright 2007 by John Wiley & Sons, Inc.

여러 연구에 기반한 해결방안에도 학생의 문제가 해결되지 않는다면, 해당 학생은 학습능력 평가를 받도록 의뢰된다. 학생들의 학습능력 평가의 목적은 (1) 표적 해결방안 (중재)을 위한 학생의 강점과 약점을 파악하고, (2) 도움이 필요한 학생에게 특수교육 서비스의 자격을 부여하는 것이다. 전통적인 심리학적 학습 평가는 지능/인지 기능 측정, 학습 기능 측정, 그리고 시각-운동 기능과 사회정서적 기능 측정을 포함한다.

그림 5.3 해결방안-반응(RTI) 모형

출처 : D. C. Miller (Ed.), 2010, Best Practices in School Neuropsychology: Guidelines for Effective Practice, Assessment, and Evidence-Based Assessment (p. 93). Copyright # 2010 by John Wiley & Sons, Inc.

만약 특수교육 서비스마저 도움이 되지 않거나, 학생의 학습장애가 신경적 요인으로 의심된다면, 해당 학생은 신경심리학적 평가를 받을 수 있도록 해야 한다. 신경심리학적 평가는 학습능력 평가보다 세부적이다. 신경심리학적 평가의 목적은 해당 학생에게 특수교육 서비스에 대한 자격을 부여하기 위함이라기보다는 외상성 뇌손상의 경우를 제외하고, 교육자들과 학부모에게 학생에 대한 전반적인 신경인지적 강점과 약점에 대해 제공하여 효과적인 수업 전략을 세우기 위해서이다. 심리적 학습 평가와 신경심리학적 평가는 RTI 모형의 세 번째 열(Tier III)에 속한다.

학교신경심리학적 평가나 소아 신경심리학적 평가 이후에도 신경과 전문의의 상담이 필요한 학생들도 있다. 예를 들어 한 학생이 인지 기능(전체적 또는 세부적)에 급격한 저하를 보이며 이 상태가 사회정서적 또는 환경적 요인으로 설명될 수 없다면, 해당 학생은 신경과 전문의에게 보내져야 한다. 해당 학생의 경우 뇌종양이나 기타 퇴행성 신경 질환의 징후를 보이는 것일 수도 있기 때문이다.

이 단계의 평가 모형의 경우 고정된 순서는 존재하지 않는다. 신경과 전문의 상담에 다른 평가의 단계들은 필요하지 않기 때문이다. 그 예로, 만약 한 학생에게서 발작이 의심되면, 해당 학생은 기타 평가 단계 없이 즉시 신경과 전문의에게 의뢰되어야 한다. 또 다른 예로, 두부 손상이 의심되는 학생에게 신경심리학적 평가를 제안하는 것이다. 평가 모형의 단계가 점점 진행될수록 추가적인 시간적, 금전적 비용이 발생한다. 아동이 누릴 수 있는 혜택을 극대화하기 위해, 어느 시점에서 추가적인 평가를 시행해야 하는지(또는 시행하지 않아도 되는지) 아는 것은 학교신경심리학자의 주된 역할 중 하나이다.

학교신경심리학적 평가 모형의 개요

이 절에서는 새로 통합된 SNP/CHC 모형에 소개된 학교신경심리학의 개념적 모형이 2007년부터 2012년까지 어떻게 바뀌었는지에 대해 알아볼 것이다.

학교신경심리학 개념적 모형(2007~2010년)

그림 5.4는 학교신경심리학적 평가의 개념적 모형에 대해 설명한다(D. Miller, 2007, 2010, 2012; D. Miller & Maricle, 2012). Miller의 학교신경심리학 개념적 모형(SNP Model)은 학령기의 종합검사 평가를 신경심리학적 원리와 구조 측정에 기반하여 정리한 것이다. SNP 모형의 세 가지 목적은 다음과 같다―(1) 평가 자료의 기관적 체계를 제공

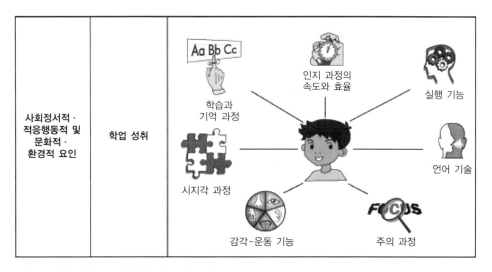

그림 5.4 학교신경심리학적 평가의 개념 모형

출처 : D. Miller, 2012; D. Miller and Maricle, 2012.

함으로써 임상적 해석에 편의를 준다. (2) 평가와 증거에 기반한 개선 방안의 연결을 단단히 한다. (3) 신경인지적 과정에 대한 신경발달적 장애 영향을 평가하는 데 공통적인 준거의 틀을 제공한다(D. Miller, 2012). 완성된 SNP 모형은 학습 성취, 사회정서적 기능과 신경심리학적 평가 요소를 통합적으로 포함한다.

　　SNP 모형은 이론적, 임상적 접근의 통합을 나타내는데 Luria 이론(Luria, 1966, 1973), 과정 중심의 평가(Milberg et al., 2009), 신경심리학적 이론(예 : Mirsky의 주의력에 대한 이론; Mirsky, 1996), 그리고 Cattel-Horn-Carroll(CHC) 이론(McGrew, 2005)을 포함한다. 초기 SNP 모형의 발달에는 CHC 이론과 종합평가가 주요 인지능력 검사와 하위 검사를 구분하기 위해 사용되었다. 그러나 이러한 이론적 모형은 감각-운동 기능, 주의 과정, 작업기억, 실행 기능 등과 같은 중요한 신경인지적 과정을 평가하는 데 적합하지 않았다(D. Miller, 2012). 이로 인해 Mirsky의 주의력에 대한 이론, Baddeley와 Hitch의 작업기억력에 대한 이론 등과 같은 신경심리학적 이론이 추가된 SNP 모형이 생겨났다(D. Miller, 2012).

　　SNP 모형은 또한 Kaplan의 과정 중심 접근법에서도 큰 영향을 받았는데, 이로 인해 평가 자료의 양만큼 그 질도 중요하게 여겨지게 되었다. 검사 점수 그 자체보다는, 또는 그만큼, 검사를 받는 사람이 검사 도중 어떠한 방법으로 주어진 과제를 해결해 나가는지에 대한 인식이 중요해진 것이다.

SNP 모형은 다양한 업무에 걸친 입력, 과정, 출력 수요를 다양하게 함으로써 개인의 신경인지적 강점과 약점을 체계적으로 측정하는 Lurian식 접근에서도 영향을 받았다. 예를 들어 한 학생에게 주의 과정에 문제가 있다고 말하고 진단 단계에서 끝내버리는 것은 합당하지 않다. SNP 모형은 해당 학생의 주의력 결함에 변동이 있는지, 일반적이냐, 또는 선택적이냐를 더 알아낼 필요가 있다고 강조한다. 신경인지적으로 더욱 세분화된 평가를 각 SNP 분류에 적용하는 것은 더 나은 처방 치료 교육, 적응 그리고 해결방안을 이끌어낸다.

SNP 모형의 분류 개요가 자리 잡았을 때, 소아 인지 평가, 학업 성취, 신경심리학적 기능, 주의력, 학습과 기억 등의 평가를 위해 사용된 주요 기관에서 시행한 검사들이 여러 기술을 통해 SNP 모형으로 분리되었다. 상관분석 및 요인분석 자료는 비슷한 신경심리학적 과정이나 기능을 측정하는 검사들을 한 데 분류하는 데 사용되었다. 이러한 자료들이 존재하지 않을 때는 검사를 만든 사람이 보고한 검사의 측정 목적을 기준으로 SNP 모형에 분류시켰다. 최근 900가지 이상의 임상 사례에 대한 요인분석은 SNP 모형을 더욱 개선하고 있으며, SNP 모형은 지속되고 있는 연구를 기반으로 끊임없이 진화하며 개선되고 있다.

2012년 SNP 모형은 7개의 **큰 분류**로 이루어져 있는데 이는 감각운동 기능, 주의력 과정, 시공간적 과정, 언어 기능, 학습과 기억, 실행 기능, 그리고 인지 과정의 속도와 효율성이 포함된 기본적인 신경인지적 기능과 처리이다. D. Miller(2012)에 의하면 인지 과정의 속도와 효율성을 제한 나머지 분류들은 더 세분화된 **이차적 분류**로 나뉠 수 있다. 그 예로, 감각운동 업무(대분류)는 측면 선호, 감각 기능, 소근육 운동 기능, 대근육 운동 기능, 시각 주사와 질적 행동이라는 이차적 분류로 세분화될 수 있다. 이 이차적 분류는 삼차적 분류로 세분화되기도 하는데, 그 예로 이차적 분류의 감각 기능은 청력, 시력, 그리고 촉각과 지각같은 삼차적 분류로 세분화된다. **빠르게 찾기 5.2**는 2012년도 SNP 모형의 대분류, 이차적 분류, 삼차적 분류를 전제적으로 나열한다.

통합적 SNP/CHC 모형

앞서 말했듯, SNP 모형은 평가 자료의 구조화된 틀을 제공함으로써 임상적 해석을 용이하게 만든다. SNP 모형이 점점 정교해지고 있지만, 모형의 구조화된 틀과 관련한 풀리지 않은 의문들이 남아 있다. 예를 들어 주의력 과정이 하나의 대분류로 나뉘어 있지만, 사실상 주의력 과정은 SNP 모형의 거의 대부분의 과정과 기능으로 함축되어 있다. 과정의

빠르게 찾기 5.2

학교신경심리학의 개념적 모형 분류

대분류	이차적 분류	삼차적 분류
감각운동 기능	• 편차 선호	
	• 감각 기능	• 청력과 시력
		• 촉각과 지각
	• 소근육 운동 기능	• 손가락/손 조화 운동
		• 정신운동 속도와 정확도
		• 시각-운동 복사 기술
	• 대근육 운동 기능	• 균형
		• 조화
	• 질적 행동	
주의력 과정	• 선택적/집중적 주의력	• 청각의 선택적/집중적 주의력
		• 시각의 선택적/집중적 주의력
	• 지속적 집중력	• 청각의 지속적 주의력
		• 시각의 지속적 주의력
		• 청각과 시각의 지속적 주의력
	• 변동적 집중력	• 언어의 변동적 주의력
		• 시각의 변동적 주의력
		• 언어와 시각의 변동적 주의력
	• 주의 능력	• 숫자, 철자 또는 시각적 연계에 대한 기억력
		• 단어나 문장에 대한 기억력
		• 이야기에 대한 기억력
	• 질적 행동	
	• 행동 평가 척도	
시공간 과정	• 시공간적 인식	• 시각 식별과 공간 국부화
		• 시각-운동 구조
		• 시각-운동 적분 오차 분석
		• 질적 행동
	• 시공간적 추리	• 공간 구조 인식
		• 시각 형태 폐쇄
		• 심적 회전에 따른 시공간적 분석
	• 시각 주사/추적	• 직접 측정
		• 간접 측정
		• 질적 행동

(계속)

언어 기능	• 소리 식별	
	• 청각/음운적 과정	
	• 구두 표현	• 구두 운동 생성
		• 어휘 지식
		• 언어 유창성
	• 구두 표현	• 질적 행동
	• 수용언어	• 언어적 반응이 있는 수용언어
		• 비언어적 운동적 반응이 있는 수용언어
		• 질적 행동
학습과 기억 과정	• 새로운 학습에 대한 속도	• 언어적 학습
		• 시각적 학습
		• 쌍대 연합 학습
	• 즉각적 언어 기억력	• 글자 재현(맥락적 단서 없음)
		• 숫자 재현(맥락적 단서 없음)
		• 단어 재현(맥락적 단서 없음)
		• 문장 재현(맥락적 단서 있음)
		• 이야기 재현(맥락적 단서 있음)
	• 지연적 언어 기억력	• 맥락적 단서가 있는 재현
		• 맥락적 단서가 없는 재현
		• 언어 인지
	• 즉각적 시각 기억력	• 추상적 무늬, 공간적 위치, 또는 시각적 연계에 대한 운동 반응(맥락적 단서 없음)
		• 얼굴, 물체, 또는 사진에 대한 언어적 또는 주목 반응(맥락적 단서 없음)
		• 시각적 숫자 폭과 언어적 반응(맥락적 단서 없음)
		• 사진/상징(맥락적 단서 있음)
	• 지연적 시각 기억력	• 맥락적 단서가 있는 재현
		• 맥락적 단서가 없는 재현
		• 질적 행동
	• 언어-시각 결합의 학습과 재현	• 언어-시각 연합 학습
		• 언어-시각 연합 지연된 재현
	• 작업기억력	• 언어적 작업기억력
		• 시각적 잡업기억력
		• 질적 행동
	• 의미론적 기억력	
실행 기능	• 개념 인지와 생성	• 개념 인지
		• 개념 생성
	• 문제 해결, 자연스러운 추론과 계획	• 언어적 문제 해결, 자연스러운 추론과 계획

(계속)

		• 시각적 문제 해결, 자연스러운 추론과 계획
	• 반응 억제	• 언어적 반응 억제 • 운동적 반응 억제
	• 인출 유창성	• 언어적 인출 유창성 • 비언어적 인출 유창성
	• 질적 행동 • 행동 평가 척도	
인지처리 속도와 유창성	• 속도 효율성 • 정확한 속도 효율성 • 질적 행동특성	
읽기 습득	• 기초 읽기 능력	• 음운해독 • 철자 부호화 • 형태/통사 부호화
	• 읽기 이해 능력 • 읽기 유창성	• 빠른 음운 해독 • 빠른 형태 해독
작문 언어 성취	• 작문 표현 • 설명적 구성 • 작문 유창성 • 정자법의 철자 • 필기 기술 • 질적 행동	
수학 성취	• 말로 수 세기 • 사실 인출 • 산수 • 수학적 추리 • 수학적 유창성 • 질적 행동	

출처 : D. Miller, 2012; D. Miller and Maricle, 2012.

속도와 효율, 작업기억력도 마찬가지이다. (1) 주의력, (2) 과정 속도, (3) 작업기억력 이 세 가지 모두 다른 인지 기능들의 수행에 촉진제 역할을 한다. 이 세 가지 과정은 개별적으로 사용되기보다는 인지 촉진제로서의 역할이라고 볼 수 있다. SNP 모형의 주된 변화 중 하나는 촉진제/억제제라고 불리는 대분류의 생성이다. 이 단어들은 Dean과 Woodcock (1999)의 정보-처리 모형에서 처음으로 사용되었다.

2010년, Flanagan, Alfonso, Ortiz와 Dynda는 학교신경심리학의 우수 경영(Best Practices in School Neuropsychology)이라는 책에서 여러 주요 소아 신경심리 측정을 포함한 주요 인지 과정 검사에 대하여 소개하며, Luria식 명명법, SNP 모형 명명법, 그리고 CHC 이론 명명법을 사용한 하위 검사들을 분류하였다. 그들은 이러한 분류에 대해 정신 측정, 신경심리학적, Luria식 관점을 기반으로 한 통합적 틀이라고 지칭하였다.

2012년에 Schneider와 McGrew는 다음과 같이 적었다.

"가장 활발한 CHC는 신경심리학적 평가 분야이다. CHC 기반의 신경심리학적 검사는 매우 큰 잠재력을 가졌다. 신경심리학계의 임상적 평가들은 대부분 특정 검사와 특정 종합검사가 서로 얽혀 있다고 생각한다. CHC 이론은 신경심리학자로 하여금 특정 검사를 넘어 해석을 일반화하는 데 도움을 주며, 이론적 통합을 이끌어낸다."(p. 109)

SNP 모형의 개선으로, Miller의 목표 중 하나는 CHC 이론적 분류와의 통합이다. 이러한 노력은 현재의 정신측정 연구, CHC 이론가들 사이의 지속적인 토론, 그리고 종합 검사 연구를 기반으로 이루어지고 있다. 2012년과 그 전의 SNP 모형의 구성이 바뀌지는 않았지만, 새로운 통합적 SNP/CHC은 현재의 정신측정과 이론적 연구를 토대로 개선되었다.

통합적 SNP/CHC 모형의 주된 변화는 이 모형이 네 가지의 주된 분류로 개념화된다는 것이다―(1) 기초적 감각운동 기능, (2) 인지 과정과 습득한 지식의 촉진제와 억제제, (3) 기초적 인지 과정, 그리고 (4) 습득한 지식. 이 네 가지 대분류는 서로에게 영향을 미치며 사회정서적, 문화적, 환경적 요인으로부터 영향을 받는다.

통합된 SNP/CHC 모형에 포함되는 기초적 감각운동 기능은 감각, 소근육 운동, 시각적 운동 집적화, 시각 주사, 그리고 대근육 운동 기능이다. 이 감각운동적 운동 기능들은 더욱 고차원적인 인지 과정의 구성단위이며, 지식 습득에 영향을 끼친다.

통합된 SNP/CHC 모형의 또 다른 변화는 인지 과정으로 여겨지던 척도 수의 감소이다. 이전의 SNP 모형(D. Miller, 2007, 2010, 2012; D. Miller & Maricle, 2012)은 주의

력, 언어, 과정 처리 속도까지 인지 과정으로 여겨졌다. 모형의 재분류를 통해 남겨진 인지 과정은 시공간 기능, 청각 기능, 학습 기능, 기억력, 실행 기능이다.

반면 통합된 SNP/CHC 모형에서는 촉진제/억제제를 대분류로 추가했는데, 이는 (1) 주의력 할당과 유지, (2) 작업기억력, (3) 과정 처리의 속도, 유창성, 효율성이라는 세 가지 카테고리를 포함한다. 이 모형에 사용된 촉진제/억제제의 개념은 Dean과 Woodcock (1999)의 정보처리 모형에서 사용된 촉진제/억제제보다 더욱 광범위하다. 촉진제/억제제의 예로는 감각-운동 결여와 같은 외적 요인과 동기부여, 피로, 행동 스타일과 같은 내적 요인이 포함된다.

통합된 SNP/CHC 모형에서 묘사되는 촉진제/억제제는 인지 과정과 습득된 지식 모두에 영향을 미친다. 한 학생이 스토리형 문제풀기를 시도한다고 가정해보자. 청각적으로 제출되는 이야기 문제를 부호화하기 위해, 해당 학생은 필기하기 위한 손의 업무(촉진제)로 주의 자원을 집중시켜야 한다. 이야기의 길이에 따라, 해당 학생은 집중력을 유지하기 위해 지속적 주의력(촉진제)을 사용해야 한다. 또한 해당 학생은 이야기의 흐름과 관련없는 세부사항들에 주의를 두지 않아야 하며, 환경적 · 내적 방해(억제제)도 견뎌내야 한다. 이야기에서 어떠한 요소를 발췌해 문제 해결에 사용해야 할지 알아내는 것은 작업기억력과 추리능력(촉진제)을 필요로 한다. 이야기 문제는 일반적으로 수학적 추리 업무로 여겨지지만, 이야기 문제를 풀어내려면 촉진제와 억제제 두 요소의 조합이 요구된다. 촉진제/억제제는 인지, 느낌, 생각, 또는 행동 등 다양한 기능과 관련이 있으며, 처리 과정의 신경인지적 요구에 따라 달라질 수 있다(McCloskey, Perkins, & Diviner, 2009).

촉진제/억제제 과정의 속도, 유창성, 그리고 효율성의 대분류 안에 네 가지의 이차적 분류로는 (1) 수행 유창성, (2) 인출 유창성, (3) 습득 지식 유창성, 그리고 (4) 유창성과 정확도를 포함한다. 수행 유창성의 측정은 기억 인출을 필요로 하지 않으며, 주로 과정의 자동성을 측정하도록 설계되었다. 수행 유창성은 다섯 가지의 삼차적 분류로 나뉘는는데 이는 (1) 정신운동적 유창성, (2) 지각적 유창성, (3) 그림 유창성, (4) 단어 유창성, (5) 구두 운동 유창성으로 구성된다. 이 구성에 대해서는 제12장에서 더욱 자세히 이야기할 것이다.

인출 유창성의 측정은 학습과 기억력의 이차적 분류에서 촉진제/억제제 과정의 속도, 유창성, 효율성의 이차적 분류로 재분류되었다. 인출 유창성의 초점은 기억의 수량 자체가 아니고, 기억 인출에 대한 유창성이다.

독서 유창성, 작문 유창성, 수학 유창성과 같은 학습 유창성은 각각의 학습 습득 지식 분야에서 습득된 지식 유창성의 이차적 분류로 재분류되었다(이는 촉진제/억제제 과정의 속도, 유창성, 효율성이라는 대분류의 이차적 분류이다).

CHC 이론이나 SNP 모형의 작업기억력에 대한 분류는 아직도 논란 중에 있다. Schneider와 McGrew(2012)에 의하면 "우리는 '작업기억 수량'이라는 용어를 Gsm의 카테고리에 상위개념으로 표현할 때 사용하는 반면, 이 용어는 다른 사람들로 하여금 Gsm 안의 제한적인 가능성을 표현할 때 사용하기도 한다"(p. 116). 작업기억 업무는 주의 조절 과정과 기억력 기능이 함께 작용하여 기타 인지 과정과 습득된 지식을 촉진하는 데 있다. 통합된 SNP/CHC 모형에서 Miller는 작업기억력을 학습과 기억력의 이차적 분류에서 작업기억력 촉진제/억제제의 대분류로 재배치하였다(이는 제11장에서 더 자세히 설명할 것이다).

SNP 모형에 CHC 이론을 통합한 여섯 가지 예시는 다음과 같다.

1. 수행 유창성의 이차적 분류 내의 정신운동 유창성(삼차적 분류, 이는 촉진제/억제제 과정의 속도, 유창성, 효율성 대분류의 일부이기도 하다)에 정신운동의 속도와 정확도를 재분류하였다(Schneider & McGrew, 2012).
2. 언어 기능과 함축된 인지 과정 대분류에서 새로운 언어능력 대분류(습득된 지식의 일부)로 구두와 수용적 언어 기술을 재분류하였다(Mather & Wendling, 2012).
3. 학습과 기억의 대분류에서 습득된 지식의 일부인 문화 변용 지식이라고 불리는 대분류로 의미론적 기억력을 재분류하였다.
4. McGrew가 가정한 속도계의 과정 모형의 속도와 효율성 구조가 확대되었다. 과정의 **속도**와 **효율**이라고 불리는 인지 촉진제와 이와 관련된 이차적, 삼차적 분류는 제12장에서 더 이야기할 것이다.
5. 계획, 귀납적 추론, 순차적 추론과 양적 추론을 실행 기능의 이차적 분류로 포함시켰다(Schneider & McGrew, 2012).
6. 주의력 과정에서 실행 기능으로 변동적 주의력을 재분류하였다. 구체적으로는 인지 유창성이라고 불리는 이차적 분류에 포함된 것이다.

통합된 SNP/CHC 모형의 대분류와 이차적, 삼차적 분류는 빠르게 찾기 5.3에서 소개할 것이다. 현대의 CHC 이론은 아직까지도 기본적 신경심리학적 구성을 분류하는 데 적합하지 않다. Schneider와 McGrew(2012)에 의한 최근 CHC 이론의 확장은 촉각능력

≡ 빠르게 찾기 5.3

통합된 SNP/CHC 모형 분류

대분류	이차적 분류	삼차적 분류

기초적 감각운동 기능

대분류	이차적 분류	삼차적 분류
감각운동 기능	• 측면 선호 • 감각 기능	 • 청력과 시력 • 촉각과 지각(촉각능력 : Gh) • 운동감각과 지각(운동감각능력 : Gk) • 후각과 지각(후각기억 : OM)
	• 소근육 운동 기능	• 균형 잡힌 손가락/손 움직임(손가락 재주 : $P2$, 손재주 : $P1$)
	• 시각-운동 통합 기술 • 시각 주사	• 직접적 측정 • 간접적 측정 • 질적 행동
	• 대근육 운동 기능(정신운동 기능 : Gp) • 질적 행동	• 균형(대근육 균형 : $P4$) • 조화(제어 정밀도 : $P8$)

인지 과정

대분류	이차적 분류	삼차적 분류
시공간적 과정	• 시공간적 인지	• 시각 식별과 공간 국부화 (공간적 방향 : S) • 시각운동 구조(시각화 : Vz, 손재주 : $P1$) • 질적 행동 • 공간적 형태 인지(폐쇄의 유창성 : CF)
	• 시공간적 추리	• 시각적 형태 폐쇄(폐쇄 속도 : CS) • 심적 회전 유무에 따른 시공간적 분석 (고속 회전 : SR, 시각화 : Vz)
청각 과정 (청각 과정 : Ga)	• 소리 식별 (언어음 식별 : $U3$) • 청각적/음운적 과정 (음성 부호화 : PC)	
학습과 기억 과정 (단기기억 : Gsm, 장기기억 : Glr)	• 새로운 학습 속도	• 언어학습(자유회상기억 : $M6$) • 시각학습(자유회상기억 : $M6$) • 쌍대 연합 학습(연합기억 : Ma)
	• 즉각적 언어 기억(단기기억 : Gsm, 청각 과정 : Ga)	• 철자 회상(맥락적 단서 없음) (기억 범위 : MS)

(계속)

학습과 기억 과정 (단기기억 : *Gsm*, 장기기억 : *Glr*)		• 숫자 회상(맥락적 단서 없음)(기억 범위 : *MS*) • 단어 회상(맥락적 단서 없음)(기억 범위 : *MS*) • 문장 회상(맥락적 단서 있음)(기억 범위 : *MS*) • 이야기 회상(맥락적 단서 있음)(유의미 기억 : *MM*)
	• 즉각적 시각기억(단기기억 : *Gsm*, 시각 과정 : *Gv*)	• 추상적 디자인, 공간적 위치 또는 운동 반응이 따르는 시각적 연속 자극(맥락적 단서 없음) • 얼굴, 사물, 또는 사진에 음성적 또는 가리킴 반응(맥락적 단서 없음)(시각기억 : *MV*) • 시각적 숫자 기간에 음성적 반응(맥락적 단서 없음) • 사진/상징(맥락적 단서 있음)
	• 지연적 언어기억(장기 저장과 인출 : *Glr*)	• 자유회상(맥락적 단서 없음)(자유회상기억 : *M6*) • 자유회상(맥락적 단서 있음)(유의미 기억 : *MM*) • 언어 인지
	• 지연적 시각기억(장기 저장과 인출 : *Glr*)	• 자유회상(맥락적 단서 있음)(자유회상기억 : *M6*) • 자유회상(맥락적 단서 없음)(유의미 기억 : *MM*) • 시각 인지 • 질적 행동
	• 언어-시각 연합 학습과 회상(연합기억 : *MA*)	• 언어-시각 연합 학습 • 언어-시각 연합 지연적 회상
실행 과정(유연한 추론 : *Gf*)	• 인지 유창성(태세 전환)	• 언어적 태세 전환 • 시각적 태세 전환 • 언어-시각적 태세 전환
	• 개념 형성	• 개념 인식 • 개념 생성
	• 문제 해결, 계획, 추리	• 계획(공간 주사 : *SS*) • 연역적, 귀납적 추리(유도 : *I*) • 순차적 추리(일반 순차적 추리 : *RG*) • 양적 추리(*RQ*)
	• 반응 억제	• 언어적 반응 억제 • 운동적 반응 억제

(계속)

| | • 질적 행동 | |
| | • 행동/감정 규제 | |

	촉진제/억제제	
주의 촉진제/억제제의 할당과 유지 (주의/집중 : AC)	• 선택적/집중적 주의	• 청각의 선택적/집중적 주의 • 시각의 선택적/집중적 주의
	• 지속적 주의	• 청각의 지속적 주의 • 시각의 지속적 주의 • 청각-시각의 지속적 주의
	• 주의 수용력	• 숫자, 철자, 시각적 시퀀스에 대한 기억 (기억 기간 : MS) • 단어와 문장에 대한 기억(기억 기간 : MS) • 이야기에 대한 기억(유의미 기억 : MM)
	• 질적 행동	
작업기억력 촉진제/억제제(주의 조절 : WM)	• 언어적 작업기억력 • 시각적 작업기억력 • 질적 행동	
촉진/억제 과정의 속도, 유창성, 효율성	• 수행 유창성(과정 속도 : GS)	• 정신운동 유창성(정신운동 속도 : Gps, 동작 시간 : MT) • 인지 유창성(인지 속도 : P) • 형태 유창성(형태 유창성 : FF) • 명명 유창성(명명 유창성 : NA) • 시험 속도(R9) • 언어 운동 유창성(표현 속도 : PT, 동작 시간 : MT)
	• 인출 유창성	• 단어 유창성(단어 유창성 : FW, 표상적 유창성 : FI) • 의미론적 유창성
	• 습득한 지식 유창성	• 독해 유창성 : 빠른 음운론 해독(독해 속도 : RS) • 독해 유창성 : 빠른 형태학적 해석 • 작문 유창성(작문 유창성 : WS) • 수학 유창성(숫자 편리 : N)
	• 유창성과 정확도	

	습득한 지식(Gc)	
문화변용 지식	• 의미론적 기억 (이해 지식 : Gc)	• 언어적 이해(어휘 지식 : VL, 언어 발달 : LD) • 일반적 정보(일반적 언어 정보 : KO)

(계속)

		• 구체적 영역 지식 (구체적 영역 지식 : Gkn)
언어능력(언어 발달 : LD)	• 구두 표현(소통능력 : CM) • 질적 행동 • 수용언어(청취능력 : LS, 청각적 이해 : ACV) • 질적 행동	• 어휘 지식(어휘 지식 : VL) • 언어적 반응을 동반하는 수용언어 • 비언어적 반응을 동반하는 수용언어
독해 성취(독해와 작문 : Grw)	• 기초적 독해 해독 능력 • 독해 이해 능력(독해 이해 : RC)	• 음운론적 해독(독해 해독 : RD) • 철자 정보 • 형태학적 해독, 구문론적 해독
문자 언어 성취(독해와 작문 : Grw)	• 문자 표현(작문능력 : WA) • 해설적 구성 • 바른 철자법(철자능력 : SG) • 작문 기술의 지식(영어 사용 : EU) • 수기 • 질적 행동	
수학 성취 (양적 지식 : Gq)	• 말로 수 세기 • 사실 인출 • 수학적 계산(수학적 성취 : A3) • 수학적 추리(수학적 지식 : KM, 양적 추리 : RQ) • 양적 지식(Gq) • 질적 행동	

출처 : The labels in parentheses relate to CHC broad or narrow abilities (Horn & Blankson, 2012; Schneider & McGrew, 2012).

(tactile abilities : Gh), 운동감각 능력(kinesthetic abilities : Gk), 그리고 후각 기능(olfactory ability : OM)과 같은 감각운동 기능의 소기능까지도 포함한다. 소기능은 손가락 재주(P2)와 손재주(P1)같은 소근육 운동 기능으로도 알려져 있으며, 대근육 운동 균형(P4)이

나 제어 정밀도(*P8*)같은 대근육 운동 기능으로 알려져 있다. CHC 이론가들은 시각-운동 통합 기술이나 시각 주사에 대한 소기능은 아직 밝혀내지 못하였다.

CHC 이론은 학습과 기억의 대분류에서 분류에 필요한 구체성을 제시하지 않는다. 구체적으로 신경심리학에서 정보의 자유회상과 인지는 확연히 다른 개념으로 여겨진다. 인지 기억은 CHC 이론에서 다루어지지 않는다. CHC 이론은 세부 주의에 대해서도 다루지 않는다. 신경심리학적 관점에서 볼 때, 학생이 어떠한 종류의 주의 과정 결핍(선택적/집중적, 유지적, 변환적, 또는 주의 수용력)을 겪고 있는지 알아내는 것이 중요하다. Woodcock-Johnson의 인지능력 검사 Ⅲ(Woodcock, McGrew, & Mather, 2001, 2007a)는 넓은 범위의 주의력 임상군의 점수와 SNP 모형의 주의력 개념을 포함하고 있다. 그러나 이 검사에는 주의력 촉진 및 억제와 관련된 그 어떤 소기능에 대해서는 언급하지 않고 있다.

마지막으로, CHC 이론은 설명문이나 수필과 같은 문자언어에 필요한 소기능에 대해서 언급하지 않고 있다. 또한 말로 숫자 세기나 지식 인출과 같은 여러 수학적 성취능력에 사용되는 소기능에 대해서도 정의하지 않는다.

SNP/CHC 모형에 있는 각각의 분야에 대해서는 이후 장들에서 설명할 것이다. 감각 운동 기능은 모든 고차원적 인지 처리의 기본 구성요소이다. 감각 기능은 시각, 청각, 촉각의 기본적 평가를 포함한다. 운동 기능은 소근육과 대근육 운동 기능, 시각-운동 통합, 시각 주사, 그리고 균형과 조화에 대한 기본 평가를 포함하고 있다. 좋지 않은 검사 결과에 대한 원인이 청력 문제에 있다면, 시험관은 이 검사 결과가 청각적 단기기억력과 같은 고차원적 인지 과정의 문제가 아니라는 것을 구분해야 한다. 제7장에서는 감각-운동 기능에 대해 다룰 것이다.

다음에서 다룰 SNP 모형의 인지 과정은 **시공간, 청각 처리**이다. 시공간 능력은 다음과 같은 분야로 나뉜다 — 시공간 지각 그리고 시공간적 추리. 청각 처리는 다음과 같은 분야로 나뉜다 — 소리 식별 그리고 청각적/음운론적 처리. 제8장에서는 시공간 처리와 청각 처리에 대해 검토한다.

학습과 기억은 감각-운동 기능, 주의 과정, 시공간 처리, 그리고 청각 처리에 의존한다. 제9장에서는 학습과 기억을 네 가지 개념적 분류인 학습 속도, 즉각적 기억, 장기(지연적)기억, 그리고 연상기억과 학습으로 나눈다.

실행 과정은 기타 인지 과정의 명령과 관리 역할을 한다. 제10장에서 실행 기능은 인지 유창성 또는 모양 변환, 개념 구성, 문제 해결과 추리, 응답 억제, 질적 행동, 그리고 행동적 · 감정적 조절의 대분류로 나눠질 것이다.

제11장은 주의력과 작업기억 촉진/억제에 대해 이야기한다. 주의력은 하나로 통합된 구성으로 표현될 수 없다. 학교신경심리학자가 어떻게 주의 과정이 선택적/집중적 주의, 유지적 주의, 주의 수용 구성으로 나뉘는지 이해하는 것은 매우 중요하다. 작업기억은 언어적 작업기억과 시각적 작업기억으로 나뉜다.

제12장에서는 처리 촉진제/억제제의 속도, 유창성, 효율성에 대해 이야기 나눈다. 인지적 촉진제는 수행 유창성, 인출 유창성, 습득된 지식 유창성, 유창성이 수행 정확도에 미치는 영향, 처리 속도와 효율성과 관련된 질적 행동을 포함한 다섯 가지 이차적 분류로 나뉜다.

제13장은 문화 변용 지식의 대분류와 습득된 지식의 일부인 언어능력에 대해 이야기 나눈다.

마지막으로 SNP 모형의 평가 결과를 해석할 때 꼭 고려해야 할 점은 학생의 사회정서적, 환경적, 문화적 요소이다. 만약 학생이 사회정서적, 환경적, 문화적인 요인으로 인해 어려움을 겪고 있다고 간주될 시, 학습적 어려움 또는 행동 문제가 생길 수 있으며, 이는 처리 장애로 볼 수 없다.

요약

이 장에서는 학교신경심리학의 개념적 모형에 대해 다루었다. 학교신경심리학 평가의 포괄적 모형과 모형 구성에 대한 근거도 소개하였다. 앞으로의 단원들에서는 학교신경심리학 모형의 주된 처리(과정) 분야에 대해 더 자세히 검토한다.

자기점검

1. 아동의 정신과적, 신경발달적, 그리고 후천적 장애와 관련된 신경심리적 감상, 이러한 장애에 대한 신경발달적 과정에 대한 이해, 신경발달적 장애를 가진 아동의 조절변수(인지적, 사회적, 행동적)에 대한 인지의 중요성을 포함한 기본적 교리를 가진 모형은 다음 중 어떤 것인가?

    a. 아동 임상신경심리 거래 모형

    b. 인지 가설 검사(CHT) 모형

    c. 학교신경심리 개념 모형

    d. 이 보기들 중엔 답이 없다

2. 다음 중 어떠한 이론적 모형이 (1) 개별적 심리교육 평가와 (2) 행동적 해결방안과 문제 해결 상담을 포함한 해결방안 개발 및 관찰을 통합하고 있는가?

    a. 아동 임상신경심리의 거래 모형

    b. 인지 가설 검사(CHT) 모형

    c. 학교신경심리 개념 모형

    d. 이 보기들 중엔 답이 없다

3. CHT 모형의 주요 구성은 주어진 과제 수행에 필수적인 신경인지적 요구에 대한 분석이다. 이는 다음 중 어느 것으로 불리는가?

    a. 요인분석 이행

    b. 행동분석 이행

    c. 수요분석 이행

    d. 과제분석 이행

4. 통합된 SNP/CHC 모형에 생긴 주요 변화는 다음 중 어떠한 대분류를 포함한 것인가?

    a. 주의에 대한 인지 촉진

    b. 작업기억에 대한 인지 촉진

    c. 처리 과정 속도와 효율성에 대한 인지 촉진

    d. 위의 보기 모두 다

5. SNP 모형에 의하면, 어떠한 두 가지 기능 또는 처리 과정이 다른 모든 고차원 처리 과정의 기반이 되는가?

    a. 기억과 습득

    b. 시공간 처리 과정과 언어 처리 과정

    c. 실행 기능과 인지 속도 처리 과정

    d. 감각운동 기능과 주의 처리 과정

6. 다음 중 SNP 모형에 영향을 끼치지 않은 것은 무엇인가?

    a. 평가에 대한 처리 과정 중심 접근

    b. 평가에 대한 인지-행동적 접근

    c. 종합검사 평가

    d. CHC 이론

답 : 1. a 2. b 3. c 4. d 5. d 6. b

제 6 장

임상적 해석을 위한 지침

이 장에서는 학교신경심리학자를 위한 임상적 해석을 위한 지침을 소개할 것이다. 이 장은 세 부분으로 나뉜다. 첫 번째 부분은 검사 또는 종합검사를 선택하는 과정에 대한 지침을 소개한다. 첫 번째 부분의 주제는 사례 개념화, 의뢰 이유와 관련 평가, 평가에 대한 유연한 접근방법 채택, 평가 측정을 위한 신경인지적 요구에 대한 이해, '단축형' 그리고 행동적 등급 측정의 역할에 대한 이해, 그리고 검사를 마쳐야 하는 순간 등에 대해 이야기한다. 이 단원에서 이야기할 임상적 해석을 위한 지침은 빠르게 찾기 6.1에 정리되어 있다.

두 번째 부분은 자료 해석과 분석에 대한 지침이다. 두 번째 부분의 주제는 아동들이 주어진 과제에 접근할 때 어떤 방법으로 접근했는지 묻는 것에 대한 중요성, 자기충족적 예언에 대한 경고, 결과에 대한 과대 또는 과소 해석, 보고된 문제점을 관찰과 평가 자료와 통합하기, 그리고 처리깊이 해석 모형에 대한 서론을 포함한다. 이 장의 마지막 부분은 임상적 해석에 대한 두 가지 예를 소개한다.

검사 또는 종합검사 선택

이 부분에서는 의뢰 이유와 관련된 검사 또는 평가 종합검사 선택에 대한 기본적인 원리에 대해 이야기할 것이다. 검사를 선택하는 것은 사례 개념화로 시작하여, 다양한 평가 도구에 대한 지식을 얻는 것으로 끝나는데 이는 유연한 종합검사를 통한 정보 수집으로 진행될 수 있게 한다.

사례 개념화

이상적으로 전문가들은 학생들을 상대로 너무 많은 검사나 또는 너무 적은 검사를 진행하는 것을 원하지 않는다. 신경발달적 장애들과 관련된 이미 알려진 신경심리학적 결핍에 대한 우리의 지식 발전은 종합검사를 만들어내는 시작점이다. 검사 개발자들은 실무자들을 위해 그동안 학술 논문을 바탕으로 여러 임상군을 위한 진단적 종합검사를 배포해 왔다(예 : NEPSY-II).

평가의 효율성과 정확도를 증진시키기 위하여, 학교신경심리학자들이 알려져 있는 신경심리와 관련된 아동들의 장애들에 대해 숙지하고 있어야 하는 것은 그들의 의무이며, 이는 임상의로 하여금 선별적인 평가 종합검사를 만드는 데 도움이 된다. *Handbook of Pediatric Neuropsychology*(Davis, 2011), *Essentials of School Neuropsychological Assessment: Guidelines for Effective Practice, Assessment, and Evidence-Based Interventions*(D. Miller, 2010), *Neuropsychological Assessment and Intervention for Childhood and Adolescent Disorders*(Riccio, Sullivan, & Cohen, 2010)와 같은 책들은 아동들의 신경발달적 질환들에 대한 최신의 신경심리학적 처리문헌들을 제공한다. 학교와 소아 신경심리학계의 최근 연구 동향에 대해 지속적으로 지식을 쌓아가는 것은 학교신경심리학자로서 매우 중요한 일이다.

연구에 기반한 검사가 시행되면, 학생의 검사 수행 양식은 신경심리학적 문헌과 연관 지어, 관찰된 행동 양식이 평가되고 있는 신경발달적 질환과 일치하는지 확인한다. 평가 초반에 예상하지 못했으나 초기 검사 결과에서 해석된 추가적인 신경심리학적 처리영향에 대해서도 검사하기 위해서, 학교신경심리학자는 유연한 인지력으로 종합검사를 수정할 수 있어야 한다.

아동의 의뢰 이유와 평가를 연결짓기

검사 또는 종합검사를 만들 때, 반드시 아동이 의뢰된 이유에 대해 설명할 수 있도록 한다. 예를 들어 검사를 받기 위해 의뢰된 이유가 "조니는 왜 읽지를 못하는가?"라면, 음운 인식, 청각 처리, 그리고 읽기 성취 등의 검사가 가장 적절하다. 어떤 학교신경심리학

═ **빠르게 찾기 6.1**

학교신경심리학자를 위한 임상적 해석 지침

- 아동이 의뢰된 이유와 평가를 연결시킨다.
- 평가에 대해 유연하게 접근한다.
- 주어진 과제에 대한 신경인지적 요구를 이해한다.
- 동일한 구성의 검사로 두 가지 이상의 과제를 측정할 수도 있고, 하지 못할 수도 있다.
- 아동들에게 그들이 어떻게 과제에 접근했는지 묻는 것을 잊지 않는다.
- '단축형' 측정과 행동적 등급의 역할에 대해 이해한다.
- 적당한 양의 검사란 어떻게 구성되는지 이해하고, 너무 많은 검사나 너무 적은 검사는 피한다.
- 보고된 학습과(또는) 행동적 문제와 관찰 가능한 행동과 평가 자료를 통합한다.
- '벡터 분석'을 사용해 평가 자료에 대한 가설을 확인한다.
- 평가 자료에 대한 과소 또는 과대 해석을 피한다.
- 학생의 자기충족 예언에 대해 주의를 기울인다.
- 행동과 관련된 복합적 원인에 주목한다.
- 처리깊이 해석 모형 단계를 시행한다.

자 또는 관련된 학업 평가자는 하나의 평가 검사로 모든 의뢰 이유를 답하려고 한다. 전문가들은 다방면의 검사 도구 또는 도구의 구성을 시행할 줄 알도록 수련해야 하며, 이상적으로 이 도구들을 학교라는 환경에서 적용할 줄 알아야 한다.

평가에 대해 유연하게 접근하기

평가 전문가(예 : 학교신경심리학자, 학교심리학자, 학습 진단 전문가, 심리측정학자)들은 평가 처리 동안 유연한 태도를 취해야 한다. 앞서 말한 예처럼 "조니는 왜 읽지 못하는가?"라는 의뢰 이유가 있다면, 평가 전문가는 읽기 문제에 원인이 될 수 있는 잠재적인 음운적, 청각 처리 과정을 평가하도록 계획할 수 있고, 평가 처리 중 중요한 단기기억 문제와 처리 속도도 고려해야 한다. 만약 검사 결과 또는 검사 수행 중 어떠한 처리 결여가 의심되면, 평가 전문가는 평가 검사를 변형시켜 의심되는 결여 분야에 대해 좀 더 자세히 알아보아야 한다. 어떠한 주에서는 평가가 미리 계획되고 부모 또는 보호자의 동의가 필요하다. 이러한 경우, 부모 또는 보호자의 사전 동의를 다시 받을 필요가 있으며, 의심되는 처리 결여에 대한 자세한 평가를 고지한다.

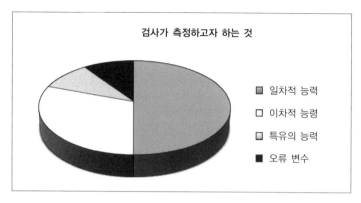

그림 6.1 검사 측정의 개념적 변수

평가 측정의 신경인지적 요구에 대한 이해

학교신경심리학자가 특정 검사에서 필요로 하는 신경인지적 요구에 대해 이해하는 것은 매우 중요하다. 행동은 언제나 검사로 수행될 수 있고, 그 검사는 여러 능력을 측정할 수 있다. 검사 개발자와 검사 발행자는 일반적으로 검사/하위 검사를 구성할 때, 가능한 어떠한 요인에도 방해받지 않은 상태로 만들기 위해 노력한다. 그러나 하나의 특정 검사가 하나 이상의 신경인지적 과정을 측정하는 것은 일반적이지 않다 — 일차적, 이차적 능력을 나타낸다. 이에 대한 예로는 WJIII-COG 역숫자 검사가 주의 역량과 작업기억을 요구할 수 있다.

그림 6.1은 특정 검사로 측정 가능한 개념적 변수를 나타낸다. 어떠한 행동이 취해질 때마다 측정 오차 분산도 생기기 마련이다. 오차 분산의 근원은 환경적 요인(예 : 검사실 내의 소음), 검사자 변수(예 : 검사 실행 오류), 그리고 학생 변수(예 : 학생이 검사 당일 아프거나 한 경우) 등을 포함한다. 이러한 오류 변수의 원인들은 검사 점수 해석을 무효화할 수 있다.

만약 아동이 WISC-IV 블록 쌓기 검사(Wechsler, 2003)에서 낮은 점수를 받으면, 이는 그들이 검사 중 방해를 받아 최선을 다하지 않았을 수도 있으므로, 낮은 점수가 시력-운동 구성 능력 저하로 오인해서는 안 된다. 관찰되거나 의심되는 오류 변수는 평가 타당성 부분에 보고되어야 하며, 이에 대한 결과는 주의와 함께 해석되거나 아예 해석되지 말아야 함을 권고해야 한다.

어떠한 검사 결과에 대한 해석을 할 때, 학교신경심리학자는 검사가 필요로 하는 신경인지적 요구에 대해 이해하고 있어야 한다. 검사가 무엇을 측정하는지 알기 위한 첫 번째 단계로는 검사 설명서를 읽고 검사의 기술적 특성을 검토하는 것이다. 주어진 종합검사 내의 소검사 간 상관관계와 같은 구성을 측정하는 다른 검사들의 상관관계를 보자. 검사 기술 매뉴얼은 검사 해석을 돕는 정보를 얻기에 가장 유용한 원천이다. 학교신경심리학자가 사용하는 많은 주요 검사들이 보조적 해석 안내서를 제공한다. 예를 들면 John Wiley & Sons의 Essentials Series 등과 같다. 마지막으로, 검사와 관련된 학술 연구가 발간되면 읽고 공부하는 것이 중요하다. 다양한 임상 인구로 입증되고, 검사의 신뢰도와 유효성이 반복적으로 이루어진 학술 연구 자료는 반드시 검토해야 한다.

같은 구성을 측정하도록 보고된 검사들이 때로는 다른 측정을 하는 경우

전문가들이 하는 착각 중 하나는 두 검사의 제목이 동일 처리 또는 동일 능력을 포함하고 있는 경우, 두 검사가 같은 구성을 측정한다고 생각하는 것이다. 예를 들어 겉으로 보기에 WISC-IV 처리 속도 검사와 WJIII-COG 처리 속도의 점수가 같은 구성을 측정한다고 생각하는 것은 타당하다. 그러나 각 하위 검사가 필요로 하는 신경인지적 요구에 대해 주의 깊게 살펴보면, 처리 속도가 측정에서 차이점이 나타난다. Floyd, Bergeron, McCormack, Anderson 그리고 Hargrove-Owens(2005)는 두 가지 이상의 지능 검사를 시행한 6명의 아동과 성인에 대해 연구하였다. 그 결과 처리 속도와 같은 몇 가지의 구성은 검사 간에 낮은 교환성을 보였다. 학교신경심리학자는 최근 학계에서 진행되고 있는 연구에 대해 지속적으로 공부해야 한다. 전문 특수성에 따라, 많은 평가 도구들이 최근 몇 년 사이에 쏟아져 나왔다. 우리는 이 검사 도구들이 서로 어떤 관련이 있는지, 교차 검사 평가 접근 방법에 대해서도 이제 막 이해하기 시작하는 단계이다.

'단축형' 측정의 역할에 대한 이해

어느 주에서는 학교신경심리학자가 유일한 평가 전문가로서 아동들의 특수교육 자격을 결정해야 하는 부담을 지고 있다. 이 검사에 대한 부담은 전국적으로 증가하고 있는 학교신경심리학자 부족 현상과 함께 전문가들을 불안정하게 만든다. 학교신경심리학자들은 대부분 깊이 있는 평가를 위해 한 아동에게 충분한 시간을 할애해야 하지만, 검사를 위해 대기하는 아동들이 많아 제한적이다. 이러한 딜레마 해결을 위해 시행 시간을 단축한 검사들이 구성되고 있다. 예를 들어 단축형 지능 검사, 단축형 성취도 검사, 그리고 단축형 행동 평가 척도 등이 있는데 이는 검사 시행자가 시간을 아낄 수 있도록 구성되었다. 사용 시 주의사항은 다음과 같다.

제2장에서 초기의 신경심리학적 실험을 위한 단일 검사 접근법에 대해 알아보았다. 초반의 신경심리학의 목적은 단일 측정(예 : 벤더 시각-운동 게슈탈트 검사)을 사용하여 종합적인 뇌 기능을 특징짓는 것이었다. 이러한 단일 검사 접근법은 제 기능을 발휘하지 못할뿐더러, 복합적 측정 사용을 선호하게 되므로 더 이상 사용되지 않는다. 어떠한 측정의 신뢰도는 주어진 검사 안에 복합적인 항목이 존재함에 따라 증가한다. 반면에 주어진 검사 안에 존재하는 항목의 수가 줄어들수록 그 신뢰도도 감소하게 된다. 지능, 성취도, 또는 행동 구조에 대한 단축형 측정은 선별 검사(screener)로 작용할 뿐, 이것으로는 복합적인 종합검사를 대체할 수 없다. 어떠한 학생들은 이 선별검사로 진단이 가능한 반면, 조금 더 깊이 있는 평가를 필요로 하는 학생도 있다.

행동 평가 척도의 역할에 대한 이해

학교라는 환경에서 일하는 평가 전문가들은 여러 가지 행동 평가 척도에 접근할 수 있다. 이는 자기보고, 또는 보호자나 선생님들의 학생에 대한 평가를 토대로 한다. ADHD 아동들을 위한 행동 평가는 일반적이거나 구체적인 행동 또는 인격장애, 그리고 구체적인 인지 기능(예 : 실행 기능)을 포함한다. 예를 들어 학생의 부모로부터 작성된 실행 기능에 대한 행동 평가를 검토해보자. 꼭 기억해야 할 것은 학생에 대한 실행 기능이 해당 학생 부모의 관점으로 작성된 것이며, 이는 실제 실행 기능을 나타내지 않는다는 점이다. 어떠한 전문가들은 아동 평가 시 그들의 행동 평가에 의존한 채 직접적인 아동의 행동을 포함시키지 않는 경우도 있다. 오직 부모가 보고하는 아동의 작업기억 문제만으로 해당 아동의 작업기억력 결여 여부를 판단하는 것은 전문적이라고 말할 수 없다. 행동 평가 척도는 학생이 현재 겪고 있는 학습적 또는 행동적 문제의 잠재적인 원인에 대한 가설을 생성하기 위한 훌륭한 방법이며, 복합적 검사 접근을 확인하기에 유용하나, 이는 시작점일 뿐이다. 만약 행동 평가 측정이 사용되면, 일반적 원칙으로는 최소 2명의 평가자로부터 두 가지의 다른 영역에서 수집된 최소 두 가지 이상의 행동 샘플을 사용해야만 한다.

검사 마무리의 적절한 시기

제롬은 작업기억 영역에서 처리 결여가 의심되어 학교신경심리학적 평가에 의뢰되었다. 학교신경심리학자는 제롬에게 그의 기억력을 측정하는 숫자 거꾸로 따라 외우기 소검사를 시행하였다. 제롬은 이 검사에서 평균 점수를 받아 학교신경심리학자는 제롬이 작업기억력에 문제가 없다고 하였다. 이 예에서 무엇이 잘못되었을까?

학교신경심리학자는 제롬의 작업기억 문제 여부를 판단할 만한 충분한 평가 자료가 없었다. 제롬이 숫자 거꾸로 따라 외우기 검사에서 평균점수를 받은 것은 정보들이 기억에서 조작되었기 때문일 수 있다. 제롬은 시각 작업기억력에 문제가 있을 수도 있고, 복잡한 언어적 자극에 의한 작업기억력에 문제를 가지고 있을 수도 있다. 제6장부터 제11장까지, 기본적 인기 과정과 성취 분야가 평가 목적을 위해 분류되어 세분화된다. 충분한 평가 검사를 위해, 학교신경심리학자는 의심되는 결핍 부분에 대해 완벽하게 탐구해보아야 한다. 어떠한 결핍에 대한 입증을 위해, 동일한 결핍이 의심되는 영역에 대해 측정하는 다른 두 가지의 검사를 시행해보는 것은 매우 좋은 방법이다. 예전의 신경심리학은 정십자 그리기 등의 단일 측정을 시행하는 것이 일반적이었으며, 이 검사에서의 좋지 못한 결과에 따라 아동이 통합운동장애를 가지고 있다고 판단되기도 하였다. 더 유효한 전문적 시행은 정십자 그리기 검사와 다른 시공간적 처리측정을 통해 시공간적 건설 능력 결여에 대한 가설을 세우는 것이다. 추가적인 자료 해석과 분석을 위한 지침은 다음 부분에서 더 자세히 소개될 것이다. 과잉 평가에 대해서도 다루어져야 한다. 평가를 위한 평가는 절대 좋은 검사 시행이 아니다. 의뢰된 이유와 관련된 사항을 구체적으로 이끌어내는 한 시간 동안의 검사는, 부분적으로 관련된 여섯 시간 동안의 검사보다 훨씬 효율적이다.

자료 분석과 해석

자료 분석과 임상적 해석에 대해 알아볼 것이다. 양적, 질적 자료 모두 학생의 종합적 임상 상태를 고려할 때 매우 중요하다.

아동에게 과제 해결을 위해 어떻게 접근하였는지 질문할 것

임상신경심리학과 학교심리학의 역사적 영향에 대해 언급했던 제2장에서 우리는 보스턴 처리 접근법에 대한 신경심리 역사와 기여에 대해 다루었다. 이 신경심리 평가에 대한 접근 원칙은 학생이 어떻게 결론에 도달했는지가 검사 점수만큼이나 중요하게 여겨진다는 것이다. 그러나 너무 빈번하게도 평가 전문가들은 평준화된 자세로 검사를 시행하는 데 중점을 두어, 생각들이 역동적인 뇌를 가진 아동들이 그들 앞에 앉아 있음을 망각하곤 한다. 물론 검사를 표준화된 자세로 시행하는 것도 중요하다. 그러나 검사 시간에 아동과 그들의 행동에 대해 의논하는 것 역시 중요하다. 표준화된 검사 시행 후, 학생에게 어떤 부분이 어려웠고 어떤 부분이 쉬웠는지 질문한다. 어려웠던 과제를 쉽게 만들거나, 쉬웠던 문제를 어렵게 하려면 어떻게 해야 하는지에 대해서도 질문한다. 대부분의 학생들은 자신의 인지적 강점과 장점에 대한 훌륭한 '초인지적' 의식을 가지고 있어, 그들이 느끼는 또는 실제로 가지고 있는 신경인지적 약점에 어떤 보상 방법이 있는지 확인할 수 있다. 학교신경심리학자들은 대부분 '제한된 검사'를 통해 의뢰 이유에 대한 답을 찾는다.

자기충족 예언에 대한 주의

학교신경심리학자가 토니카를 평가하며 학습 목록 기억력 과제를 시행해보기로 하였다. 이에 토니카는 매우 부정적으로 반응하며, 이러한 검사는 그녀에게 너무 어렵고, "이런 종류의 검사에는 자신이 없다"며 시도할 수 없다고 하였다. 학교신경심리학자는 토니카에게 왜 이러한 종류의 검사에 자신이 없다고 생각하는지 질문하였다. 토니카는 앞선 평가에서 비슷한 검사를 했고 좋지 못한 성적을 받았다고 답하였다. 그 당시의 검사 시행자는 토니카에게 이러한 부분이 그녀의 약점이므로, 학교 공부 중 언어 자료를 암기해야 하는 등의 과제는 피해야 한다고 말한 것이다. 이러한 상황에 대해, 학교신경심리학자는 이 과제가 요구하는 점을 설명하고, 토니카의 염려를 들어 줌으로써 진정시킨 후 과제를 수행하는 데 최선을 다하도록 하였다. 토니카는 이 과제에서 평균점수를 받았다.

토니카는 지진이 언어기억 과제를 해낼 수 없다고 확신했고, 이전의 검사 실시자도 그녀가 해낼 수 없을 거라고 확신하였다. 가끔 학생들은 그들의 학습 또는 행동에 대한 자기충족 예언을 함으로써 그들이 가진 잠재력을 실제로 방해하는 경우가 있다. 이러한 경우에는 검사를 중단하고 학생을 진정시킨 후, 해당 검사의 필요성에 대해 설명하고, 과제 수행에 있어 중요한 것은 최선을 다하는 것임을 알게 하고 검사를 다시 시행해야 한다. 학생의 신경인지적 강점과 약점을 알아가는 동안, 해당 학생을 그 과정의 파트너로 대하는 것이 바람직하다. 검사 시행자는 평가 결과에 대한 결론을 학생에게 보고해야 한다. 그러나 너무나도 빈번하게 학교신경심리 평가를 의뢰받은 학생들은 그동안 좋지 못한 결과에 대한 보고만 들어 왔으며, 그들의 강점과 발달적 변화는 무시되고 있다. 학생들은 그들의 신경인지적 강점에 대해 이야기 듣고, 그 강점을 이용한 교육 방법을 통해 신경인지적 한계에 대해서도 극복할 수 있도록 도움을 받아야 한다.

보고된 문제를 관찰된 행동과 평가 자료와 통합시키기

공립학교에서 아동들을 검사하기 위한 평가 전문가들(예 : 교육 분석가, 학교심리학자, 학교신경심리학자)은 대부분 비좁게 국한된 공간에 배치되곤 한다. 이러한 상황에서 얻은 검사 결과들의 일반화 가능성은 미심쩍은 부분이 있다. 이상적으로 평가 전문가들은 교실 관찰, 아동들의 학습과 또는 행동적 문제에 대한 학부모나 선생님의 통찰, 표준화 검사 등을 이용해 아동의 일상적인 환경에서 그들의 행동 양상을 수집해야 한다. 이 책에서 이야기하고 있는 개념적 학교신경심리 모형에 따르면, 아동의 학습에 대한 학부모나 선생님의 염려는 현재의 평가 결과와 통합되어야 한다.

자료 동향 확인

학교신경심리학자들은 자료에 대한 임상적 해석을 할 때 '벡터분석'을 사용하려는 경향이 있다. 그림 6.2는 의심되는 처리 속도 결여에 대한 '벡터분석'을 나타낸다. 의심되는 처리 결핍을 확실히 하기 위해 의뢰 이유, 관찰 자료, 양적·질적 자료는 통합되어야 한다.

그림 6.2에서 소개된 예와 같이, 네 가지 관점으로부터 모인 자료는 처리 속도 결여에 대한 진단상의 결론을 지지한다. 때로는 네 가지의 관점이 하나로 모이기는커녕 상이한 관점을 보이기도 한다. 불일치의 가장 흔한 형태는 의뢰 행동과 교실에서의 관찰이 양적·질적 검사 자료와 늘 일치하지 않는다는 점이다. 이는 교육자들과 부모들이 행동적 증상을 잘못된 신경인지적 부분과 연결짓는 오류를 범하기 때문이다. 예를 들어 한 아동이 수업 중 '집중을 하지 않는' 것 같이 보여 주의력 처리 결여로 의뢰되었다. 학교신경심리학적 평가 후, 이러한 행동들은 아동의 청각 처리 손상에 의한 것이며, 처음 의심되었던 주의력 결여와는 관련이 없는 경우가 있다. 학교신경심리학자는 보고서 작성을 위해 네 가지 관점으로부터 나오는 정보를 바탕으로 진단적 결론을 내려야 한다.

학교신경심리학자는 자료의 동향을 확인해야 한다. 앞선 예에서 말해주듯, 아무리 같은 구성을 측정하더라도 네 가지 관점으로부터 보이는 행동 양상들이 100% 일치할 수는 없다. 과제의 신경인지적 요구를 평가할 것을 기억해야 한다. 아동이 좋은 성적을 거둔 세 가지 수행 과제에 대한 유사점을 찾고, 아동이 좋은 성적을 거두지 못한 하나의 과제가 필요로 하는 신경인지적 요구를 찾아야 한다. 앞선 예에서, 학교신경심리학자들은 전제척 처리결여라는 결론을 내리고 싶지 않을 것이다. 시행된 검사에 대한 과제분석을 할

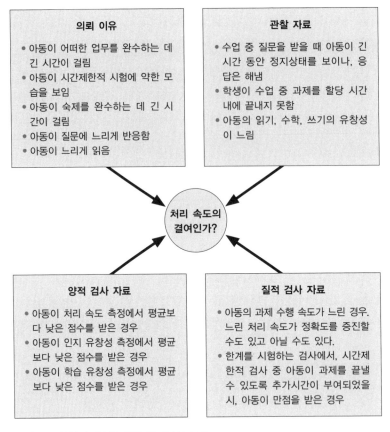

그림 6.2 임상적 해석을 위한 백터분석 모형

때, 아동이 좋은 점수를 거두지 못한 읽기 검사는 말이 안 되는 단어가 포함되었을 수도 있다(다른 검사들에서는 제대로 된 단어가 사용된 반면). 피로나 동기 결여와 같은 인지적 요인과 관련이 없을 수도 있는 '긍정 오류(false positive)'를 조심해야 한다.

자료에 대한 과소해석 피하기

클리포드는 기억력 문제가 의심되는 학생이다. 그는 지속적으로 숙제 제출을 잊고, 배운 것들을 기억하지 못한다. WISC-IV의 작업기억 검사에서 그는 평균 점수를 받았다. 학교신경심리학자는 이를 바탕으로 클리포드가 기억 문제가 없다고 판단하였다. 이러한 해석은 과연 옳은 것인가?

제한적인 종합검사를 실시하는 경우, 평균 점수가 전반적인 평균 기능을 나타낸다고 가정하면 안 된다. 의뢰 이유를 위하여, 여러 가지 측정을 시행해 의심되는 약점에 대해

옳고 그름을 입증하는 것이 중요하다. 클리포드의 경우, 그는 작업기억력보다는 장기기억력과 관련된 기억력 문제를 가졌을 수도 있다. 제9장에서는 학습과 기억 인지 과정에 대하여 이야기 나눌 것인데, 기억은 많은 부분들로 구성되어 있어, 기억 처리 결여가 의심되는 경우 많은 평가가 필요하다. 한 가지의 행동 양상을 통해 클리포드가 기억력에 문제가 없다고 판단하는 것은 자료를 과소 해석하는 오류를 범하는 것이다.

처리깊이 해석 모형

학교신경심리학자들은 자료의 임상적 해석을 위해 처리깊이 해석 모형을 사용하도록 제안된다(그림 6.3 참조). 이 모형은 해석에 있어 다섯 단계를 포함한다. 각 단계에서 학교신경심리학자들은 검사 수행에 영향을 끼칠 수 있는 비인지적(피로, 동기결여), 환경적, 또는 문화적 요인에 대해 고려해야 한다. 또한 각 단계에서 평가 자료와 증거에 기반한 해결방안과의 연관성에 대해서도 숙고해야 한다.

모형의 1단계에서는 검사의 전반적인 요인에 대해 해석한다. 이 단계에서 자료를 효과적으로 해석하기 위해 평가 전문가들은 측정 이론에 대한 지식을 갖춤과 동시에 평가 자료의 윤리적 · 법적 사용에 대해서도 알고 있어야 한다. 곧 소개될 첫 번째 임상적 해석 사례 예시에서는 왜 1단계의 해석만으로는 중요한 신경인지적 결여에 대해 알 수 없는지 설명할 것이다.

2단계에서는 하위 검사 점수에 대한 해석을 확대시킨다. 통계적으로 유효하며 임상적 관련이 있는 하위 검사들 간의 차이는 해석되어야 한다. 이 단계에 있는 전문가들은 하위 검사 간의 상관관계와 측정에 대한 외부 구성의 유효성을 묘사하는 기술적 매뉴얼에 대해 이해하고 있어야 한다.

3단계에서는 질적 행동과 양적 점수와의 관련성에 대해 숙고해야 한다. 어떤 검사 출제자는 질적 행동을 **기준 비율**이라고 보고하기도 한다(예 : 특정 나이에서 몇 퍼센트의 아동이 어떠한 질적 행동과 관련이 있는가?). 질적 행동의 중요성에 대해 이해하려면 평가 전문가는 신경심리학적 징후에 대해 높은 지식을 갖추고, 과제 수행 중 보여지는 질적 행동의 양상을 찾아낼 수 있어야 한다. 질적 행동에 대해 조사할 수 있는 좋은 기술은 아동에게 어떠한 방법으로 과제를 완수하였는지 물어보는 것이다. 자신의 인지 과정에 대한 아동의 초인지적 의식은 학교신경심리학자에게 매우 통찰력 있고 유용한 자료이다.

해석 모형의 4단계는 진단에 대해 정의하기 위해 표준화 검사 결과를 넘어서야 한다. 예를 들어 만약 아동이 읽기 정확도 검사에서 78점을 받았다면(평균 : 100, 표준편차 :

증거에 기반한 해결방안 제시

각 단계에서 과제 수행에 영향을 미칠 수 있는
비인지적 요인(동기, 피로 등),
환경적, 문화적 요인에 대한 고려

단계	분석 초점	필요한 바탕 지식(다음 단계로 갈수록 축적된다)
1	전체적 요인 점수	• 측정 이론(예 : 평준화, 신뢰도, 타당성 등) • 평가의 도덕적, 법적 원리
2	하위 검사 분석 추가개별적 하위 검사, 하위 검사 간 변동성)	• 하위 검사 간 변동 발생 정도 • 임상과 통계적 유효성 간의 차이
3	절차 수행 자료, 추가적 점수, 처리 자료 등	• 절차 수행 자료의 기준 비율 • 각 과제에 대한 신경인지적 요구와 절차 요구 유발 • 아동이 과제 수행 중 어떠한 전략을 사용하였는지에 대한 조인지적 인식을 측정하기 위한 인터뷰 기술
4	오류 분석, 비공식적 샘플, 한계 검사 등	• 하위 검사 간 오류 패턴 평가, 명징 언어 상실증과 같은 직접 샘플 어류 평가 • 증거 기준과 교육 과정 중심 측정을 평준화된 측정과 연결하는 것 • 평준화된 검사 시행 후, 한계를 시험하는 법
5	자료에 대한 신경심리학적 해석	• 평가 도구에 대한 이론적 배경지식 • 검사와 구성요소에 대한 타당성 구성 • 기능적 신경해부학

그림 6.3 학교신경심리학자들을 위한 과정 평가 모형의 단계

15), 그 아동은 또래 아동을 상대로 한 읽기 정확도 검사의 기준치에 못 미친다는 결론을 내릴 수 있다. 그러나 평균 점수 그 자체는 독해 문제의 본질을 보여주지 않는다. 이 평가 단계에서, 학교신경심리학자는 독해 오류에 대한 오류 분석을 진행하여 읽기장애에 대한 특정 부분의 오류 패턴 유무를 확인한다. 다른 방법으로는 교실에서 이루어진 비공식적 읽기 샘플이나, 아동이 설명, 방법 또는 구성이 변경된 업무를 수행할 수 있는지 확인하는 한계를 시험하는 검사 등이 있다.

5단계는 학교신경심리학자가 주어진 인지 과제에 따라 신경인지적 요구를 이해하는 것이 필수다. 이러한 목적을 달성하기 위해 학교신경심리학자는 평가 도구의 구성과 타당성에 대한 이론과 검사의 구성, 그리고 신경심리학적 이론과 연구에 대한 기본 지식을 갖추고 있어야 한다.

평가의 각 단계에서 학교신경심리학자는 신경인지적 처리 외에 과제 수행에 잠재적으로 영향을 미칠 수 있는 요인들에 대해서 고려해야 한다. 이는 동기 또는 피로 같은 비인지적 요인, 환경적, 문화적 요인 등이 있다. 각 해석 모형 단계를 시행하는 전문가들은 자료를 수집하여 평가 자료와 관련된 처방 해결방안을 개발한다. 이에 각 단계의 평가 자료는 처방적이며 증거에 기반하는 해결방안과 관련이 있어야 한다. 해석 단계가 증가할수록 평가 자료는 점점 정확해지며, 처방에 대한 개선방안은 더 선별적이고 교육적으로 적절해진다.

다음 절에서는 사례 연구로부터 나온 두 가지 예시 자료가 소개되며, 이는 학교신경심리학자들을 위한 처리해석 모형의 단계와 검사 행동에 대한 복합적인 원인에 대해 다룰 것이다.

임상적 해석 예시

빠르게 찾기 6.2에는 NEPSY-II 청각 주의력과 반응(Auditory Attention and Response Set, AARS) 검사 점수 다섯 세트가 소개되어 있다. 이는 오직 한 가지 검사 점수로는 학생의 검사 수행에 대해 충분히 설명할 수 없다는 것을 보여주기 위한 예로 소개된 것이다. AARS 검사가 낯선 독자들을 위해 간단한 설명을 하자면 다음과 같다. AARS 검사는 두 파트, 즉 (1) 청각 주의력, (2) 반응으로 나뉜다. 각 파트에서 학생들에게 검정, 빨강, 노랑, 파랑 네 가지 색상의 동그라미가 그려진 책자가 주어진다. 각 파트에 대한 간단한 연습 후, 학생들은 검사 시행자가 녹음한 단어를 듣게 된다. 이 단어들은 1초에 한 단어

빠르게 찾기 6.2

NEPSY-II 청각 주의력과 반응에 대한 해석 예시

검사 점수	1	2	3	4	5
Part I : 선택적/집중적, 지속적 주의력 측정					
총 청각 주의력 : 청각적 표적 단어들에 대한 선택적인 반응(비표적 단어에 대해서는 반응하지 않음)	(8)	(6)	(4)	(10)	(6)
총 임무 오류 : 반응하지 말아야 할 비표적 단어에 반응하는 경우(오류 증가=낮은 % 등급)	3~10	26~75	≤ 2	26~75	26~75
총 정답 : 표적 단어에 올바르게 응답하는 경우(정답률 증가=높은 척도 점수)	(10)	(5)	(5)	(10)	(7)
총 누락 오류 : 표적 단어를 놓치는 경우(오류 증가=낮은 % 등급)	25~75	3~10	3~10	26~75	3~10
총 억제 오류 : 방해 단어 무시(오류 증가=낮은 % 등급)	3~10	26~75	26~75	26~75	3~10
Part II : 선택적/집중적, 지속적, 전환적 주의력 측정					
총 반응 세트 : 전환적 주의력이 추가된 청각 표적 단어에 대한 선택적 반응(비표적 단어에 대해서는 반응하지 않음)	(9)	(7)	(5)	(6)	(10)
총 임무 오류 : 반응하지 말아야 할 비표적 단어에 반응하는 경우(오류 증가=낮은 % 등급)	11~25	26~75	3~10	26~75	26~75
총 정답 : 표적 단어에 올바르게 응답하는 경우(정답률 증가=높은 척도 점수)	(11)	(6)	(6)	(7)	(10)
총 누락 오류 : 표적 단어를 놓치는 경우(오류 증가=낮은 % 등급)	25~75	3~10	3~10	3~10	26~75
총 억제 오류 : 방해 단어 무시(오류 증가=낮은 % 등급)	11~25	26~75	26~75	3~10	26~75
질적 행동					
주의력 없는/집중하지 않는 과제에서 벗어난 행동들	아니요	예 23%	아니요	아니요	아니요
자리에서 벗어난/자리에 있으나 육체적 움직임이 있는 과제에서 벗어난 행동들	아니요	예 14%	아니요	아니요	아니요

씩, 약간의 시간을 두고 녹음된 것이다.

해당 검사의 청각 주의력 파트에서 학생은 '빨강'이라는 단어를 들을 때 가능한 빨리 빨간 동그라미를 가리켜야 한다. 다른 색깔 단어를 들을 때는 무시하도록 한다. 반응 파트에서는 과제의 난이도가 조금 어려워지는데, 이는 학생이 '빨강'이라는 단어를 들었을 때 노란 동그라미를 가리켜야 하고, '노랑'이라는 단어를 들었을 때 빨간 동그라미를 가리키며, '파랑'이라는 단어를 들었을 때는 파란 동그라미를 가리켜야 하기 때문이다. '빨강'과 '노랑'이라는 단어는 학생들로 하여금 인지 반응에 전환을 요구하는 반면, '파랑'이라는 단어는 예상되는 인지 반응의 유지를 요한다.

자극 단어 발생에 대한 올바른 반응을 위해, 학생들이 올바른 동그라미를 가리키는 데 2초가 주어진다. 총 점수는 총 임무 오류의 수와 총 정답 수를 바탕으로 계산된다. 총 누락 오류(빨간 동그라미를 2초 안에 가리키지 못한 경우)와 억제 오류(가리키지 말라고 안내된 색상의 동그라미를 가리킨 경우)도 함께 보고된다.

AARS 예시 I − 검사의 두 파트에서 임무와 억제 오류가 너무 많은 경우

1단계 분석 : 전반적 점수 해석

이 예시에서, 한 학생이 청각 주의력 점수에 8점(평균 : 10, 표준편차 : 3)을 받았으며 반응 부분에서는 9점을 받았다. 경험이 많지 않은 전문가들은 이 두 가지 점수만으로 학생이 과제를 수행하는 데 어떤 어려움도 없었다고 옳지 못한 진단을 내릴 수도 있다.

2단계 분석 : 하위 검사 점수 해석

네 가지 AARS 검사 간의 점수, 총 정답, 임무 오류, 누락 오류, 억제 오류에 대한 상호관계는 학생이 어떻게 검사를 수행했는지 제대로 이해하기 위해 꼭 검토해보아야 한다. 이 예시의 청각 주의력 파트에서는 학생이 총 정답 수에서 평균 점수(10점)를 받았으며, 과제 수행 중 집중하는 모습을 보였고 이는 총 누락 오류 점수에서 평균 점수를 받은 것으로 나타난다(25~75%의 평균 백분위 순위 범위 내에 들어간 경우). 그러나 해당 학생은 청각 주의력 파트에서 많은 임무 오류와 억제 오류를 범하여, 임무와 억제 오류 수에서 예상 백분위 순위 범위보다 낮은 3~10% 안에 들었다. 이러한 낮은 점수는 과제의 특정 규칙에 대해 주의를 기울이지 않고 충동적 반응을 보인 것이라고 할 수 있다. 이 사례의 경우, 다른 모든 자극에 대해서는 무시한 채 오직 '빨강'이라는 단어에 빨간 동그라미를 가리킨 것이다. 이와 같이 과제의 규칙을 준수하지 않는 충동적 반응은 검사의 반응 파트에서도 드러난다.

3단계 분석 : 질적 행동 해석

AAPR 검사는 두 가지의 질적 행동을 만들어낸다 ─ (1) 부주의하며/방해를 받거나 또는 과제에서 벗어난 행동을 하는 경우의 수, (2) 학생이 자리에서 벗어나 과제와 관련 없는 육체적 움직임을 보이는 경우의 수. 첫 번째 예시에서 해당 학생은 충동적으로 반응하는 모습을 보이지 않았으며 질적 행동도 보고되지 않았다. 만약 질적 행동이 보고되었다면, ADHD 과잉활동/충동형을 의심해보아야 한다. 이 예시에서는 이러한 질적 행동이 관찰되지 않으므로, 전문가는 학생이 과제에 대해 충분히 이해하고 있다는 사실(수용 언어 문제)을 배제하거나, 해당 학생이 지나치게 부정적인 상태(행동 문제)이거나, 과제의 방향에 대한 인지를 하지 못한다고(실행 기능 장애) 말할 수 있다.

4단계 분석 : 분석 오류와 다른 평가 자료와의 통합

AARS 검사에 대한 학생의 과제 수행은 의뢰된 이유, 배경 정보, 공식적 · 비공식적 관찰 및 다른 평가 자료와 함께 해석되어야 한다. 학생이 충동적 반응을 보이는 것이 수용언어, 행동 문제, 또는 실행 기능 장애의 문제일 수도 있다는 점을 확인하는 것은 전문가들로 하여금 해당 학생의 공식적 · 비공식적 자료를 통합하여 결론지을 것을 필요로 한다(이는 앞서 이야기한 벡터분석이다).

5단계 분석 : 검사가 요구하는 신경인지적 필요에 대한 이해

AARS의 청각 주의력 부분은 학생들로 하여금 표적 자극에 대하여 선택적인 집중 주의력을 필요로 함과 동시에 비표적 자극에 대해서는 선택적으로 걸러내야 함을 요구한다. 또 주의력을 오랜 시간 동안 유지시키고 억제에 대해서도 반응해야 한다. AARS의 반응 파트는 위에서 나열한 같은 주의력 과정을 요구하며, 추가적으로 변환적 주의력 또는 인지 유창성을 요구한다(예 : '노랑'이라는 단어를 듣고 빨간 동그라미를 가리켜야 하는 점 등). 이러한 기본적인 신경인지 처리 외에도 과제를 성공적으로 수행하기 위해서는 수용 언어를 통한 입력과 소근육 운동 기능을 통한 출력 능력이 필요하다. 학생의 동기, 피로, 태도와 같은 비신경인지적 요인들 또한 전체적인 검사 수행에 영향을 미친다.

AARS 예시 II – 학생이 검사 중 집중하지 못하는 현상이 누락 오류, 낮은 정답률과 낮은 수행 오류의 원인이 되는 경우

AARS 점수의 두 번째 예시에 한 학생이 청력 주의력 검사의 청력 주의 부분에서 6점을 얻었고, 반응 부분에서는 7점을 얻었다. 이 두 점수는 평균 기능 범위(1단계 분석)보다 살짝 못 미치는 점수이다. 검사의 두 파트에 학생은 낮은 정답 수, 높은 누락 수, 그리고 낮은 수행 오류를 보였다. 행동상으로 볼 때, 해당 학생은 검사의 각 파트 진행 중 지속적으로 산만해졌고, 유도 항목들에 대해 응답하지 않았다. 이는 낮은 정답 수와 높은 누락 수를 초래하였다. 수행 오류도 낮았는데 이는 학생이 오류를 범하는 것을 포함해 그 어떤 것에도 응답하지 않았기 때문이다(2단계 분석). 해당 학생은 주의력 부족과 과잉행동의 질적 행동을 보였다. NEPSY-II는 이러한 질적 행동에 대한 기준 비율을 제시한다. 이 예시에서 같은 나이의 23%의 아동이 같은 정도의 과제에서 벗어난 주의력 부족/산만한 행동을 보이며, 14%의 아동이 같은 정도의 자리에 가만히 있지 못하는 과잉행동을 보인다(3단계 분석). 그러나 이 점수들만으로는 해당 학생의 검사 중 행동에 대해 자세히 설명할 수 없다. 검사 시행자는 적절한 검사 결과 해석과 그 결과를 연구 사례 자료와 통합시키기 위해, 아동의 검사 중 주의산만성에 대해 보고할 필요가 있다(4단계 분석). 검사에 필요한 신경인지적 요구에 대해서는 예시 I에서 나열한 것과 같다(5단계 분석).

AARS 예시 III – 학생의 느린 처리 속도가 많은 누락 오류, 낮은 정답 수, 높은 수행 오류를 초래하는 경우

AARS 검사에서 학생은 자극 유도에 대한 응답으로 2초 안에 올바른 색상의 동그라미를 가리켜야 한다. 처리 속도가 느린 학생의 경우 어떠한 유도에 대한 올바른 색상의 동그라미를 가리키는 데 2초 이상 걸릴 수 있다. 이러한 응답 시간 지체로 정답 수가 낮아지며, 뒤늦게 올바른 동그라미를 가리켰기 때문에 수행 오류의 수가 높아질 수 있다. 이러한 점수 양상을 가진 학생은 주의력결핍 과잉행동 같은 질적 행동을 보이지 않으며, 그저 응답 시간이 지체될 뿐이다. 이러한 경우에는 다른 평가를 통하여 느린 처리 속도에 대한 확인이 필요하다.

AARS 예시 IV – 청각 주의력 수행에서 평균 점수를 받았으나 반응 영역에서 낮은 수행 점수를 나타내는 경우

이러한 경우는 검사의 반응 영역에서 추가된 전환 주의력 요건이 수행 저하의 원인일 수 있다. 전문가들은 다른 평가 자료나 배경 정보, 또는 행동적 관찰 등을 통해 해당 아동의 전환 주의력 결핍의 증거를 확보해야 한다.

AARS 예시 V-청각 주의력에서 낮은 수행 점수를 받았으나, 반응 수행에서 높은 점수를 받은 경우

학생이 검사에서 더 어려운 반응 영역에서 더 높은 점수를 받은 경우이다. 이러한 경우가 발생하였을 때는 대부분 학생이 검사의 첫 번째 부분에서 지루해졌거나, 노력을 하지 않았다는 것을 의미한다. 그러나 과제가 어려워질수록 흥미가 생겼으며 과제 완수에 필요한 인지 자원을 모아 문제를 해결했을 가능성이 있다. 전문가들은 이러한 응답이 나온 경우 행동 양상들에 걸쳐 확증할 수 있는 증거를 찾도록 해야 한다.

어떠한 평가 자료를 해석하는 것에 대한 위험 요소는 그 자료가 어떤 결과에 대해 충분히 해석하지 않는다는 점이다. 이 AARS 예시에서 만약 전문가가 첫 번째 단계에서 해석을 그만둔다면, 학생이 어떻게 과제를 수행하는지에 대한 완전한 그림은 상실되었을 것이다. 검사 제출자들과 출판사는 보충물과 질적 행동을 종합검사에 포함시켜, 학생의 과제 수행에 대한 임상적 그림을 더욱 완성적으로 나타낼 수 있게 해야 한다.

다음의 연구 사례 예시는 D-KEFS의 선 추적 검사 자료(Delis, Kaplan, & Kramer, 2001)로 이는 검사 중 보여지는 행동들의 잠재적이고 복합적인 원인들에 대한 논지를 분명히 하기 위하여 사용된다.

해석적 예시 II-D-KEFS의 선 추적 검사 수행

제11장(주의력과 작업기업력 촉진제/억제제)에서 보고된 바와 같이, 선 추적 검사(Trail Making Test, TMT)는 전반적인 뇌기능장애에 매우 민감하게 작용하기 때문에 전문가들에게 널리 쓰이고 있다. 그러나 TMT는 뇌기능장애를 정확하게 국부화하지 못한다. TMT 검사는 교차적 시각 주의력, 지속적 시각 주의력, 연속적 순서, 심리운동 속도, 인지 유창성, 그리고 억제-탈억제를 측정한다고 여겨진다. D-KEFS 버전의 선 추적 검사는 다섯 가지 조건(빠르게 찾기 6.3 참조)을 포함하므로 해석적 한계를 고려한다.

빠르게 찾기 6.3은 D-KEFS 선 추적 검사의 각 점수에 대한 일차적, 이차적 구성에 대해 소개한다. 예를 들어 조건 1(시각 주사)의 경우, 시각기억과 시각 주의력이 이 원리적 구성으로 측정된다. 이 과제에서 아동은 가능한 빠르게 주어진 페이지 안에 있는 숫자 3들을 찾아 표시해야 한다. 이 과제는 최소한의 운동 반응을 필요로 하나, 이는 측정하고

빠르게 찾기 6.3

D-KEFS 선 추적 검사 점수

점수	일차적 측정 조건	이차적 측정
조건 1 : 시각 주사	• 시각 주사 • 시각 주의력	• 운동 기능
조건 2 : 숫자 연속 배열	• 기본 숫자 연속 배열 처리 과정	• 시각 주사 • 시각 주의력 • 운동 기능
조건 3 : 철자 연속 배열	• 철자 연속 배열 처리 과정	• 시각 주사 • 시각 주의력 • 운동 기능
조건 4 : 숫자-철자 연속 배열	• 주의력 변환/인지 유창성/ 주의력 분산	• 시각 주사 • 시각 주의력 • 연속 배열 처리 과정
조건 5 : 운동 속도	• 운동 기능	• 시각 주사 • 시각 주의력

비교 점수	
조건 4 vs. 조건 1	조건 4 수행을 위한 시각 주사와 시각 주의력의 기여
조건 4 vs. 조건 2	조건 4 수행을 위한 숫자 연속 배열의 기여
조건 4 vs. 조건 3	조건 4 수행을 위한 철자 연속 배열의 기여
조건 4 vs. 조건 2+3	조건 4 수행을 위한 전반적인 배열 처리 과정의 기여
조건 4 vs. 조건 5	조건 4 수행을 위한 운동 출력의 기여

자 하는 원리적 구성은 아니다. 조건 4(숫자-철자 변환)는 이 검사의 주요 부분이다. 기타 모든 조건들과 비교 점수들은 아동의 숫자-철자 변환 조건 수행에 대한 해석을 돕기 위하여 구성된 것이다. 그림 6.4는 숫자-철자 변환 조건에 대한 이해는 기타 조건들과 비교 점수들의 영향을 나타낸다.

D-KEFS의 조건 4는 고전적인 실행 기능 측정법으로 여겨진다. 그러나 빠르게 찾기 6.4에서 보여지는 것과 같이 검사의 조건 4 부분에서 좋은 성과를 거두지 못하는 것은 여러 이유로 가정될 수 있다. D-KEFS-TMT에서 좋은 성과를 거두지 못하는 것에 대한 원인이 학교신경심리학자들의 개념적 모형을 통해 정리되었다.

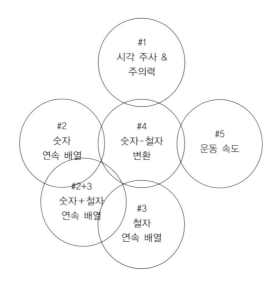

그림 6.4 D-KEFS 선 추적 검사의 개념적 해석 모형. 조건 4(숫자-철자 변환)에서의 좋지 못한 성적을 받은 경우. 하나 이상의 다른 조건들에서도 좋지 못한 성적을 받았기 때문일 수 있다.

감각-운동 결여

운동 손상

- D-KEFS-TMT 조건 5(운동 속도)를 참조 — 점수가 현저히 낮은지 확인할 것
- 조건 4(숫자-철자 변환) vs. 조건 5(운동 속도) 점수 비교
- 운동 손상 확인을 위해 다른 측정 수치도 확인(예 : Dean-Woodcock 신경심리 종합 검사, WISC-IV 부호화, NEPSY 시각-운동 정확도, WRAVMA 페그보드 검사 등). 기타 감각운동 기능 측정은 빠르게 찾기 6.5에서 6.10 참조

주의력 처리 결여. 아동은 D-KEFS-TMT를 완성시키기 위해 주의력 자원을 사용해야만 한다. 조건 4(숫자-철자 변환)에서의 좋지 못한 수행은 선택적/집중적 주의력, 유지적 주의력, 변환적 주의력, 또는 주의력 용량의 부족이 원인일 수 있다. 검사자는 다른 주의력 검사에 대해서도 참고하여 어떠한 주의력 과정이 D-KEFS-TMT 수행 부진의 원인이 되는지 가설을 세우도록 한다. 주의력 촉진/억제 측정에 대해서는 빠르게 찾기 11.4부터 11.8에서 다루어질 것이다.

시공간 처리 결여. 아동은 D-KEFS-TMT 검사에서 시각적 자극에 대해 시각 주사를 할 수 있어야 한다. 모든 조건에서 좋지 못한 성적을 거둔다면 이는 시각 주사 능력 부족으

빠르게 찾기 6.4

D-KEFS 선 추적 검사에서 좋은 성적을 거두지 못하는 것에 대한 추측 가능한 이유

좋지 못한 수행에 대한 추측 가능 원인	D-KEFS 선 추적 조건				
	1	2	3	4	5
감각 운동 결여					
• 운동 속도 결여	✔	✔	✔	✔	✔
주의 처리 결여					
• 선택적/집중적 주의력 결여	✔	✔	✔	✔	✔
• 인지 틀 유지 실패 : 주의산만성/유지적 주의력	✔	✔	✔	✔	✔
• 주의력 변환 결여				✔	
• 주의력 분산 결여				✔	
• 주의력 용량 결여	✔	✔	✔	✔	
시공간 처리 결여					
• 시각 주사 결여	✔	✔	✔	✔	✔
언어적 결여					
• 인지 틀 유지 실패 : 설명서에 대한 이해력 결여	✔	✔	✔	✔	✔
기억과 학습 결여					
• 작업기억력 결여				✔	
실행 기능 결여					
• 인지 유창성 결여				✔	
• 태세 변환 능력 결여				✔	
인지 과정의 속도와 효율성 결여					
• 처리 속도 결여	✔	✔	✔	✔	✔
지적/학습적 결여					
• 일반적 지적 기능 결여	✔	✔	✔	✔	✔
• 숫자 처리 과정 결여	✔	✔		✔	
• 철자 처리 과정 결여	✔		✔	✔	
• 일반적 연속 배열 기능 결여		✔	✔	✔	
비인지적(문화적, 사회적, 또는 환경적) 요인 결여					
• 비인지적 요인들(예 : 노력 부족)	✔	✔	✔	✔	✔

로 인한 결과일 수 있다. 어떤 아동들은 시각적 요소가 포함된 검사들에서 좋지 못한 결과를 얻을 수 있는데 이는 시각적 요소에 대한 주의력 결여가 그 이유이다.

- D-KEFS-TMT 조건 1(시각 주사)의 점수가 현저히 낮은지 확인
- 조건 4(숫자-철자 변환) vs. 조건 1(시각 주사) 점수 비교
- 시각 주사 결여 여부 확인을 위하여 기타 측정들도 확인(빠르게 찾기 7.9에서 비교 검사들을 나열한다.)

언어적 결여. D-KEFS-TMT를 성공적으로 완수하기 위해서 아동은 검사 시행자가 제공하는 구두 설명서를 이해할 수 있어야 한다. 검사 설명을 이해하지 못하는 것은 각 D-KEFS-TMT 조건들에서 좋지 못한 성과를 거두는 이유가 될 수 있다. 검사자는 확증적 증거를 위해 아동의 기타 수용언어 검사를 참고해야 한다. 빠르게 찾기 13.9는 수용언어 측정에 대해 나열한다.

학습과 기억력 결여. D-KEFS-TMT의 조건 4(숫자-철자 변환)는 작업기억력의 일부도 필요로 한다. 아동은 머릿속에 숫자와 철자의 배열을 기억하고, 이를 알맞은 배열로 변환할 수 있어야 한다. 만약 검사자가 보기에 아동이 조건 4에서 좋은 결과를 얻지 못한 이유가 작업기억력 결여라고 생각한다면, 검사자는 가설을 뒷받침하기 위해 다른 작업기억 샘플도 검토해야 한다. 빠르게 찾기 11.9에서는 작업기억 측정에 대해 나열한다.

실행 기능 결여. 조건 4는 인지 유창성을 측정하기 위해 사고 변환과 같은 실행 기능 과정을 필요로 한다. 검사 시행자는 D-KEFS-TMT에 대한 비교 점수를 평가하여, 학생이 다른 네 가지 조건과 관련된 인지 유창성에 불균형 장애를 가지고 있는지 확인해야 한다(Delis et al., 2001). 만약 인지 유창성에 문제가 있다고 의심되면 검사 시행자는 다른 실행 처리 측정들도 검토하고 그에 맞는 가설을 세우도록 한다. 빠르게 찾기 10.10부터 10.11은 실행 기능 측정에 대해 나열한다.

인지 처리 속도와 효율성 결여. D-KEFS-TMT의 모든 조건은 수행 시간을 기반으로 시행되기 때문에 해당 검사는 간접적으로 처리 속도를 측정한다. 다른 분야들과 유사하게, 만약 검사 시행자가 처리 속도 결여를 의심한다면, 이 가설은 다른 처리 속도 측정에 대해서도 고려해본 뒤 입증해야 한다. 빠르게 찾기 12.3부터 12.10은 인지 처리 속도와 효율성 측정에 대해 나열한다.

지적/학습적 결여. 만약 해당 학생이 제한적인 지적 능력(예 : IQ 70 이하)을 가지고 있다면 D-KEFS-TMT의 수행 부진은 전반적인 인지 결여로 인한 결과일 수 있다. 시행자는 기타 인지 처리 측정 결과도 검토해보아야 한다.

비인지적 요소. 가끔 확인되지 않는 신경인지적 이유가 아동의 과제 부진의 원인이 될 수 있다. 노력이나 동기 부족, 피로, 고통 회피, 또는 감정적 문제(예 : 우울증으로 인한 무기력, 반대적 행동, 문화적 요인, 약물복용 등)와 같은 비인지적 요인은 과제 수행 부진의 원인이 된다. 다음은 검사 중 과제 수행 부진에 원인이 될 수 있는 비인지적 요인의 일부이다.

준비/동기 상태 : 만약 피로가 수행 부진의 이유라면, 그 결과에 대해서는 포함시키지 말고 추후에 해당 학생이 피곤하지 않을 때 다시 검사를 시행하도록 한다. 가장 좋은 방법은 두 검사 점수(피곤할 때, 피곤하지 않을 때)를 모두 기록하는 것이다. 좋지 못한 검사 시행은 학생에게 너무 길고, 충분한 쉬는 시간이 없는 종합검사를 진행한 후, 좋지 못한 검사 결과에 대해 신경인지적 결함이라는 결론을 내리는 것이다. 이러한 경우는 결과에 대해 신뢰할 수 없다. 피로의 영향은 배제되어야 한다.

심리적 요인 : 학생의 선생님과 부모가 제공한 배경 정보와 의뢰 이유를 검토하라. 검사 수행 부진에 대해 설명해줄 만한 비인지적 요인에 대한 실마리를 찾도록 한다. 심각한 우울증 진단을 받거나, 항우울 약물을 복용하고 있는 학생은 무기력함과 낮은 동기부여 등의 모습을 보일 수 있다. 학생의 심리학적 상태는 신경심리학적 결과를 해석하는 데 있어 매우 중요하다.

문화 변용은 중요한 비인지적 요인 중 하나이다. 만약 학생의 모국어가 영어가 아니거나, 최근 미국에 온 것이라면, 문화 변용은 낮은 검사 수행에 있어 큰 기여 요인일 것이다. 이러한 경우 외국어로 번역된 신경 인지 측정 사용을 고려해보아야 한다.

환경적 요인(예 : Maslow의 욕구단계 : 배가 고프거나 안전이 확보되지 않아 두려움을 느끼는 학생은 검사에서 좋은 성적을 거둘 수 없다). 만약 비인지적 요인이 검사 결과에 악영향을 미친다면, 검사 결과를 무효화하거나, 검사 보고서의 '타당성 평가'에 해당 학생의 상태를 보고한다. 심리학, 학교심리학, 학교신경심리학은 각각 그 원리와 특수분야를 빠르게 확장하고 있는 비교적 새로운 분야의 지식이다. 제대로 양성된 학교신경심리학자들은 여러 자료를 사용하여 학생의 신경인지적 강점과 약점을 담은 프로필을 생성할 수 있어야 한다.

요약

이 장에서는 학교신경심리학자들을 위한 임상적 해설 지침을 소개하였다. 이 지침은 평가에 대한 의뢰 사유의 중요성, 평가에 대한 유연한 접근, 평가 측정이 필요로 하는 신경인지적 요구에 대한 이해, '단축형' 그리고 행동 측정의 역할에 대한 이해, 검사의 중지 시점 등을 포함한다. 이 단원의 두 번째 부분에서는 자료 해석과 분석에 대한 지침이 소개되었다. 이 지침은 아동이 과제 해결을 위해 어떻게 접근했는지 질문하는 것에 대한 중요성, 자기충족 예언에 대한 주의, 검사에 대한 과대해석 또는 과소해석 주의, 보고된 문제에 대한 관찰과 평가자료 통합 등을 포함한다. 또 학교신경심리학자들을 위한 과정해석 단계 모형에 대해서도 다루었다.

자기점검

1. 참인가 거짓인가? 학교에 있는 대부분의 평가 전문가들(예 : 학교심리학자, 학습 진단가, 심리 측정학자)은 데이터 분석 단계 4에서 멈춘다.

2. 아동이 주어진 과제를 잘 이행할 수 있다는 증거가 있음에도 불구하고, 학생 스스로가 주어진 과제를 해낼 수 없다고 믿는 것을 나타내는 용어는 무엇인가?

   a. 낮은 자존감　　　　　　　　　　b. 우울증

   c. 작화증　　　　　　　　　　　　d. 자기충족 예언

3. 학교신경심리학자를 위한 처리과정 해설 모형의 단계의 단계 3과 관련된 분석은 무엇인가?

   a. 오답 분석, 비공식적 표본, 한계 시험 등

   b. 질적 수행 데이터, 추가적 점수, 처리 과정 데이터 등

   c. 전체적 지수/요인 점수

   d. 데이터에 대한 신경심리학적 해설

4. 참인가 거짓인가? 평가 데이터에 신경심리학적 측면을 적용하기 위해, 전문가는 뇌와 행동의 관계, 뇌 기능의 이론, 그리고 평가에 사용된 도구에 대한 구성 타당도를 이해해야 한다.

5. 사례 연구 예시 II(D-KEFS 선 추적 검사의 좋지 못한 결과)에서, 다음 중 조건 4(숫자-철자 변환)에 기여하지 않는 것은 무엇인가?

   a. 시각 주사 결핍　　　　　　　　b. 주의적 처리 과정 기술 결핍

   c. 장기기억 결핍　　　　　　　　d. 동기 결여

6. 학교신경심리학자를 위한 처리 과정 해석 모형 중 1단계와 관련된 분석은 무엇인가?

   a. 오류 분석, 비공식적 샘플, 한계 검사 등

   b. 질적 수행 자료, 추가적 점수, 처리 자료 등

   c. 전체적 지수/요인 점수

   d. 자료에 대한 신경심리학적 해석

7. 학교신경심리학자를 위한 처리 과정 해석 모형 중 5단계와 관련된 분석은 무엇인가?

   a. 오류 분석, 비공식적 샘플, 한계 검사 등

   b. 질적 수행 자료, 추가적 점수, 처리 자료 등

   c. 전체적 요인 점수

   d. 자료에 대한 신경심리학적 해석

답 : 1. 거짓　2. d　3. b　4. 참　5. c　6. a　7. d

제 7 장

감각운동 기능

심리교육 평가와 비교했을 때 학교신경심리 평가가 다른 점은 감각-지각과 운동 기능 평가를 포함한다는 것이다. 학교신경심리 개념적 모형에서 감각-운동 기능은 모든 고차원적 처리(예 : 시공간 처리, 언어 능력, 기억과 학습 등)의 기초 역할을 한다. 예를 들어 기본적인 청각 판별 능력이 손상된 경우, 고차원의 능력인 소리 혼합, 읽기에 필요한 기본 능력 등에도 영향을 미칠 수 있다. 학교신경심리학자는 고차원적 처리 결여 (예 : 언어 작업기억)가 감각운동의 근본적인 결여에 의해 발생하는 것은 아닌지 지속적으로 조사해야 한다. 이 장에서는 감각과 운동 기능에 대해 정의하고, 신경해부학적으로도 설명할 것이며, 감각운동 기능을 평가하는 대중적 검사에 대해서도 소개할 것이다.

감각 기능

지미는 한겨울에도 긴바지 입는 것을 좋아하지 않는다. 그는 피부에 닿는 천의 느낌이 '간지럽다'고 말한다. 그는 또한 식성이 매우 까다로운 사람인데, 특정 식감의 음식은 먹지 않는다. 또 자신의 손가락으로 장난치는 것을 매우 좋아하는데 이는 그렇게 함으로써 감각을 자극하는 것이 좋기 때문이다. 지미는 감각 기능 장애의 증상을 겪고 있다.

정의

감각 처리 장애(Sensory Processing Disorder, SPD)는 일상생활에서 사용되는 감각 정보 처리 기능을 방해하는 여러 신경적 장애들을 지칭하는 포괄적 용어이다(Kranowitz, 2005). 감각 기능은 우리가 가진 시각, 청각, 근감각(운동감각), 그리고 후각 정보를 처리하는 기능을 말한다. 이러한 감각 중 하나라도 장애가 생긴다면 그 영향은 매우 지대하여 해당 아동의 학습 수용능력과 행동 조절에 변화를 가져올 수 있다. 감각 기능 장애는 여러 방면에서 나타날 수 있다. 어떠한 아동들은 감각에 대하여 과도한 자극(overstimulated)을 받아 감각이 고통스럽다고 느낀다. 접촉에 과민한 아동이 그 예이다. 아주 가벼운 빗질도 해당 아동의 경우 피부가 불타오르는 것처럼 느낄 수 있다. 또 다른 아동들은 자극에 둔한(understimulated) 경우가 있는데 이는 매우 위험할 수도 있다. 이러한 문제를 겪고 있는 아동은 스케이트를 타다가 넘어져서 상처를 입어도 고통에 반응하지 않고 다시 스케이트를 타기도 한다. 또 다른 아동은 감각 추구(sensation seeker)의 문제를 겪기도 하는데, 심한 경우 다른 모든 활동을 배제하기도 한다. 이러한 아동의 경우 옷깃을 무는 것에 집착해 입에서 피가 날 때까지 반복하는 등의 행동을 보이기도 한다.

감각 식별(sensory discrimination)은 전체적인 감각 기능 중 매우 중요한 부분이다. 촉각 식별이 부족한 아동은 연필을 잡거나 글씨를 쓰는 것에 어려움을 겪기도 한다. 청각 식별이 부족한 아동의 경우 읽기나 언어 기술 습득에 어려움을 겪는다. 몸의 감각 기관은 운동 기능과 연관되어 있다. 감각-운동 통합(sensory-motor integration) 문제를 가진 아동의 경우 균형, 움직임, 몸의 양쪽을 통일되게 사용하는 것, 오른쪽과 왼쪽에 대한 혼란 등의 어려움을 겪을 수 있다.

감각 기능의 신경해부학

시각을 통제하는 일차 시각피질은 후두엽의 선조피질에 위치한다. 눈의 후면에 위치한 망막은 시신경을 통해 정보를 전달한다. 상위 대뇌피질 영역에 도달하기 전, 시신경은 두 부분으로 나뉜다. 측두(측면) 측의 시신경은 신체의 같은 쪽에 위치한 상위 대뇌피질 부위로 이어지며, 비강(내측) 측의 신경은 신체의 반대쪽으로 시신경 교차(optic chiasm)하여 상위 대뇌피질 영역으로 이어진다. 측두와 비강 부분의 시신경은 시상과 중뇌의 상구에 위치한 외측슬상핵(lateral geniculate nuclei) 또는 베개핵(pulvinar nucleus)에서 끝난다. 이후 시각 정보는 외측슬상핵으로부터 전달되어 후두엽의 일차 시각 영역에서 종료된다(그림 7.1 참조).

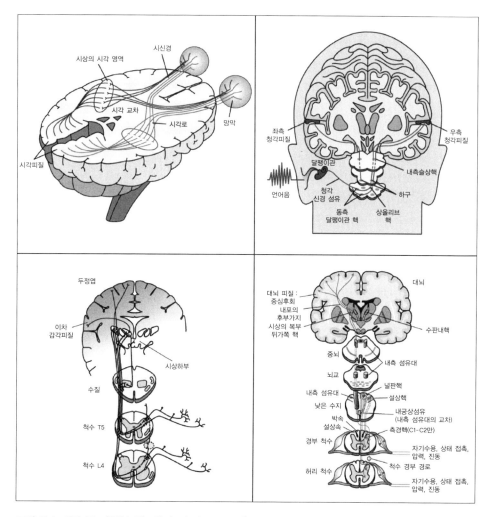

그림 7.1 시각 경로(왼쪽 위), 청각 경로(오른쪽 위), 통각과 온도감각을 위한 전외측 체계(왼쪽 아래), 촉각, 자기수용감각과 운동을 위한 척추-내측모대 체계(우측 하부)

 청각을 담당하는 일차 청각피질은 측두엽의 상부에 위치하며, 실비우스열에 묻혀 있다. 달팽이관은 귀의 안쪽에 위치한 청각 기관이다. 청각 자극들은 달팽이관을 지나 시상 내측슬상핵의 피질하부로 이어지며, 측두상 청각피질로 이어진다(그림 7.1 참조).

 촉각, 통각, 온도각과 팔다리의 자기수용감각(팔다리 위치)을 담당하는 일차 체감각 피질은 중심후회에 위치한다. 체감각 정보에는 두 가지 경로가 있는데, 통각과 온도각을 담당하는 전외측(anterolateral) 체계(그림 7.1 참조)와 촉각, 자기수용감각, 그리고 운동을 담당하는 척추-내측 섬유 체계이다(그림 7.1 참조).

≡ 빠르게 찾기 7.1

감각 손상과 관련된 신경심리학적 용어

- 색맹 : 색감을 인식하지 못하는 드문 장애
- 무미각증 : 미각 상실
- 후각인식불능증
- 촉각 인식불능증 : 삼차원적 물체를 촉각으로 인식하지 못하는 장애
- 청각 인식불능증 : 청각적 자극을 인식하지 못하는 장애
- 자기 신체 부위 인식 불능증 : 신체 인식력의 장애로 자신의 몸을 인식하지 못하는 것
- 무게 인식불능증 : 물체를 손에 올려놓았을 때 해당 물체의 무게를 추측하지 못하는 장애
- 손가락 인식불능증 : 손가락에서 감각에 대한 자극을 인식하지 못하는 장애
- 도서감각 인식불능증 : 손에 써진 모양이나 철자를 인식하는 데 어려움이 있는 장애
- 반맹증 : 시야 절반, 또는 두 눈의 시력을 상실한 경우
- 감각감퇴증 : 자극에 대한 둔감의 감소
- 운동 감각 : 관절의 위치나 몸의 움직임에 대해 의식하고 있는 경우
- 후두엽간질(Pallinopsia) : 더 이상 존재하지 않는 시각 자극이 시각적으로 보존되는 경우
- 후각 착오 : 비정상적인 후각
- 자기수용감각 : 삼차원의 공간에서 위치 통제를 돕는 근육과 관절을 무의식적으로 인지하는 감각
- 촉각 방어 : 예상치 못하거나, 가벼운 닿음에도 매우 부정적으로 반응하는 성향
- 촉각 국부화 장애 : 피부에 느껴지는 자극을 국부화하지 못하는 장애
- 두 점 식별 장애 : 가까운 거리에서 동시에 느껴지는 자극에 대해 식별하지 못하는 장애
- 시각 인지불능증 : 시각적 자극을 인식하지 못하는 장애

시력, 청력, 촉각은 모두 뇌의 반대쪽에 일어나는(대측성) 투영이다. 이는 만약 아동의 오른쪽 감각 기관에 결함이 생기면, 이 결함은 뇌 왼쪽의 감각 기관을 담당하는 부위가 손상되어 보일 수 있다는 것이다. 후각은 뇌의 내측성 투영 성질을 갖지 않는 단 하나의 감각이다. 후각을 담당하는 일차 후각피질은 전방 측두엽의 복부에 위치한다. 후각의 이차 영역은 안와전두피질의 측부에 위치한다(Sobel et al., 1998). 후각은 편측적으로 투영하기 때문에, 측두엽의 우측 복부에 생겨난 병변은 우측 콧구멍으로 맡아지는 냄새에 극심한 결함을 생성시킬 수 있다. 후각은 시상을 거치지 않는 유일한 감각이며, 곧장 피질로 전달된다. 또한 섬 피질의 전방 부분은 변연계 영역을 비롯하여 모든 감각 기관으로부터 감각 자료를 받아들이는 중요한 뇌 영역인데, 이는 고통 인식 정보와 공포를 회피하는 등의 역할도 한다고 여겨진다.

　이 감각 경로에 손상을 입으면 여러 가지 장애를 초래할 수 있다. 빠르게 찾기 7.1에서는 감각 장애와 관련된 몇 가지 신경심리학적 용어들을 소개한다. 이 용어들은 전문의들이 의무 기록 시 아동들의 신경심리학적 장애를 묘사할 때 쓰인다. 학교신경심리학자들이 이 용어를 이해하는 것은 매우 중요하나, 이러한 용어들을 학교신경심리학적 보고서에는 최소한으로 사용하는 것이 권장된다.

운동 기능

　미셸은 3학년이다. 그녀가 가장 싫어하는 과목은 체육이고, 쉬는 시간에 놀이터에 나가는 것을 제일 싫어한다. 체육시간에 미셸은 또래 친구들에 비해 달리기 같은 대근육을 사용하는 운동을 잘 수행해내지 못하는 편이다. 미셸이 친구들과 술래잡기 놀이를 하며 놀 때, 그녀가 종종 어설픈 모습을 보여 친구들이 미셸을 놀리는 경우가 많다. 최근 미셸은 혼자 놀기 시작했고, 체육 수업을 피하기 위해 꾀병을 부리기 시작하였다. 미셸은 대근육 운동 결핍으로 인해 약간의 불안장애와 사회적 고립을 겪고 있다.

정의

　운동 기능의 장애는 오랜 시간 동안 여러 이름으로 불렸는데 이는 감각 통합 기능 장애, 지각 운동 기능 장애, 발달적 통합 운동 장애, 미세 뇌기능장애, 시각운동장애, 둔한 아동 증후군, 운동-학습 장애 등을 포함한다(Ball, 2002). 정신질환의 진단 및 통계편람 제4판(American Psychiatric Association, 2000)은 발달성 협응장애(developmental coordination disorders, DCD)의 진단적 기준을 포함하고 있다. DCD를 가진 아동은 '둔하고' '어색하다'는 특징을 보인다. DCD 아동은 같은 나이의 또래나 인지능력 측정 그룹에 비해 운동 조화의 수치가 현저히 낮다. DCD의 중요한 특징은 운동 조화의 발달적 손상이다. 이러한 아동들은 발달적 운동에 있어 중요한 단계(예 : 네발기기, 걷기, 앉기 등)에 도달하는 것이 지연될 수 있으며, 공 잡기 또는 점프하기 같은 대근육을 사용하는 운동 과제를 습득하는 데 있어 어려움을 겪고, 신발 끈 묶기나 단추 잠그기 등 소근육을 사용하는 운동 과제에 있어서도 어려움을 겪는다. DCD 아동은 둔해 보이고, 글씨를 제대로 쓰지 못하며, 운동을 잘하지 못한다.

　DCD의 유병률은 5~11세까지 아동 중 6% 정도인 것으로 추측되고 있다(APA, 2000). 현재로서는 일상생활이나 학업 성취에서 중대한 문제가 생겼으나 그 원인이 뇌성마비,

반신마비 또는 영양실조같은 의학적 상태가 아닌 경우 DCD라고 진단할 뿐, DCD의 병인이나 예후에 대해서는 아직 밝혀진 것이 없다. DCD 아동은 표현/수용언어(단독 또는 복합적으로) 문제나 음운정보 처리 문제같은 비운동적 영역에도 발달적 지연을 겪기도 한다. DCD는 대부분 ADHD, 행동장애, 또는 전반적 발달장애 등과 함께 나타난다 (Hertza & Estes, 2011).

운동 기능의 신경해부학

뇌 피질의 전두부는 운동 계획을 관여한다. 전두부는 어떤 일이 벌어질 것인지(하측두 피질에서 끝나는 배쪽 연결로) 어디에서 일이 벌어질 것인지(두정엽의 후부에서 끝나는 등쪽 연결로)에 대한 정보를 받아들인다. Carlson(2010)에 의하면 두정엽이 공간적 정보를 담당하고(공간 인지와 팔다리의 위치) 있고, 두정엽과 전두엽의 연결이 이동과 손의 움직임을 통제하는 데 중요한 역할을 한다. 그림 7.2는 운동 활동 조절을 돕는 복합체계의 상호 연결을 보여준다. 전운동피질은 사전 계획된 또는 연속적인 운동 반응을 통제하고, 복합적 동작에 대한 학습과 실행에 관련되어 있다. 일차 운동피질은 우리 몸이 운동 동작을 통제할 수 있도록 돕는 역할을 한다. 또 소뇌(머리의 뒤쪽 뇌간 근처에 위치한 뇌 구조)는 운동 조화에 중요한 역할을 한다.

인간의 운동 활동을 통제하는 2개의 반간접적인 신경계는 추체로계와 추체외로계이다. 추체로계는 '팔다리의 빠르고 정확한 조절과 관련된 자발적이고 능숙한 운동을 담당하는 실행 체계'이다(Tupper & Sondell, 2004, pp. 16-17). 추체로계는 전중심 운동피질(피질척수로와 척추 운동 뉴런과의 연결)로 구성된다. 소뇌, 대뇌 핵, 적핵, 뇌간의 뇌흑질과 같은 피질 하부의 뇌 구성은 추체외로계를 형성한다. 추체외로계는 운동 조화와 자세 유지를 담당한다. 빠르게 찾기 7.2는 운동장애와 관련된 신경심리학적 용어에 대해 소개한다. 추체로계 운동장애의 예로는 뇌성마비, 양측(사지)마비, 양측 하지마비, 반신 불완전 마비와 반신 마비 등이 있다. 추체외로계 운동장애는 무도병, 긴장이상, 자세이상, 틱(경련)과 투렛 증후군 등을 포함한다.

감각운동 기능 평가 시기

신경심리 평가를 준비할 때 의뢰 사유와 의심되는 장애를 바탕으로 종합검사에 감각-운동 요소를 추가시킬 시기를 아는 것은 매우 중요하다. 감각 결여는 자폐증, ADHD, 학습장애, 난독증, 비언어적 학습장애, 유전 질환(예 : 다운 증후군 등), 비유전 질환(예 :

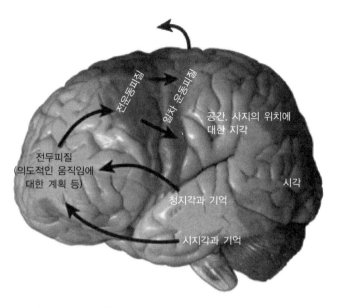

전운동피질

일차 운동피질

공간, 사지의 위치에
대한 지각

전두피질
(의도적인 움직임에
대한 계획 등)

시각

청지각과 기억

시지각과 기억

그림 7.2 운동 조절 피질

태아 알코올 증후군 또는 태아 알코올 영향 등), 심리적 장애(예 : 강박장애)와 관련되어
있다(Kranowitz, 2005). 가장 흔하게 발생하는 감각운동 결여를 동반한 신경발달적 질환
에 대해서는 D. Miller(2010)를 참조하라.

감각운동의 영향 확인

종합적인 평가를 위해 의뢰된 학생에 대한 소아 · 청소년을 위한 신경심리학적 처리 과정 체
크리스트, 제3판(NPCC-3 : D. Miller, 2012a)을 부모/보호자와 1명 이상의 선생님이 작성
하는 것은 추천된 사항이다. 감각운동 기능과 관련된 NPCC-3에 기재된 질문들은 빠르
게 찾기 7.3을 참조하라. NPCC-3에 나열된 각 행동들을 아동이 지난 6개월 동안 보이
지 않았다면, 평가 측정자는 '관찰되지 않음'이라고 표시하게 되어 있다. 만약 해당 행동
들이 지난 6개월 동안 관찰되었다면, 평가자는 세 가지 선택사항에 표시를 하도록 하는
데, 이 선택사항은 경도(행동이 가끔씩 관찰됨), 보통(행동이 자주 관찰됨), 심각(행동이
매번 관찰됨)으로 나뉜다.

　NPCC-3의 목적은 학교신경심리학자나 다른 평가 전문가들에게 해당 소아 · 청소년
에게서 관찰되는 최근 행동들에 대한 구체적인 예를 제공하기 위함이다. 이러한 행동들
은 평가 전문가들이 문제점을 이끌어낼 수 있는 종합검사를 만들어내도록 한다. 만약 보

빠르게 찾기 7.2

운동장애와 관련된 신경심리학적 용어

- 운동 불능증 : 학습된 자발적 움직임을 부드럽게 계획하거나 실행에 옮기지 못하는 것(이는 근력 저하나 방향을 인지하지 못하는 것과는 관련이 없음)
- 고정 자세 불능증 : 빠르고 산발적으로 몸에 수축이 일어나며 느린 이완이 뒤따라 고정 자세를 취할 수 없게 되는 운동장애
- 운동 실조 : 감각 질환이나 소뇌 경로 질환으로 인한 조화 운동 불능
- 무도병 : 갑작스럽게 몸의 일부가 풀리거나, 떨림 등 불수의적인 움직임이 발생하는 것(대체로 기저핵 감퇴와 관련이 있음)
- 간헐성 경련 : 근육 수축과 이완을 빠르게 반복하는 것
- 구성행위 상실증 : 단순 동작 운동 불능과 관련 없이 집합, 짓기, 그리기, 또는 복제 등의 움직임을 정확하게 해낼 수 없는 상태
- 양측마비 : 다리에 주로 영향을 미치는 뇌성마비의 종류
- 연하곤란장애 : 음식이나 액체를 씹거나 삼킬 수 없는 손상장애
- 긴장이상 : 몸의 특정 부위를 비정상적이고 고통스럽게 만드는 움직임이나 자세를 취하게 되는 불수의적 근육 수축
- 글을 쓰는 근육 운동 불능증 : 필기 도구를 들 수 있음에도 그림을 그리거나 쓰는 것을 하지 못하는 상태
- 반신 부전 마비 : 몸의 한쪽이 약해진 상태
- 반신마비 : 대측성의 추체로에 일어난 병변으로 인해 몸의 한쪽이 마비된 상태
- 긴장 감퇴 : 근 긴장이 감소하거나 결여된 상태
- 관념 행위 상실증 : 언어적 명령에 따른 제스처를 취하는 것이 불가능한 상태
- 부분 마비 : 외피 손상으로 인해 상지 또는 하지에 마비가 생긴 상태
- 광학 운동 실조 : 물체를 인지할 수 있으나 물체의 움직임에 대한 시각적 정보를 사용할 수 없는 상태
- 양측 하지마비 : 신경 공급 문제로 인한 양측 하지에 마비가 생긴 상태
- 사지마비 : 사지가 마비된 상태
- 경직성 : 특정 근육이 지속적으로 수축된 상태
- 틱 : 갑작스럽고, 빠르며, 반복적인 움직임 또는 발성. 틱은 눈 깜빡임, 반복적인 목을 가다듬거나 코를 훌쩍거리는 행동, 팔을 뻗거나, 발로 차거나, 어깨를 으쓱거리거나 점프하는 등의 행동을 포함할 수 있음
- 투렛 증후군 : 반복적인 불수의적 움직임이 지속되는 것이 특징임

호자 그리고/또는 선생님이 그 어떤 감각운동에 대한 문제점을 관찰하지 못하였다고 보고하면, 학교신경심리학자 또는 평가 전문가들은 평가 종합검사에서 감각운동 기능 검사를 포함시킬 필요가 없다. 그러나 만약 기본적인 감각 결여가 발견된다면, 추가적인 감각체계에 대한 생리학적 검사가 필요하다(추적 시력 검사나 추적 청력 검사 등). 또 다

빠르게 찾기 7.3

NPCC-3의 감각운동 항목

기본적 감각 결함

- 음조 식별 장애(음치, 음감을 느끼지 못하는 상태)
- 단순 소리 식별 장애
- 청력 문제가 확인되거나 의심되는 상태
- 기본적인 색깔을 알아보지 못하는 상태(색맹)
- 냄새를 맡거나 음식 맛을 느끼지 못하는 상태
- 고통이나 온도 변화에 둔한 상태
- 감각 손실에 대해 불편함을 느끼는 경우(예 : 저림, 무감각 등)

운동 기능 장애

- 근력 저하 또는 마비
- 근육 긴장 또는 경직성
- 어설프거나 부자연스러운 신체 움직임
- 걸음걸이 또는 자세를 취하는 것이 어려운 경우

시공간과 시각 운동 기능 장애

- 그리거나 복제하는 것이 어려운 상태
- 소근육 운동 기능(연필 사용 등)에 어려움이 있는 상태

신경과적 관련이 있는 감각운동 증상들

- 이상한 움직임이 관찰되는 경우(손을 펄럭이거나, 발 앞쪽으로 걷는 등)
- 불수의적이거나 반복적인 움직임이 관찰되는 경우
- 그리거나 읽을 때 한쪽 페이지는 무시하는 경우
- 옷 입는 데 어려움이 있는 경우(단추를 잠그거나 지퍼를 올리는 일 등)

감각 감도 사안들

- 시끄러운 소리를 싫어하는 경우
- 접촉, 빛 또는 소리에 과하게 민감하게 반응하는 경우

수의 운동 기능 결여가 관찰되면(특히 '보통'이나 '심각'이 많은 경우), 물리치료사 또는 작업치료사가 평가 또는 상담에 참여하는 것을 고려해야 한다. 만약 다수의 신경적 감각 운동적 증상 또는 감각 감도 문제가 발견될 경우(특히 '보통' 또는 '심각'이 많은 경우), 평가 계획은 자폐증을 선별적으로 진단할 수 있는 도구를 포함해야 한다.

<table>
<tr><td colspan="3" style="text-align:center">**빠르게 찾기 7.4**</td></tr>
</table>

통합된 SNP/CHC 모형의 감각운동 기능 분류

대분류	이차적 분류	삼차적 분류
감각운동 기능	• 편측 선호	
	• 감각 기능	• 청력과 시력
		• 촉각과 지각
		• 운동감각과 지각
		• 후각과 지각
	• 소근육 운동 기능	• 조화조운 손가락/손 움직임
	• 시각운동 통합 기능	
	• 시각 주사	• 직접적 측정
		• 간접적 측정
		• 질적 행동
	• 대근육 운동 기능	• 균형
		• 조화
	• 질적 행동	

감각운동 기능 평가

빠르게 찾기 7.4는 통합된 SNP/CHC 모형에 포함된 감각운동 기능의 이차적, 삼차적 분류에 대해 나열한다. 감각운동 기능의 이차적, 삼차적 분류를 측정하기 위해 만들어진 검사에 대해 다루기로 하자.

편측 선호 평가

많은 감각과 운동 검사들은 검사 시행자들로 하여금 학생의 편측 우성 또는 편측 선호를 알도록 한다. Dean-Woodcock 감각-운동 종합검사(DWSMB : Dean & Woodcock, 2003) 는 편측 선호 검사이다. 이 검사는 아동의 편측 선호를 확립하기 위해 가장 먼저 시행되어야 하는 감각 기능 평가이다. 편측 선호는 단순히 어느 손을 더 잘 쓰는지에 대해 제한된 것이 아니며, 눈과 발도 포함될 수 있다(망원경을 볼 때 어느 쪽 눈으로 보길 선호하는지, 또는 공을 찰 때 어느 쪽 발로 차는 것을 선호하는지 등).

> ### ≡ 빠르게 찾기 7.5
>
> **청력과 시력 검사**
>
> | 검사-하위 검사 : 설명 | 연령 | 출판사 |
> |---|---|---|
> | **DWSMB – 청력 검사**
기본적 청력 검사(오른쪽, 왼쪽, 양쪽) | 4~90세 | 리버사이드 |
> | **DWSMB – 근점 시력 검사**
각 눈의 근점 시력을 측정(오른쪽, 왼쪽) | | |
> | **DWSMB – 시각 대립**
시야 인지 측정(오른쪽, 왼쪽, 양쪽) | | |
>
> *DWSMB : Dean-Woodcock Sensory-Motor Battery(Dean-Woodcock 감각운동 종합검사)의 준말

감각 기능 평가

청력과 시력, 촉각, 운동감각, 후각, 인지와 같은 감각 기능을 측정하기 위해 만들어진 검사들에 대해 다루기로 하자.

청력과 시력 검사. 어떠한 학생이 시력 문제를 겪고 있다면, 검안사 또는 안과 전문의로부터 충분한 시력 검사를 받아야 한다. 마찬가지로, 어떠한 학생이 심각한 청력 문제를 겪고 있다고 의심되거나 알려진 경우에는 청력학자로부터 충분한 청각 검사를 받아보는 것을 추천한다. 빠르게 찾기 7.5는 널리 알려져 종합적 학교신경심리 평가 검사의 일부로 진행할 수 있는 청력과 시력 검사를 소개한다.

기본적인 청력과 시력의 문제는 학생의 학교생활에 다방면으로 부정적인 영향을 끼칠 수 있다. 시력에 문제가 있는 학생들은 칠판에 적힌 정보들을 보지 못할 수도 있고, 심지어는 가까운 곳에 위치한 인쇄물에 적힌 정보를 보는 것에도 어려움을 느낄 수 있다. 청력에 문제를 가진 학생들은 교실활동에 열심히 참여하지 않는 것처럼 보일 수도 있으며, 언어적인 정보나 안내를 이해하고 따르는 것에 어려움을 느낄 수 있다. 청력과 시력에 문제가 있는 학생들에게는 언어적/시각적 입력 또는 처리 과정을 요구하는 고차원적 인지 과제를 실행해서는 안 된다.

촉각과 인지 검사. 빠르게 찾기 7.6은 촉각과 인지를 측정하도록 만들어진 검사들을 소개한다. 이 검사들은 뇌의 체성감각 영역의 자기수용감각 과정을 측정하도록 만들어졌다.

빠르게 찾기 7.6

촉각과 인지 검사

검사-하위 검사 : 설명	연령대	출판사
DWSMB – 손가락 확인 눈을 가리고, 접촉을 통해 손가락을 맞추는 것 (오른쪽, 왼쪽)	4~90세	리버사이드
DWSMB – 물체 확인 눈을 가리고, 물건을 만져서 어떤 물건인지 알 아맞히는 것(오른쪽, 왼쪽)		
DWSMB – 손바닥에 쓰기 눈을 가리고, 검사 시행자가 손바닥에 적어주는 철자나 숫자를 알아맞히는 것(오른쪽, 왼쪽)		
DWSMB – 동시 위치 눈을 가리고, 손이나 볼 또는 두 군데 모두 만져 지고 있는 곳을 알아맞히는 것(손 : 오른쪽, 왼 쪽, 양쪽/손과 볼 : 오른쪽, 왼쪽, 양쪽)		
PAL-II RW – 손가락 위치 가림막 뒤에서 검사 시행자가 연필로 손가락을 만지는 것을 가리킬 수 있는 능력	유치원~ 초등 6학년	피어슨
PAL-II RW – 손가락 인식 검사 시행자가 몇 개의 손가락을 만졌는지 그 개수를 알아맞힐 수 있는 능력		
PAL-II M – 손가락으로 쓰기 시각 단서 없이 운동감각-감각 입력(접촉)과 추 출기호를 통합하는 능력		

촉각과 인지에 결함이 있는 학생들은 필기를 위해 연필을 잡는 데 필요한 만큼 압력을 가하는 것 또는 접촉을 통해 물체를 인지할 수 있는 것 등과 같은 소근육 작업 능력에 어려움이 있다. 촉각과 인지 결함은 학생으로 하여금 접촉, 빛이나 소리 감각에 대한 민감도 저하 또는 과민반응을 초래할 수도 있다.

소근육 운동 기능 평가

손가락/손 움직임의 조화와 관련된 소근육 운동 기능을 측정하기 위해 만들어진 검사에 대해 이야기 나누어 보자.

조화로운 손가락/손 움직임 검사. 빠르게 찾기 7.7은 손가락과 손 움직임의 조화를 측정하기 위해 만들어진 검사들을 소개한다. 손가락과 손의 움직임이 조화롭지 못한 학생은 단추를 잠그거나, 지퍼를 사용하거나, 물체를 집거나 사용하는 행동, 이차원의 그림 따라 그리기, 또는 손으로 삼차원의 물체를 만드는 것과 같은 조화로운 운동을 필요로 하는 과제에 어려움을 느낀다.

시각-운동 통합 능력 평가

학교신경심리학자가 이용 가능한 여러 가지 시각-운동 과제가 있다. 빠르게 찾기 7.8은 2차원적 시각-운동 복제 능력을 측정하기 위해 만들어진 검사들을 소개한다. 시각-운동 복제에 결함이 있는 학생들은 쓰기나 그림을 그리는 등의 활동에 지장을 받는다.

시각 주사 평가

시각 주사에 결함이 있는 아동들은 읽기, 쓰기, 필기도구를 사용하는 과제 이행이나 시계를 보는 것에 어려움을 느낀다(Diller et al., 1974). 유지적 주의력 검사(제8장에서 다루어진다)와 과정 속도를 측정하는 다른 검사들(제13장에서 다루어진다)은 시각 주사를 필요로 한다. 여러 가지 시각 주사 검사에 대해 다루어 보자. 빠르게 찾기 7.9에는 학령기 아동들에게 흔히 사용되는 시각 주사/이동 검사에 대해 소개되어 있다.

시각 주사 또는 시각 이동에 문제를 가진 아동들은 줄 안에 들어가 있는 단어들을 읽는 데 어려움이 있으며, 줄을 따라 글자를 쓰는 것, 시각적 자료에 함축된 정보의 요점을 효과적으로 찾는 것 등에 어려움을 겪기도 한다. 또 수학적 연산에 어려움을 겪기도 한다. 이러한 아동들은 전문적인 시각 주사 치료를 위해 안과 전문의에게 의뢰되어야 한다.

시각 주사/이동의 질적 행동. WISC-IV 종합본의 취소 검사는, 임의적인 취소 탐색 전략과 계획된 취소 탐색 전략이라는 두 가지 과정 점수를 제공한다. 각 점수들은 같은 연령대의, 탐색 전략을 사용하는 아동들의(아동들은 두 전략 중 하나를 이용한다) 기준 비율 또는 누계 비율을 생성한다. 이는 취소 검사의 수행을 해석하는 데 매우 유용한 정보이다.

빠르게 찾기 7.7

손가락/손의 조화로운 움직임 검사

검사-하위 검사 : 설명	연령대	출판사
DWSMB – 조화 검지로 코끝을 만진 후 시야에서 움직이는 검사자의 검지를 만진다. 손등을 만진 후, 만진 손등과 같은 쪽의 다리를 재빨리 만진다(손가락-코 : 오른쪽, 왼쪽/손-다리 : 오른쪽, 왼쪽).	4~90세	리버사이드
DWSMB – 수지력 검사(손가락 두드림) 양손의 각 검지를 소근육 운동 속도를 측정하기 위하여 다섯 번에 걸쳐 검사한다(주로 쓰는 손, 주로 쓰지 않는 손).		
DWSMB – 좌우 움직임 지시에 따른 좌우 움직임을 취한다.		
DWSMB – 마임 움직임 지시에 따른다("이를 어떻게 닦는지 보여주세요" 등).		
KABC-II – 손 움직임 주로 쓰는 손으로 규칙적인 운동 행동을 취한다.	3~18세	피어슨
NEPSY-II – 수지력 검사(손가락 두드림) 두 가지의 소근육 운동 과제를 주로 쓰는 손과 안 쓰는 손으로 완수하는 시간	5~16세	피어슨
NEPSY-II – 손 모양 따라 하기 주로 쓰는 손과 안 쓰는 손으로 검사자가 보여주는 손 모양을 따라 한다.	3~12세	
NEPSY-II – 손 운동 순서 주로 쓰는 손으로 규칙적 운동 행위를 수행한다.	3~12세	
WRAVMA – 페그보드 검사 페그보드에 90초 안에 가능한 많은 핀을 꽂는다.	3~17세	PAR

빠르게 찾기 7.8

시각-운동 복제 능력 검사

검사-하위 검사 : 설명	연령대	출판사
Beery VMI − 총 검사 간단한 그림부터 복잡한 그림까지 종이에 복사해 구현해낸다.	2~100세	피어슨
• 시각 인지 : 과제의 시각 인지 측면 • 운동 조화 : 과제의 운동 조화 측면		
Bender II − 복제 2차원의 기하학적 형상을 복제해 낸다.	3~85세 이상	리버사이드
• 운동 검사 : 과제의 운동 조화 측면 • 인지 검사 : 과제의 시각 인지 측면		
DWSMB − 건축 형상을 그린다(십자, 시계)	4~90세	리버사이드
DAS-II − 복제 2차원의 기하학적 형상을 복제해낸다.	2세 6개월~ 8세 11개월	피어슨
NEPSY-II − 디자인 복제 일반 점수 간단한 그림부터 복잡한 그림까지 종이 위에 복제해 구현해낸다.	3~16세	피어슨
• 운동 과정 : 이 점수는 총 점수의 운동 결과 부분이다. • 전제적 과정 : 디자인의 전체적 배치를 인지하는 능력 • 과정 국부 : 디자인의 세밀함을 인식하는 능력		
ECFT − 복제 점수 추상적인 디자인을 종이에 옮긴다.	6세~성인	웨스턴 사이콜로지 서비스
WMS-IV − 시각 복사 II 디자인을 종이에 옮긴다.	16~90세	피어슨
WRAVMA − 그리기 난이도가 높아지는 순서로 나열되어 있는 그림을 옮긴다.	3~17세	PAR

시각 주사/이동 검사

검사-하위 검사 : 설명	연령대	출판사
시각 주사/이동의 직접적 측정		
D-KEFS – 선 추적 조건1(시각 주사) 주어진 종이에 있는 숫자 3을 빠른 시간 안에 전부 찾아 표시하기	8~89세 11개월	피어슨
시각 주사/이동의 간접적 측정		
NEPSY-Ⅱ – 사진 퍼즐 4조각으로 쪼개진 큰 그림이 주어진다. 학생은 주어진 그림 조각들이 완성본의 어느 부분에 위치하는지 알아맞혀야 한다.	7~16세	피어슨
WISC-IV – 무효화 주어진 시간 안에 여러 그림 세트 안에서 목표 그림을 선별해 표시한다.	6~16세 11개월	피어슨
WISC-IV – 부호화 단순 기하학적 모양 또는 숫자와 짝지어진 부호를 제한된 시간 안에 복사해낸다.	6~16세 11개월	피어슨
WISC-IV – 부호 찾기 시각 주사를 통해 목표 부호를 찾아 짝짓기		
WNV – 부호화 기하학적 모양 또는 숫자와 짝지어진 부호를 제한된 시간 안에 복사해낸다.	4~21세 11개월	피어슨
WJⅢ-COG NU – 결정 속도 같은 범주(카테고리)에 속하는 두 그림을 짝지어 나란히 놓는다.	2~90세 11개월	리버사이드
WJⅢ-COG NU – 짝짓기 무효화 시각적 배열 안에서 제한된 시간 안에 표적 자극을 짝짓는다.		
WJⅢ-COG NU – 시각 매칭 두 숫자를 빠르게 한 줄로 배열한다.		

빠르게 찾기 7.10

대근육 운동 기능 검사

검사-하위 검사 : 설명	연령대	출판사
DWSMB - 기립 보행 세 가지 걸음걸이로 걸어본다 - 자유걸음, 발꿈치부터 발끝까지, 깡충깡충 뛰기	4~90세	리버사이드
DWSMB - 롬베르크(Romberg) 두 발을 모으고 서서 균형을 유지, 한 발로 서서 균형을 유지한다(시각적 단서 없이 검사를 진행한다).	4~90세	리버사이드

대근육 운동 기능 평가

학교신경심리학자들을 위한 균형 분야와 대근육 운동 균형 등 대근육 운동 기능을 평가할 수 있는 여러 가지 검사가 있다. 만약 어떤 학생이 심각한 대근육 균형 문제를 가졌거나 유사한 질환이 의심된다면, 학교신경심리학자들은 해당 학생을 물리치료사에게 의뢰해 자세한 검사를 받도록 권유해야 한다.

빠르게 찾기 7.10은 대근육 운동 균형을 측정하도록 만들어진 검사들을 소개한다. 대근육 운동 기능에 결핍이 있는 학생들은 아동기에 나타날 수 있는 여러 방면의 증상들을 보인다(자세한 내용은 Hertza & Estes, 2011 참조). 어린 아동들은 어설프거나 조화롭지 못한 움직임을 보이고 자주 넘어지기도 하며 좋지 못한 자세를 취하는 경우도 있다. 학령기의 아동들은 글씨를 쓰는 데 어려움을 느끼며, 체육 등에 비협조적인 모습을 보인다. 청소년기에는 운전, 자신을 가꾸거나, 손으로 하는 것을 잘하지 못하며, 이는 미래의 직업 선택에 있어 큰 영향을 미치기도 한다.

감각운동 기능의 질적 행동

NEPSY-II 검사의 장점 중 하나는 연령 평균 또는 임상군을 기준으로 질적 행동의 기준 비율을 포함시켰다는 점이다. 빠르게 찾기 7.11은 감각운동 기능의 질적 측정에 대해 소개한다. 만약 한 아동이 NEPYS-II의 손가락 두드림 검사에서 수행을 돕기 위한 시각적 보조를 사용하였다면, 해당 아동과 같은 나이의(기준 비율) 아동 중 몇 %의 아동이 같은

≡ 빠르게 찾기 7.11

감각운동 기능의 질적 행동과 관련된 NEPSY-II 검사

손가락 두드림

- 시각 보조 : 과제 이행 동안 손가락을 보는 것
- 부정확한 위치 : 손가락의 위치가 정확하지 않음
- 자세 : 반대쪽 손가락/손이 긴장되어 뻗어 있음
- 미러링(Mirroring) : 반대쪽 손가락이 불수의적으로 따라 움직임
- 과잉 : 입술 또는 입이 불수의적으로 따라 움직임

손 위치 모방

- 미러링 : 반대쪽 손가락이 불수의적으로 따라 움직임
- 반대쪽 손의 도움 : 손 모양을 만들기 위해 반대쪽 손으로 돕는 경우

수동적 운동 시퀀스

- 비율 변화 : 과제 이행 중 속도나 박자가 바뀜
- 과잉 : 입술 또는 입이 불수의적으로 따라 움직임
- 반복 행위 : 동작이 정지 요청 후 3~4차례 반복적으로 이루어짐
- 비대칭 움직임 결여 : 한쪽을 주로 사용하는 과제를 해내는 능력이 결핍됨
- 신체 움직임 : 움직임 시퀀스와 함께 관련없는 신체 움직임을 보임
- 강한 두드림 : 움직임 과제 이행 중 두드리는 동작이 커지는 경우

시각운동 정확성

- 연필 들기 : 연필 들기 동작의 합
- 연필 잡기의 질 : 특정 종류의 연필 잡기의 표준 백분율

시각적 보조를 사용했는지 검사자가 기술해야 한다. 이 추가된 항목에 대해, 검사자는 각 임상군에 대한 질적 행동의 기준 비율도 제공해야 한다. 이 기준 비율은 전문의로 하여금 "메리는 손가락 두드림 검사 이행을 위해 시각적 보조를 사용하였으며, 메리와 같은 나이 아동의 14%가 이 보상 전략을 사용하였다. 그러나 35%의 주의력결핍 과잉행동장애를 가진 진단군은 이 보상 전략을 사용하였다"와 같은 문장을 쓸 수 있게 한다. 운동 과잉같은 질적 행동의 발생은 신경해부학적 기능에 대한 이해를 제공한다. 예를 들어 손가락 두드림은 손가락을 제어하는 운동 영역이 정확하게 활성화되었을 때 가능하다. 그러나 검사 대상자가 손가락 두드림 검사 중 입과 혀를 지속적으로 움직인다면, 이는 필요 이상의 운동 영역이 활성화되어 운동 과잉이 초래되는 것으로 추측할 수 있다.

요약

이 장에서는 감각-운동 기능과 관련된 용어, 신경해부학과 주요 평가 도구들에 대해 살펴보았다. 감각-운동 기능은 모든 고차원 과정의 기초가 되기 때문에 학교신경심리학자들은 이에 대해 체계적으로 평가해야 한다. 감각-운동 장애는 많은 발달적 장애에서 관찰되곤 한다.

자기점검

1. 참인가 거짓인가? 감각 처리 과정 장애는 일상생활을 부드럽게 실행하기 위한 감각 정보 사용에 대한 정상적 능력을 방해하는 여러 가지 신경적 장애를 나타내는 포괄적 용어이다.

2. 다음 중 근육과 관절의 무의식 중 깨어 있는 감각을 나타내는 신경심리 용어는 무엇인가?

    a. 도서감각 인식불능증
    b. 시각 인지불능증
    c. 자기수용감각
    d. 촉각 인식불능증

3. 다음 중 감각 처리과정 장애의 하위 유형이 아닌 것은 무엇인가?

    a. 감각이 둔한 증상
    b. 감각 추구
    c. 감각이 예민한 증상
    d. 과잉 경계

4. 참인가 거짓인가? 추체로와 추체외로의 신경 체계는 운동 활성화를 조절한다.

5. 모으기, 쌓기, 그리기, 또는 정확하게 따라 하기를 하지 못하며 단순 움직임의 운동 불능에 그 원인이 없는 장애를 나타내는 신경심리학적 용어는 무엇인가?

    a. 구성행위 상실증
    b. 운동 실조
    c. 긴장이상
    d. 간헐성 경련

6. 작업치료사로부터 일반적으로 시행되는 감각-운동 종합평가는 무엇인가?

    a. 시각 운동 능력 광범위 평가
    b. 감각 통합과 방식 검사
    c. Dean-Woodcock 감각-운동 종합검사
    d. Beery-Butkencia 시각-운동 통합 발달 검사

7. 언어적 지시에 기반한 제스처를 이행하지 못하는 것을 일컫는 말은 다음 중 무엇인가?

    a. 관념 행위 상실증
    b. 연하곤란장애
    c. 구성행위 상실증
    c. 운동 실조

답 : 1. 참 2. c 3. d 4. 참 5. a 6. b 7. a

제 8 장

시공간과 **청각 인지 과정**

시공간적 처리 과정

학교에서는 대부분 시공간적 또는 청각적 기능을 기반으로 하여 학습한다. 시공간적 능력과 청각적 능력은 아동들의 성공적인 학업에 필수적이다. 시각 인지 능력은 아동의 손글씨나 학업 유창성의 발달에 주요한 역할을 한다. 학교신경심리학자는 종합적 학교신경심리학적 평가에 시공간적 과정 측정을 포함시켜야 한다. 이 장에서는 신경심리 관점에서의 시공간 그리고 청각 과정을 검토할 것이며, 시공간적 기능의 하위구성에 대해 정의하고, 시공간적 기능의 신경해부학을 묘사하며, 시공간 기능을 평가하는 검사들을 소개할 것이다.

시공간 과정과 관련된 하위구성

시공간 과정은 많은 하위구성을 아우르는 광범위한 인지 과정이다. 많은 시공간적 하위구성은 주의력, 감각-운동, 기억력, 실행 기능 같은 인지 과정과 관련되어 있다. 시각 자극을 사용하는 신경인지적 과제는 모두 어느 정도의 시각 과정을 수반한다. 시각 유지적 주의력 과제 같은 신경인지적 과제는 세부적인 시각 주의력을 필요로 한다(예 : WJIII-COG 짝 무효화 : Woodcock, 2001, 2007a). 기타 신경인지적 과제는 시각-운동 통합

빠르게 찾기 8.1

시공간적 과정의 하위구성

하위구성	개념 모형에서 다루어지는 부분
• 시각 주의력	• 주의력 촉진제/억제제 유지와 할당
• 시각-운동 통합	• 감각-운동 기능
• 시각-운동 계획	• 실행 과정
• 시각(공간) 기억력	• 학습과 기억력 과정
• 시공간적 인지	• 이 절에서 다루어진다
• 시공간적 추리	• 이 절에서 다루어진다
• 시각 주사/이동	• 감각-운동 기능

(예 : Beery-Buketenica 시각-운동 통합 발달 검사 : Adams & Sheslow, 1995)과 시각-운동 계획(예 : WJIII-COG 계획 : Woodcock et al., 2001, 2007a; WISC-IV 종합본 엘리슨 미로 : Wechsler, 2004a), 시각 기억력(예 : 아동 기억력 척도 점 국부화 : Cohen, 1997; 기억과 학습 평가의 범위, 제2판 디자인 기억력 : Sheslow & Adams, 2003), 운동 반응을 동반하는 시각적 인지(예 : Kaufman 아동 종합 검사, 제2판 삼각형 : A. Kaufamn & N. Kaufman, 2004), 시공간적 추리(예 : WJIII-COG 공간적 관계 : Woockcock et al., 2001, 2007a), 운동 반응을 동반하지 않는 시각적 인지(예 : NEPSY-II 화살표 : Korkman et al., 2007), 시각적 인지 조직화(예 : 연장된 복합적 형상 검사 : Fastenau, 1996), 시각 인지적 추리(예 : WISC-IV 블록 디자인 : Wschsler, 2003), 시각 주사/이동(예 : D-KEFS : 선 추적 검사 [조건 1] : Delis, Kramer & Kaplan, 2001) 등을 필요로 한다.

빠르게 찾기 8.1은 시공간적 과정과 관련된 하위구성에 대해 나열하고, 통합된 SNP/CHC 모형에서 해당 하위구성들이 어느 부분에서 다루어졌는지 소개한다.

시공간적 과정의 신경해부학

일차 시각 경로, 등쪽과 복부 시각 경로, 시각적 물체 인지 중 활성화되는 뇌 영역과 얼굴 인식 중 활성화되는 뇌 영역을 포함한 시공간적 과정의 신경해부학에 대해 다루어 보자.

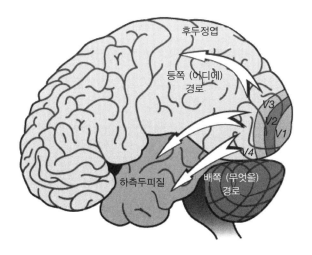

그림 8.1 등쪽과 복부 경로

일차 시각 경로

시각 인지는 두 하위 체계로 나뉜다(Gazzaniga, Ivry, & Mangun, 2002). 90%의 시신경 축색은 뇌의 중계소로 여겨지는 시상의 외측슬상핵에 도달한다. 나머지 10% 정도의 시신경 축색은 중뇌의 상구 또는 시상의 베개핵과 같은 기타 하부피질에 도달한다. 마지막 축색 경로는 외측슬상핵을 떠나 후두엽의 일차 시각피질에 도착한다(그림 8.1 참조).

후두엽의 일차 시각피질에는 많은 특수 영역이 있다. 시각 인지는 '분할 정복' 전략과 관련이 있는 것으로 보인다(Gazzaniga et al., 2002). 일차 시각피질 안의 각 시각 영역은 외부 세상에 대한 시각적 지도를 제공하며, 일부 신경 세포 영역은 색상 변화에 민감하게 반응하고, 또 다른 영역은 움직임에 민감하게 반응한다. 특수화된 시각 영역은 고차원 과정에서 통합되어 하나로 인지될 분산적이고 특수화된 분석을 제공한다.

등쪽과 복부 시각 경로

일차 시각피질에서 나오는 결과물들은 일반적으로 위세로다발과 아래세로다발 두 경로로 나뉜다. 위세로다발 조직은 후부 두정엽으로 가고, 아래세로다발 조직은 하측두피질에서 끝난다. Ungerleider와 Mishkin(1982)은 후두-두정 경로를 어떠한 물체가 다른 물체와 비교했을 때 어디에 위치하는지를 담당하는 '어디' 경로라고 언급하였다. 등쪽 또는 후두-측두 경로(아래세로다발)은 공간 인지에 전문화되어 있다(그림 8.1 참조). Ungerleider와 Mishkin(1982)은 후두-측두 경로가 우리가 보고 있는 무엇을 담당하는 '무엇' 경로라고 하였다.

시각 인지의 측면에서 '어디'와 '무엇'은 매우 중요하다. 우리는 우리가 보고 있는 것이 무엇인지, 또 우리가 보고 있는 것이 어디에 있는지 인지할 수 있어야 한다.

시각적 물체 인지

시공간적 장애와 관련된 신경심리학적 용어는 빠르게 찾기 8.2에 소개되어 있다. 시각 인식 불능증(visual agnosia)이라는 용어는 시각적으로 제시된 물체를 인식하는 것에 어려움을 겪는 아동들을 묘사할 때 쓰인다. 시각 인식 불능증을 가진 아동들은 시력만으로는 연필의 존재를 확인하지 못하며, 아동의 손에 쥐어졌을 때 연필이라는 것을 알아챈다. 통각성 실인증(apperceptive agnosia)은 시각적 인식 불능증의 하위유형으로, 시각 인지 과정의 문제로 물체를 인식하지 못하는 상태이다. 연합성 실인증(associative apnosia)은 아동의 시각적 표상은 정상이나, 그 정보를 통해 물체를 인식하지 못하는 상태를 말한다. Warrington(1985)은 물체 인지의 신경해부학적 모형에 두 단계가 있다고 하였다. Warrington에 의하면 시각 과정은 초반에 양쪽 후두피질과 관련이 있으며, 그다음에 우측 두정 반구 안의 지각적 범주가 사용된다. 지각적 입력들은 시각적으로 저장된 물체의 표상들과 함께 조정된다. 이 단계는 선행 의미의 단계로 여겨지며, 여기에서 아동들은 같은 물체를 그려 놓은 두 그림을 인식할 수 있는데, 이는 물체의 이름을 알거나 기능을 묘사할 수 있는지 여부와는 관련이 없다. Warrington 모형에 의하면 물체 인식의 두 번째 단계는 좌측 반구에서의 의미론적 범주이다. 두 번째 단계에서 시각 정보는 물체의 이름과 기능에 대한 지식과 관련된 장기기억력과 관련이 있다(예 : Woodcock-Johnson III 성취검사 : 사진 어휘). Warrington에 의하면, 우측 반구에 병변이 있는 성인은 통각성 실인증의 특성을 보이는 경우가 많고, 좌측 반구에 병변이 있는 성인들은 연합성 실인증의 특성을 보이는 경우가 많다고 하였다.

얼굴 인식

물체 인식에서 중요한 부분은 얼굴 인식이다. 길에서 고등학교 동창을 만나면 우리는 바로 그 친구의 얼굴을 인지한다. 하부 측두엽, 특히 방추상회는 얼굴을 인식하는 것과 관련이 있다(그림 8.2 참조). 방추상회에서 얼굴을 인식하면, 이 정보는 처리 과정을 위해 전두엽으로 전송된다. 얼굴 인식 불능증(prospagnosia)은 얼굴을 인식하지 못하는 상태를 일컫는데 이는 사회적 손상 장애이다. 얼굴 인식 불능증은 단독적인 좌측 병변으로 드물

빠르게 찾기 8.2

시공간적 장애와 관련있는 신경심리학 용어

- 통각성 실인증(apperceptive agnosia) : 실인증의 유형으로 시지각의 손상으로 인한 장애가 있는 상태
- 연합성 실인증(associative agnosia) : 지각 능력에 그 원인을 둘 수 없는 시각적 물체 인식 장애
- 입체 인식 불능증(astereopsis) : 물체의 깊이를 인지하지 못하는 상태
- 색채 인식 불능증(color agnosia) : 색감의 차이를 느끼지 못하는 상태
- 통합적 인식 불능증(integrative agnosia) : 물체의 부분을 일관된 전체로 통합하지 못하는 상태
- 팬터마임 실인증(pantomime agnosia) : 팬터마임을 이해하지 못하는 상태, 온전히 복제해낼 수 있는 능력에도 불구하고 그 뜻을 이해하지 못하는 경우
- 얼굴 인식 불능증(prosopagnosia) : 얼굴을 인식하지 못하는 상태
- 동시 실인증(simultanagnosia) : 그림 또는 물체의 부분에 대하여 온전히 묘사할 수 있지만, 전체적인 그림 또는 물체의 의미를 인지하는 데 장애가 있는 상태
- 시각적 실인증(visiual agnosia) : 시각 정보를 인지하는 능력에 장애가 있는 상태

출처 : Ayd, 1995; Loring, 1999.

게 발생한다. 이는 다중 뇌졸중, 두부 외상, 뇌염 또는 중독을 통해 양측 병변이 있거나 (Gazzaniga et al., 2002), 혹은 후두엽과 측두엽의 복부를 포함한 우측 반구에 병변이 있는 경우 더 자주 발생한다(DeRenzi, Perani, Carlesimo, Silveri, & Fazio, 1994).

우리는 학습하기 위하여 온전한 청력과 시각 과정 능력이 필요한 복합적 사회에 살고 있다. 만약 아동이 시지각 과정에 장애가 있다면 이는 아동의 학습 잠재력과 사회적 기능에 중대한 영향을 끼칠 수 있다. 읽기와 수학은 매우 많은 부호를 사용하기 때문에 (예 : 읽기 위한 철자, 수학을 위한 숫자와 기호 등) 정확한 시각 인지 능력이 중요하다. 쓰기 또한 시지각적 구성의 큰 부분을 차지하는데, 시각 인지 장애를 가진 학생은 방향성 장애, 철자와 숫자 전환, 띄어쓰기 장애, 칠판에서 어떠한 모양을 시각적으로 식별해 내는 것, 부분적으로 보여지는 물체에서 빠진 부분을 인식하는 것 등에 어려움을 느낀다. 시각 인지 장애를 가진 아동은 타인의 얼굴 표정과 감정을 인식하는 데 어려움을 겪기 때문에 사회적 문제를 겪기도 한다. 어떤 시각 문제는 단순히 시력 문제이기에 시력 검사와 시력 교정을 통해 나아지기도 한다. 그러나 인지하는 데 있어 시각적 문제를 겪는 경우에는 안과 전문의를 통한 더욱 자세한 검사와 해결방안이 필요하다.

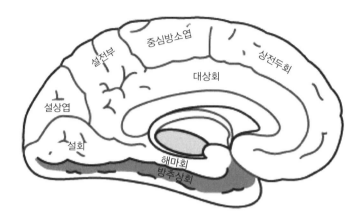

그림 8.2 물체 인식, 특히 얼굴 인식과 관련있는 방추상회

시공간적 처리 과정에 대한 영향 확인

소아·청소년을 위한 신경심리학적 처리 과정 체크리스트, 제3판(NPCC-3 : Miller, 2012a)은 부모/보호자와 최소 1명 이상의 학교 선생님이 아동의 종합 평가 의뢰 준비 시에 작성하게 된다. 빠르게 찾기 8.3은 NPCC-3의 질문에 포함된 시공간적 문제들에 대해 소개한다. 이 항목들은 NPCC의 감각운동 부분에 포함되어 있다. 보통과 심각 사이에 드는 항목들은 공식적인 학교신경심리 평가 측정을 통해 관리되어야 한다.

시공간 처리 과정 평가

빠르게 찾기 8.4는 통합된 SNP/CHC 모형에 포함되는 시공간 처리 과정의 이차적, 삼차적 분류에 대해 소개한다. 이러한 시공간적 과정의 이차적, 삼차적 분류를 측정하도록 만들어진 검사에 대해 이야기 나누어 보자.

≡ **빠르게 찾기 8.3**

NPCC-3(Miller, 2012a)의 시공간 항목

- 방향 혼동(예 : 길을 쉽게 잃어버림)
- 좌우 또는 방향 혼동(위-아래)
- 퍼즐 맞추기에 어려움을 느낌

빠르게 찾기 8.4

통합된 SNP/CHC 모형의 시공간적 처리 과정 분류

대분류	이차적 분류	삼차적 분류
시공간적 처리 과정	• 시각 공간 인지	• 시각 식별과 공간 국부화 • 시각-운동 구성 • 질적 행동
	• 시각 공간 추리	• 공간 구조 인지 • 시각 게슈탈트(형태) 폐쇄 • 시공간적 분석(심적회전 있음, 심적회전 없음)

시공간적 인지 검사

시공간적 인지 이차적 분류의 과제들은 시각 식별과 공간 국부화를 필요로 하는 검사들과, 시각-운동 구성을 필요로 하는 검사들이 포함되는 두개의 카테고리로 나뉜다. 빠르게 찾기 8.5는 학령기 아동들에게 많이 쓰이는 시공간 인지 검사들을 나열한다.

WISC-IV(Wechsler, 2003)의 블록 쌓기 검사는 시각 공간 인지(이차적 분류)와 시각 운동 구성(삼차적 분류)으로 구분된다. 아동의 블록 쌓기 검사 수행에 대해 고려하는 경우, 완수 시간이 중요히 여겨지지 않는 상황에서 수행의 차이점에 대해 숙고하는 것은 매우 중요하다. WISC-IV 종합본(Wechsler et al., 2004a)은 다양한 블록 쌓기 한계 검사를 제공하는데, 이는 좋지 못한 수행의 이유를 찾아내는 데 도움이 된다. 만약 학생이 WISC-IV 블록 쌓기 검사에서 다른 인지 측정 수행에 비해 낮은 점수를 받았다면 블록 쌓기 과정 접근, 블록 쌓기 객관식, 블록 쌓기 객관식(추가시간 없음)과 같은 WISC-IV 종합본을 시행하고 분석해야 한다.

시공간적 인지의 질적 행동

WISC-IV 종합본의 블록 쌓기 하위 검사는 질적 점수를 포함하는데 이는 의학적 해석에 도움을 준다. 이러한 질적 점수는 해당 학생과 같은 나이 아동들의 기준 비율과 비교된다. 이 점수들에 대해서는 빠르게 찾기 8.6에서 소개할 것이다.

시공간적 인지 검사

검사-하위 검사 : 설명	연령대	출판사
시각 식별과 공간 국부화		
NEPSY-II – 화살표 철자 표식에 의해 화살표 2개가 선택된다. 이는 표적의 중앙을 가리키도록 되어 있다.	5~16세	피어슨
NEPSY-II – 그림 퍼즐 4개의 작은 조각으로 나뉜 큰 그림이 소개된다. 학생은 각각의 작은 그림들이 큰 그림의 어느 부분에 속하는지 알아내야 한다.	7~16세	
NEPSY-II – 길 찾기 표적 집에 대한 도식적 지도가 주어지고 학생은 그 집을 다른 집과 길이 있는 큰 지도에서 찾아야 한다.	5~12세	
TVPS-3 – 시각 식별 여러 디자인이 그려져 있는 종이에서, 표적 디자인을 찾아 짝지어야 한다.	4~18세 11개월	아카데믹 테라피 출판사
시각-운동 구조		
DAS-II – 패턴 구조 시험자가 만들어 보여주는 구조를 나무 블록, 컬러 타일 또는 무늬 있는 정육면체를 이용해 따라서 만들어낸다.	2세 6개월~ 17세 11개월	피어슨
KABC – 삼각형 시험자가 보여주는 모형을 재현해낸다.	3세 10개월~ 18세	
NEPSY-II – 블록 구조 2차원으로 소개된 그림이나 모형을 제한된 시간 안에 3차원의 구조로 재현해낸다.	3~16세	
WISC-IV – 블록 쌓기 구조 모형 또는 블록 디자인을 제한된 시간 안에 다시 만들어낸다.	6~16세 11개월	
WNV – 모양 맞추기 퍼즐 조각을 맞추어 의미 있는 그림을 만들어낸다.	4~21세 11개월	

빠르게 찾기 8.6

통합된 WISC-IV 블록 쌓기의 질적 행동

- 파트 A 부분 점수 : 학생이 주어진 디자인의 블록을 만드는 데 필요한 블록 개수를 주어진 종이 안의 모형에서 올바르게 고르는 업무에서 부분 점수를 받은 같은 나이 아동의 비율
- 파트 B 부분 점수 : 파트 A에서 실패한 항목을 격자무늬를 이용해 다시 시행한 것에 대한 부분 점수를 받은 같은 나이 아동의 비율
- 도중 형태 분열 – 파트 A : 파트 A에서 구조물을 만드는 중, 올바른 블록 배치 또는 회전하지 않기 등의 규칙을 어기는 것에 대한 같은 나이 아동의 비율
- 도중 형태 분열 – 파트 B : 파트 B에서 구조물을 만드는 중, 올바른 블록 배치 또는 회전하지 않기 등의 규칙을 어기는 것에 대한 같은 나이 아동의 비율
- 마무리 중 형태 분열 – 파트 A : 파트 A에서 구조물 만들기가 마무리 지어질 때, 올바른 블록 배치 또는 회전하지 않기 등의 규칙을 어기는 것에 대한 같은 나이 아동의 비율
- 마무리 중 형태 분열 – 파트 B : 파트 B에서 구조물 만들기가 마무리 지어질 때, 올바른 블록 배치 또는 회전하지 않기 등의 규칙을 어기는 것에 대한 같은 나이 아동의 비율
- 추가 블록 사용 – 파트 A : 파트 A의 구조물을 만들 때, 추가 블록을 사용한 같은 나이 아동의 비율
- 추가 블록 사용 – 파트 B : 파트 B의 구조물을 만들 때, 추가 블록을 사용한 같은 나이 아동의 비율

시공간적 추리 검사

시공간 추리 이차적 분류 과제의 세 가지 범주는 공간 구조 인지를 필요로 하는 검사, 시각 게슈탈트(형태) 폐쇄를 요하는 검사, 심적회전을 동반하거나 동반하지 않는 시공간적 분석을 필요로 하는 검사로 나뉜다. 빠르게 찾기 8.7은 학령기 아동에게 자주 시행되는 시공간적 추리 검사를 소개한다.

시공간적 추리 능력은 철자, 숫자, 단어 식별 시 필요하다. 수학적 추리 능력은 기하학과 양을 추정하는 데 필수적이다.

청각 처리 과정

사무엘은 잘 읽지 못한다. 그는 단어를 소리내어 읽는 데 어려움을 겪는다. 만약 사무엘이 단어를 읽을 수 있다면 이는 단어가 어떻게 생겼는지 외웠기 때문이며, 소리내어 읽는 게 아니다. 그의 음운적 처리 능력에 문제가 있기 때문에, 그의 읽기 유창성과 이해도는 매우 떨어진다.

우리는 언어에 둘러싸인 사회에 살고 있기에 언어적 기술은 비언어적 기술보다 가치

빠르게 찾기 8.7

시공간적 추리 검사

검사-하위 검사 : 설명	연령대	출판사
공간 구조 인식		
DAS-II-철자 – 철자와 비슷한 형태 짝짓기 철자와 비슷한 모양을 철자와 짝짓기 객관식	2세 6개월~ 8세 11개월	피어슨
KABC-II – 블록 세기 삼차원의 육각면체 수를 세기	3~18세	피어슨
TVPS-3 – 공간 관계 나머지와 다른 디자인 하나 선택하기	4~18세 11개월	아카데믹 테라피 출판사
WJIII-COG NU – 공간 관계 표적하는 형태를 만들기 위해 필요한 2개 또는 그 이상의 조각을 알아낸다.	2세 6개월~ 90세 이상	리버사이드
시각적 게슈탈트(형태) 폐쇄		
KABC-II – 형태 폐쇄 그림이 부분적으로 지워지거나 불분명할 때 어 떤 그림인지 알아맞힌다.	3~18세	피어슨
RIAS – 잃어버린 부분 찾기 시각적 그림의 잃어버린 부분을 알아맞힌다.	3~94세	PAR
TVPS-3 – 시각적 폐쇄 완성된 디자인과 미완성된 패턴을 짝짓는다.	4~18세 11개월	아카데믹 테라피 출판사
TVPS-3 – 시각적 전경-배경 복잡한 배경에서 하나의 디자인을 찾아낸다.		
WISC-IV – 그림 완성 시각적 그림의 미완성 부분을 알아맞힌다.	6~16세 11개월	피어슨
WJIII-COG DS – 시각 폐쇄 변화가 있는 그림을 언어적으로 알아맞힌다.	2~90세 이상	리버사이드
시공간적 분석(심적회전 유, 무)		
NEPSY-II – 기하학적 퍼즐 여러 가지 형태의 격자를 포함한 그림이 소개되 면, 학생들은 격자 안의 모양 2개를 격자 밖의 모양 2개와 짝지어야 한다.	3~16세	피어슨

(계속)

SB 5 – 비언어적 시공간적 처리 과정 공간 배열에서 일어나는 기하학적 모양 또는 자연적 물체를 확인, 분석, 심적회전 또는 시각상 집합하는 능력	2~85세 이상	리버사이드
TVPS-3 – 모양 항등성 다른 물체에 내장된 디자인 찾기	4~18세 11개월	아카데믹 테라피 출판사
WRAVMA – 짝짓기 시각적 '표준'을 보고 선택지 중 '가장 알맞은' 것을 고르기	3~17세	피어슨
WJIII-COG DS – 블록 회전 표적 패턴의 회전된 버전인 블록 두 세트를 선택하는 능력	2~90세 이상	리버사이드

있게 여겨진다. 언어의 기본적 구성요소는 소리 식별과 청각적 처리 과정 기술이다. 만약 초등학교 저학년이 되도록 아동이 비슷한 소리와 운율을 아는 것과 같은 기본적인 소리 식별에 문제를 겪는다면 해당 아동은 소리 식별 기술에 대한 전문의의 평가가 필요하다. 어떤 아동은 기본적 소리 식별 기능은 갖추었으나 소리를 섞어 단어를 만들어내거나 단어를 완성시키기 위해 필요한 음소를 아는 등 음소를 사용하는 데 어려움을 느낀다. 이러한 소리를 식별하는 능력을 포함한 청각 처리 과정 능력은 읽기에 있어 기본적인 구성요소이다. 이러한 기본적인 능력 습득에 지연이 생기면 준거 지향 평가 또는 규준 지향적 평가가 필요하다.

청각 처리 과정의 신경해부학

귀를 통해 들어온 음파는 외이도로 이동하며 고막을 진동시킨다. 고막이 진동하면 중이의 작은 뼈를 움직이는데, 이는 액체로 채워진 달팽이관에 진동을 만든다. 달팽이관 안에는 진동하는 세모(tiny hair)들이 있으며 와우신경과 붙어 있다. 이 세모들이 움직이면 와우신경을 자극하게 되어 뇌로 신호를 보내게 되는 것이다. 귀는 청각적 입력을 받고 뇌가 듣는 것이다.

그림 8.3은 귀로부터 일차 청각피질까지의 청각 경로를 그린 것이다. 와우신경은 뇌간의 수질을 거쳐 뇌의 하구로 지나간다. 청각 경로는 나뉘어져서 각 측의 귀로 들어온 입력은 각 측의 반구에서 받아들여지고 처리된다. 이후 청각 경로는 시상과 뇌의 감각 중

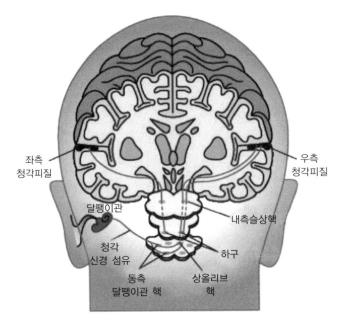

그림 8.3 듣기의 신경해부학

계처를 거쳐 청각피질로 처리된다. 청각피질은 우리가 단어를 소리나는 방식대로 인식하게 하도록 하는 음운적 처리 과정을 담당한다.

청각 처리 과정 문제 확인

아동이 종합검사를 받기 위해 부모/보호자와 1명 이상의 선생님이 소아·청소년을 위한 신경심리학적 처리 과정 체크리스트, 제3판(NPCC-3 : Miller, 2012a)을 작성하는 것이 좋다. NPCC-3에 포함된 청각 처리 과정과 관련된 질문들은 빠르게 찾기 8.8에 나열되어 있다. 보통에서 심각의 범위에 속하는 항목들에 대해서는 반드시 학교신경심리 평가를 통한 정식 평가 측정과 이에 대한 후속 조치가 필요하다.

청각 처리 과정 평가

빠르게 찾기 8.9에서는 통합된 SNP/CHC 모형에 포함되어 있는 언어 처리 과정의 이차적, 삼차적 분류에 대해 소개한다. 여기서 소개된 청각 처리 과정의 이차적, 삼차적 분류를 측정하도록 만들어진 검사에 대해 이야기 나눌 것이다.

≡ **빠르게 찾기 8.8**

NPCC-3(Miller, 2012a)에 포함된 청각 처리 과정 항목

음운/청각 처리 과정 장애

- 소리 식별 장애
- 소리를 합성해 단어를 형성하는 데 어려움을 느끼는 경우
- 운율을 맞추는 데 어려움을 느끼는 경우
- 읽거나 말할 때 소리를 빠뜨리는 경우
- 읽거나 말할 때 소리를 대체하는 경우

기본적 소리 식별 검사

빠르게 찾기 8.10은 소리 체계(음악과 음성 체계)에 대해 나열한다. Woodcock-Johnson III 인지능력 검사의 진단적 보충(WJIII-COG DS : Woodcock, McGrew, Mather, & Schrank, 2003, 2007)의 음성 검사는 기본적 소리 식별 기능을 측정하기 위해 만들어졌다.

청각/음운론 과정 검사

빠르게 찾기 8.11은 학교신경심리학자들이 청각/음운론적 처리 과정을 평가할 수 있게 만들어진 주요 검사들을 소개한다. 여기에서는 학교심리학자들과 학교신경심리학자들이 주로 쓰는 검사들만 나열했지만, 이 외에도 많은 언어 평가 종합검사들이 청각/음운론적 처리 과정을 평가하기 위해 만들어졌다.

청각 인지 발달 검사(Developmental Test of Auditory Perception, DTAP; Reynolds, Voress, & Pearson, 2008)의 점수는 종합적인 청각 인지 능력을 반영한다. 이 점수에는

≡ **빠르게 찾기 8.9**

통합된 SNP/CHC 모형의 청각 처리 과정 분류

대분류	이차적 분류	삼차적 분류
청각 처리 과정	• 소리 식별 • 청각/음운론 과정	

빠르게 찾기 8.10

소리 식별 검사

검사-하위 검사 : 설명	연령대	출판사
WJIII-COG DS – 소리 체계 – 음악 짝지어서 소개되는 음악적 소리가 같거나 다른지 말할 수 있다.	2~90세 이상	리버사이드
WJIII-COG DS – 소리 체계 – 음성 짝지어서 소개되는 사람 음성이 같거나 다른지 말할 수 있다.		

빠르게 찾기 8.11

청각/음운론 과정 검사

검사-하위 검사 : 설명	연령대	출판사
CTOPP – 단어 혼합 단어의 부분을 듣고 혼합해 단어 전체를 만들 수 있다.	5~24세 11개월	PRO-ED
CTOPP – 발음 생략 새로운 단어를 만들 때 음소를 생략하는 경우		
CTOPP – 소리 맞추기 표적 소리를 가진 단어를 선택할 수 있다.	5~6세 11개월	
DAS-II – 음운 처리 단어의 운율, 소리 혼합, 소리 삭제와 개별적 소리를 알아내는 능력	5~12세 11개월	피어슨
DTAP – 복합 청각 인지 지표 여러 가지 청각 인지 업무에 대한 전반적인 실행	6~18세 11개월	PRO-ED
KTEA-II – 음운 인식 소리 조작(예 : 운율 또는 혼합)	4세 6개월~ 25세	피어슨
NEPSY-II – 음운 처리 파트 1 : 단어 분리 인식 파트 2 : 음운 분할	3~16세	피어슨

(계속)

PAL-II RW - 음운 부호화 쓰여진 말의 단위와 관련된 구어를 부분 단위로 세분화할 수 있다.	유치원~ 초등 6학년	
TAPS-3 - 음운 혼합 주어진 개별적 음소들을 통해 단어를 합성해낼 수 있다.	4~18세 11개월	아카데믹 테라피 출판사
TAPS-3 - 음운 세분화 단어의 음소들을 조작할수 있다.		
TAPS-3 - 단어 식별 짝지어진 단어에서 음운적 차이점과 유사성을 찾을 수 있다.		
TOPA-2+ 유치원용 - 동일한 시작 소리 표적 단어와 같은 소리로 시작하는 단어 3개를 찾아 표시할 수 있다.	유치원	PRO-ED
TOPA-2+ 유치원용 - 다른 시작 소리 표적 단어와 다른 소리로 시작하는 단어 3개를 찾아 표시할 수 있다.		
TOPA-2+ 초등 저학년용 - 동일한 끝 소리 표적 단어와 같은 소리로 끝나는 단어 3개를 찾아 표시할 수 있다.	초등 1~2학년	
TOPA-2+ 초등 저학년용 - 다른 끝 소리 다른 단어들과 다른 소리로 끝나는 단어 3개를 찾아 표시할 수 있다.		
TOPAS - 미완성 단어 구어에서 누락된 음소를 찾을 수 있다.	유치원~ 초등 3학년 이상	
TOPAS - 음소 삭제 단어를 반복한 후, 특정 음소를 누락시키고 말할 수 있다.		
TOPAS - 운율 의미상으로 정확하고 운율이 맞는 단어들을 사용하여 문장을 완성시킬 수 있다.		
TOPAS - 소리 배열 구어와 부합하도록 만들어진 색깔 블록을 배열할 수 있다.		

(계속)

TPAS – 혼합 점수 스페인어를 사용하는 아동 사이의 전반적 음운 인지 측정	4~10세 11개월	PRO-ED

- TPAS – 시작 소리 : 표적 단어와 두 번째 단어가 같은 소리로 시작하는지 확인할 수 있다.
- TPAS – 끝 소리 : 표적 단어와 두 번째 단어가 같은 소리로 끝나는지 확인할 수 있다.
- TPAS – 운율 단어 : 표적 단어와 두 번째 단어가 운율이 맞는지 확인할 수 있다.
- TPAS – 삭제 : 특정 단어를 음절 또는 시작, 가운데, 끝 소리를 빼고 반복할 수 있다.

WJIII-ACH NU – 소리 인식 음소의 운율, 삭제, 대체, 전환	2~90세 이상	리버사이드

WJIII-COG NU – 미완성 단어
음소가 누락된 단어 하나 또는 여러 개를 듣고 완성된 단어를 이야기할 수 있다.

WJIII-COG NU – 소리 합성
소리를 합성하여 단어를 만들 수 있다.

꼭 보고되고 해석되어야 하는 네 가지로 분리된 지표가 있다. Reynolds 등(2008)에 의하면 언어 인지 지표는 언어의 왼쪽 측두엽 처리 과정을 나타내며(Reynolds et al., 2008), 비언어 인지 지표는 언어의 오른쪽 측두엽 처리 과정을 나타낸다. 잡음 인지 지표는 잡음이 존재하는 상태에서 원하는 소리를 정확하게 인지해내는 능력을 측정하며, 무잡음 인지 지표는 잡음이 존재하지 않는 상태에서 원하는 소리를 정확하게 인지해내는 능력을 측정한다.

학습자의 평가 과정 – 제2판 : 읽기와 쓰기 진단(PAL-II RW : Berninger, 2007b)의 음운론적 부호화 검사는 쓰여진 말의 단위와 관련된 구어를 부분 단위로 세분화하는 능력을 측정하기 위해 만들어졌다. 검사는 종합적인 점수를 내기도 하지만, 단어를 음소로 세분화하는 능력을 측정한 점수(Phonemes : 음소), 구어의 운율을 만들고 분석하는 능력(Rhyming), 음절 안의 운율을 이해하는 능력(Rimes), 그리고 구어를 음절로 나누는 능력(Syllables) 등의 점수를 세분화하여 나타낸다. 이러한 하위 검사의 수행은 종합검사 이상으로 해석되어야 한다.

청각/음운론적 처리 과정에 결여가 있는 학생들은 음운론적 설명으로만 학습되는 읽기 습득에 어려움을 겪는다. 이 영역에 심각한 결여를 가진 학생들은 소리내어 읽기보다는, 시각적으로 단어 전체를 암기함으로써 읽는 법을 배워야 할 수도 있다.

요약

이 장에서는 시공간과 청각 처리 과정과 관련된 용어, 신경해부학과 주요 평가 측정에 대해 알아보았다. 시공간 처리 과정은 학습 성취(예 : 손글씨 쓰기, 수학, 읽기 등)에 큰 영향을 끼치며 학교신경심리학자로 하여금 체계적으로 평가되어야 한다. 청각 처리 과정은 읽기와 언어 능력의 토대로써 어린 아동일수록 학교신경심리학자의 평가를 받을 필요가 있다. 시공간과 청각 처리 과정 장애는 많은 발달장애에서 관찰되고 있다.

자기점검

1. 다음 중 시각 정보를 인식하는 능력에 손상이 생긴 것을 뜻하는 용어는 무엇인가?

   a. 동시 실인증

   b. 입체 인식 불능증

   c. 얼굴 인식 불능증

   d. 시각적 실인증

2. 얼굴 인식 손상을 나타내는 용어는 무엇인가?

   a. 동시 실인증

   b. 입체 인식 불능증

   c. 얼굴 인식 불능증

   d. 시각적 실인증

3. 참인가 거짓인가? Ungerleider와 Mishkin은 후두-두정 경로를 '어디' 경로라고 칭하였다.

4. 청각 처리 기능을 담당하는 뇌의 부위는 어디인가?

   a. 측두엽

   b. 전두엽

   c. 두정엽

   d. 후두엽

5. 참인가 거짓인가? KABC-II 블록 세기 하위 검사는 시공간적 추리 검사의 예다.

6. 다음 중 과제의 시각 형태 폐쇄의 예가 되는 검사는 무엇인가?

   a. NEPSY-II – 화살표

   b. WISC-IV – 그림 완성

   c. DAS-II – 패턴 구성

   d. KABC-II – 삼각형

답 : 1. d 2. c 3. 참 4. a 5. 참 6. b

제 9 장

학습과 기억 인지 처리 과정

이 장에서는 학습과 기억 처리 과정을 정의하고, 학습과 기억의 이론과 신경해부학에 대해 검토할 것이며, 학습과 기억을 평가하기 위한 학교신경심리 평가 모형을 소개할 것이다.

학습과 기억에 대한 이론

학습이란 새로운 정보를 습득하는 과정이며, 기억이란 시간이 지난 후에도 평가 가능한 학습의 지속상태라고 정의할 수 있다(Squire, 1987). 학습과 기억은 대부분 세 가지 가상 단계로 개념화되는데, 이는 부호화, 저장, 인출 단계이다. 부호화(encoding)는 들어오는 정보를 저장하는 과정이다. 저장(storage) 단계는 영구적인 기억 흔적을 만들고 유지하는 습득과 강화의 결과이다. 인출(retrieval)은 앞서 습득하고 저장한 기억에 대한 의식적인 상기 또는 인지 단계를 일컫는다. 한 학생이 기억에 문제를 겪고 있다고 의심이 되면, 학교신경심리학자는 기억 문제가 부호화, 저장, 인출 기능의 문제인지, 혹은 세 가지 기능이 결합되어 생기는 것인지 알아내도록 해야 한다.

Atkinson과 Shiffrin(1968)은 감각기억, 단기기억, 장기기억으로 구성되는 기억의 형식적 모형을 소개하였다. 이 기억에 대한 범주는 이후 더욱 자세히 이야기할 것이다.

감각기억

감각기억은 정보에 있어 큰 수용력을 가지고 있지만 몇천분의 일 초만큼 짧은 수명을 갖는다. 시각적 감각기억은 영상적 기억 또는 영상적 저장이라고 불리며, 언어적 감각기억은 음향기억이라고 불린다. 감각기억은 우리의 기억 체계에 있어 배경 소리라고 볼 수 있다. 만약 우리가 감각기억 흔적에 집중하지 않는다면, 그 기억들은 빠르게 없어져 버리고 만다. 감각기억에 대한 고전적인 예로는 '칵테일 파티 효과'가 있다. 만약 당신이 칵테일 파티에서 친구와 이야기를 나누고 있다면, 당신은 그 친구와의 대화에 집중할 것이다. 주변에서 이루어지는 대화들은 당신이 직접 관여하지 않지만, 감각기억으로 처리될 것이다. 만약 어떤 사람이 대화 중 당신의 이름을 언급한다면, 당신은 그 사람이 당신에 대해 어떤 이야기를 하는지 그 사람이 하는 대화에 주의를 기울이게 될 것이다. 우리는 주의를 기울이길 원한다면 재빠르게 감각기억으로부터 정보를 추출해낼 수 있다. 이 예에서, 우리의 이름이 불린 것에 대해 신경쓰지 않는다면, 이는 빠르게 잊혀질 것이다. 감각기억은 기본적 기억의 흥미로운 일부이나, 학교신경심리학자가 직접적으로 측정할 수 있는 구성은 아니다.

단기기억

레티시아는 초등학교 3학년이다. 어떠한 정보가 소개된 직후에도 그녀는 이 정보들에 대해 올바르게 기억해내지 못한다. 그녀는 똑같은 정보에 대하여 반복적으로 질문하고 필기를 하는 데 문제를 겪는다. 레티시아는 단기기억에 문제를 겪고 있다.

커다란 수용력과 짧은 지속력을 가진 감각기억과 다르게, 단기기억은 반복적인 예행 연습을 바탕으로 제한된 수용력과 긴 지속력을 갖는다. 단기기억은 몇 초부터 분을 넘어서 유지된다. 친구가 알려준 전화번호를 예로 들 수 있다. 머릿속에서 언어적으로 계속 번호를 되뇌면, 그 번호를 단기기억에 붙들고 있을 수 있다. 그러나 조금이라도 집중력이 흐트러진다면 번호는 곧 기억에서 사라지고 만다. 단기기억의 수용력은 7단위(± 2) 또는 상당한 양의 정보로 여겨진다(G. Miller, 1994).

장기기억

에이드리언은 초등학교 5학년이다. 그녀는 숙제를 다 했음에도 제출하는 것을 깜빡하곤 한다. 에이드리언은 매일 보는 쪽지 시험에서 줄곧 좋은 점수를 받지만, 종합적인 시험에서는 좋지 못한 성적을 받는다. 그녀는 사실에 기반을 둔 정보를 묻는 질문에 답하는 것에 어려움을 겪곤 한다. 에이드리언은 장기기억 장애의 징후를 보이고 있다.

장기기억은 며칠 또는 몇 년 단위로 측정된다. 장기기억은 영구적인 기억 저장을 뜻한다. 인지심리학자들은 장기기억이 크게 두 가지, 즉 서술 기억(declarative memory)과 비선언적 기억(nondeclarative memory)으로 나뉜다고 말한다. 서술 기억은 '우리가 의식적으로 접근할 수 있는 개인적 지식과 세계정세적 지식을 포함한 지식'을 뜻한다(Gazzaniga, Ivry, & Magun, 2002, p. 312). 서술 기억은 우리의 자전적 기억인 일화 기억(episodic memory)과 기본적 사실에 대한 지식인 의미 기억(semantic memory)으로 세분화된다. 기억, 학습과 지능들을 측정하는 주요 검사들은 이 의미 기억을 측정하는 것이다. 일화 또는 자전적 기억의 경우 측정이 어려운데 이는 개인적이고 객관적인 검증이 부족하기 때문이다. 트라우마나 질병으로 인한 기억 상실이 심각한 경우, 일화 또는 자전적 기억이 임상 면접을 통해 비공식적으로 측정될 수 있으며, 이는 제삼자(예 : 부모님)를 통하여 실증된다.

비선언적 기억은 '운동과 인지 기술(절차적 지식), 지각 기폭제, 그리고 훈련, 습관 또는 민감화에서 유래한 단순 습득 행동과 같이 무의식적으로 접근하는 지식'을 뜻한다(Gazzaniga et al., 2002, p. 314). 학교신경심리 평가에 포함되는 유일한 비선언적 기억은 절차적 기억이다. 절차적 기억은 자전거 타기와 같은 여러 가지 운동 기술, 또는 왼쪽에서 시작하여 오른쪽으로 읽기 같은 인지 기술 등을 말한다. 절차적 기억의 문제는 임상 면접을 통해 질문되거나 학교신경심리학자로 하여금 직접적으로 관찰될 수 있다.

기억의 형식적 모형에 대한 증거와 그에 반하는 증거

순차적 순서 위치 효과(serial-order position effect)는 단기기억과 장기기억의 차이를 보여 준다. 순차적 순서 위치 효과는 목록 학습 과제 과정에서 관찰된다. 개개인에게 단어 목록을 주며 이 단어들을 기억해내라고 하면, 정확하게 확인된 단어들의 수에 대한 뚜렷한 패턴이 나타난다. 어떤 학생들은 목록의 시작 부분에 있는 단어들을 더 잘 기억해내는 반면, 어떤 학생들은 목록의 끝에 있는 단어들을 더 잘 기억해낸다. 목록의 시작 부분을 더 잘 기억해내는 현상을 초두 효과(primacy effect)라고 하며, 끝 부분을 더 잘 기억해내는 현상은 최신 효과(recency effect)라고 한다. 초두 효과는 장기기억을 반영한다고 여겨지며, 최신 효과는 단기기억을 반영한다고 여겨진다.

Atkinson과 Shiffrin(1968)이 소개한 기억의 형식적 모형은 수십 년간 대중적인 지지를 받아 왔다. 그러나 실험적, 이론적 증거들은 이 기억의 형식적 모형을 지지하지 않는다.

기억의 형식적 모형은 예행 연습(리허설)이 정보를 감각기억에서 단기기억으로 변환하고, 단기기억에서 장기기억으로 변환하는 주요 요인이라고 말한다. 연구자들은 예행 연습 말고 다른 요인들도 장기기억에 영향을 끼친다고 말한다. Craik과 Lockhart(1972)는 자극 항목이 더 의미 있게 처리될수록 장기기억이 더 강화되고 저장된다고 이야기하였다. 이는 처리 모형의 단계라고 불린다. Gazzaniga와 그의 동료들(2002)은 여러 뇌손상 환자의 사례 연구를 검토하였다. 이 사례 연구에서 어떤 환자들은 새로운 단기기억을 생성해내지 못하나, 새로운 장기기억을 생성해내는 경우도 있었다. 이 연구는 단기기억이 장기기억을 생성해내는 데 절대적인 '관문'이 아니라는 것을 보여준다.

학교신경심리학자를 위한 학습과 기억의 개념적 모형

빠르게 찾기 9.1은 개념적 학교신경심리 평가 모형의 학습과 기억 분류에 대해 소개한다. 즉각적 기억은 대부분 언어적 또는 시각적 기법을 통해 평가된다. 이와 비슷하게, 장기기억 또는 지연된 기억도 언어적 또는 시각적 기법으로 평가된다. 장기기억 영역은 자유 회상과 인지 중 어느 기법을 써도 측정이 가능한 경우가 있다.

언어적-시각적으로 연합된 학습과 기억은 지속적으로 평가되는 구성 중 하나이다. 연합된 학습과 기억 과제는 언어적-시각적 정보를 연결 짓는다(예 : WJIII-COG 시각-청각 학습 하위 검사). 또한 지속적으로 평가되는 학습과 기억 구성은 작업기억(즉각적 기억에 위치한 문제에 대한 복잡한 심적 수행을 이행해내는 능력)과 의미 기억(기본적 사실에 대한 지식)이다.

학교신경심리학자를 위한 학습과 기억의 개념적 모형은 그림 9.1에서 소개된다. 개념적 모형은 학습과 기억을 즉각적 기억, 작업기억, 장기기억의 세 부분으로 세분화한다. 즉각적 기억은 즉각적 언어 기억과 즉각적 시각 기억, 그리고 언어적-시각적 연합 학습으로 나뉜다. 수행 비교는 그림 9.1에서 양방향 화살표로 나타낸 것과 같이 즉각적 언어, 시각 기억을 통해 이루어질 수 있다. 즉각적 기억은 명확하게 보여진 바와 같이 주의 요인이기도 하다.

언어적 · 시각적 즉각적 기억 영역 안에 이러한 구성들은 단순한 자극부터 복잡한 자극의 범위에서 측정된다. 예를 들어 언어적 즉각적 기억의 어떠한 과제들은 숫자와 철자에 대한 즉각적 기억을 측정하며, 기억을 단어로, 또 문장으로, 그리고 이야기 순서로 이어나간다. 검사의 의미론적 변화의 기능으로 증가되거나 감소되는 수행은 즉각적 언어 학

≡ *빠르게 찾기 9.1*

학습과 기억 검사 분류

분류	설명
• 즉각적 언어 기억	• 의식적으로 언어적 정보를 유지할 수 있는 수용력
• 즉각적 시각 기억	• 의식적으로 시각적 정보를 유지할 수 있는 수용력
• 언어적(지연된) 장기기억 　• 언어적 학습 　• 언어적 지연 회상 　• 언어적 지연 인식	• 지속적이거나 무기한적인 시간 동안 언어적 정보를 유지하는 능력
• 시각적(지연된) 장기기억 　• 시각적 학습 　• 시각적 지연 회상 　• 시각적 지연 인식	• 지속적이거나 무기한적인 시간 동안 시각적 정보를 유지하는 능력
• 언어적-시각적으로 연합된 학습과 기억	• 언어적-시각적으로 연합된 자극에 대해 학습하고 지속적인 시간 동안 유지하는 능력

습과 기억의 전반적 해석에 대해 고려되어야 한다. 시각적 즉각적 기억 과제에서의 비슷한 의미론적 변화는 학습과 기억 검사의 일부가 될 수 있으며 이에 대해서도 필요한 경우 해석되어야 한다.

　언어적-시각적 연합 학습은 활발한 학습 과제에서 언어적·시각적 자극을 짝짓는다. 어린 학생들에게 색상, 그림, 숫자, 모양 등의 이름을 말할 수 있는 능력은 시각적 자극과 언어적 표식을 관련지을 수 있는 능력을 필요로 한다. 이러한 언어적-시각적 연합 학습 과제는 즉각적 학습 구성과 지연적 회상과 인식 구성을 수반한다. 즉각적 학습 구성은 즉각적 기억 범주 안에 포함되며, 지연된 연합 기억은 장기기억의 범주에 포함된다.

　장기기억은 네 가지 범주, 즉 지연된 연합 기억, 의미 기억, 언어적 장기 학습과 기억, 그리고 시각적 장기기억으로 분류된다. 지연적 연합 기억은 언어적-시각적으로 연합된 자극이 지연 후 기억되는 양을 뜻하며, 이는 언어적-시각적 연합 학습의 수행과 비교될 수 있다.

　장기기억은 언어적 장기기억 또는 시각적 장기기억으로 분류될 수 있다. 이 장기기억의 구성들은 학습의 지표들과, 지연된 자유 회상, 그리고 지연된 인식의 측정으로 세분

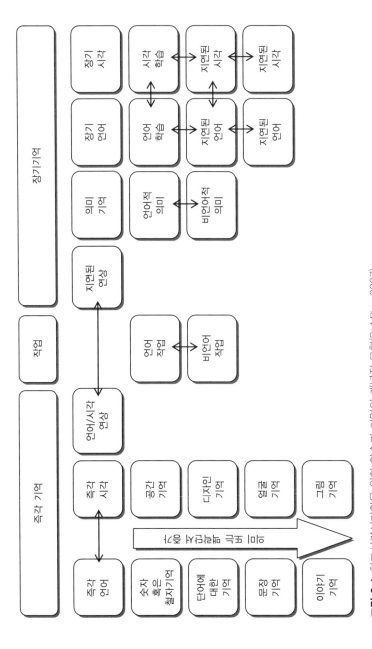

그림 9.1 학교신경심리학습을 위한 학습과 기억의 개념적 모형(D. Miller, 2007)

화된다. 학습의 지표들은 일반적으로 학습과 언어 또는 시각적 정보의 반복적인 검사의 종합 점수이다. 지연된 자유 회상은 경과 시간(분 단위부터 시간, 일 단위까지)이 지난 후 기억할 수 있는 언어적 시각적 정보의 양이다. 지연된 인식은 경과 시간 후와 제공된 선다형의 단서가 있을 때 기억할 수 있는 언어적 또는 시각적 정보의 양이다. 이러한 구성(예 : 언어적 vs. 시각적 학습, 언어적 vs. 시각적 지연 회상, 언어적 vs. 시각적 지연 인식)들에 걸쳐 다수의 수행을 비교할 수 있다. 지연된 인식 기억에 강한 학생들은 객관식 유형의 시험에 좋은 성적을 거둔다. 지연된 자유 회상과 지연 인식은 흥미로운 비교대상이다. 자유 회상과 비교하여 인식 기억의 결핍은 기억 장애와 인식 결여에 대한 더 나은 지표이며, 더욱 심각한 손상에 대해서도 나타내곤 한다(Gazzaniga et al., 2002). 자유 회상과 함께 인식 시험을 포함시키는 것은 기억력 검사의 감도를 증가시킨다.

학습과 기억 처리 과정의 신경해부학

오늘날 우리가 아는 학습과 기억에 관련된 신경해부학은 기억 손상 환자에 대한 연구, 동물 비교 연구, 그리고 기능적 영상화 기술로부터 온 것이 대부분이다(Miller, Maricle & Mortimer, 2010). 이 자료들을 바탕으로 모인 증거들에 의하면 **중앙 측두엽**(일차적으로 해마와 이차적으로 편도체)과 **중앙 간뇌**(시상의 배내측핵)가 학습과 새로운 정보에 대한 기억에 있어 필수적인 뇌 구조이다. 이 구조들은 정보에 대한 강화가 이루어질 때까지 정보를 저장하는 역할을 한다. 중앙 측두엽에 생긴 손상은 서술 기억을 상실시키지 않지만, 새로운 장기기억 생성을 방해한다. 이러한 해부학적 장소들은 기억을 저장하는 장소가 아니며, 더 정확히는 새로운 기억을 장기기억으로 강화하는 데 필수적인 부분들이다. 편도체는 감정적 기억에 큰 역할을 하는 것으로 보인다. 섬광 기억들은 매우 감정적인 기억들(예 : 9/11 사건)인데 이는 편도체와 해마가 협력하여 새롭고 감정적인 장기기억을 생성하는 것이다.

　해마 외의 부분에 입은 측두엽의 손상은 새로운 기억을 생성하는 데는 아무 지장이 없으나 심각한 역행성 기억상실(이전의 기억들을 상실하는 것)을 겪는 경우도 있다. 전두엽 피질은 정보의 부호화 및 회상과 관련이 있다. 신경영상 연구들에 의하면 일화 회상은 오른쪽 전두엽 피질을 활성화하는 반면, 의미적 회상은 왼쪽 전두엽 피질을 활동시키는 것으로 나타났다(Gazzaniga et al., 2002 참조). Jonides 등(2000)은 좋지 못한 작업기억을 가진 성인 실험 대상자들의 전두엽 피질은 기능적 변화가 있다고 하였다. 신경영상 연구들은 전두엽 피질이 언어적 작업기억(Awh et al., 1996)과 비언어적 작업기억(Jonides et al., 1993)으로 인해 활성화된다는 것을 보여준다.

학습과 기억 처리 과정 요약

학습과 기억은 교육의 모든 것에서 기초적인 역할을 한다. 학교신경심리 평가는 학습과 기억에 대한 하위 구성을 포함하고 있어야 한다. 학교신경심리학자들이 익숙해져야 하는 학습과 기억과 관련된 많은 신경심리학적 용어가 있다(빠르게 찾기 9.2 참조).

≡ 빠르게 찾기 9.2

학습과 기억에 관련된 신경심리학적 용어

- 선행성 기억상실 : 새로운 정보에 대한 학습과 회상이 불가능한 상태
- 선행 기억 : 새로운 정보를 학습하고 회상하는 능력
- 자전적 기억 : 일화 또는 서술 기억과 관련된 개인적 기억
- 중심 실행 : 처리 과정에 대한 선택, 시작, 그리고 종료를 책임(예 : 부호화, 저장, 인출)
- 색상 기억상실 : 색상을 볼 수 있고 인지할 수 있음에도 색상에 대한 지식을 상실하는 상태
- 서술(분명한) 기억 : 의식적으로 회상할 수 있는 경험, 사실 또는 사건에 대한 기억
- 음향 기억 : 비교적 큰 수용력과 짧은 지속력을 가진 청각적 자료에 대한 감각 기억
- 정교화 : 초기의 부호화된 결과물이 추후 처리 과정으로 인해 강화되는 기억 처리 과정
- 부호화 : 인지 체계가 자극 표현을 기억으로 만드는 과정
- 일화 기억 : 내용이 구체적이고 대부분 자전적인 기억
- 섬광 기억 : 충격적인 상황 또는 격한 감정이 담긴 소식(뉴스)에 대한 생생한 기억
- 중점적 역행성 기억상실 : 비교적 새로운 학습 능력은 보존된 채, 심각하고 오래 가는 역행성 기억상실이 생기는 경우
- 망각(기억 쇠퇴) : 시간의 흐름에 따라 정보를 잃는 것. 대부분 신경심리 평가에서 즉각적 기억에서 지연된 회상을 감함으로써 계산한다.
- 자유 회상 : 외부 단서의 도움 없이 기억을 회상하는 것
- 상상 기억 : 상대적으로 큰 수용력을 갖지만 지속력은 짧은 시각적 자료에 대한 감각 기억
- 즉각적 기억 : 의식적으로 정보를 유지할 수 있는 수용 능력
- 우연 학습 : 의식적인 노력 없이 학습이 이루어지는 것
- 학습 : 새로운 정보를 습득하는 처리 과정
- 학습 곡선 : 시도된 수와 비교해 올바르게 기억한 단어의 수를 나타낸 그래프로, 이는 기억 검사 시 지속적으로 쓰이고 있다.

(계속)

- 장기기억 : 지속적이며, 무기한적인 시간 동안 정보가 유지되는 것
- 기억 범위 : 완벽한 정확도와 함께 즉각적으로 반복될 수 있는 정보의 양. 기억 범위는 단기기억 수용력을 측정한다고 여겨진다.
- 초기억(상위기억) : 자연이나 자신의 기억의 내용에 대한 지식
- 연상 기호 : 자신의 기억을 증진시키는 기술
- 비선언적(내포된) 기억 : 의식적인 조정 없이 수행에 대한 기억의 범위가 변환하는 것(예 : 절차 기억, 프라이밍, 고전적 조건화 등)
- 쌍연상 학습 : 짝지어진 자극 간의 관계에 대해 배우는 능력을 평가하는 기억 업무(예 : 아이스크림)
- 음운 고리 : 작업기억에서 음향과 언어를 기반으로 한 정보를 일시적으로 저장하는 체계
- 연습 효과 : 같은 검사를 두 번째 시도에 더 잘하게 되는 현상
- 초두 효과 : 자유 회상 과제 중 목록에서 초반에 소개된 단어들을 더 잘 기억해내는 성향
- 프라이밍(priming) : 비선언적 기억의 한 형태로 자극에 대한 앞선 노출이 차후의 자극 발견 또는 식별에 영향력을 가하는 현상
- 순향 억제 : 앞선 학습으로 인해 새로운 정보에 대한 학습이 방해받는 현상
- 절차 기억 : 비선언적 기억의 한 종류로 비언어적이거나 의식적으로 분석되지 않는 기술(예 : 신발 끈 묶기 등)
- 미래 계획 기억 : 계획, 약속, 그리고 앞으로 생길 일에 대한 기억
- 최신 효과 : 자유 회상 과제 중 목록에서 끝 부분에 소개된 단어들을 더 잘 기억해내는 성향
- 인지 : 앞서 소개된 자료와 함께 앞서 소개된 적 없는 새로운 항목을 소개함으로써 평가되는 기억
- 유지 : 시간의 흐름에 따라 지속되는 정보의 양
- 역행 억제 : 새로 학습한 자료로 인해 앞서 학습한 자료를 회상하는 데 장애가 있는 상태
- 역행성 기억상실 : 앞서 학습하거나 저장된 정보를 기억해내지 못하는 현상
- 역행기억 : 앞서 학습하거나 저장된 정보를 회상할 수 있는 능력
- 의미기억 : 문맥이 없으며, 일반적인 상징, 개념, 규칙 등에 대한 지식을 사용하기 위해 반영하는 기억
- 감각기억 : 기억 처리 과정의 첫 번째 단계로 지각과 관련된 기록이 저장된다.
- 계열 학습 : 학습하는 항목들을 다수의 시도에 걸쳐 소개하는 학습 업무
- 서열 위치 효과 : 자유 회상 과제 중 단어 목록의 시작(초두 효과)과 끝(최신 효과) 부분에서 소개된 항목을 회상해내는 성향
- 단기기억 : 짧은 시간 동안 어떠한 정보에 대해 유지하는 것
- 지형적 기억상실 : 장소에 대한 특정 기억을 상실하는 현상
- 시공간 메모장 : 작업기억에서 시공간적 정보를 사용할 수 있게 한다.
- 작업기억 : 학습과 추리와 같은 복합적인 인지 업무를 위해 정보를 사용하도록 일시적인 저장을 제공하는 수용력에 한계가 있는 기억 체계

출처 : Ayd, 1995; Loring, 1999.

학습과 기억 처리 과정 평가가 필요한 시기

"학교라는 환경에서 사실과 개념에 대한 빠른 습득과 장기 유지는 성공을 위해 필수적이다"(Dehn, 2010, p. 3). 학교신경심리학적 관점에서, 학습과 기억 기능을 언제 평가해야 하는지 질문하기보다 이러한 기능들을 언제 평가하지 말아야 할지 질문해야 한다. 새로운 지식에 대한 습득과 저장, 그리고 그 지식에 대한 인출은 교육 성취에 있어 기초적인 역할을 한다.

학교신경심리학자에게 도전적 과제는 학생의 기억 장애가 초기의 부호화 문제인지, 비효율적인 저장의 문제인지, 또는 좋지 못한 기억 회상 전략의 문제인지, 아니면 세 가지가 복합적인 원인이 되는 상황인지 밝혀내는 것이다. 부호화의 문제가 있는 경우 주의산만성에 의해 학습해야 하는 자극에 대해 집중하지 못하는 경우가 많다. 언어적 정보에 대한 부호화 결여는 수용 언어 발달 장애의 원인이 되기도 한다. 만약 학생이 언어적 정보를 이해하지 못한다면, 그 정보는 기억으로 부호화되지 못한다.

아동이 어떠한 정보를 초기에 부호화하는 데 성공했지만 해당 정보를 효율적으로 저장하지 못하는 경우도 있다. 어떤 소리냐에 따라 정보가 바르지 못하게 저장될 수 있는데 이에 대한 예로는 음소적 부호화 오류(예 : 'bat'라는 단어가 'hat'으로 저장되는 경우)가 있다. 또 의미적 부호화 오류를 바탕으로 정보가 잘못 저장되는 경우도 있다(예 : 'car'라는 단어가 'truck'으로 저장되는 경우).

현재의 기억 검사들 중 대부분은 새롭게 학습한 정보를 기억해내는 것에 집중되어 있다. 학교신경심리학자들은 아동이 새로 학습한 자료를 얼마나 잘 회상해내는지(즉각적 기억) 또는 시간이 지난 후 정보를 얼마나 기억해내는지(지연된 회상 또는 인지 · 장기기억)에 의존하여 아동의 기억 처리 과정 중 어떤 부분에서 오류가 발생하는지 알아내야 한다. 만약 해당 아동이 반복적인 단어 목록, 주의산만성, 주의력 부족, 수용 언어 능력 부족 등 새로운 학습에 대한 정황을 보이지 않는다면 이는 배제되어야 한다. 잠재적인 저장과 회상 문제는 회상 중에 일어나는 오류의 종류에 따라 의심해볼 수 있다(예 : 음운적 또는 의미적 오류).

빠르게 찾기 9.3

NPCC-3(Miller, 2012 a)에 포함된 학습과 기억 항목

일반적 학습 효율

- 새로운 언어적 정보를 학습하는 데 어려움이 있는 경우
- 새로운 시각적 정보를 학습하는 데 어려움이 있는 경우
- 언어와 시각적 정보를 통합하는 데 어려움이 있는 경우

장기기억 장애

- 개인적인 물건이나 학습물을 어디에 두었는지 기억하지 못하는 경우
- 숙제 제출을 잊는 경우
- 며칠 전이나 몇 주 전에 무슨 일이 있었는지 잊는 경우
- 매일 주어지는 과제에 대해서는 잘하지만, 주간에 배운 것을 검사하는 시험에서는 좋지 못한 성적을 거두는 경우
- 장소, 사건, 사람에 대한 기본적인 사실에 대한 지식이 제한적인 경우

학습과 기억 문제에 대한 확인

종합 평가를 받도록 의뢰되기 전에 부모/보호자와 최소 1명 이상의 선생님이 소아 · 청소년을 위한 신경심리학적 처리 과정 체크리스트, 제3판(NPCC-3 : D. Miller, 2012a)을 완료하는 것을 추천한다. NPCC-3에 포함된 학습과 기억 장애에 대한 질문은 빠르게 찾기 9.3에 소개되어 있다. 이 항목들 중 보통 또는 심각한 범위라고 판단되는 항목들에 대해서는 공식적인 학교신경심리 평가 측정이 필요하다. 학령기 아동들을 위한 주요 학습과 기억 검사들에 대해서는 다음 부분에서 검토할 것이다.

학습과 기억 평가

빠르게 찾기 9.4는 통합된 SNP/CHC 모형에 속한 학습과 기억 처리 과정의 이차적, 삼차적 분류에 대해 다시 언급한다. 다음 절에서는 통합된 SNP/CHC 모형의 학습과 기억 분류를 측정하기 위해 만들어진 종합 검사를 나열하고, 학습과 기억에 대한 주요 단독 종합검사에 대해 소개할 것이다.

빠르게 찾기 9.4

통합된 SNP/CHC 모형의 학습과 기억 처리 과정 분류

대분류	이차적 분류	삼차적 분류
학습과 기억 처리 과정	• 새로운 학습의 속도	• 언어적 학습 • 시각적 학습
	• 즉각적 언어 기억	• 철자 회상(맥락적 단서 없음) • 숫자 회상(맥락적 단서 없음) • 단어 회상(맥락적 단서 없음) • 문장 회상(맥락적 단서 있음) • 이야기 기억(맥락적 단서 있음)
	• 지연된 언어 기억	• 회상(맥락적 단서 있음) • 회상(맥락적 단서 없음) • 언어 인식 • 질적 행동
	• 즉각적 시각 기억	• 운동 반응을 동반하는 추상적 디자인, 공간적 위치, 또는 시각 배열(맥락적 단서 없음) • 언어 또는 가리키는 반응을 동반하는 얼굴, 사물, 또는 사진(맥락적 단서 없음) • 언어적 반응을 동반하는 시각적 숫자(맥락적 단서 없음) • 사진 또는 상징(맥락적 단서 있음)
	• 지연된 시각 기억	• 회상(맥락적 단서 없음) • 회상(맥락적 단서 있음) • 시각 인지 • 질적 행동
	• 언어-시각 연합 학습과 회상	• 언어-시각 연합 학습 • 언어-시각 연합 지연된 회상

학습과 기억의 단일 검사

학습과 기억에 대한 주요 검사들은 두 가지, (1) 단일 검사(예 : 아동의 기억 척도)와 (2) 종합검사에 포함되어 있는 학습과 기억 검사(WJIII-COG 장기기억 회상과 관련된 하위 검사들)로 나뉜다. 빠르게 찾기 9.5는 학령기의 아동과 청소년들을 위한 학습과 기억의 주

빠르게 찾기 9.5

학습과 기억의 주요 검사

검사	연령대	출판사
• 캘리포니아 언어 학습 검사-아동용(California Verbal Learning Test-Children's Version, CVLT-C)	5~16세	피어슨
• 아동의 청각 언어 학습 검사-2(Children's Auditory Verbal Learning Test-2, CAVLT-2)	7~17세	PAR
• 아동의 기억 척도(Children's Memory Scale, CMS)	5~16세	피어슨
• 기억과 학습 검사-제2판(Test of Memory and Learning-Second Edition, TOMAL-2)	5~59세 11개월	PRO-ED
• Wechsler 기억 척도-제4판(Wechsler Memory Scale-Fourth Edition, WMS-IV)	16~90세 11개월	피어슨
• 기억과 학습의 광범위 검사-제2판(Wide Range Assessment of Memory and Learning-Second Edition, WRAML2)	5~90세	PAR

요 단일 검사들을 나열한다.

캘리포니아 언어 학습 검사-아동용(CVLT-C)

CVLT-C(Delis, Kramer, Kaplan, & Ober, 1994)는 즉각적 언어, 그리고 지연된 학습과 기억을 측정하도록 만들어졌다. CVLT-C는 5~16세 아동에게 표준화된 것으로 약 30분 동안 시행된다. 이 검사에서 시험자는 두 개 중 하나의 쇼핑 목록을 아동에게 읽어준다. 아동은 이 목록에서 가능한 많은 항목을 기억해내야 한다. 이 검사의 점수는 전체 시행에서 올바른 응답의 수, 회상 오류(고집 또는 방해), 단기적/장기적으로 지연된 자유 회상, 단기적/장기적으로 지연된 단서 회상, 그리고 의미목록(아동이 목록을 회상하기 위해 선호하는 의미적 전략의 정도) 등을 고려하도록 구성되었다.

아동의 청각 언어 학습 검사 2(CAVLT-2)

CAVLT-2(Talley, 1994)는 CVLT-C와 비슷하나 즉각적 기억 범위, 학습의 단계, 즉각적 회상, 지연된 회상, 인지 정확도, 그리고 총 방해를 측정한다. CAVLT-2 점수는 매 회차에서 얻어지며 기준 비율표가 평균 점수 비교에 포함된다.

아동의 기억 척도(CMS)

CMS는 "5~16세 아동의 학습과 기억 기능을 평가하도록 만들어진 종합 평가 도구이다"(Cohen, 1997, p. 1). CMS로 측정 가능한 세 가지 중심 영역은 다음과 같다 — (1) 청각적/언어적 학습과 기억, (2) 시각적/비언어적 학습과 기억, 그리고 (3) 주의력/집중력. 주요 종합 검사는 약 15분 정도의 시행 시간이 소요된다. 학교신경심리의 개념적 모형에 관한 주의력/집중력 하위 검사는 제11장에서 다룰 것이다.

기억과 학습 검사 – 제2판(TOMAL-2)

TOMAL-2(Reynolds & Voress, 2007)는 5세 아동부터 59세 11개월까지의 성인까지 시행할 수 있는 기억 종합검사이다. TOMAL-2는 여덟 가지 하위 검사로 구성되어 있는데 이는 언어적 기억 척도와 비언어적 기억 척도로 나뉜다. 검사는 종합 기억 척도를 만들어 낸다. TOMAL-2는 2개의 지연된 회상 과제를 포함하는데, 이는 첫 번째 4개의 하위 검사에서 학습한 언어적/비언어적 정보를 기반으로 지연된 회상 목록을 만든다. 이 검사는 또한 여섯 가지의 추가적 하위 검사를 포함하는데, 이는 주요 하위 검사들과 병행하여 사용할 수 있으며 언어적 지연된 회상 목록, 학습 목록, 주의력과 집중력 목록, 순차적 기억 목록, 자유 회상 목록, 그리고 연합 회상 목록을 포함한 추가적 목록들을 생성시킨다.

Wechsler 기억 척도 – 제4판(WMS-IV)

WMS-IV(Wechsler, 2009b)는 16세부터 90세까지 검사할 수 있으며, 개별적으로 시행되도록 만들어진 학습과 기억 측정 종합검사이다. 이 검사는 16세부터 69세를 위한 성인 종합검사와 65세부터 90세를 위한 노인 종합검사 두 가지 개별 검사로 나뉜다. 이 책에서는 성인 종합검사를 중점적으로 다룰 것이다.

WMS-IV 성인 종합검사는 일곱 가지의 하위 검사를 포함하며, 이 일곱 가지 중 여섯 가지는 필수이고 하나는 선택 검사다. 필수인 하위 검사로는 논리 기억, 언어적 쌍 연합, 디자인, 시각 재생, 공간 추가, 그리고 기호 폭이 있다. 선택 하위 검사는 간단한 인지 상태 검사이다. 필수 하위 검사에서 파생되는 5개의 색인 점수로는 청각 기억, 시각 기억,

시각 작업기억, 즉각적 기억과 지연된 기억이 있다. WMS-IV는 임상적인 해석을 돕는 추가적인 처리 과정 점수도 포함한다.

기억과 학습 종합검사 – 제2판(WRAML2)

WRAML2(Sheslow & Adams, 2003)은 5세부터 17세의 아동을 위한 학습과 기억 종합 검사이다. 이 검사는 6개의 주요 하위 검사를 포함하는데 이는 언어 기억 목록, 시각 기억 색인과 주의력/집중력 목록을 생성한다. 이 세 가지 목록들은 합쳐져서 일반적 기억 목록들이 된다. WRAWL은 인지와 회상을 비교한 목록도 포함한다. 두 가지 언어적 자유 회상 하위 검사와 언어적 인지 목록, 그리고 시각적 인지 목록도 포함된다. 또 WRAML은 언어적/시각적 작업기억 하위 검사를 아우르는 작업기억 목록도 포함하고 있다.

단일 기억과 학습 검사들의 소검사들은 학습과 기억에 대한 평가 양상을 바탕으로 종합 SNP/CHC 모형에서 개별적으로 보고된다.

새로운 학습에 대한 속도 평가

학교신경심리학자들은 새롭게 학습한 정보의 습득에 대하여 지속적으로 평가하고 있다. 기억의 주요 단독 검사들 중 많은 수가 학생들로 하여금 반복적으로 어떠한 내용물(예 : 단어, 단어 쌍, 종이에 찍힌 점 패턴의 위치 등)을 학습하도록 하는 검사들을 포함하고 있다. 빠르게 찾기 9.6은 새로운 학습의 속도를 측정하도록 만들어진 검사들을 나열한다.

학습의 색인은 검사마다 다르게 계산된다. 어떠한 검사들은 반복적인 시행에 걸쳐 자극에 대해 올바르게 반응한 수를 총합해 전체적인 학습의 지표로 삼는다(예 : WRAML2 언어 학습). 또 반복 시행 검사들은 마지막 시행에서 자극에 대해 올바르게 반응한 수를 첫 번째 시행에서 올바르게 반응한 수를 빼기도 한다(예 : NEPSY-II 목록 기억 학습 효과). 이런 종류의 검사 중 대부분은 같은 자극에 대하여 반복적으로 시행되며, 학생들은 매 시행마다 자극에 대해 가능한 많은 기억 회상을 하도록 지시받는다. TOMAL-2의 단어 회상 검사에서 학생들은 매 시행마다 회상해내지 못한 단어들에 대해서만 다시 상기될 뿐이며, 단어 목록에서 가능한 많은 단어를 회상해야 한다. 이 부분에서 이야기한 종합검사 평가들의 결과를 해석할 때 학교신경심리학자들은 어떻게 검사 점수가 도출되었는지, 또 어떻게 다른 과제가 검사 점수에 영향을 끼쳤는지 등 미묘한 차이점들에 대하

새로운 학습 속도 검사

검사-하위 검사 : 설명	연령대	출판사
언어 학습		
CMS－단어 목록－학습 반복적으로 단어 목록을 학습	5~16세 11개월	피어슨
CMS－단어 쌍－학습 앞서 본 다른 단어와 관련이 있는 단어를 회상		
CVLT-C－학습 경사 (한 번의 시행으로 습득하는 새로운 단어의 수)/ (다섯 번의 시행)	5~16세 11개월	
NEPSY-II－목록 기억 학습 효과 (마지막 시행에서 올바르게 회상해낸 단어의 수)-(첫 번째 시행에서 올바르게 회상해낸 단 어의 수)	7~12세	
NEPSY-II－목록 기억 간섭 효과 첫 번째 목록을 보여준 후, 두 번째 목록을 회상		
TOMAL-2－단어 선택 상기 반복적으로 단어 목록을 회상하지만, 매번 회상 되지 않고 상기시키기만 한다.	6~59세 11개월	PRO-ED
WRAML2－언어 학습 단어 목록을 지속적으로 학습한다.	5~90세	PAR
시각 학습		
CMS－점 위치 학습 세 번의 시행에 걸쳐 격자무늬에 있는 점의 위치를 정확하게 회상하는 수	5~16세 11개월	피어슨
CMS－총 점의 위치 세 번의 학습 시행과 한 번의 짧게 지연된 회상 조건에서 격자무늬 위에 있는 점의 위치를 정확 하게 확인한 횟수		

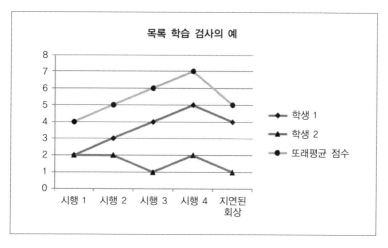

그림 9.2 학습 곡선의 예

여 숙고해야 한다.

목록 학습 검사들은 대부분의 신경심리 종합검사의 일부여야 하며, 학생들의 시행별 학습 곡선은 같은 나이 또래 아동들의 학습곡선과 비교할 수 있도록 해야 한다. 그림 9.2 는 학생 1, 학생 2, 같은 나이 또래의 평균 점수를 포함한 3개의 학습 곡선을 그린 것이다. 같은 나이 또래가 보이는 평균 학습 곡선은 목록 학습 과제 시행이 반복될수록 단어를 맞추는 수가 지속적으로 증가한다. 학생 1의 학습 곡선은 ADHD 아동들에게서 지속적으로 관찰되는 패턴이다. 학생 1의 경우, 첫 검사 시행에서의 정답 수는 평균보다 낮지만 같은 단어 목록을 반복적으로 학습한 경우 정답 수가 증가하는 것을 관찰할 수 있다. 이러한 경우 단어 회상 수가 낮은 것은 초기의 주의산만성 때문이다. 또 이러한 수행 양상은 해당 학생의 경우 같은 자료에 반복적으로 노출되었을 때 학습한다는 것을 나타낸다.

학생 2의 학습 곡선은 해당 학생이 같은 자료에 반복적으로 노출되어도 학습하지 못한다는 것을 나타낸다. 학생 2의 경우 청각 처리 과정에 장애가 있거나, 언어적으로 정보를 전달하는 학습에 어려움을 느끼는 경우일 수 있다. 이러한 경우 반복적으로 언어적 자료를 노출시키는 것은 바람직한 지도 전략이 아니다. 학교신경심리학자는 학생 2의 시각 학습 능력을 평가하고 그 학습 방식이 올바른지 확인해보아야 한다.

순차적인 단어 목록을 회상할 때 어떤 종류의 오류가 발생하는지 분석하는 것은 매우 중요하다. 침입 오류란 원본의 목록에 없는 단어를 회상하는 것이다. 음운론적 오류는 원본에서 소개된 단어와 비슷한 단어를 회상하는 것이다(예 : 'car'를 'far'로 회상). 의미적 오류는 원래 소개된 단어와 의미가 비슷한 단어를 회상하는 것이다(예 : 'car'를 'truck'으로 회상). 때때로 어떤 아동들은 음운론적 오류도 아니고 의미적 오류도 아닌 목록에 없는 단어를 회상하기도 하는데 이는 심각한 학습과 기억의 문제를 나타내는 것일 수도 있다. 반복적인 목록 학습에도 침입 오류를 일으키는 학생들은 같은 침입 오류를 끊임없이 일으키곤 한다.

즉각적 언어 기억 평가

빠르게 찾기 9.7은 5개의 삼차적 분류에 걸친 즉각적 언어 기억을 측정하도록 만들어진 주요 검사들에 대해 소개한다. SNP 모형에서 즉각적 언어 기억은 학습과 기억 기능 분류의 이차적 분류에 속한다. 즉각적 언어 기억은 다섯 가지의 삼차적 분류로 나뉘는데 이는 (1) 철자 회상(맥락적 단서 없음), (2) 숫자 회상(맥락적 단서 없음), (3) 단어 회상(맥락적 단서 없음), (4) 문장 회상(맥락적 단서 있음), 그리고 (5) 이야기 회상(맥락적 단서 있음)을 포함한다.

  캘리포니아 언어 학습 검사 : 아동용(CVLT-C : Delis et al., 1994)은 삼차적 분류의 단어 회상(맥락적 단서 없음)에 여러 점수를 반영한다. 즉각적 회상의 단계는 실제로 목록에서 구두로 소개된 단어들을 회상하는 것을 측정하도록 만들어진 여러 검사를 포함하고 있으며, 이는 다섯 번의 시행(목록 A)을 거치거나, 추가적인 시행에서 새로운 단어 목록(목록 B)을 추가하는 것으로 이루어진다. 여러 검사 점수는 목록 A 총 시행 1~5, 목록 A 시행 1 자유 회상, 목록 A 시행 5 자유 회상, 목록 B 자유 회상, 회상 일관성 비율, 보존 오류, 그리고 자유 회상 침입 등을 포함한다.

  CVLT-C 검사는 학습 전략 범주에도 의미군 비율, 순차군 비율, 초반 영역의 회상 비율, 중간 영역의 회상 비율, 후반 영역의 회상 비율 등과 같은 여러 점수를 포함한다. 이러한 점수의 해석은 순차적 위치가 단어 회상에 얼마나 영향을 끼치는지 알 수 있게 한다.

  NEPSY-II(Korkman, Kirk, & Kemp, 2007)의 묘사 기억-자유 회상 점수는 삼차적 분류의 이야기 회상(맥락적 단서 있음)으로 범주화된다. 이 검사는 묘사 기억 인지와 묘사 기억 자유 및 단서 회상으로 구성되며, 이는 전제적인 검사 점수를 해석할 때 고려되어야 한다. 이러한 하위 점수들은 임상의가 회상에 있어 단서가 있는 것이 더 나은지, 아니면 오직 자유 회상에 의존하는 것이 더 나은지 밝혀내는 것에 도움을 준다.

⟣ 빠르게 찾기 9.7

즉각적 언어 기억 검사

검사-하위 검사 : 설명	연령대	출판사
철자 회상(맥락적 단서 없음)		
TOMAL-2－철자 검사 시행자가 소개하는 철자 행렬을 반복	6~59세 11개월	PRO-ED
통합된 WISC-IV－철자－운율 청각적으로 소개되는 길이가 점점 길어지는 철자를 반복(운율 있음)	6~16세 11개월	피어슨
통합된 WISC-IV－철자－운율 없음 청각적으로 소개되는 길이가 점점 길어지는 철자들을 반복(운율 없음)		
숫자 회상(맥락적 단서 없음)		
CMS－숫자 점점 길어지는 일련의 숫자들을 반복	5~16세 11개월	피어슨
DAS-II－숫자 회상 점점 길어지는 일련의 숫자들을 반복	6~18세 11개월	피어슨
KABC-II－숫자 회상 검사 시행자가 말해주는 숫자 행렬을 반복	3~18세	피어슨
TAPS-3－숫자 기억 검사 시행자가 말해주는 숫자 행렬을 반복	4~18세 11개월	아카데믹 테라피 출판사
TOMAL-2－숫자 검사 시행자가 말해주는 숫자 행렬을 반복	6~59세 11개월	PRO-ED
WISC-IV－숫자 검사 시행자가 말해주는 숫자 행렬을 반복	6~16세 11개월	피어슨
단어 회상(맥락적 단서 없음)		
CAS－단어 시리즈 언어적으로 소개된 단어 목록을 회상	5~17세 11개월	PRO-ED
CVLT-C－즉각적 회상의 단계 다섯 번의 시행에 걸쳐 구두로 소개된 단어를 회상(목록 A), 또는 추가적인 시행에서 새로운 항목 추가(목록 B)	5~16세 11개월	피어슨

(계속)

CVLT-C - 학습 전략
여러 번의 시행에 걸친 단어 목록 학습에 도움을 주는
전략의 종류

CVLT-C - 짧게 지연된 자유 회상
여러 번의 학습 시행 후, 목록의 단어들을 즉각적으로
회상해내는 것

CVLT-C - 짧은 단서가 있는 자유 회상
여러 번의 학습 시행 후, 목록에 포함된 단어를 즉각
적으로 인식해내는 것

CMS - 단어 목록 서로 관련이 없는 단어들을 반복적인 시행에 걸쳐 학습	5~16세 11개월	피어슨

CMS - 단어 쌍 즉각적 회상
세 번의 시행에 걸쳐 단어 쌍을 회상

KABC-II - 단어 순서(색상 추리 없음) 검사 시행자가 만진 같은 순서대로 물체를 만진다.	3~18세	피어슨

KABC-II - 단어 순서(색상 추리 있음)
앞선 단어 순서 과제와 동일하며, 시행 사이에 추리하
는(색상을 말하는 것) 과제가 더해진다.

NEPSY-II - 단어 목록 추리 반복 관련이 없는 단어들의 초음을 반복	7~16세	피어슨
TAPS-3 - 단어 기억 간단한 청각 정보를 유지시키고 이용하는 능력	4~18세 11개월	아카데믹 테라피 출판사
TOMAL-2 - 단어 선택 상기 단어 목록을 학습한 후 반복한다. 기억해내지 못한 단 어들에 대해서만 다시 상기시킨다.	6~59세 11개월	PRO-ED
WJIII-COG DS - 단어 기억 관련이 없는 단어들의 목록을 올바른 순서로 기억해 낸다.	2~90세 이상	리버사이드

문장 회상(맥락적 단서 있음)		
NEPSY-II - 문장 반복 점점 길어지고 복잡해지는 문장들을 즉각적으로 회상 해낸다.	3~6세	피어슨
TAPS-3 - 문장 기억 점점 길어지고 복잡해지는 문장들에 대한 기억	4~18세 11개월	아카데믹 테라피 출판사

(계속)

WRAML2 – 문장 기억 점점 길어지고 복잡해지는 문장들에 대한 기억	5~90세 이상	PAR
WJIII-COG DS – 문장 기억 점점 길어지고 복잡해지는 문장들에 대한 기억	2~90세 이상	리버사이드

이야기 회상(맥락적 단서 없음)		
CMS – 이야기 구두로 소개된 이야기의 세부사항들을 회상해내는 것	5~16세 11개월	피어슨
CMS – 주제가 있는 이야기 구두로 소개된 이야기의 일반적인 주제를 회상해내 는 것		
NEPSY-II – 묘사 기억-자유 회상 구두로 소개된 이야기의 세부사항들을 회상해내는 것	3~16세	
RIAS – 언어적 기억 구두로 소개된 문장과 이야기의 세부사항들을 회상해 내는 것	3~94세	PAR
TOMAL-2 – 이야기에 대한 기억 구두로 소개된 이야기의 세부사항들을 회상해내는 것	6~59세	PRO-ED
WMS-IV – 논리적 기억 I 구두로 소개된 이야기의 세부사항들을 회상해내는 것	16~90세	피어슨
WRAML2 – 이야기 기억 구두로 소개된 이야기의 세부사항들을 회상해내는 것	5~90세 이상	PAR
WJIII-ACH NU – 이야기 회상 구두로 소개된 이야기의 세부사항들을 회상해내는 것	2~90세 이상	리버사이드

WRAML2(Sheslow & Adams, 2003)의 서술 기억 검사는 축어적 점수와 요지 점수라는 두 가지의 하위 검사 점수와 총 점수로 구성된다. 축어적 점수는 이야기의 정확한 세부사항 회상을 측정하는 것이며, 요지 점수는 이야기의 일반적인 세부사항 회상을 측정하는 것이다. 이 점수들은 해당 학생이 전체론적인(또는 '큰 그림') 생각을 하는 사람인지, 아니면 세부적인 것을 중요하게 생각하는 사람인지에 대한 통찰을 제공한다.

임상 전문가들은 여러 단계의 즉각적 언어 기억 검사에 맥락적 단서를 포함시키는 것이 기억 회상에 도움이 되는지 아니면 방해가 되는지 평가해야 한다. 어떠한 학생의 경우 숫자 기억과 같은 약간의 언어 정보는 쉽게 회상하는 반면, 인지 부하가 증가하면 빠르게 지쳐버리기도 한다. 다른 학생들의 경우 추가적인 맥락적 단서는 부호화와 기억 인출에 도움이 된다고 여겨진다.

즉각적 시각 기억 평가

종합 SNP/CHC 모형에서 즉각적 시각 기억은 학습과 기억 기능 대분류의 이차적 분류에 속한다. 즉각적 시각 기억은 여덟 가지의 삼차적 분류로 세분화되는데 이는 다음과 같다 — (1) 운동 반응을 동반하는 추상적 그림(맥락적 단서 없음), (2) 언어 반응을 동반하는 추상적 그림(맥락적 단서 없음), (3) 언어 또는 지시 등의 반응을 동반하는 얼굴(맥락적 단서 없음), (4) 언어 또는 지시 반응을 동반하는 물체 또는 그림(맥락적 단서 없음), (5) 운동 반응을 동반하는 공간적 위치, (6) 언어 반응을 동반하는 시각적 숫자(맥락적 단서 없음), (7) 운동 반응을 동반하는 순차적 시각 모방, (8) 그림과 또는 상징(맥락적 단서 있음). 빠르게 찾기 9.8은 이 여덟 가지 삼차적 분류에 걸친 즉각적 시각 기억을 측정하기 위해 만들어진 주요 검사들을 소개한다.

NEPSY-II(Karkman et al., 2007) 그림 기억 검사는 운동을 동반하는 기하학적 디자인이라는 삼차적 분류 범주에 속한다. 학생들은 추상적인 그림을 짧게 본 후 모눈종이에 이 추상적인 그림을 그려 넣어야 한다. 이 검사에는 해석할 때 중요하게 여겨지는 내용 점수와 공간적 점수라는 두 가지의 하위 점수가 있다. 내용 점수는 즉각적 시각 기억을 바탕으로 형태의 조각을 정확한 위치에 배치한 것을 반영한다. 공간적 점수는 공간적 기억만을 바탕으로 형태의 조각을 올바른 위치에 배치하였으나 그 형태의 모양이 원래의 것과 일치하지 않음을 반영한다. WMS-IV 디자인 I(2009b) 하위 검사는 NEPSY-II 그림 기억 검사와 같은 종류의 추가 점수를 가지고 있다. 이 검사들 중에서 다른 추가 점수를 가진 WRAML2(Sheslow & Adams, 2003)의 그림 기억 검사는 검사 시행 중 발생하는 시행 오류의 수를 포함하기 때문에 전반적인 검사 해석 시 이에 대해 숙고해야 한다.

전문의들은 여러 즉각적 시각 기억 측정을 통해 기억해야 하는 자극의 종류(예 : 추상적 디자인, 얼굴, 그림, 물체, 공간적 위치)에 따른 변수에 대해서도 알며, 반응의 종류(언어적 또는 운동적)에 따른 변수에 대해서도 알아야 한다. 또 이를 통하여 학생의 수행에 대해 평가해야 한다. 시각 기억 능력의 결여는 일견 단어 읽기, 글 쓰기, 그리고 수학의 시공간적 방면에 영향을 끼칠 수 있으며, 얼굴 인지 또는 회상과 같은 사회정서적 능력에도 영향을 끼칠 수 있다.

빠르게 찾기 9.8

즉각적 시각 기억 검사

검사-하위 검사 : 설명	연령대	출판사
운동 반응을 동반한 추상적 그림(맥락적 단서 없음)		
벤더 시각-운동 형태 검사 – 회상 기억 속에 있는 추상적, 기하학적인 디자인을 그려낸다.	3~85세 이상	피어슨
CAS – 형태 기억 기하학적인 형태에 노출되고 난 후, 더욱 복잡한 패턴에 숨어 있는 그 형태를 찾아 따라 그려낸다.	5~17세 11개월	PRO-ED
DAS-II – 그림 회상 기억 속에 있는 추상적, 기하학적인 그림을 그려낸다.	6~18세 11개월	피어슨
NEPSY-II – 그림 기억 추상적인 형태를 잠깐 본 후, 모눈지에 그 형태를 그린다.	3~16세	
WMS-IV – 그림 I 추상적인 형태를 잠깐 본 후, 모눈지에 그 형태를 그려낸다.	16~90세	
WMS-IV – 시각 재생 I 한꺼번에 소개된 다섯 가지의 형태를 그려낸다.		
WNV – 인지 앞서 본 그림을 비슷한 그림들 속에서 알아낸다.	4~21세 11개월	
WRAML2 – 그림 기억 간결하게 시각적으로 소개된 기하학적인 형태를 올바른 위치에 다시 그려낸다.	5~90세 이상	PAR
시각적 반응을 동반한 추상적 그림(맥락적 단서 없음)		
TOMAL-2 – 추상적 시각 기억 순서 상관없이 기하학적 그림을 회상해낸다.	6~59세 11개월	PRO-ED
TOMAL-2 – 시각적 순서 기억 기하학적인 그림의 순서를 회상한다.		
TVPS-3 – 순서 기억 앞서 본 그림 배열을 비슷한 그림 배열들 속에서 찾아낸다.	4~18세	아카데믹 테라피 출판사

(계속)

TVPS-3 – 시각 기억
앞서 본 추상적 그림을 비슷한 추상적 디자인들 속에
서 찾아낸다.

언어적 또는 가리킴들의 반응을 동반하는 얼굴(맥락적 단서 없음)

CMS – 즉각적 얼굴 회상 얼굴을 기억해낸다.	5~16세 11개월	피어슨
KABC-II – 얼굴 인지 얼굴 사진들을 잠깐 본 후, 포즈가 약간 다르나 얼굴 은 같은 사진들을 찾아낸다.	3~18세	
NEPSY-II – 즉각적 얼굴 기억 회상 많은 얼굴 중, 앞서 본 얼굴들을 찾아낸다.	5~16세	
TOMAL-2 – 얼굴 기억 얼굴을 인지하고 확인한다.	6~18세 11개월	PRO-ED

언어적 또는 가리킴 반응을 동반하는 물체/그림(맥락적 단서 없음)

DAS-II – 그림 인지 앞서 본 그림들을 회상한다.	6~18세 11개월	피어슨
UNIT – 물체 기억 첫 그림 세트에서 본 물체가 다른 그림들 사이에 있을 때 찾아낼 수 있다.	5~17세 11개월	리버사이드
RIAS – 비언어적 기억 앞서 본 그림을 비슷한 그림들 속에서 찾아낸다.	3~94세	PAR
WISC-IV 종합본 – 부호화 회상 형태와 숫자 하위 검사 부호화를 즉각적으로 회상해 낸다.	6세 1개월~ 16세 11개월	피어슨
WJIII-COG NU – 그림 인지 앞서 본 그림을 비슷한 그림들 속에서 찾아낸다.	2~90세 이상	리버사이드

운동 반응을 동반한 공간적 위치(맥락적 단서 없음)

CMS – 짧게 지연된 점 위치 회상 여러 번의 학습 시행 후 점의 위치를 모눈지에 즉각적 으로 회상해낸다.	5~16세 11개월	피어슨
CMS – 그림 위치 모눈지에 그림의 위치를 즉각적으로 회상해낸다.		피어슨
TOMAL-2 – 위치 기억 종이 위에 점들의 위치를 기억해낸다.	6~59세 11개월	PRO-ED

(계속)

TOMAL-2 – 시각 선택 상기
점들의 패턴을 학습하고 기억해낸다. 기억해내지 못한
점들에 대해서만 다시 상기시킨다.

UNIT – 공간적 기억 색상 표를 사용해 모눈지에 앞서 본 색상 점 패턴을 그려낸다.	5~17세 11개월	리버사이드
WISC-IV 종합본 – 공간 폭 검사 시행자가 보여준 순서대로 블록을 만진다.	6세 1개월~ 16세 11개월	피어슨

언어적 반응을 동반하는 시각적 숫자 폭(맥락적 단서 없음)

통합된 WISC-IV 종합본 – 시각 숫자 폭 시각적으로 보여지는 숫자 배열을 동시에 입으로 회 상한다.	6세 1개월~ 16세 11개월	피어슨

운동 반응을 동반한 순차적 시각 모방(맥락적 단서 없음)

KABC-II – 손 움직임 검사 시행자가 테이블을 두드리는 패턴을 복사해낸다.	3~18세	피어슨
TOMAL-2 – 수동 모방 검사 시행자가 테이블을 두드리는 패턴을 복사해낸다.	6~59세 11개월	PRO-ED

그림 또는 상징(맥락적 단서 있음)

CMS – 즉각적 가족 사진 사진 속에서 가족 인원의 위치를 기억해낸다.	5~16세 11개월	피어슨
UNIT – 상징 기억 사람 사진의 배열을 재생산한다.	5~16세	리버사이드
WRAML2 – 그림 기억 원본을 시각적으로 짧게 본 후 바뀐 세부적 특징이나 세부사항들을 찾아낸다.	5~90세 이상	PAR

지연된 언어 기억 평가

종합 SNP/CHC 모형에서 지연된 언어 기억은 학습과 기억 기능 대분류의 이차적 분류에 속한다. 이에 대한 삼차적 분류는 즉각적 언어 기억의 이차적 분류와 비슷하며 (1) 지연된 언어 회상(맥락적 단서 없음), (2) 지연된 언어 회상(맥락적 단서 있음), (3) 지연된 언어 인지(맥락적 단서 없음), (4) 지연된 언어 인지(맥락적 단서 있음)를 포함한다. 빠르게 찾기 9.9는 이 네 가지 삼차적 분류에 대한 지연된 언어 회상과 인지 기억을 측정하기 위하여 만들어진 주요 검사들을 소개한다.

지연된 언어 기억은 대부분 두 가지 조건을 두고 평가된다 — (1) 자유 회상(학생이 아무런 단서 없이 자유롭게 세부사항을 회상한다), (2) 인지 회상(앞서 학습한 자료에 대하여 회상에 도움이 되는 부분적인 단서가 제공된다). 만약 학생이 앞서 학습한 자료에 대한 세부사항을 자유롭게 회상할 수 있다면 수업 중 시험을 볼 때, 빈칸 채우기나 주관식 문제의 시험 형태도 적합한 상태라고 볼 수 있다. 그러나 만약 학생이 세부사항에 대해 자유롭게 회상하지 못하고 부분적 단서가 있어야 회상이 가능하다면, 객관식 형태의 시험이 적합하다.

CVLT-C(Delis et al., 1994) 검사에서 짧게 또 길게 지연된 단서가 존재하는 회상은 여러 점수를 만드는데 이는 목록 A에 대한 짧게 지연된 단서 회상, 목록 A에 대한 길게 지연된 단서 회상, 올바른 인지 수(인지 시행에서 목록 A의 단어들에 대하여 정답으로 표시된 수), 단서가 있는 침입 회상(원래의 목록에 존재하지 않는 회상된 단어의 수), 구별 가능성 목록(정답과 오답을 포함하여 숙고한 전체적 인지 수행의 측정), 오답률(어떠한 단어가 원래의 목록에는 없으나, 있다고 확신하는 경우), 그리고 반응 편중(인지 시행에서 너무 많은 '예' 또는 '아니요'에 응답이 편중되는 경향) 등을 포함한다. 제대로 훈련된 전문가들은 CVLT-C 짧게/길게 지연된 단서 회상 수행에 대한 전체 해석을 하기에 앞서 서술한 점수들을 고려할 수 있어야 한다.

전체적 해석을 위해 고려해야 할 추가적 점수는 WRAML2(Sheslow & Adams, 2003)의 언어 학습 인지 검사이다. 이는 검사 시행 중 발생하는 의미적 오류의 수와 음운론적 오류의 수도 포함한다. 의미와 음운론의 오류는 학생의 부호화 또는 인출 오류에 대한 통찰을 제공한다.

빠르게 찾기 9.9

지연된 언어 기억 검사

검사-하위 검사 : 설명	연령대	출판사
지연된 언어 회상(맥락적 단서 없음)		
CVLT-C – 길게 지연된 자유 회상 목록 A의 단어들을 여러 시행에 걸쳐 학습한 후, 긴 지연 시간(20분 후)을 두고 회상한다.	5~16세 11개월	피어슨
CMS – 단어 목록 지연된 회상 앞서 학습한 단어들과 관련없는 단어들에 대하여 지연된 회상을 한다.	5~16세 11개월	
CMS – 단어 쌍 길게 지연된 회상 앞서 학습한 단어 쌍에 대하여 지연된 회상을 한다.		
NEPSY-II – 목록 기억 지연 효과 (시행 5에서 올바르게 회상한 단어의 수)–(지연된 회상 시행에서 올바르게 회상한 단어의 수)	7~12세	
TOMAL-2 – 단어 선택 상기 지연 단어 선택 상기 과제에서 학습한 단어에 대한 지연된 회상	5~59세 11개월	PRO-ED
WRAML2 – 언어적 학습에 대한 지연된 회상 지연 후 단어 목록으로부터 올바르게 회상해낼 수 있는 단어의 수	5~90세	PAR
지연된 언어 회상(맥락적 단서 있음)		
CMS – 지연된 서술 회상 이야기의 세부사항에 대한 지연된 회상	5~16세	피어슨
CMS – 지연된 서술 주제 회상 이야기의 주제에 대한 지연된 회상		
TOMAL-2 – 지연된 서술 기억 이야기의 세부사항에 대한 지연된 회상	5~59세 11개월	PRO-ED
WMS-IV – 논리적 기억 II 이야기의 세부사항에 대한 지연된 자유 회상	16~90세	피어슨
WRAML2 – 서술 기억-지연된 회상 지연 후 회상 시, 이야기의 세부사항에 대해 올바르게 회상한 수	5~90세	PAR

(계속)

WJIII-ACH NU – 지연된 서술 회상 이야기의 세부사항에 대한 지연된 회상	2~90세 이상	리버사이드

지연된 언어 인지(맥락적 단서 없음)		
CMS – 단어 목록 지연 인지 앞서 학습한 단어 목록에 포함된 단어들에 대한 지연된 인지	5~90세	PAR
CMS – 단어 쌍 지연 인지 앞서 학습한 단어 쌍에 대한 지연된 인지		
CVLT-C – 짧게/길게 지연된 회상 여러 학습 시행 후, 목록 A의 단어들에 대한 짧게 지연된 회상과 목록 A의 단어들에 대한 길게 지연된 회상	5~16세 11개월	피어슨
WMS-IV – 논리적 기억 II 인지 이야기의 세부사항에 대한 지연된 인지	16~90세	피어슨
WRAML2 – 언어적 학습 인지 앞서 학습된 단어 목록에서 올바르게 인지한 단어의 수	5~90세	PAR

지연된 언어 인지(맥락적 단서 있음)		
CMS – 이야기 지연적 인지 지연 후 이야기의 세부사항에 대해 인지	5~90세	PAR
WRAML2 – 이야기 기억-지연된 인지 이야기의 세부사항에 대해 회상된 수, 객관식 단서 동반	5~90세	PAR

지연된 시각 기억 평가

종합 SNP/CHC 모형에서 지연된 시각 기억은 학습과 기억 기능 대분류의 이차적 분류에 속한다. 이에 대한 삼차적 분류는 즉각적 시각 기억의 이차적 분류와 비슷하며 (1) 지연된 시각 회상(맥락적 단서 없음), (2) 지연된 시각 회상(맥락적 단서 있음), (3) 지연된 시각 인지(맥락적 단서 없음), (4) 지연된 시각 인지(맥락적 단서 있음)를 포함한다. 지연된 언어 기억과 비슷하게 지연된 시각 기억은 대부분 자유 회상과 인지 조건을 통해 평가된다. 빠르게 찾기 9.10은 지연된 시각 자유 회상과 인지를 측정하기 위해 만들어진 주요 검사들을 소개한다.

빠르게 찾기 9.10

지연된 시각 기억

검사-하위 검사 : 설명	연령대	출판사
맥락적 단서가 없는 지연된 시각 회상		
CMS – 길게 지연된 점 위치 모눈지에 그려진 점의 위치에 대한 지연된 회상	5~90세	PAR
CMS – 얼굴 지연 얼굴에 대한 지연된 회상		
NEPSY-II – 얼굴에 대한 지연된 기억 앞서 학습한 표적 얼굴에 대한 지연된 회상	5~16세	피어슨
NEPSY-II – 그림에 대한 지연된 기억 추상적 그림에 대한 지연된 회상		
WMS-IV – 그림 II 공간적/시각적 기억에 대한 지연된 회상(자유 회상과 인지 과제를 동반함)	16~90세	
WMS-IV – 시각적 표상 II 시각적-공간적 지연된 기억(자유 회상과 인지 과제를 동반함)		
맥락적 단서가 있는 지연된 시각 회상		
CMS – 지연된 가족 사진 회상 사진 속 가족 인원의 위치에 대한 지연된 회상	5~90세	PAR
맥락적 단서가 없는 지연된 시각 인지		
WRAML2 – 그림 기억 인지 원래의 자극에서 보여진 형태를 올바르게 알아본다.	5~90세	PAR
맥락적 단서가 있는 지연된 시각 인지		
WRAML2 – 그림 기억 인지 원래의 자극에서 보여진 사진의 부분을 올바르게 알 아본다.	5~90세	PAR

NEPSY-II(Korkman et al., 2007)의 그림에 대한 지연된 기억에는 해석 시 숙고되어야 하는 지연된 내용 점수와 지연된 공간 점수로 불리는 두 가지의 하위 점수가 포함되어 있다. 이러한 점수들에 대한 해석은 즉각적 기억 점수와 비슷하다. WMS-IV 그림 II의 하위 검사들도 내용, 공간 그리고 인지가 포함된 비슷한 추가적 과정 점수를 갖는다. WMS-IV의 시각적 표상 II 하위 검사는 지연된 인지와 복사에 대한 추가적 과정 점수를 포함하고 있다(이는 감각운동 부분의 시각-운동 통합 능력에 보고된다).

장기기억은 새로운 학습에 대한 습득과 인출에 큰 역할을 담당한다. 어떠한 학생들은 뛰어난 즉각적 기억을 가지고 있으나 장기기억에 내용물을 저장하지 못하기도 한다. 이는 시간이 지나감에 따른 망각이 원인일 수도 있고, 기억 흔적을 생산하는 능력에 대한 신경적 결여가 원인일 수도 있다. 때때로 학생들은 저조한 즉각적 기억을 가지나 장기기억 인출에는 평균 정도의 점수를 받는 경우도 있다. 이는 일반적으로 학생이 정보를 학습하는 과정에 있어 추가적인 시간이 필요할 뿐, 해당 정보가 장기기억으로 부호화되고 저장된 후에는 접근이 더 용이해진다는 것을 나타낸다. 더욱 자세한 논문 검토를 위해 Dehn(2010)의 *Long-Term Memory Problems in Children and Adolescents: Assessment, Intervention, and Effective Instruction*을 참조하라.

지연된 시각 기억의 질적 행동

WISC-IV 종합본(Wechsler et al., 2004)에서 부호화 하위 검사는 검사의 임상적 해석을 돕는 질적 점수가 포함되어 있다. 이 질적 점수들은 아동의 같은 나이 또래 수행의 기준 비율을 비교하여 계산한 것이다. 빠르게 찾기 9.11은 이 점수들에 대해 나열한다.

빠르게 찾기 9.11

WISC-IV 종합본 : 부호화의 질적 행동

- 단서가 있는 상징 회상 : 어떠한 상징이 어떠한 숫자와 짝을 이루는지 회상하는 것에 대한 같은 나이 또래의 정답률(%)
- 자유 상징 회상 : 관련 숫자와 상관없이 부호화 B의 상징을 회상하는 것에 대한 같은 나이 또래의 정답률(%)
- 단서가 있는 숫자 회상 : 부호화B와 짝을 이루는 숫자를 회상하는 것에 대한 같은 나이 또래의 정답률(%)

언어-시각 연합 학습과 회상에 대한 평가

종합 SNP/CHC 모형에서, 언어-시각 연합 학습과 회상은 학습과 기억 기능 대분류의 이차적 분류에 속한다. 언어-시각 연합 학습과 회상은 삼차적 분류인 (1) 언어-시각 연합 학습, (2) 언어-시각 연합 회상으로 세분화된다. 언어-시각 연합 학습과 회상 과제는 시각적 자극(예 : 그림 또는 얼굴)에 언어적 표식을 연상하는 학습을 포함한다. 이 과제들은 즉각적 학습 및 회상 부분과 지연된 회상 부분과도 관련이 있다. 빠르게 찾기 9.12는 언어-시각 연합 학습과 회상을 측정하기 위해 만들어진 주요 검사들을 소개한다.

빠르게 찾기 9.12

언어-시각 연합 학습과 회상

검사-하위 검사 : 설명	연령대	출판사
언어-시각 연합 학습		
DAS-II – 물체 회상 – 즉각적 기억을 통해 그림을 명명한다(반복적으로 시행).	2세 6개월~ 8세 11개월	피어슨
KABC-II – 아틀란티스(Atlantis) 시각-언어 연합 학습 후 회상한다.	3~18세	
KABC-II – 그림(Rebus) 상징과 단어의 형태로 새로운 정보를 학습한다.		
NEPSY-II – 이름 기억 반복적인 시행에 걸쳐 얼굴과 관련있는 이름을 회상한다.	5~16세	
TOMAL-2 – 물체 회상 그림과 관련있는 이름을 회상한다.	5~59세 11개월	PRO-ED
TOMAL-2 – 짝 회상 검사 시행자로부터 첫 번째로 제공된 단어와 짝을 이루는 학습한 단어를 회상한다.		
WMS-IV – 언어 짝 연상 I 검사 시행자로부터 첫 번째로 제공된 단어와 짝을 이루는 학습한 단어를 회상한다.	16~90세	피어슨

(계속)

WRAML-2 – 소리 상징 특징적인 소리와 관련이 있는 특징적이고 무의미한 형태를 기억해낸다.	5~8세	PAR
WJIII-COG NU – 시각-청각 학습 시각-언어 연합 학습 후 그것에 대해 회상한다.	2~90세 이상	리버사이드
WJIII-COG DS – 이름 기억 익숙하지 않은 청각적 자극과 시각적 자극에 대한 연 관성을 습득하는 능력		

언어-시각 연합 지연된 회상		
DAS-II – 지연된 물체에 대한 회상 지연된 시간 후, 그림의 이름을 회상한다.	2세 6개월~ 8세 11개월	피어슨
KABC-II – 지연된 아틀란티스 시각-언어 연합 학습 후 지연된 시간이 지나 회상한다.	3~18세	
KABC-II – 지연된 그림(Rebus) 시간이 지난 후 학습한 상징과 단어의 연관성에 대해 회상한다.		
NEPSY-II – 지연된 이름에 대한 기억 시간이 지난 후 얼굴과 연관이 있는 이름을 회상한다.	5~16세	
WMS-IV – 언어적 쌍 연관 II 자유 회상 학습한 단어 쌍에 대해 지연 후 자유 회상한다.	16~90세	
WMS-IV – 언어적 쌍 연관 II 인지 학습한 단어 쌍에 대해 지연 후 인지한다.		
WRAML-2 – 지연된 소리-상징 회상 특징적인 소리와 관련이 있는 특징적이고 무의미한 형태를 시간이 지난 후 기억해낸다.	5~8세	PAR
WJIII-COG NU – 지연된 시각-청각 학습 지연된 시각-언어 연합에 대해 회상한다.	2~90세 이상	리버사이드
WJIII-COG DS – 지연된 이름에 대한 기억 앞서 습득한 익숙하지 않은 청각적 자극과 시각적 자 극에 대한 연관성을 회상해내는 능력		

언어-시각 연합 학습의 평가는 자주 간과되는 분야이다. 그러나 이는 학습과 기억에 있어 매우 중요한 일부이다. 언어-시각 연합 학습은 초기의 읽기 습득에 있어 큰 역할을 한다. 읽기의 자동성이 발전하기 위해서 아동은 소리-상징 연합을 반드시 학습해야 한다. 언어-시각 연합 학습은 읽기의 언어적 유창성을 용이하게 만드는 인지 처리 과정이다.

요약

이 장에서는 학습과 기억 기능에 관련된 이론, 용어, 신경해부, 그리고 주요 검사들에 대해 알아보았다. 학습과 기억은 교육에 있어 기초적인 처리 과정이며, 학교신경심리학자들은 이에 대해 체계적으로 평가할 수 있어야 한다. 학습과 기억 장애는 일반적인 발달 장애에서 흔히 관찰된다.

자기점검

1. 다음 중 1/1,000초 단위의 짧은 수명을 가진 언어 기억의 한 종류는 무엇인가?

   a. 언어적 장기기억

   b. 음향적 감각 기억

   c. 언어적 단기기억

   d. 영상적 감각 기억

2. 장기기억은 개념적으로 뚜렷하게 두 갈래로 나뉜다. 다음 중 옳은 것은 무엇인가?

   a. 일화 기억과 의미 기억

   b. 음향 기억과 영상 기억

   c. 서술 기억과 비선언적 기억

   d. 초두 효과와 최신 효과

3. 참인가 거짓인가? 직렬 순서 효과는 단기기억과 장기기억을 구분짓게 한다.

4. 초기에 Baddeley와 학자들은 세 가지 부분으로 구성된 작업기억 체계를 소개하였다. 이는 두 가지 하위 체계를 통제하는 하나의 중심적 실행 체계로 구성되어 있다. 다음 중 두 가지 하위 체계를 나타낸 것은 무엇인가?

   a. 시공간 잡기장과 음운고리

   b. 단기기억과 장기기억

   c. 일화 기억과 의미 기억

   d. 영상 기억과 청각 기억

5. 개인적 기억을 수집하는 것과 관련이 있는 기억의 종류는 무엇인가?

   a. 일화 기억   b. 선행 기억

   c. 비선언적 기억   d. 자전적 기억

6. 외부의 단서 없이 기억을 회상하는 것을 묘사하는 용어는 다음 중 무엇인가?

   a. 인식   b. 자유 회상

   c. 학습   d. 우연 학습

7. 즉각 기억과 장기기억의 통합을 담당하는 뇌의 부분은 어디인가?

   a. 시상하부   b. 편도체

   c. 해마   c. 뇌하수체

답 : 1. b 2. c 3. 참 4. a 5. d 6. b 7. c

실행 기능

실행 기능은 행동에 있어 반응 개시부터 행동의 유지와 중단, 추상적이고 개념적인 생각, 그리고 목표를 향한 계획 능력과 행동의 준비 등 많은 범위를 아우른다 (Stirling, 2002). 이 장에서는 (1) 실행 기능과 관련된 용어, (2) 신경해부학, (3) 주요 검사들, (4) 실행 기능을 측정하도록 만들어진 행동 평가 척도에 대해 검토할 것이다.

실행 기능의 정의

대부분의 대중적인 언론지에서 실행 기능은 모든 행동을 이끄는 **뇌의 지배자**로 표현되며, 실행 기능의 기본적 정의는 전두엽이 이 기능의 주요 원천이라는 것에 치우쳐 있다 (McCloskey, Perkins, & Divner, 2009). 물론 많은 실행 기능이 전두엽의 기능과 관련이 있지만, 모든 실행 기능의 뇌가 하나하나 단일적으로 전두엽과 연결되어 있는 것은 아니다(Stuss & Alexander, 2000).

Barkley(2012b)에 의한 실행 기능의 정의는 다음과 같다.

"목표를 선택하고, 제정하고, 목표를 향해 나아가는 시간 동안 행동을 유지하는 등의 자기주도적인 행동이다. 대부분 이는 개인이 정의하는 장기적인 행복을 극대화하기 위한 사회적 · 문화적 방법에 의존한다"(p. 176)

빠르게 찾기 10.1

실행 기능과 관련된 용어

- 추상적 추론(abstract reasoning)
- 예상, 예측(anticipation)
- 주의력 통제(attentional control)
- 행동의 개시/생산성(behavioral initiation/ productivity)
- 행동 조절(behavioral regulation)
- 상식(common sense)
- 개념 형성(concept formation)
- 독창성(creativity)
- 추산, 판단(estimation)
- 언어적/비언어적 유창성(verbal/nonverbal fluency)
- 목표 설정(goal setting)

- 가설 생성(hypothesis generation)
- 충동 억제(inhibition of impulsiveness)
- 정신적 유동성(mental flexibility)
- 조직화(organization)
- 계획(planning)
- 문제 해결(problem solving)
- 규칙 학습(rule learning)
- 자기통제(self-control)
- 자기관찰(self-monitoring)
- 자체 형성과 유지(self-formation and maintenance)
- 자체 변환(self shifting)
- 작업기억(working memory)

출처 : Baron (2004), p. 134.

McCloskey 등(2009)은 실행 기능이 개인의 목적을 위한 지각, 감정, 생각, 행동 과정 등을 관여하는 능력을 촉진하는 능력이라고 하였다. 이러한 촉진제는 주의력 통제, 목표 지향적 행동, 행동 조절, 조직적인 능력, 계획, 그리고 문제 해결 전략 등을 포함한다. 연구자와 전문가들이 실행 기능에 대해 묘사하기 위해 사용하는 이러한 용어들에 대한 몇 가지 예는 빠르게 찾기 10.1에서 소개된다.

McCloskey의 실행 기능 모형은 실행 능력의 다섯 단계를 소개한다. 다섯 단계는 자기활성화, 자기조절, 자아실현과 확인, 자아생성, 그리고 변환-자아 통합이 포함된다 (McCloskey et al., 2009 참조). 초기 McCloskey의 실행 기능 모형은 23가지의 자기조절 실행 기능을 식별하였고, 이 목록은 32가지로 늘어났다(McCloskey & Wasserman, 2012). 빠르게 찾기 10.2는 32가지의 자기조절 실행 기능 능력에 대해 간단하게 소개한 것이다.

이론적인 관점에서 McCloskey의 실행 기능 개념화는 매우 광범위하며 통합된 SNP/CHC 모형의 많은 부분을 아우르고 있다. 평가적인 관점에서 실행 기능을 측정하기 위

빠르게 찾기 10.2

McCloskey의 32가지 자기조절 실행 기능 능력

주의력

- 감지/의식 : 외부 환경으로부터 정보를 얻는 것에 대한 단서(예 : 보는 것, 듣는 것, 만지는 것), 생각과 감정, 공간에서 몸의 위치와 움직임 등을 조율해야 할 필요성에 대한 의식
- 집중/선택 : 주어진 환경, 상황 또는 맥락에서 덜 중요한 요소에 대해서는 무시하거나 적게 신경쓰며 가장 적절한 것에 집중하는 것에 대한 단서
- 지속 : 감지, 느낌, 생각, 또는 행동과 관련된 과정들에 대하여 요구되는 시간만큼 교류를 지속하는 것에 대한 단서

교류

- 시작 : 교류의 시작에 대한 감지, 느낌, 생각 또는 행동을 위한 단서
- 활력 공급 : 에너지를 적용시키고 감지, 느낌, 생각 또는 행동에 대한 노력을 위한 단서
- 억제 : 감지, 느낌, 생각 또는 행동에 대한 저항과 억제를 위한 단서
- 중단 : 감지, 느낌, 생각 또는 행동에 대한 즉각적 중단을 위한 단서
- 방해 : 감지, 느낌, 생각 또는 행동에 대한 방해를 위한 단서
- 유연성 : 상황에 따라 감지, 느낌, 생각 또는 행동의 변화가 필요함에 대한 깨달음과 승인을 위한 단서
- 변환 : 어려움 없이 감지, 느낌, 생각 또는 행동을 변환하는 것을 위한 단서

최적화

- 조절 : 감지, 느낌, 생각과 행동에 대한 정신적 에너지의 양과 강도에 대한 변화를 위한 단서. 예를 들면 효과적으로 목소리 크기, 행동의 정도, 시야나 소리에 대한 반응을 조절할 수 있는 능력
- 관찰 : 감지, 감정, 생각 또는 행동의 정확도에 대해 일상을 관찰함으로써 확인하는 것에 대한 단서
- 수정 : 감지, 감정, 생각 또는 행동에 대해 내면적 또는 외부적 피드백을 바탕으로 수정하는 것에 대한 단서
- 균형 : 감지, 감정, 생각 또는 행동이 경험, 학습 또는 수행을 증진시켰을 때 균형을 확립하는 것에 대한 단서. 균형을 유지하기 위해 반대되는 과정 또는 상태와 균형을 맞추는 감각에 대한 단서 (예 : 양식 vs. 세부사항/속도 vs. 정확도/유머 vs. 진지함)

평가/해결

- 치수, 게이지 : 효과적으로 업무나 상황과 교류할 수 있도록 감지, 감정, 생각 또는 행동을 '평가'하는 것에 대한 단서
- 예상/예견 : 개인의 감지, 느낌, 생각 또는 행동의 결과와 같은 가까운 미래에 일어날 상태 또는 사건에 대한 예상을 위한 단서
- 시간 예측 : 시간감각을 사용해 어떠한 업무를 완수하기까지 얼마큼의 시간이 걸리는지, 또는 특정 시간 동안 얼마큼의 시간이 남았는지 예측하기 위한 단서
- 분석 : 어떠한 문제나 상황에 대하여 더 나은 이해를 위해 감지, 느낌, 생각 또는 행동을 하기 위한 엄밀한 검사에 대한 단서
- 연관 : 어떠한 상황에 대하여 감지, 느낌, 생각과 행동 간의 알맞은 연관을 짓기 위한 자원을 활성화하기 위한 단서
- 생성 : 새로운 문제 해결 방법을 이끌어내기 위해 필요한 자원의 활성화에 대한 단서

(계속)

- 준비 : 분류, 배열 또는 감지, 느낌, 생각과 행동 방법을 사용하여 경험, 학습 또는 수행의 효율을 강화하기 위한 단서
- 계획(단기간) : 감지, 느낌, 생각 또는 행동을 세분화하여 가까운 미래(몇 분 또는 몇 시간 이내)에 원하는 결과를 만들어내기 위한 단서
- 평가/비교 : 감지, 느낌, 생각 또는 행동을 비교하거나 평가하기 위한 단서
- 선택/결정 : 선택을 하거나 결정을 내리기 위한 단서

효율
- 시간 감각 : 시간의 흐름에 대한 관찰을 위한 단서(얼마나 긴 시간 동안 감지, 느낌, 생각 또는 행동을 하는지 아는 시간 감각의 인지가 필요함)
- 속도 : 경험 또는 수행할 때의 감지, 느낌, 생각 또는 행동의 속도를 조절하기 위한 단서

- 순서 : 특히 자동화된 루틴에 접근하거나 초기에 발달시키려고 할 때 감지, 느낌, 생각 또는 행동의 순서를 정하기 위한 단서
- 실행 : 특히 자동화된 루틴을 시행하거나 자주 사용할 때 익숙한 감지, 느낌, 생각 또는 행동을 활성화하기 위한 단서

기억
- 보유 : 짧은 시간 동안 특정한 감지, 느낌, 생각 또는 행동을 보유하기 위한 단서
- 조종 : 마음속에 있는 감지, 느낌, 생각 또는 행동을 조종하기 위한 단서
- 저장 : 시간이 지나 필요할 때 인출하여 쓸 수 있도록 특정한 감지, 느낌, 생각과 행동을 저장하기 위한 단서
- 인출 : 앞서 저장된 감지, 느낌, 생각과 행동 정보를 인출하기 위한 단서

출처 : *Self-Regulation Executive Function Definitions.* Copyright ⓒ 2012 George McCloskey, PhD Reprinted with permission.

하여 만들어진 현재의 평가 도구들은 McCloskey와 그의 동료들이 상정한 만큼 특수화되지 않았다. 종합 SNP/CHC 모형에서 실행 기능은 인지 유창성 또는 태세 변환, 개념 형성, 문제 해결 또는 추론, 그리고 반응 억제 등을 아우른다.

실행 기능의 신경해부학

역사적으로 실행 기능은 전두엽의 관여와 같은 뜻으로 여겨져왔다. 전두엽과 전전두전엽은 실행 기능의 주된 역할을 하는데, 자극 경로와 억제 경로는 뇌의 피질하 영역(예 : 시상과 기저핵)에서 시작되어 전두피질로 이어지며, 그 반대도 마찬가지이다. Alexander, DeLong, Strick(1986)은 평행하지만 분리된 전두피질 하부 회로(frontal-subcortical circuit, FSC)가 움직임과 행동에 영향을 미친다고 주장하였다.

연구 문헌에서 5개의 회로 주장은 일반적으로 인정되었지만(Lichter & Cummings, 2001), 최근 7개의 회로 주장도 나오고 있다(Middleton & Strick, 2001). 이 FSC 회

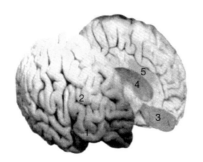

1. 안와전두(측면)
2. 배측면 전두엽
3. 안와전두(배옆 정중)
4. 변연계
5. 전방 대상

그림 10.1 변연계의 위치와 비교한 행동을 통제하는 주요 전두피질 하부 회로의 위치

로는 일곱 가지의 일반적 범주로 세분화되는데, 골격운동, 안구운동, 배측면 전두엽(dorsolateral prefrontal), 측면 안와전두(lateral orbitofrontal), 배옆 정중 안와전두(ventromedial orbitofrontal), 전방 대상(anterior cingulate), 그리고 하측두 두정부(inferotemporal/posterior parietal)가 그 범주이다. 측면과 배옆 안와전두 회로는 이 부분에서 함께 이야기할 것이다.

골격 운동 회로(몸 움직임)와 안구 운동 회로(안구 움직임)는 움직임의 통제와 관련이 있는 두 가지 회로이다. 골격 운동 회로는 뇌의 운동 전 영역, 보조 운동, 그리고 일차 운동 생산 기능과 관련이 있다. Hale과 Fiorello(2004)는 아동의 손글씨를 평가하는 것은 골격 운동 회로의 상태를 확인하는 데 있어 생태학적으로 유용한 검사라고 언급하였다. 안구 운동은 전두 안구운동 영역과 관련되어 있으며 시각 주사를 통제한다. Hale과 Fiorello(2004)에 의하면 안구 운동 기능은 학생의 단어 추적이나 시각 주사 같은 수행을 통하여 측정할 수 있다. 하측두 두정부 회로에 대해서는 문헌상 아직 명확하게 설명된 것이 없지만, 이는 전두엽의 작업기억 기능과 관련이 있을 수 있다.

나머지 3개의 FSC 회로는 실행 기능과 관련이 있는 것으로 나타나며, 이는 학교신경심리학자들의 최대 관심사이다. 행동을 통제하는 주요 전두피질 하부 회로는 그림 10.1에 소개되어 있다.

배측면 전두엽 회로

토니카는 학교와 집에서 문제를 겪고 있다. 그녀의 증상은 다양하지만 결국 몇 가지 장애 때문인 것으로 보인다. 토니카에게는 체계적 기술이 결여되었다. 그녀는 늘 과제물을 잃어버리고 숙제를 언제까지 내야 하는지 알지 못한다. 토니카는 또한 무언가를 기억하

빠르게 찾기 10.3

전두피질 하부 회로의 주요 기능

전두피질 하부 회로	주요 기능
골격 운동 회로	대근육과 소근육 움직임 통제
안구 운동 회로	눈 움직임 통제
배측면 전두엽 회로	'뇌 집행자'로 불리며 이는 다음을 통제한다. • 예상 • 목표 선택 • 계획 • 관찰 • 과제 수행에 대한 피드백 사용 • 주의력 집중과 지속 • 이론 생성 • 태세 유지 또는 변환 • 언어적 또는 형태 유연성 • 시공간 탐색 전략 • 학습과 복제 업무에 대한 구성 전략 • 운동 프로그램 방해
안와전두 회로	• 맥락적으로 적절한 행동적 반응을 감정적 정보와 결합 • 아동의 내적 상태를 감정적 기능과 결합
전방 대상 회로	• 동기적 장치(예 : 무관심) • 행동적 개시 반응 • 창조성과 개념 형성 • 주의 자원의 분배
하측두 두정부 회로	• 작업기억

는 것에 문제를 겪고 있다. 학교에서 과제를 수행할 때는 매우 잘하지만, 같은 과제를 나중에 하도록 하면 그녀는 무엇을 해야 하는지 기억하지 못한다. 토니카는 오랜 시간 동안 집중하는 것에 어려움을 겪고 있다. 그녀에게서 뇌의 배측면 전두엽 영역의 장애 또는 손상과 관련있는 증상들이 관찰되고 있는 것이다.

빠르게 찾기 10.3은 일곱 가지의 FSC 회로에 기인하는 주요 기능들에 대해서 소개한다.

빠르게 찾기 10.4

배측면 전두엽 회로의 손상 또는 장애와 관련된 신경인지적 결여

- 언어 인출의 감소
- 비언어 인출의 감소
- 비정상적 운동 프로그램
- 손상된 태세 변환
- 감소된 학습과 기억 인출
- 작업기억 방해
- 체계적 기술 결여
- 복사에 대한 구성 전략 결여
- 문제 해결, 목표 선택, 계획, 관찰, 그리고 과제 수행의 피드백을 사용하는 것 등의 결여
- 주의 집중과 유지에 대한 어려움
- 이론 생성에 대한 어려움

배측면 전두엽 회로는 '뇌의 집행자'라는 원리로 작동한다. 빠르게 찾기 10.3에서 보여진 것처럼 배측면 전두엽 회로는 계획부터 체계적 전략의 유지, 효율적인 기억 탐색 전략의 시행, 과제의 교육적 요구에 대한 유지, 태세 변환에 대한 인지적 유창성, 그리고 복합적인 운동 프로그램의 생산 통제까지 여러 가지 실행 기능을 통제한다. 그러므로 배측면 전두엽 피질은 대부분의 인지적 실행 기능 능력을 일차적으로 통제하며, 이는 학교에서 이루어지는 학습 업무의 목표 지향성 실행에 매우 중요한 역할을 한다. 배측면 전두엽 회로의 손상과 관련된 신경심리학적 결여는 빠르게 찾기 10.4에서 소개된다. 대부분의 신경심리학적 · 인지적 검사는 배측면 전두엽 회로를 활성화한다(Ardila, 2008).

안와전두 회로

신경심리학의 고전적 사례 연구인 피니어스 게이지는 안와전두 회로의 기능을 다룬다. 피니어스 게이지는 1800년대 철도원이었으나 쇠막대가 왼쪽 눈을 통해 들어가 머리를 관통하는 사고를 당하였다. 피니어스 게이지는 이 사고에서 살아남았지만 뇌 안와전두 영역의 손상으로 인해 성격에 변화가 생겼다. 사고 전, 피니어스는 균형 잡힌 마음을 가진 능력 있는 현장 감독으로 묘사되었으나, 사고 후 그는 그 누구와도 공감대를 형성하지 못하고, 계획을 급하게 세우지만 실천하지 못했으며, 거칠고 사회적으로 적절치 못하

빠르게 찾기 10.5

안와전두 회로의 손상 또는 장애와 관련된 신경인지적 결여

- 충동성
- 반사회적 행동
- 정상적인 환경에서 적절하지 못한 감정을 느낌(예 : 부적절한 웃음 또는 울음)
- 화를 잘 냄
- 서투름, 눈치가 없음
- 지나친 친밀함
- 공감 능력의 감소

며, 참을성이 없고 고집이 센 사람으로 변하였다.

빠르게 찾기 10.5는 안와전두 회로의 손상 또는 장애와 관련된 신경인지적 결여에 대해 소개한다. "안와전두 회로는 공감, 시민의식, 그리고 사회적으로 적절한 행동을 조정하며, 성격의 변화는 안와전두 장애의 특징이다"(Chow & Cummings, 1999, p. 6). 안와전두 회로는 우리의 억제 능력, 평가, 사회적 행동과 감정적 의사결정을 통제한다. 또 안와전두 회로는 사건에 대한 감정의 유의성을 가늠하거나, 상과 벌을 예상하는 것, 규칙이 바뀐 상황에 대한 행동의 조정, 그리고 적절하지 못한 행동의 억제와 같은 인지와 정서 기능과 관련이 있다. 안와전두 회로의 손상은 변연계의 정서 반응으로부터 안와전두 회로의 관찰 체계를 차단시켜, 행동적 탈억제를 초래한다고 여겨진다(Lichter & Cummings, 2001). 강박 증상 또한 안와전두의 손상과 관련이 있는 것으로 보인다(Lichter & Cummings, 2001).

안와전두의 손상은 특정적인 반구상의 결여와도 관련이 있다. 오른편의 안와전두 손상은 왼쪽의 손상과 비교해 더욱 심한 탈억제와 사회적으로 적절치 못한 행동을 초래하는 것으로 여겨진다(Miller, Chang, Mena, Boone, & Lesser, 1993). 왼쪽의 안와전두 손상은 탈억제, 판단 결여, 그리고 학교와 집에서 주어진 책무에 대하여 무책임하게 행동하는 등의 결과를 초래한다(Meyers, Berman, Scheibel, & Lesser, 1993). 안와전두 영역의 손상 또는 장애를 가진 학생들은 지속적으로 수업 중 정답을 불쑥 말해버린다거나, 사회적 상황에서 적절하지 못한 이야기를 하거나, 또는 친구가 지나갈 때 갑자기 때리는 등의 행동을 보이기도 한다.

빠르게 찾기 10.6

전측 대상 회로의 손상 또는 장애와 관련된 신경인지적 결함

- 무관심
- 제한된 즉흥적 대화
- 통증, 갈증, 또는 굶주림에 대한 무관심(심한 경우)
- 강박 증상
- 응답 억제 결여(충동적)
- 독창성 또는 새로운 개념 생성 결여
- 주의 자원의 할당 결여

전측 대상 회로

호세는 16살이다. 지난 한 해 동안 그는 냉담해지고 무기력해졌다. 그는 학교와 집에서 아무런 의욕을 느끼지 못하며, 질문받은 것에 대해서만 말을 하는 등 가만히 앉아 손만 만지작거렸다. 호세의 증상은 뇌의 전측 대상 영역의 손상 또는 장애를 입었을 때 나타나는 현상과 일치한다.

전측 대상 회로의 손상 또는 장애와 관련된 신경인지적 결여는 빠르게 찾기 10.6에서 소개된다. 전측 대상 회로는 의욕, 동기 메커니즘을 통제한다. 무관심함은 뇌의 전측 대상 영역에 손상을 입었을 때 일반적으로 나타나는 행동적 징후이다. **무운동 함구증**(akinetic mutism)이라고 불리는 상태는 대부분 양쪽의 전측 대상에 손상을 입었을 때 나타난다. "무운동 함구증은 깊은 무관심의 중증 상태로 고통, 갈증, 또는 굶주림에 대해서도 무관심하며, 운동 또는 심리적 결단력 부재, 즉흥적 움직임 부재, 언어의 부재, 그리고 질문에 대한 반응 부재 등의 증상을 보인다"(Lichter & Cummings, 2001, p. 13). 안와전두 회로와 비슷하게 전측 대상 회로의 손상도 강박 증상과 관련이 있는 것으로 여겨진다(Lichter & Cummings, 2001).

신경심리학적으로 측정할 때, 전측 대상의 손상과 가장 관련이 있는 결손사항은 반응 억제의 실패라고 볼 수 있다. 예를 들어 NEPSY-II 억제 검사에서 아동이 '동그라미' 대신에 '네모'를 말하고 그 반대로 해야 하는 과제가 주어졌을 때, 전측 대상에 손상을 입은 아동들에게는 이 과제가 어려울 수 있다. 전측 대상에 손상을 입은 아동들은 창의적 사고 과정과 새로운 개념 생성에 어려움을 겪기도 한다(Miller & Cummings, 1999). 또

전측 대상은 실행 주의 체계도 관여한다는 가설이 있다(Posner, 1994; Posner & Raichle, 1994). 전측 대상은 뇌의 다른 영역으로 주의 자원을 할당하여 특정 업무를 가장 효율적으로 해낼 수 있게 한다. PET 스캔과 같은 뇌 영상 연구는 어떠한 과제의 난이도가 어려워질수록 전측 대상에 혈류가 증가한다는 것을 보여준다(예 : 분리된 주의력 과제에서 부적절한 스트룹 시행과 적절한 스트룹 시행의 비교)(Gazzaniga, Ivry, & Mangrum, 2002 참조).

빠르게 찾기 10.7은 실행 기능 손상에서 흔히 쓰이는 신경심리학적 용어를 나열한다.

≡ 빠르게 찾기 10.7

실행 기능 장애와 관련된 신경심리학적 용어

• 무의지 : 시작이나 의지 결여

• 전측 대상 증후군 : 즉흥적인 활동이 감소된 증상을 보인다(무관심해지며, 즉흥적인 대화를 하지 않고, 주어졌을 때만 먹고 마시며, 감정을 보이지 않거나, 실금을 보이기도 함).

• 배측면 전두엽 증후군 : 가설 생성, 인지 유창성, 인지 틀의 변환 등에 어려움을 겪고, 언어적 또는 형태 유창성이 감소하며, 학습에 대한 체계적 전략이 부족하고, 복잡한 형태를 복사하기 위한 구성적 전략과 운동 프로그램 결여 등의 증상을 가진다.

• 반향 동작 : 타인의 말을 병적으로 따라 하는 것. 이는 전두엽의 장애와 관련이 있다.

• 감정 불안정성 : 감정 표현이 반복적이거나 갑작스럽게 돌변하는 등 비정상적인 변동성을 보인다. 이는 전두엽의 안와전두 영역에 손상을 입었을 때 자주 관찰된다.

• 시작 결여 : 원하는 행동을 수행할 수 있는 능력을 보임에도 불구하고, 많은 계기를 필요로 하는 행동을 하지 않는다. 본인이 의도하는 행동에 대해 말할 수 있으나 그 행동을 시작하지 못한다. 이는 전두엽의 전측 대상 영역이 손상되었을 때 특징적으로 나타난다.

• 안와전두 증후군 : 눈에 띄는 성격 변화로 특징지어진다. 성격 변화로는 감정 불안정, 충동성, 성급함, 거침 없는 언행과 근심이 없고, 가끔 짜증을 내는 등의 변화를 포함한다.

• 고집증, 반복증 : 적절치 못하게 보이더라도, 같은 반응을 계속 반복하는 성향을 띤다. 고집증은 움직임, 말, 또는 생각과 관련 있을 수 있다.

• 이용 행태 : 현재의 업무와 상관없이 손에 닿는 물건들을 잡거나 사용하려고 하는 성향을 보인다. 그 예로, 해당 아동에게 망치가 주어지면 망치질을 해야 할 것 같은 강압적인 느낌에 휩싸인다. 이 행동은 환경 의존으로부터 시작되는 것으로 여겨지며, 양쪽의 전두엽 손상과 관련이 있는 것으로 여겨진다.

출처 : Ayd, 1995; Loring, 1999.

실행 기능 평가의 시기

실행 기능의 결여는 주의력결핍 과잉행동장애, 투렛 증후군, 강박장애, 또는 조현병을 포함한 하나 이상의 신경발달적 장애와 관련이 있다. 이러한 실행 기능과 장애 간의 관계는 아직 명확하게 밝혀진 것이 없으며 진단의 구분을 어렵게 만든다(Maricle, Johnson, & Avirett, 2010). 이 책에서 소개되는 대부분의 인지적 처리 과정은 복합적인 실행 촉진제를 사용하며, 실행 기능의 선별을 모든 평가에 포함시키는 것을 권장한다. 실행 기능 장애를 보이는 신경 발달적 문제에 대해서는 Miller(2010)를 참조하라.

실행 기능 장애 확인

종합검사를 받도록 의뢰되기 전, 해당 학생의 부모/보호자와 적어도 1명 이상의 선생님이 소아ㆍ청소년을 위한 신경심리학적 처리 과정 체크리스트, 제3판(NPCC-3 : 2012a)을 작성하기를 추천한다. NPCC-3에 포함된 실행 기능 장애는 빠르게 찾기 10.8에서 소개된다. 보통에서 심각한 범위라고 여겨지는 항목에 대해서는 학교신경심리 평가를 통한 공식적인 평가 측정이 필요하며 예후를 지켜보아야 한다.

실행 기능 평가

실행 기능의 행동적 표본은 4개의 일차 자료에서 비롯된다.

1. 실행 기능 측정을 위해 개발된 종합검사[예 : Delis-Kaplan Executive Function System(DKEFS) : Delis, Kaplan, & Kramer, 2001]
2. 실행 기능을 포함한 주요 신경심리 처리 과정을 측정하기 위해 개발된 종합검사 (예 : NEPSY-II : Korkman, Kirk, & Kemp, 2007)
3. 인지 기능 검사[예 : Woodcock-Johnson III 인지 능력 검사(WJIII-COG) : Woodcock, McGrew, & Mather, 2001, 2007a]
4. 실행 기능 측정을 위해 개발된 단일 검사(예 : Wisconsin Card Sorting Test : Heaton, 1981)

과거 오래된 인지 능력 검사들은 실행 기능을 측정하지 않는다는 것을 명심해야 한다.

빠르게 찾기 10.8

NPCC-3(Miller, 2012a)의 실행 기능 항목

사고의 유연성 장애

- 한 가지 활동에 빠진다(예 : 게임하기).
- TV 시청 시 다른 소리를 듣지 못한다.
- 한 가지 활동에서 다른 활동으로 넘어가는 데 어려움을 느낀다.

계획 장애

- 계획을 세우는 데 어려움을 느낀다.
- 쉽게 좌절하며 포기한다.
- 복잡한 작업을 어떻게 시작해야 하는지 알지 못한다.
- 어떠한 행동에 대해 세운 계획을 잘 지키지 못한다.

문제 해결과 조직 장애

- 더 어린 아동도 할 수 있는 문제 해결에 어려움을 느낀다.
- 새로운 개념이나 활동을 배우는 것에 어려움을 느낀다.
- 수정 후에도 같은 실수를 지속적으로 반복한다.
- 소지품을 잘 잃어버린다.

행동/감정 조절 장애

- 과잉행동의 조짐을 보인다.
- 생각 없이 행동하는 것처럼 보인다.
- 규칙을 지키는 데 어려움을 느낀다.
- 짜증을 잘 낸다.
- 일반적인 상식 또는 판단에 대한 결여가 있다.
- 타인의 감정에 공감하지 못한다.

사실상, 검사 시행자는 평가 시 아동에게 무엇을 언제 할지 말하고, 각 과제를 완수하기 위한 충분한 시간을 분배하고, 지속적인 노력을 강화시키고, 주의가 산만해진 아동들을 다시 집중할 수 있도록 돕는 실행 기능 역할을 '대신'해왔다. 인지 종합검사의 특정 요소는 여전히 실행 기능의 여러 방면을 알아내려고 시도한다(예 : 계획, 추리, 개념 생성의 측정). 실행 기능을 측정하기 위해 개발된 인지 검사는 SNP 모형의 이차적/삼차적 분류에서 언급할 것이다.

빠르게 찾기 10.9는 종합 SNP/CHC 모형 실행 기능의 이차적/삼차적 분류에 대해 다시 소개한다. 이러한 이차적/삼차적 분류를 평가하기 위해 검사들에 대해 다루도록 하자.

≡ **빠르게 찾기 10.9**

통합된 SNP/CHC 모형의 실행 기능 분류

대분류	이차적 분류	삼차적 분류
실행 기능	• 인지 유창성(형태 변환)	• 언어적 형태 변환
		• 시각적 형태 변환
		• 언어적 · 시각적 형태 변환
	• 개념 형성	• 개념 인지
		• 개념 생성
	• 문제 해결, 계획, 추리	• 계획
		• 연역적/귀납적 추리(언어적 · 시각적)
		• 순차적 추리
		• 양적 추리
	• 반응 억제	• 언어적 반응 억제
		• 운동적 반응 억제
	• 질적 행동	
	• 행동적 평가 척도	

인지 유창성 또는 형태 변환 평가

인지 유창성 또는 형태 변환의 이차적/삼차적 분류는 요구되는 요인 조건에 따라 구분된다. 이는 언어 및 시각적 양상, 또는 언어 및 시각적 통합 양상을 포함한다. 빠르게 찾기 10.10은 인지 유창성의 언어적, 시각적, 또는 언어 및 시각적인 면을 측정하는 검사들을 소개한다.

언어 인지 유창성 과제에서, Delis-Kaplan 실행 기능 체계(D-KEFS : Delis et al., 2001) 색상-단어 검사의 네 번째 조건은 언어 억제와 주의력 변환을 측정한다. D-KEFS 색상-단어 검사 점수는 총 완수 시간과 변환(또는 주의 전환) 오류의 개수가 포함된다. 이와 비슷하게, D-KEFS 언어 유창성 검사의 세 번째 조건은 올바른 응답 수와 회수된 단어의 언어적 범주 사이에서 올바르게 변환된 수를 포함한다. 마지막으로, NEPSY-II(Korkman et al., 2007) 억제 검사의 세 번째 부분은 언어 인지 유창성을 측정하며, 총 완수 시간 점수와 총 오류의 수 점수로부터 파생된 복합적 변환 점수를 포함한다. 또 총 오류 수와 자가수정 오류 수에 대한 추가 점수도 포함된다. 학교신경심리학자가 학생의 검사 수행에 대해 묘사할 때, 이러한 하위 점수들에 대해 정확하게 분석하고 보고하는 것은 매우 중

빠르게 찾기 10.10

인지 유창성 검사

검사-하위 검사 : 설명	연령대	출판사
언어적 인지 유창성		
D-KEFS – 색상-단어 개입 – 조건 4(억제/전환) 아동이 단어, 그리고 단어와 관계없는 색상을 왔다 갔 다 하며 재빠르게 명명하는 데 걸리는 시간	8~89세 11개월	피어슨
D-KEFS – 언어적 유창성 조건 3 – 카테고리 변환 – 올바른 응답의 수 과일과 가구를 왔다 갔다 하며 그 이름을 말한다.		
NEPSY-II – 억제 조건 3(변환) 인지 틀을 변환시키며 형태의 이름을 빠르고 정확하 게 명명한다.	5~16세	
시각적 인지 유창성		
D-KEFS – 디자인 유창성 조건 3(변환) 색이 칠해진 점과 책이 칠해지지 않은 점을 번갈아 가 며 선을 잇는다.	8~89세 11개월	피어슨
D-KEFS – 선 추적 조건 4(숫자와 철자 변환) 숫자와 철자 배열의 변환을 필요로 하는 정신 운동성 과제(예 : 1-A-2-B…)		
TEA-Ch – 생물 수 세기 경로를 따르며, 그 경로에서 보여지는 화살표의 방향 에 따라 수를 올리거나 내려 셀 수 있다.	6~15세 11개월	피어슨
WCST – 고집증 반응 앞서 학습한 규칙에 갇힌 응답 반응을 보인다.	6세 5개월~89세	PAR
언어적/시각적 인지 유창성		
NEPSY-II AARS – 응답 틀 청각적 표적 단어에 선택적으로 반응하며 비표적 단 어는 무시하는 추가적인 주의력 변환	7~16세	피어슨
PAL-II RW와 PAL-II M – RAS 단어와 숫자 시간 단어와 숫자가 섞인 목록을 빠르게 명명하는 데 걸리 는 시간	유치원~ 초등 6학년	

(계속)

PAL-II RW와 M-RAS 단어와 숫자 변환율 단어와 숫자를 읽는 속도의 변화 발생률	유치원~ 초등 6학년	피어슨
PAL-II RW와 M-단어와 숫자 오류 단어와 숫자가 섞여 있는 목록을 재빠르게 읽는 데 발생하는 오류의 수		
TEA-Ch-반대 세계-같은 세계 숫자 1과 2로 채워진 경로를 따를 수 있으며, 1을 보았을 때 '1'이라고 말하고 2를 보았을 때 '2'라고 말할 수 있다.	6~15세 11개월	
TEA-Ch-반대 세계 숫자 1과 2로 채워진 경로를 따를 수 있으며, 2를 보았을 때 '1'이라고 말하고 1을 보았을 때 '2'라고 말할 수 있다.		
WJIII-COG NU-청각 주의력 4개의 그림을 보며 단어를 듣고, 아주 시끄러운 환경에서 해당 단어에 대한 그림을 가리킬 수 있다.	2~80세 이상	리버사이드

요하다.

D-KEFS 선 추적 검사의 조건 4(숫자-철자 변환)는 시각 유창성에 대해 보고한다. 만약 해당 학생이 이 검사에서 낮은 점수를 받으면, 시각 주사(조건 1), 숫자 배열(조건 2), 철자 배열(조건 3), 운동 속도(조건 5)를 포함한 다른 조건들의 선 추적 검사들을 시행해 그 결과에 대해 보고해야 한다. 이 검사 결과를 분석하는 방법에 대해서는 제6장을 참조하라.

TEA-Ch의 생물 수 세기에는 정답과 시간 점수가 포함되며, 이는 검사 결과 해석 시 고려된다. 이와 비슷하게, Wisconsin 카드 구분 검사는 보속성 반응률, 보속성 오류의 수, 그리고 보속성 오류율에 대한 점수를 내며, 이는 검사 해석 시 중요하게 여겨지는 항목들이다.

언어적/시각적 인지 유창성 과제에서, NEPSY-II 청각 주의와 응답 틀 검사의 응답 틀(파트 2)은 선별적/집중적, 유지적, 그리고 변환적인 인지 틀의 청각/시각적인 측면을 측정한다. 반응체계(검사의 파트 2) 점수들은 복합적인 반응체계, 시행 오류와 정답 점수를 합한 점수, 그리고 추가적인 누락 오류와 억제 오류 점수를 포함하고 있다. 학교신경심리학자는 학생의 과제 수행이 이 점수들에 어떠한 영향을 미치는지 충분히 이해해야 한다(해설적 예시에 대해서는 제6장 참조). 인지 유창성이 결여되어 있는 아동들은 수업 중 한 활동에서 다른 활동으로 넘어가는 것에 어려움을 느낀다. 이들은 한 가지 과제를 고집하는 경향이 있으며 새로운 과제를 시작하였을 때 하고 있던 과제를 그만두는 것에 어려움을 느낀다.

개념 구성 평가

빠르게 찾기 10.11은 개념 구성을 측정하기 위해 개발된 검사들에 대해 소개한다. 개념 인지와 개념 생성을 구하는 것은 매우 중요하다. 개념 인지는 근본적인 추리와 개념 생성 능력에 대한 측정을 제공한다. 개념 인지를 측정하는 검사들은 공통적인 개념을 기반으로 한 사진 또는 물체를 분류하거나, 함께 쓰이는 두 단어의 공통적인 특징에 대해 묘사하는 것 등이 있다. 개념 인지의 다른 예로는 어떠한 자극을 특정 개념 군집으로 분류해 넣기 위해 쓰이는 일반적인 속성을 언어적으로 묘사하는 능력이다.

개념 생성은 공통적인 특징을 나누는 개념 군집에 물체를 분류해 넣는 능력을 말한다. 이는 물체를 분류할 때 구두적 정당성 또는 이유를 필요로 하지 않는다. 어떤 학생들은 개념 생성 과제에서 평균 점수를 받기도 하는데 이는 학생들이 올바르게 분류한 것이 우연에 의한 것일 수 있다. 그러나 대부분의 개념 인지 과제와 같이 분류 이유를 묘사해야 하는 추가적인 단계를 요구하는 검사에서 학생들은 좋은 점수를 받지 못할 수도 있다.

D-KEFS 분류 검사(Delis et al., 2001)는 개념 생성과 인지를 평가하며, 이는 개념 인지와 생성을 평가한다. D-KEFS 분류 검사에는 추가적인 네 가지 측정, 즉 자유 분류 묘사(조건 1), 분류 인지 묘사(조건 2), 통합된 조건 1+2 묘사(언어 규칙), 그리고 통합된 조건 1+2(지각 규칙)가 포함되어 있는데, 이는 종합 수행 해석에 포함되어야 한다.

학교생활에 있어 개념 인지는 학습에 중요한 역할을 한다. 효율적인 학생은 새로운 정보가 소개될 때, 새로 배운 정보를 앞서 배운 것과 관련지을 수 있어야 한다. 피아제의 용어로 이는 동화(assimilation)와 조절(accommodation)이라고 묘사된다. 만약 새로운 정보가 범주적 또는 의미론적으로 앞서 학습한 것과 관련지어진다면, 이는 기억 저장 공간으로 동화된 것이다. 만약 새로운 정보가 의미론적 분류로만 이해된다면, 우리는 그 정보에 대한 저장 방법을 수정하거나 새로 생성해서 조절할 수 있어야 한다. 개념 인지는 정보의 저장과 인출을 용이하게 한다. 개념 생성도 학습에 있어 중요한 역할을 하는데 이는 물체, 개념, 단어 등의 유사성을 보고 확인하는 데 있어 활발한 처리 과정 역할을 한다. 개념 생성은 인지가 행동에 옮겨진 것이다.

━━☰ **빠르게 찾기 10.11**

개념 인지와 생성 검사

검사-하위 검사 : 설명	연령대	출판사
개념 인지		
Boehm-3 – 미취학 아동의 기본적 개념을 확인하는 능력을 측정한다.	3~5세 11개월	피어슨
Boehm-3 – 유치원~2학년 아동의 기본적 개념을 확인하는 능력을 측정한다.	유치원~ 초등 2학년	
CTONI-2 – 기하학적 카테고리 기하학적 그림을 이용한 단정적인 분류	6~89세 11개월	PRO-ED
CTONI-2 – 그림 카테고리 익숙한 물체에 대한 그림을 이용한 단정적인 분류		
DAS-II – 초기 숫자 개념 삽화를 동반한 구두적 수학 문제	2세 6개월~ 8세 11개월	피어슨
DAS-II – 그림 유사성 관계를 기반으로 한 그림 짝짓기 객관식		
DAS-II – 언어 유사성 세 가지 일 또는 개념이 어떻게 비슷한지 설명한다.	5~17세 11개월	
D-KEFS – 분류 검사 : 조건 1+2 복합 설명 자신 또는 검사 시행자가 완성한 분류 묘사에 대한 정확도	8~89세	
D-KEFS – 20문제의 초기 추상적 개념 첫 번째 질문에 대한 추상적 추리의 단계		
D-KEFS – 20문제의 총 질문 더 적게 질문할수록 좋다.		
D-KEFS – 20문제의 편중된 성취 이 점수는 아동이 재빠르게 정답을 말했을 때만 사용한다.		
WISC-IV – 유사성 일반적 물체나 개념을 소개하는 두 단어가 어떻게 비슷한지 묘사한다.	6~16세 11개월	

(계속)

WISC-IV 종합본 – 유사성 객관식 유사성 하위 검사의 객관식 버전이다. 이는 과제의 언 어와 기억에 대한 필요성을 낮춘다.	6세 1개월~ 16세 11개월	
개념 생성		
D-KEFS – 분류 검사 – 조건 1(자유 분류) 승인된 정답 분류 두개의 카드 세트에서 승인된 정답 분류의 수	8~89세 11개월	피어슨
NEPSY-II – 통합된 동물 분류 정답 분류의 수와 오류의 수를 통합한다. 이는 시작, 인지 유창성, 자기관찰, 개념적 지식을 측정한다.	7~16세	

문제 해결, 계획, 추리 평가

문제 해결, 계획, 그리고 추리의 이차적 분류는 계획, 연역적/귀납적 추리, 순차적 추리, 그리고 양적 추리를 포함한 삼차적 분류로 나뉜다.

계획 검사

빠르게 찾기 10.12는 계획을 측정하도록 만들어진 검사들을 소개한다.

연역적/귀납적 추리 검사

빠르게 찾기 10.13은 연역적/귀납적 추리를 측정하도록 만들어진 검사들을 소개한다.

D-KEFS 측정(Delis et al., 2001)은 전문가들의 검사 해석을 돕는 추가적인 과정 점수를 포함하고 있다. 예를 들어 단어 문맥 검사는 연속적 정답에 대한 총 점수도 있지만 반복적인 오답의 수와 일관적인 정답 비율에 대한 점수도 포함하고 있다. 속담 검사는 자유 탐색을 바탕으로 한 수행 점수를 내지만, 이는 일반적/비일반적 속담들에 대한 점수, 그리고 정확도 점수와 추상적 개념 점수로 나뉜다. 속담 검사는 일반적/비일반적 속담에 대한 객관식 점수와 과정 점수를 바탕으로 한 총 성취 점수를 내고, 추상적 또는 구체적인 총 응답의 수, 그리고 음운론적 또는 관련없는 선택에 대한 오답의 수를 포함한다.

Wisconsin 카드 분류 검사(Heaton, Chelune, Talley, Kay & Curtiss, 1993)의 일차적 점수는 총 오류의 수이다. 그러나 이 검사는 전문가의 해석을 돕는 추가 점수도 제공하는데 이는 총 오류율, 비반복적 오류 수, 반복적 오류율, 개념적 단계 응답률, 그리고 학습 점

빠르게 찾기 10.12

계획 검사

검사-하위 검사 : 설명	연령대	출판사
CAS – 계획된 연계 숫자과 철자의 배열을 재빠르게 연결한다.	2~90세 이상	리버사이드
KABC-II – Rover 장난감 강아지를 미로 안에서 효율적인 방법으로 움 직인다.	3~18세	피어슨
UNIT – 미로 미로의 경로를 추적한다.	5~17세 11개월	리버사이드
WISC-IV 종합본 – 엘리슨 미로 가능한 빠르게 미로의 경로를 추적한다.	6세 1개월~ 16세 11개월	피어슨
WISC-IV 종합본 – 엘리슨 미로(추가 시간 없음) 추가 완수 시간 없이 엘리슨 미로 과제를 수행한다.		
WJIII-COG NU – 계획 사전 숙고를 이용한 문제 해결의 결정, 선택, 그리고 적용에 대한 정신적 통제를 측정한다.	2~90세 이상	리버사이드

수를 포함한다.

순차적 추리 검사

빠르게 찾기 10.14는 순차적 추리 측정을 위해 개발된 검사들을 소개한다.

양적 추리 검사

빠르게 찾기 10.15는 양적 추리를 측정하기 위해 개발된 검사들을 소개한다.

　문제 해결, 추리 유창성, 그리고 계획은 학생들의 활동 학습을 돕는 과정들이다. 이러한 과정들은 복합적인 선택과 결정, 문제들 간의 상관관계에 대한 이해를 도우며, 핵심적인 질문을 통해 다른 관점을 이해하여 더 나은 해결방향, 구상, 분석, 그리고 정보의 합성을 통해 문제를 해결하도록 한다. 문제 해결 능력은 수학에서 필요로 하는 절차와 추리 학습에 아주 중요한 역할을 한다.

빠르게 찾기 10.13

연역적/귀납적 추리 검사

검사-하위 검사 : 설명	연령대	출판사
언어적인 연역적 · 귀납적 추리		
D-KEFS – 속담 성취(자유 탐구) 언어적 속담에 대한 지식	16~89세 11개월	피어슨
D-KEFS – 속담 성취(객관식) 언어적 속담에 대한 인식		
D-KEFS – 단어 문맥 연속적인 정답 언어에 대한 추상적인 연역적 추리	8~89세 11개월	
RIAS – 무엇인지 맞추기 2~4개의 단서로 묘사되는 물체 또는 개념에 대한 연역	3~94세	PAR
RIAS – 언어 추리 언어적 유추를 통해 문장을 완성한다.		
SB5 – 언어 유창성 추리 단어와 문장으로 소개되는 소설 문제를 풀 수 있는 능력	2~85세 이상	리버사이드
TAPS-3 – 청각적 추리 농담, 수수께끼, 추리, 그리고 추상적인 개념을 이해할 수 있다.	4~18세 11개월	아카데믹 테라피 출판사
WISC-IV – 이해력 일반적인 원리와 사회적 상황에 대한 이해를 바탕으로 질문에 응답한다.	6~16세	피어슨
WISC-IV 종합본 – 이해력 객관식 이해력 하위 검사의 객관식 버전이다. 이는 보다 적은 언어와 기억 회상을 필요로 한다.		
WISC-IV – 단어 추리 증가하는 단서들을 사용해 물체, 단어, 또는 개념을 확인한다.		
시각적인 연역적 · 귀납적 추리		
CAS – 비언어적 행렬 시각적 행렬의 부분들 사이에 관계를 이해하고, 여섯 가지의 선택 중 하나를 고른다.	2~90세 이상	리버사이드

(계속)

CTONI-2 – 기하학적 비유　　　　　　　　　6~89세 11개월　　　　PRO-ED
기하학적 형상을 이용해 비언어적 비유를 완성한다.

CTONI-2 – 그림 비유
익숙한 물체의 그림을 이용해 비언어적 비유를 완성
한다.

D-KEFS – 건물 달성　　　　　　　　　　　8~89세 11개월　　　　피어슨
제한된 시간 내에 지은 건물에 대한 전체적인 질

DAS-II – 행렬　　　　　　　　　　　　　2세 6개월~
시각적 퍼즐을 푼다.　　　　　　　　　　　17세 11개월

NEPSY-II – 시계　　　　　　　　　　　　7~16세
아날로그 시계의 시간을 인지하고 시곗바늘을 조작할
수 있다.

RIAS – 어색한 물건 제외　　　　　　　　　3~94세　　　　　　PAR
여러 시각적 물체 사이에 있는 나머지 물건들과 어울리
지 않는 하나의 어색한 물건을 제외시키도록 지시한다.

SB5 – 비언어적 유창성 추리　　　　　　　2~85세　　　　　리버사이드
그림과 형상으로 소개되는 소설 문제를 풀 수 있는 능력

UNIT – 유추적 추리　　　　　　　　　　　5~17세 11개월　　　리버사이드
일반적 물체를 사용해 행렬 비유 과제를 완성시킨다.

UNIT – 정육면체 디자인
3D 블록 디자인을 완성시킨다.

WISC-IV – 행렬 추리　　　　　　　　　　6~16세 11개월　　　피어슨
사진 행렬에서 없는 부분을 완성시킨다.

WISC-IV – 그림 개념
일반적 특징으로 구성된 하나의 무리를 생성시키기 위
해 두세 줄로 소개된 그림 중 하나의 그림을 고른다.

WNV – 행렬　　　　　　　　　　　　　　4~21세 11개월　　　피어슨
사진 행렬에서 없는 부분을 완성시킨다.

WCST – 총 오류의 수　　　　　　　　　6세 5개월~89세　　　　PAR
카드의 범주를 만들면서 발생한 오류의 수

WJIII-COG NU – 개념 구성　　　　　　　2~90세 이상　　　　리버사이드
단정적 추리와 귀납 논리

빠르게 찾기 10.14

순차적 추리

검사-하위 검사 : 설명	연령대	출판사
CTONI-2 – 기하학적 배열 기하학적 형상을 이용한 순차적 추리	6~89세 11개월	PRO-ED
CTONI-2 – 그림 배열 익숙한 물체의 그림을 이용한 순차적 추리		
KABC-Ⅱ – 패턴 추리 논리적이고 일차적인 패턴을 완성시키는 패턴을 선택 한다.	3~18세	피어슨
KABC-Ⅱ – 이야기 완성 이야기의 배열을 완성시키는 장면을 선택한다.		
WNV – 그림 배열 이야기의 흐름에 맞게 그림을 나열한다.	4~21세 11개월	
WJⅢ-COG NU – 분석/종합 일반적인 순차적(연역적) 추리	2~90세 이상	리버사이드

빠르게 찾기 10.15

양적 추리 검사

검사-하위 검사 : 설명	연령대	출판사
DAS-Ⅱ – 순차적 · 양적 추리 그림 또는 기하학적 형상이나 숫자적 관계의 일발적 인 규칙의 양상을 찾는다.	5~17세 11개월	피어슨
WJⅢ-COG DS – 숫자 행렬 숫자 간의 관계를 분석하고 누락된 숫자를 알아맞힐 수 있다.	2~90세 이상	리버사이드
WJⅢ-COG DS – 숫자 배열 숫자 양상을 알고 배열에서 누락된 숫자를 알아맞힐 수 있다.		

반응 억제 평가

인지 반응 억제와 행동 반응 억제에 대해 구분지을 필요가 있다. 만약 한 아동이 가까이 앉은 친구를 때리고 싶은 자신의 충동을 통제하는 데 어려움을 겪는다면 이는 행동적 반응 억제의 문제이다. 이 책에서는 인지 반응 억제에 중점을 둘 것이다. 인지 반응 억제 과제로는 스트롭 효과를 예로 들 수 있다. 학생이 색상 단어('초록', '빨강'등)를 보고 글씨의 색상을 명명하는 것보다 단어를 그대로 읽고 싶은 자연적인 경향을 억제하는 것을 말한다. 예를 들어 학생이 초록색 잉크로 쓰여진 '빨강'이라는 단어를 보고 '초록'이라고 읽도록 지시받는 것이다. 반응 억제는 규칙에 대한 경계, 참을성, 충동 조절 등을 필요로 하며, 많은 학생들을 교육 환경에서 분투하게 만든다.

빠르게 찾기 10.16은 언어 및 시각 반응 억제를 측정하기 위하여 만들어진 검사들을

≡ 빠르게 찾기 10.16

반응 억제 검사

검사-하위 검사 : 설명	연령대	출판사
언어 반응 억제		
CAS – 표현 주의력 다양한 정도의 자극 방해를 동반한 검사로 동물이나 색상 단어를 재빠르게 명명한다.	5∼17세 11개월	PRO-ED
D-KEFS – 색상-단어 추리 조건 3(억제) 색상 단어('빨강')가 적힌 잉크의 색상을 빠르게 명명하는 시간	8∼89세 11개월	피어슨
NEPSY-II – 결합된 억제(조건 2) 형태에 반대되는 이름을 정확하고 빠르게 명명한다 (예 : '동그라미'를 '네모'로).	5∼16세	
운동 반응 억제		
NEPSY-II – 자세 방해에도 불구하고 몸의 위치를 유지한다.	3∼6세	피어슨
TEA-Ch – 걷기, 걷지 않기 지시에 따라 경로에 선을 긋는다.	6∼15세 11개월	

소개한다. 이 검사들의 주요 점수들도 나열되어 있는데 이 중 몇 가지 측정들은 추가 점수를 도출하여 전문가들의 해석을 돕는다. 예를 들어 D-KEFS 색상 단어 추리 검사의 세 번째 조건은 검사의 고전적인 억제 비중으로, 과제를 완수하는 데 필요한 시간을 바탕으로 총 점수를 발생시킨다. 이 과제는 또한 총 오답과 정답 오류의 수를 발생시키는 추가적인 점수가 포함되어 있다. 오류에 대한 추가 점수는 검사 해석에 매우 중요한데, 이는 과제 수행 중 처리 속도의 결여나 높은 자가수정 오류의 수가 검사 수행 시간을 느리게 하는 원인이 될 수 있기 때문이다.

NEPSY-II 억제 검사의 두 번째 조건에서 학생들은 동그라미와 네모 또는 위, 아래 화살표 그림을 보게 된다. 이 조건에서 학생들은 네모를 볼 때마다 '동그라미'라고 말해야 하며, 동그라미를 볼 때마다 '네모'라고 말해야 한다. 이 방법은 위 아래 화살표 그림과도 같다. 이 검사는 수행 시간과 오류의 영향을 결합한 총 점수를 발생시킨다. 이 검사의 추가 점수는 수행 완수 시간과 총 오류로 세분화되는데, 이에 대한 분석은 전문가에게 매우 중요하다. 속도와 정확도 간의 상호작용은 중요한 임상적 의미를 갖는데 이는 총 점수 뒤에 가려져 있을 수 있다. 두 추가 점수는 총 오답 오류 수와 총 자가수정 오류 수에 대한 평가를 통해 오류 분석에 더 나은 검사 결과에 대한 해석 정확도를 제공한다.

NEPSY-II 자세 검사(Korkman et al., 2007)는 학생들에게 눈을 감고 서서 깃발을 들고 있다고 생각하고 같은 자세를 유지하도록 지시하며, 이와 동시에 검사 시행자는 여러 방해 요소들을 제공한다. 이 과제는 학생들의 운동적 반응 억제 능력을 측정한다. 이 검사는 몸 움직임 억제 오류 수, 눈 억제 오류, 그리고 목소리 억제 오류를 포함한 총 점수와 추가 점수를 발생시킨다. 이 추가 점수는 해당 학생이 운동 반응 억제 과제에서 어떠한 종류의 오류를 발생시켰는지 전문가들이 알 수 있도록 한다.

실행 기능의 질적 행동

D-KEFS(Delis et al., 2001)와 NEPSY-II(Korkman et al., 2007)같은 여러 검사들은 질적 행동의 양을 나타내는 표준 정보를 제공한다. 빠르게 찾기 10.17은 실행 기능과 관련된 질적 행동에 대해 소개한다.

구성 실패 오류 해석(지시 유지 실패)

구성 실패 오류는 여러 D-KEFS 검사(Delis et al., 2001)와 Wisconsin 카드 분류 검사(Heaton et al., 1993; 빠르게 찾기 10.16 참조)를 통해 측정된다. 수련받은 학교신경심리

실행 기능과 관련된 질적 행동

구성 실패 오류(지시 유지 실패)

- D-KEFS : 모양 유창성 : 총 구성 실패 형태
- D-KEFS : 분류 검사 조건 I 구성 실패 분류
- D-KEFS : 선-추적 검사 : 조건 2-숫자 배열 구성 실패 오류
- D-KEFS : 선-추적 검사 : 조건 3-철자 배열 구성 실패 오류
- D-KEFS : 선-추적 검사 : 조건 4-숫자-철자 변환 구성 실패 오류
- D-KEFS : 20문제 : 구성 실패 문제
- D-KEFS : 언어 유창성 : 구성 실패 오류
- D-KEFS : 언어 유창성 : 구성 실패 오류율
- D-KEFS : 단어 문맥 : 총 정답-오답 오류
- WCST : 구성 유지 실패

반복 오류(서로 가까운 경우=고집증, 서로 먼 경우=기억 악화)

- D-KEFS : 모양 유창성 : 총 반복된 그림
- D-KEFS : 속담에 대한 반복 반응
- D-KEFS : 분류 검사 조건 I 반복 분류
- D-KEFS : 분류 검사 반복 묘사
  - 조건 1 : 자유 분류 반복 묘사
  - 조건 2 : 분류 인지 반복 묘사
- D-KEFS : 20문제 : 반복 문제
- D-KEFS : 언어 유창성 : 반복 오류
- D-KEFS : 언어 유창성 : 반복 오류율
- D-KEFS : 단어 문맥 반복되는 오답 응답

수정된 오류(자기점검이 잘 되고 있는 상태)

- D-KEFS : 색상-단어 추리 검사 : 조건 3-수정된 오류 억제
- D-KEFS : 색상-단어 추리 검사 : 조건 4-수정된 오류 억제/변환

수정되지 않은 오류(자기점검이 잘 되고 있지 않은 상태)

- D-KEFS : 색상-단어 추리 검사 : 조건 3-수정되지 않은 오류 억제
- D-KEFS : 색상-단어 추리 검사 : 조건 4-수정되지 않은 오류 억제/변환

누락 오류

- D-KEFS : 선-추적 검사 : 조건 1-시각 주사 누락 오류

(계속)

수행 오류

- D-KEFS : 선-추적 검사 : 조건 1 – 시각 주사 수행 오류

순서 오류

- D-KEFS : 선-추적 검사 : 조건 2 – 숫자 순서 : 순서 오류
- D-KEFS : 선-추적 검사 : 조건 3 – 철자 순서 : 순서 오류
- D-KEFS : 선-추적 검사 : 조건 4 – 숫자-철자 변환 : 순서 오류

시간-단절 오류

- D-KEFS : 선-추적 검사 : 조건 2 – 숫자 순서 : 시간 중지 오류
- D-KEFS : 선-추적 검사 : 조건 3 – 철자 순서 : 시간 중지 오류
- D-KEFS : 선-추적 검사 : 조건 4 – 숫자-철자 변환 : 시간 중지 오류
- D-KEFS : 선-추적 검사 : 조건 5 – 운동 속도 : 시간 중지 오류

시작 행동(반사적 또는 충동적)

- D-KEFS : 탑 검사 첫 번째 움직임까지 걸리는 평균 시간
- D-KEFS : 언어 유창성 첫 15초 구간
- D-KEFS : 언어 유창성 두 번째 15초 구간
- D-KEFS : 언어 유창성 세 번째 15초 구간
- D-KEFS : 언어 유창성 네 번째 15초 구간
- WCST : 첫 범주를 완수하기 위한 시행

과제 수행 도중의 규칙 위반 행동(충동적 반응 또는 반대 반응)

- D-KEFS : 탑 검사 총 규칙 위반 행동
- D-KEFS : 탑 검사 항목별 오류 위반 행동 비율
- NEPSY-Ⅱ : 디자인 기억과 지연된 그림 기억

총 시도 항목

- D-KEFS : 그림 유창성 : 총 시도된 그림 수
- D-KEFS : 분류 검사 : 조건 I 시도된 분류

정확도 비율

- D-KEFS : 그림 유창성 정확도 비율
- D-KEFS : 분류 검사 : 조건 I 분류 정확도 비율

학자들은 다른 평가 도구들에서도 구성 실패 오류를 찾아낼 수 있다. 구성 실패 오류는 학생이 수행 조건에 대해 파악하지 못할 때 발생한다. 연습 검사 항목에서는 정확하게 수행해냈지만, 실제 검사 수행에서 구성 실패 오류가 발생할 수 있다. 구성 실패 오류를 해석할 때는 학생의 수용언어 능력과 주의력 유지 능력이 손상되지 않고 온전한 상태인지 확인해야 한다. 구성 실패 오류는 학생의 인지 틀이나 수행 조건을 유지하는 것이 불가능한 상태임을 나타내기도 하는데, 이는 높은 정도의 주의산만성 또는 수행 조건을 완벽히 이해하지 못한 것에 원인이 있다(Delis et al., 2001). 지속적인 구성 실패 오류를 보이는 학생은 학교 과제 중간에 무얼 할지 모르거나 혼란스러워하는 모습을 보일 수 있으며, 끊임없이 다시 지시해주고 수행 조건에 대해 상기시켜 주어야 한다.

반복 오류 해석

반복 오류는 여러 D-KEFS 검사(Delis et al., 2001; 빠르게 찾기 10.17)를 통해 측정된다. 반복 오류는 응답을 반복하지 말라는 명시적 지시에도 불구하고 반응이 반복되어 발생한다. 반복 오류는 수용언어 능력 부족에 원인이 있을 수 있다. 학생이 애당초 지시사항을 이해하지 못한 것이다. 만약 수용언어 능력이 온전하지 않다면, 검사 시행자는 반복 오류에 대해서도 평가해보아야 한다. 만약 같은 대답을 반복적으로 하며 대답들의 간격이 짧다면, 이는 반응 고집의 오류(실행 기능 장애)로 특징지어진다. 만약 같은 대답을 반복하며 대답들의 간격이 길다면 이는 작업기억의 문제로 여겨진다.

수정된/수정되지 않은 오류 해석

수정된 오류는 수정되지 않은 오류보다 낫다. 수정된 오류는 학생이 자가점검이라는 실행 기능을 이용해 자신이 범한 오류를 발견해냈다는 것을 나타낸다. 수정되지 않은 오류는 학생에게 자가점검 능력이 결여되었다는 것을 나타낸다. D-KEFS 색상 단어 검사(Delis et al., 2001)에 자가수정 오류가 기록되며 규준 참조되고 있다(빠르게 찾기 10.17 참조).

자가점검 능력은 학생들에게 교육되며, 이는 학생들로 하여금 과제를 제출하기 전에 다시 확인하게 하는 중요한 실행 능력이다(자가점검 교육을 위한 수업 전략을 위해 Dawson & Guare, 2010, Metzler, 2010 참조). 학교신경심리학자들은 많은 검사들이 수행 시간과 정확도를 측정한다는 것을 기억해야 한다. 만약 어떤 학생이 검사 중 많은 자가수정을 한다면, 수행 시간은 길어질 수밖에 없다. 총 검사 점수를 해석할 때 수행 시간과 정확도 사이의 상관관계에 대해 숙고하는 것이 매우 중요하다. 느린 수행 시간과 낮은 자가수정을 보이는 학생은 느린 수행 시간과 높은 자가수정 오류를 보이는 학생과 질적으로 다르다.

누락 오류와 수행 오류 해석

D-KEFS 선 추적 검사(Delis et al., 2001)의 시각 주사를 필요로 하는 첫 번째 조건에서 누락 오류와 수행 오류는 규준 참조 사항이다. 누락 오류는 일반적으로 충동적 또는 부주의한 응답 성향을 반영한다(Delis et al., 2001). 수행 오류는 드물며, 이는 학생의 주의력 유지 능력에 손상을 나타내거나 인지 구성 유지를 실패하고 있다는 것을 나타낸다.

순서 오류 해석

D-KEFS 선 추적 검사(Delis et al., 2001) 조건 2는 숫자의 순서를 요구하며, 조건 3은 철자 순서를 요구한다. 만약 어떤 학생이 올바른 순서를 찾는 것에 어려움을 느낀다면 이는 근본적인 순서 과정에 결여가 있음을 반영하고 있을 수 있다.

시간 중지 오류, 시작 행동, 규칙 위반 행동, 총 시도 항목, 그리고 정확도 비율

총 시도된 항목의 수는 D-KEFS 그림 유창성과 분류 검사 조건 1(Delis et al., 2001 : 빠르게 찾기 10.17 참조)에서 기록되며 규준을 참조해야 한다. 문제 해결 능력 부족 또는 개념 생성 결여는 낮은 총 시행 항목 점수로 드러난다. 이에 대한 낮은 점수는 동기부여 부족, 인지 능력 또는 과정의 결여로 인한 노력 부족을 의미한다.

정확도 점수는 대부분 총 시도된 항목의 수와 함께 해석된다. 어떤 학생은 아주 적은 양의 과제를 완수하려고 한다. 그러나 그들의 수행 과제는 구성 실패 오류를 반영한다. 다른 학생들의 경우, 시도하는 항목의 수는 평균이지만 정답률이 낮은 경우가 있다. 이는 시작은 좋으나 문제 해결 또는 개념 생성의 부족을 나타낸다.

과제 수행 중 피드백을 사용하는 측정

학습 중 주어지는 피드백을 바탕으로 수행을 수정할 수 있다는 것은 전두엽이 통제하는 시스템과 관련이 있다. 과제 수행 중 피드백 사용을 평가하는 검사들은 일반적으로 능동 학습 범주에 속한다. 범주 검사(Boll, 1993), WCST(Heaton et al., 1993)와 같은 검사들은 능동 학습 과제이다. 아동들은 과제 수행 중 검사 시행자가 주는 피드백을 바탕으로 그들의 인지 구성을 수정할 수 있어야 한다. 과제 수행 중 피드백 사용을 필요로 하는 다른 검사들로는 D-KEFS : 20문제(Delis et al., 2001), WJIII-COG : 종합-분석, 개념 형성, 그리고 시각적-청각적 학습 검사(Woodcock et al., 2001, 2007a) 등이 있다. 이 검사들은 이 책의 다른 부분들에서 다루어질 것이다. D-KEFS 검사는 이 장에서 검토되었다.

실행 기능의 행동 평가 요약

이 장의 앞부분에서는 실행 기능의 결여를 측정하는 행동적 검사에 대해 검토해보았다. 실행 기능 검사들은 개념 생성, 문제 해결, 계획, 추리, 그리고 질적 행동 측정들로 범주화된다. 이 단원의 나머지 부분에서는 행동적 평가 척도를 통해 아동의 실행 기능에 대한 정보를 간접적으로 수집하는 방법에 대해 이야기 나눌 것이다.

실행 기능의 행동 평가 척도

이 책이 발간되기 직전 소아 · 청소년의 실행 기능 평가를 위한 새로운 평가 척도들이 여러 개 출판되었다. 이 새로운 실행 기능 평가 척도들은 Barkley 실행 기능 결핍 척도 : 소아 · 청소년용[Barkley Deficits in Executive Functioning Scale: Children and Adolescents (BDEFS: CA); 2012a], 실행 기능의 Delis 평가(D-REF; Delis, 2012), 종합 실행 기능 검사 [Comprehensive Executive Function Inventory(CEFI); Naglieri & Goldstein, 2012] 등을 포함하는데, 이 책에서는 이러한 평가 척도들에 대해 검토할 수 없었다. 그러나 임상가들이 이러한 도구들의 임상적 유용성을 검토하는 것은 추천되는 사항이다. 실행 기능의 행동적 평가 검사(Behavioral Rating Inventory of Executive Function, BRIEF)에 대해 검토해 볼 것이다.

실행 기능의 행동 평가 검사(BRIEF)

BRIEF는 아동의 실행 기능에 대한 정보를 간접적으로 수집하는 도구 중 하나이다(빠르게 찾기 10.18 참조). BRIEF는 설문 형식으로써 이 검사의 버전에 따라 학생의 부모, 선생님, 주간 보호자, 또는 청소년들이 응답하도록 되어 있다. BRIEF는 여러 가지 버전으로 출판되었는데 이는 5~18세의 아동을 위해 개발된 BRIEF(Gioia, Isquith, Guy, & Kenworthy, 2000), 2세 5개월~11세까지의 유치원 아동들을 위한 BRIEF-유치원 (BRIEF-P : Gioia, Espy, & Isquith, 2003), 그리고 11~18세 청소년들을 위한 BRIEF-

빠르게 찾기 10.18

실행 기능의 행동 평가 목록

	BRIEF		BRIEF-P			BRIEF-SR	
연령대	5~18세		2~5세 11개월			11~18세	
평가자	부모 또는 선생님		부모, 선생님, 또는 주간 보호자			청소년 자기보고	
행동 조절 척도	×	×	×	×		×	×
유연성 척도							
억제 자기조절							
억제	×			×	×	×	
변환	×		×		×	×	
감정 조절	×		×	×	×	×	
초인지 척도	×	×				×	×
신흥 초인지 척도			×				
시작	×						
작업기억	×		×	×		×	
계획/준비	×		×	×		×	
물건 정리	×						
점검	×					×	
과제 완수						×	
전체적인 실행 구성		×		×			×
타당성 척도							
부정적 척도		×		×		×	
불일치 척도		×		×		×	

자기보고 버전(BRIEF-SR : Guy, Isquith, & Gioia, 2004) 등이 있다.

BRIEF에는 행동 조절 목록과 초인지적 목록과 같은 두 가지의 경험적으로 유효한 척도를 가지고 있다. 빠르게 찾기 10.18은 BRIEF 척도와 해당 검사의 버전에 따른 하위 검사를 소개한다. 행동 조절 목록은 "아동의 인지 구성 변화, 감정 조절, 적절한 억제 조절을 통한 행동 능력을 표현한다"(Gioia et al., 2000, p. 20). 행동 조절 목록은 BRIEF와 BRIEF-SR 버전의 요인 점수에 포함된다. 검사의 유아용 버전은 행동 조절 목록이 유연성 척도와 자기조절 척도라고 불리는 두 가지 요인으로 나뉜다.

초인지 목록은 "아동의 행동 시작, 계획, 준비, 그리고 작업기억의 미래 지향적 문제 해결 능력의 유지를 표현한다"(Gioia et al., 2000, p. 20). 각 버전의 검사에 따라 파생하는 하위 검사 목록이 달라지지만, 초인지 목록은 BRIEF와 BRIEF-SR 버전의 요인 점수이다. BRIEF-P는 신흥 초인지 척도라고 불리는 약간 다른 요인 구성을 가지고 있다.

BRIEF의 각 버전들에는 부정적 그리고 불일치를 포함한 두 가지의 유효 척도가 있다. "부정적 척도는 BRIEF 항목에 대한 응답자의 답이 임상 샘플과 비교하였을 때 부정적인 양상을 나타내는지 측정한다"(Gioia et al., 2000, p. 14). BRIEF는 소아 · 청소년의 실행 기능에 대한 선별검사로 여겨져야 하며, 이를 직접적인 측정으로 생각하면 안 된다. 아동의 실행 기능에 대한 외부 평가는 해당 아동의 실행 기능 행동 양상과 일치할 수도 있고, 일치하지 않을 수도 있다.

요약

이 장에서는 실행 기능과 관련된 전문 용어, 신경해부학, 주요 행동 검사와 평가 척도들에 대해 알아보았다. 실행 기능은 목적이 있는 행동들을 통제하는 데 중요한 역할을 하며, 이는 학교신경심리학자들로부터 체계적으로 평가되어야 한다. 실행 기능 장애는 대부분의 발달적 장애에서 관찰된다.

자기점검

1. 다음 중 실행 기능과 관련이 없는 것은 무엇인가?

   a. 촉지각　　　　　　　　　　　　b. 자기점검

   c. 계획　　　　　　　　　　　　　d. 추상적 추론

2. 다음 중 행동 통제와 관련이 없는 전두-피질 하부 회로는 무엇인가?

   a. 배측면 전두부 회로　　　　　　　b. 안구운동 회로

   c. 안와전두 회로　　　　　　　　　d. 전측 대상 회로

3. 다음 중 사회적으로 적절한 행동을 하도록 조절하는 전두-피질 하부 회로는 무엇인가?

   a. 안구운동 회로　　　　　　　　　b. 전측 대상 회로

   c. 배측면 전두부 회로　　　　　　　d. 안와전두 회로

4. 어떠한 전두-피질 하부 회로에 손상을 입어야 회상 유창성 감소, 정리 능력 감퇴, 계획, 태세 전환 감퇴 등의 증상을 보이는가?

   a. 안와전두 회로　　　　　　　　　b. 전측 대상 회로

   c. 배측면 전두 회로　　　　　　　　d. 안구운동 회로

5. 참인가 거짓인가? 피니어스 게이지는 뇌의 안와전두 영역에 손상을 입은 철도원이었다.

6. 부적절하게 여겨짐에도 불구하고 같은 응답을 계속 반복하려고 하는 것은 다음 중 무엇인가?

   a. 시작 결여　　　　　　　　　　　b. 고집

   c. 이용 행태　　　　　　　　　　　d. 반향 동작

7. 참인가 거짓인가? Wisconsin 카드 분류 검사는 일반적으로 회상 유창성 측정과 관련되어 있다.

8. 다음 중 어떠한 검사가 부모 또는 선생님이 작성하는 평가 척도를 사용하여 아동의 실행 기능을 측정하는가?

   a. D-KEFS　　　　　　　　　　　b. WCST

   c. BRIEF　　　　　　　　　　　　d. 스트룹 색상-단어 검사

답 : 1. a　2. b　3. b　4. c　5. 참　6. b　7. d 거짓　8. c

주의력과 **작업기억 촉진/억제**

이 장에서는 주의력과 작업기억의 촉진/억제에 대해서 정의하고, 신경해부학에 대해 묘사하고, 이를 측정하기 위해 흔히 사용하는 검사들에 대해 소개할 것이다.

SNP 모형(D. Miller, 2007, 2010, 2012; D. Miller & Maricle, 2012)에서 주의 과정과 실행 기능은 2개의 대분류로 나뉜다. 그에 반해, Korkman, Kirk, Kemp(2007)는 NEPSY-II에서 주의력과 실행 기능을 하나의 영역으로 여긴다. 주어진 심적 수행을 행하기 위해서 또는 어떠한 활동에서 다른 활동으로 주의를 변환하는 과정 등에서 충분한 주의력 자원을 할당하는 과정을 실행 촉진이라고 볼 수 있다. 이와 같이, 작업기억은 SNP 모형의 학습과 기억 대분류에 속하지만 촉진/억제로 보이기도 한다. 제5장에서 다루어진 최근 통합된 SNP/CHC 모형에서는, 이전에 실행 기능으로 분류되던 과정들과 기능들이 촉진/억제로 재분류되었다.

주의력 촉진/억제의 할당과 유지

감각운동 기능과 함께, 주의 과정은 모든 고차원 과정(예 : 시공간 과정, 언어 기술, 기억과 학습)의 바탕이 된다. 예를 들어 언어 목록-학습 과제 결과는 아동의 주의력 결손에 의해 달라질 수 있다. 주의력 장애는 대부분 다른 근본적 원인이 있는 신경적 장애의 증상으로 나타난다. 주의 과정 장애는 신경발달적 장애, 환경적 독소에 대한 노출, 외상성 뇌손상 등으로 인한 뇌 기능에 손상이 있는 아동들에게서 자주 나타난다. 2007년까지 약 9.5% 또는 540만 명의 4~17세 아동이 ADHD 진단을 받았다(Centers for Disease Control and Prevention, 2010). 안타깝게도, 많은 아동들이 부주의의 근본적인 원인, 주의력 결핍의 종류, 그리고 적절한 치료 계획에 대한 충분한 평가 없이 ADHD라고 오진된다. 결과적으로, 진짜 결핍에 대해서는 진단이 없거나, 오진되거나, 치료를 받지 못하는 경우가 빈번하게 생기고 있다.

주의에 대한 이론

Mirsky와 동료들(Mirsky, 1987, 1996; Mirsky, Anthony, Duncan, Ahearn & Kellam, 1991; Mirsky & Duncan, 2001)은 주의력 양상을 측정하는 부분이 포함된 신경심리 검사들에 대한 요인분석을 실시하였다. 이 자료는 임상적 주의력 장애를 비롯하여 600사례 이상을 대상으로 하였다. Mirsky과 동료들은 이 요인분석을 바탕으로 주의 기능의 분류를 발표하였는데 이는 **집중/실행, 유지와 안정, 변환,** 그리고 **부호화**를 포함한다. Mirsky의 주의 모형은 여러 임상 인구에 적용되고 있다.

　Mirsky의 **집중/실행, 유지,** 그리고 **변환** 구성은 신경심리학적 문헌에서 여러 이름으로 사용되고 있다. Posner와 Peterson(1990)은 **지향, 선택 및 지속** 주의로 구성된 세 가지 주의 체계의 존재에 대해 이론화하였다. 지향 체계는 뇌의 후두부에 의하며, 이는 공간 주의를 지시하고, 부정적 증후군의 존재를 암시한다(일차 감각 또는 운동 장애에 기여하는 자극에 대한 주의 실패는 뇌 병변의 반대쪽에서 나타난다; Loring, 1999). Posner와 Peterson 모형의 선택 체계는 Mirsky의 집중/실행 주의 기능과 비슷하다. 또 Posner와 Peterson의 지속 주의는 Mirsky의 지속 주의 기능과 비교되곤 한다.

　Mirsky의 **안정** 구성은 연속 수행 검사에서 목표 자극에 대한 반응 시간의 변동성과 관련이 있다. Mirsky의 **부호화** 구성은 Wechsler 성인 인지 척도(WAIS-R : Wechsler, 1981) 검사의 숫자 폭과 산수 하위 검사 실행에서 필요한 능력을 묘사한다. 주의의 부호화 구성을 다루는 과제들은 활동 수행 또는 인지 수행 도중 간결하게 정보를 저장할 수 있는 기억 수용 능력을 필요로 한다. 최근의 문헌에서 이 부호화 하위 구성은 작업기억 측정 용도로 소개되기도 한다.

　주의력 이론에 대한 더욱 자세한 내용은 Baron(2004)을 참조하라. 종합 SNP/CHC 모형에서 쓰이는 주의 과정 표기들은 선택적/집중적, 지속적, 그리고 용량이다. 이 주의에 대한 하위 구성들은 다음 부분에서 조금 더 자세히 다루어질 것이다.

선택적/집중적 주의

학교생활 중 조니는 선생님의 말에 집중해야 하지만, 교실환경에는 수많은 방해 요소들이 존재한다. 조니 옆에 앉은 메리는 연필로 책상을 톡톡거리고, 게시판은 너무 알록달록하며, 어떤 날은 공기의 온도가 적절하지 않다. 잠재적인 내적 방해 요소들도 있는데, 조니가 앉아 있는 의자가 불편해 등이 아프다거나, 아침 식사를 깜빡해 배가 고픈 것 같은 느낌, 또는 손가락에 붙어 있던 밴드가 없어졌다는 사실을 알아챘다는 것 등이다. 조니가 선생님의 말에 주의를 기울이고 잠재적인 외적/내적 방해 요소들을 무시하는 것은 선택적 또는 집중적 주의를 필요로 한다.

Mirsky와 그의 동료들(Mirsky, 1987, 1996; Mirsky & Duncan, 2001; Mirsky et al., 1991)은 자극의 집합체를 살피고 선별적인 반응 능력을 집중/실행이라고 표현한다. 집중주의는 자극의 집합체를 살피는 지각적 능력이고, 실행 구성은 반응을 만들어내는 능력이다. Mirsky와 그의 동료들은 집중에 대한 면을 실행 반응 구성과 나누어 생각하지 않았으므로, 이에 대한 주의의 하위 종류를 묘사할 때 집중/실행이라는 용어를 사용한다. 신경심리 문헌에서 집중/실행이라는 용어 대신 쓸 수 있는 말은 선택적 주의라는 용어이다. 선택적 주의는 "배경 '소음' 또는 방해 요소의 존재 속에서 인지 틀을 유지하는 능력"(Baron, 2004, p. 222)이라고 정의된다. 선택적 집중을 측정하는 신경심리 검사 중 하나는 스트룹 색상-단어 검사(Stroop Color-Word Test, SCWT)이다. SCWT에서 아동에게는 색상 단어(예 : 빨강, 파랑, 초록)가 다른 색상의 잉크로 적힌(예 : '빨강'이라는 단어는 초록색 잉크로, '초록'이라는 단어는 파란 잉크로 쓰여 있다) 목록이 주어진다. 이 검사에서 아동은 선택적으로 주의해 단어가 쓰여진 잉크의 색상을 말해야 함과 동시에 쓰여진 색상 단어 그 자체는 무시할 수 있어야 한다.

지속적 주의

니샤는 어머니와 함께 TV쇼를 보려고 한다. 그러나 그녀는 첫 5분 동안만 TV를 보고, 금방 흥미를 잃고 다른 활동을 찾곤 한다. 그녀의 어머니에 의하면 니샤는 긴 시간 동안 주의를 지속시키지 못해 이 활동 저 활동 '돌아다닌다'. 니샤는 지속 주의에 어려움을 겪고 있다.

Mirsky와 그의 동료들(Mirsky, 1987, 1996; Mirsky & Duncan, 2001; Mirsky et al.,

1991)은 어떠한 과제를 방심하지 않는 자세로 긴 시간 동안 할 수 있는 능력을 지속 주의라고 부른다. 어떤 면에서 보면, 지속 주의력은 선택적 주의를 긴 시간 동안 적용하는 것이라고 할 수 있다. 고전적인 지속 주의 과제로는 연속적 실행 검사(Continuous Performance Test, CPT)가 있다. 이 검사에서 아동은 긴 시간 동안 '목표' 사건에 주의하며, 다른 모든 사건을 무시하도록 해야 한다.

주의 용량

토냐는 적은 양의 정보에는 주의를 기울일 수 있지만, 그녀에게 한꺼번에 너무 많은 양의 정보가 전달되면 쉽게 지쳐버리고 만다. 토냐는 주의 용량에 문제를 겪고 있을 수도 있다.

　Mirsky와 그의 동료들(Mirsky, 1987, 1996; Mirsky & Duncan, 2001; Mirsky et al., 1991)은 주의 용량이라고 불리는 주의의 하위 구성을 찾지 못했는데, 이는 요인분석된 신경심리 과제가 이 능력을 필요로 하지 않았기 때문이다. 주의 용량은 인지 용량 또는 기억 과제에서 필요로 하는 용량과 직접적으로 연관되어 있다(Miller & Maricle, 2012). 숫자나 철자, 단어에서 문장 그리고 이야기로 이어질 때 그 의미의 양이 증가하고 회상되는 자극의 길이가 증가하는 것처럼, 어떠한 과제에 대한 주의 요구는 수행과 동시에 변화한다. 주의 용량을 측정하는 검사는 숫자 폭 검사가 있는데, 이를 통해 아동들은 점점 길이가 늘어나는 숫자를 회상하도록 한다. 주의 용량을 측정하는 다른 검사들은 단어 기억, 문장 기억 또는 이야기 기억 등을 측정하는 검사들이 있다. 이 검사들은 기억 구성을 측정하는 데 집중되어 있지만, 주의 능력을 필요로 한다.

주의 과정에 대한 신경해부학

주의의 신경해부학은 통제를 돕고 자극을 유지하는 뇌의 피질하부 영역(예 : 망상 활성 체계)과 주의 자원을 할당하고, 선택적인 주의, 그리고 응답 억제를 통제하는 뇌의 상부 피질 영역(예 : 전전두엽과 전대상피질)을 포함한다. 주의 통제를 돕는 전두-피질 하부 경로는 실행 기능 통제와 관련이 있다(이 회로에 대한 자세한 검토는 제10장 참조). Mirsky와 그의 동료들(1991, 1996)은 선택적/집중적 주의를 통제하는 뇌 구조는 상부 측두골 피질, 하위 두정 피질, 그리고 선상체라고 생각하였다(그림 11.1 참조). Posner와 Peterson(1990)은 선택적 집중이 전대상피질과 추가적인 운동 영역의 기능과 관련이 있다고 믿었다(그림 11.1 참조). Mirsky와 그의 동료들은 유지적 주의를 조절하는 뇌의 구

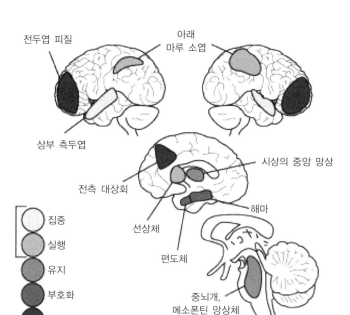

전두엽 피질

아래
마루 소엽

상부 측두엽

시상의 중앙 망상

전측 대상회

해마

선상체

집중

실행

유지

부호화

이동

편도체

중뇌개,
메소폰틴 망상체

그림 11.1 Mirsky의 주의 모형과 관련된 신경해부학적 영역

조는 중뇌의 피질 하부(이는 시개, 메소폰틴, 망상체, 정중선, 그리고 시상 그물핵을 포
함함)라고 생각하였다(그림 11.1 참조). Posner와 Peterson는 유지적 주의가 뇌의 오른편,
특히 전측, 전전두엽에 의해 조절된다고 믿었다(그림 11.2 참조). Mirsky와 그의 동료들
은 배측면 전두엽 피질과 전대상회가 **변환적 주의**와 관련이 있는 뇌 구조라고 생각하였다
(그림 11.1 참조).

Casey, Tottenham, Fossella(2002)는 fMRI를 통해 소아와 성인 샘플의 가/가지마 과제
수행 중 일어나는 뇌 활성화와 국부화를 측정하였다. 가/가지마 과제는 응답 억제를 측
정하기 위해 개발되었다(예 : NEPSY-II의 노크 하위 검사; Korkman et al., 1997). Casey
와 그의 동료들은 가/가지마 과제 수행이 안와전두, 배외측, 그리고 우측 전대상피질을
활성화한다는 것을 발견하였다. 안와전두와 우측 전대상피질은 행동 과제와 특히 관련
이 있으며, 배외측 피질의 활성화는 성인보다 아동에게서 훨씬 많이 발생하였다. 특정
주의 과정과 신경해부학적 구조 간의 연관성은 뇌 신경 영상 기술, 성인 vs. 아동 인구,
과제가 요구하는 주의 과정이 '상향식(bottom-up)'인지 '하향식(top-down)'인지에 의해
달라질 수 있다. 빠르게 찾기 11.1은 주의력결핍과 관련된 신경심리학적 용어를 소개한다.

주의는 단일 과정이 아니며 고차원 과정들의 기본적인 기능 역할을 한다는 것을 기억

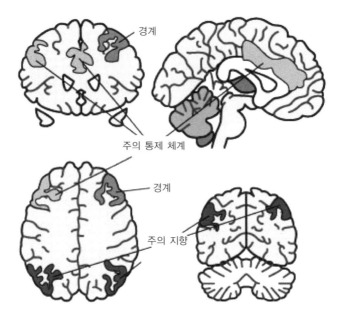

그림 11.2 Posner(1994)에 의한 주의의 신경망. 이 모형은 주의 통제 체계, 주의의 지향, 그리고 경계와 관련된 뇌 영역을 강조하고 있다.

해야 한다. 현재의 학계 문헌들과 일관되게, 종합 SNP/CHC 모형은 주의를 선택적/집중적 주의, 유지적 주의, 주의 수용의 하부 영역으로 개념화하고 있다. 구체적인 주의 종류와 정확한 해부학적 위치에 대한 연관성은 연구 결과에 따라 다르지만, 많은 신경영상 연구는 주의 과정과 전두피질 하부의 기본적인 연관성을 주장한다.

1990년대 초 Mirsky의 연구 이후, 주의 과정에 역할을 기여하는 신경 해부학적 구조에 대한 연구는 다양한 신경 영상과 신경외과적 수술 그리고 임상 인구에 대한 평가를 통해 이루어지고 있다(예 : ADHD; Hale, Reddy et al., 2010 참조). 우측 전두엽, 담창구, 미상핵, 그리고 소뇌 영역의 감소 또는 용량 감소는 ADHD 인구에서 발견된다(Castellanos et al., 2002; Durston, 2003; Rubia et al., 1999; Vaidya et al., 1998; Valera, Faraone, Murray, & Seidman, 2007). ADHD 샘플에 대한 다른 신경영상 연구들 또한 전두하부피질과 변연계 영역 결여의 가능성을 제기한다(Benson, 1991; Heilman, Voeller, & Nadeau, 1991; Zametkin et al., 1990; Zametkin et al., 1993). 또 신경영상 연구들에 의하면 우측 전두엽은 유지적 주의를 필요로 하는 과제 수행 중 활성화된다(Lewin et al., 1996; Pardo, Pardo, Janer, & Raichle, 1991).

빠르게 찾기 11.1

주의 장애와 관련된 신경심리학적 용어

- 분리 주의 : 한꺼번에 하나 이상의 자극에 주의를 기울이는 능력
- 편측 공간 무시 : 지속적으로 약간의 방치 양상을 보임
- 무시 : 뇌 병변의 반대쪽에 일어나는 시각적, 청각적, 촉각적 자극에 반응이 없으며, 이러한 무반응의 원인
  이 일차 감각 또는 운동 결여가 아닌 경우
- 편측 무시 : 뇌 손상의 반대쪽에 소개되는 정보를 무시하는 경향

출처 : Ayd, 1995; Loring, 1999.

주의 처리 과정 평가 시기

주의 과정 결여는 ADHD를 제외하고도 다양한 신경발달적 장애에서 관찰된다. 주의 과정이 모든 고차원의 인지 과정에 스며들어 있는 아주 중요한 기본적 기능이기에, 주의에 대한 온전함을 검사하기 위해 학교신경심리 종합검사에서 기본적인 주의 과정 측정을 포함하는 것은 매우 중요하다.

주의 처리 과정에 대한 문제 확인

아동이 종합 평가를 받기 전 해당 아동의 부모/보호자와 최소 1명 이상의 선생님이 소아 · 청소년을 위한 신경심리학적 처리 과정 체크리스트, 제3판(NPCC-3 : Miller, 2012a)을 수행할 것을 추천한다. NPCC-3에 포함된 주의 문제와 관련된 문항들은 빠르게 찾기 11.2에서 소개된다. 여기에서 보통 또는 심각한 범위라고 표시된 항목들에 대해서는 학교신경심리 평가를 통한 공식적인 평가 측정과 추적 검사가 필요하다.

주의 처리 과정 평가

빠르게 찾기 11.3은 종합 SNP/CHC 모형에 포함된 주의 촉진/억제의 이차적 그리고 삼차적 분류에 대해 소개한다. 주의 촉진과 억제의 이차적/삼차적 분류를 측정하도록 만들어진 검사들에 대해 이야기 나누어 보자.

빠르게 찾기 11.2

NPCC-3(D. Miller, 2012a)에 포함된 주의 항목

선택적 또는 지속적 주의 장애

- 어려운 과제에 있어 쉽게 지친다.
- 긴 시간 동안 집중을 하는 데 어려움을 느낀다.
- 학업 과제(예 : 읽기, 쓰기, 수학)에 있어 갈피를 잡지 못한다.
- 생각의 흐름을 잃는다.
- 세부적인 것에 부주의하거나 부주의한 실수를 저지른다.

빠르게 찾기 11.3

통합된 SNP/CHC 모형의 주의 촉진/억제 분류

대분류	이차적 분류	삼차적 분류
주의 촉진/억제의 할당과 유지	선택적/집중적 주의	• 청각 선택적/집중적 주의 • 시각 선택적/집중적 주의
	지속 주의	• 청각 지속 주의 • 시각 지속 주의 • 청각과 시각 지속 주의
	주의 수용	• 숫자, 철자 또는 시각적 배열에 대한 기억 • 단어와 문장에 대한 기억 • 이야기에 대한 기억
	질적 행동	
	행동 평가 척도	

선택적/집중적, 지속 주의 검사

선택적/집중적, 그리고 지속 주의 촉진/억제의 이차적 분류는 과제에 대한 수요 요구의 양상(언어적 또는 시각적)에 따라 구분된다. 이상적으로 선택적/집중적 주의를 측정하는 검사는 지속 주의를 측정하도록 만들어진 검사와 다르지만 이는 예외일 뿐 원칙은 아니다. 주의를 측정하기 위해 만들어진 많은 검사들은 두 가지 종류의 주의를 혼합하고 있다. 지속적인 수행 검사와 같은 검사들은 구체적으로 지속 주의를 측정하기 위해 만들어졌으며, 이 검사들에 대해서는 다음 절에서 이야기할 것이다. 빠르게 찾기 11.4는 선택적/집중적 주의, 지속 주의, 또는 두 가지 모두를 측정하도록 만들어진 검사에 대해 소개한다.

  NEPSY-II(Korkman et al., 2007) 청각 주의와 반응 검사는 청각 선택적/집중적 주의와 지속 주의를 측정하며, 여러 점수를 포함하는데 모든 점수가 해석할 가치가 있고 이는 보고되어야 한다. 청각 주의 점수는 혼합된 청각 주의, 종합적인 시행 오류와 총 정답 점수, 그리고 총 누락 오류와 억제 오류의 추가 검사를 포함한다. 학교신경심리학자는 학생의 과제 수행이 어떻게 이 점수들에 영향을 끼치는지 완벽하게 이해하고 있어야 한다.

  아동을 위한 일상적인 주의 검사[Test of Everyday Attention for Children(TEA-Ch) : Manly, Robertson, Anderson, & Nimmo-Smith, 1999]는 Mirsky의 주의 개념화를 모형으로 한 주의를 측정하는 단일 검사이다. TEA-Ch 검사가 가진 문제점 중 하나는 이 검사가 293명의 호주 아동을 기준으로 만들어졌기 때문에 이를 미국 아동의 임상 실험에 이용하는 것은 무리가 있다는 것이다. 그러나 TEA-Ch가 가진 잠재적인 요인 구조는 호주 아동을 기준으로 하였지만 중국 아동에게도 똑같이 적용되며(Chan, Wang, Ye, Leung, & Mok, 2008), 미국 아동의 층화 표본에도 적용된다고 밝혀졌다(Belloni, 2011). SNP 모형과 관련해 TEA-Ch의 하늘 탐색 검사는 종합적인 점수, 목표를 정확하게 확인한 수에 대한 분리된 점수, 그리고 목표를 처리하는 데 걸린 시간 점수를 포함한다. 이 점수들은 학생의 종합적 과제 점수와 구분되어 보고되고 해석되어야 한다.

지속적 수행 검사

Riccio, Reynolds, Lowe(2001)는 지속적 수행 검사(Continuous Performance Tests, CPT)에 대한 종합적인 검토와 비교를 제안한다. CPT는 경계 또는 유지적 주의를 측정하기 위해 만들어졌고, 검사 대상자들은 목표 사건에 지속적으로 반응하도록 하며, 방해나 비표적 사건에 대해서는 무시해야 한다. Riccio, Reynolds, Lowe와 Moore(2002)는 CPT 수행

빠르게 찾기 11.4

선택적/집중적 그리고 지속 주의 촉진/억제 검사

검사-하위 검사 : 설명	선택적	유지적	연령대	출판사
청각 선택적/집중적, 지속 주의				
NEPSY-II – 청각 주의 청각적 목표 단어에 대해 선택적으로 응답하며, 비표적 단어에 대해서는 신경 쓰지 않는다.	X	X	5~16세	피어슨
TEA-Ch – 전송 부호 숫자 시리즈를 듣고 그 숫자들을 회상해낸다.		X	6~ 15세 11개월	
TEA-Ch – 점수 '점수 내는 소리'를 센다.		X		
TEA-Ch – 점수 DT 청각적 방해를 동반하는 오디오에서 나오는 '점수 내는 소리'를 센다.		X		
시각 선택적/집중적, 지속 주의				
CAS – 숫자 감지 시각 무리 사이에 있는 목표 숫자를 재빠르게 찾아낸다.	X		5~ 17세 11개월	PRO-ED
CAS – 수용적 주의 시각 무리 사이에 있는 목표 철자를 재빠르게 찾아낸다.	X			
TEA-Ch – 지도 미션 지도를 보고 1분 안에 목표 상징을 가능한 많이 찾아낸다.	X		6~ 15세 11개월	피어슨
TEA-Ch – 하늘 탐색 주의 점수 표적 우주선과 비표적 우주선으로 채워진 종이에서 가능한 많은 표적 우주선을 재빨리 찾아낸다.	X			
TEA-Ch – 하늘 탐색 이중 과제 우주선 찾기 과제와 점수 소리 세기 과제의 혼합	X	X		
WJIII-COG NU – 짝 무효화 시간제한하에 여러 시각적 배열로부터 목표 자극 매칭		X	2~80세 이상	리버사이드

빠르게 찾기 11.5

지속적 수행 검사

검사 이름	기법	연령대	출판사
• 청각 지속적 수행 검사(ACPT : Keith, 1994)	청각	6~11세 11개월	피어슨
• Connors의 지속적 수행 검사 II 버전 5(Connors & MHS Staff, 2004a)	시각	6세~성인	Multihealth Systmes (MHS)
• 윈도우용 Connors 지속적 수행 검사 : 어린 이용(Connors & MHS Staff, 2004b)	시각	4~5세	MHS
• Gordon 진단적 체계(Gordon, 1983; Gordon, McClure, & Alyward, 1996)	청각 단독 시각 단독 청각과 시각	4~16세	Gordon Systems
• 통합된 시각과 청각 지속적 수행 검사(IVA+ Plus : Sandford & Turner, 1993-2006)	청각과 시각	6~96세	Brain Train
• 주의 다양성 검사(T.O.V.A. : Greenberg & Waldman, 1993)	청각 단독 시각 단독	6~16세	The TOVA Company

이 주의력 장애를 반영하는 듯 보이지만, 이 검사는 특정 장애(예 : ADHD)를 선별해내지 못한다고 보고하였다. 빠르게 찾기 11.5는 자주 쓰이는 CPT 검사를 소개한다. CPT를 실행하는 방법은 매우 다양하다. 어떠한 CPT 검사는 컴퓨터를 통해 실행되고, 다른 검사들은 전자기기를 단독으로 사용하며, 또 다른 검사들은 지필 검사를 통해 이루어진다. 어떠한 CPT 검사는 처리 과정의 청각 방식만을 사용하기도 한다.

선택적/집중적 주의 결여를 겪고 있는 아동들은 학습 환경에서 무엇에 신경을 써야 하며, 또 어떤 것을 무시해야 하는지 알아내는 것에 어려움을 느낀다. ADHD 아동들은 지속적으로 선택적/집중적 주의에 어려움을 겪는데, 이는 주의산만성, 비효율적인 학습, 그리고 일관되지 못한 수행의 원인이 된다.

지속 주의 또는 조심성이 없는 아동들은 수업 중 주의력 유지에 어려움을 겪는다. 이러한 아동들은 과제 수행 초기에는 집중이 가능하지만, 빠르게 집중력을 잃곤 한다.

주의 수용력 검사

주의 수용력의 이차적 분류는 과제의 인지 부하를 바탕으로 나뉜다. 이 과제들은 학습과 기억을 측정하지만, 해석적인 면으로 볼 때 주목해야 할 점은 의미론 또는 맥락적 단서의 단계 변화와, 학습해야 하는 자극의 길이가 길어지는 것이 학생의 각 과제에 대한 주의 수용력에 어떠한 영향을 끼치는지 알아보는 것이다. 주의 수용력은 길이가 증가하는 숫자 또는 철자 배열 학습, 길이가 증가하는 시각적 패턴 학습, 길이가 증가하는 단어나 문장 회상, 또는 의미적 단서가 증가하는 이야기의 내용에 대한 회상을 검토하는 기능을 한다. 빠르게 찾기 11.6은 삼차적 분류를 바탕으로 한 주의 수용력 측정을 위한 검사들을 소개한다.

주의 수용력 과제에서 임상의들이 기대하는 수행의 양상은 다음과 같다.

- 학생이 짧은 정보(예 : 숫자 회상)에 대한 회상 수행을 잘하나, 숫자가 길어지면 수행 능력이 현저히 저하되는가?
- 학생의 수행 능력이 단어에서 문장, 이야기로 이어질수록 저하되는가? 다시 말해 의미론적 단서 증가가 정보과다를 초래하는가?
- 학생이 단순 숫자 또는 철자 회상 과제 수행은 잘하지 못하나, 의미론적 단서가 증가한 단어, 문장, 이야기 과제에서 더 나은 수행 능력을 보이는가?

어떠한 학생들은 주의적 집중을 유지하기 위해 추가적인 맥락적 단서나 의미가 필요한 반면, 다른 학생들의 경우(특히 ADHD 아동)에는 너무 많은 정보가 소개되면 학습하지 못하게 된다.

주의에 대한 질적 행동

NEPSY-II 검사에서 부주의/과제와 상관없는 산만한 행동, 자리 이탈/신체 움직임과 같은 두 가지의 질적 행동의 빈도가 기록되며, 이에 대한 같은 나이 또래 아동 그룹 또는 임상 표본과 비교한 기준 비율이 생성된다. 이러한 기준 비율은 임상가들에게 다음과 같은 성명을 할 수 있게 한다. "앨리스에게서 NEPSY-II의 청각적 주의와 반응 검사 중 자리 이탈/신체 움직임이 관찰된다. 이 단계의 자리 이탈 행동은 앨리스와 같은 나이의 아동 중 14%에서 관찰된다. 또한 ADHD 진단 그룹에서는 35%에 해당하는 아동들이 같은 단계의 자리 이탈 행동을 보인다."

빠르게 찾기 11.6

주의 수용력 검사

검사-하위 검사 : 설명	연령대	출판사
언어적 반응을 동반하는 숫자 또는 철자에 대한 주의 수용력		
DAS-II – 앞으로 가는 숫자의 회상 점점 길어지는 숫자 연속을 반복한다.	2세 6개월~ 17세 11개월	피어슨
KABC – 숫자 회상 점점 길어지며 청각적으로 소개되는 숫자를 반복한다.	3~18세	
TOMAL-2 – 앞으로 가는 숫자 점점 길어지며 청각적으로 소개되는 숫자를 반복한다.	5~59세 11개월	PRO-ED
TOMAL-2 – 앞으로 가는 철자 점점 길어지며 청각적으로 소개되는 철자를 반복한다.		
WRAML2 – 숫자/철자 점점 길어지며 청각적으로 소개되는 숫자/철자 배열을 반복한다.	5~90세	PAR
WISC-IV – 앞으로 가는 숫자 점점 길어지며 청각적으로 소개되는 숫자를 반복한다.	6~16세 11개월	피어슨
WISC-IV 종합본 – 철자 폭-운율 운율을 따라 점점 길어지며 청각적으로 소개되는 철자를 반복한다.	6세 1개월~ 16세 11개월	
WISC-IV 종합본 철자 폭 – 운율이 존재하지 않는 경우 운율이 존재하지 않으며 길이가 점점 늘어나고 청각적으로 소개되는 철자를 반복한다.		
WISC-IV 종합본 – 시각 숫자 폭 점점 길어지며 시각적으로 소개되는 숫자를 반복한다.		
운동 반응을 동반하는 시각적 연속 배열에 대한 주의 수용력		
WISC-IV 종합본 – 전진하는 공간 폭 점점 길어지며 시각적으로 소개되는 운동적 배열을 반복한다.	6세 1개월~ 16세 11개월	피어슨
WRAML2 – 손가락 창 손가락을 이용해 점점 길어지는 시각적 패턴을 반복한다.	5~90세	PAR

(계속)

언어적 반응을 동반하는 단어와 문장(의미 증가)에 대한 주의 수용력		
CAS−단어 시리즈 언어적으로 소개된 목록에서 단어들을 회상한다.	5~17세 11개월	PRO-ED
KABC-II−단어 순서(색상 간섭 없음) 검사 시행자의 지시 순서대로 그림을 만진다.	3~18세	피어슨
NEPSY-II−문장 반복 점점 길고 복잡해지는 문장을 반복한다.	3~6세	
WRAML2−문장 기억 점점 길고 복잡해지는 문장을 반복한다.	5~90세	PAR
WJIII-COG DS−문장 기억 점점 길고 복합해지는 문장에 대한 기억	2~90세 이상	리버사이드
WJIII-COG NU−단어 기억 서로 관련없는 단어 목록에서 알맞은 순서로 단어를 기억해낸다.	2~90세 이상	
언어적 반응을 동반하는(문맥적 의미가 있는) 이야기에 대한 주의 수용력		
CMS−즉각적 이야기 언어적으로 소개되는 이야기의 세부사항을 회상한다.	5~16세 11개월	피어슨
NEPSY-II−서술적 기억 자유 회상 언어적으로 소개되는 이야기의 세부사항을 회상한다.	3~16세	
TOMAL-2−이야기에 대한 기억 언어적으로 소개되는 이야기의 세부사항을 회상한다.	5~59세 11개월	PRO-ED
WRAML2−이야기 기억 언어적으로 소개되는 이야기의 세부사항을 회상한다.	5~90세	PAR
WJIII-ACH NU−이야기 회상 언어적으로 소개되는 이야기의 세부사항을 회상한다.	2~90세 이상	리버사이드

작업기억 촉진/억제

티모시는 12살이며, 일정하지 않은 학업 진척 기록을 가지고 있다. 그는 최근 수학, 읽기, 쓰기에 어려움을 겪고 있다. 선생님들에 따르면 그는 수학 문제를 푸는 도중 어떻게 해야 하는지 길을 잃곤 한다. 글을 쓰려고 할 때에도 무엇을 소통하려고 했는지 잊곤 한다. 티모시는 그가 읽은 글의 내용에 대해서는 정확하게 이해하지만, 책의 전체적인 내용을 간추리는 데는 어려움을 겪는다. 티모시는 작업기억 결여 증세를 보이고 있는 것이다.

"작업기억의 개념은 형식적 모형에서 표현되는 단기기억 개념의 여러 단점을 다루기 위해 생겨났다"(Gazzaniga et al., 2002, p. 311). 작업기억은 "우리가 복합적인 과제를 수행할 때 '마음에 담아놓을 수 있는' 수용력을 뒷받침하는 기억 체계를 말한다"(Baddeley, Eysenck, & Anderson, 2008, p. 9). 작업기억에 자리 잡는 정보들은 감각 기억, 단기기억, 또는 장기기억으로부터 온다. 작업기억 과제에서의 핵심 요소는 활동적인 정보 조작 요건이다. 작업기억은 아동들의 읽기, 수학, 쓰기 성취에 있어 필수적인 인지 처리 과정으로 여겨지고 있다(Evans, Floyd, McGrew, & LeForgee, 2002; Dehn, 2008 참조).

Baddley와 그의 동료들(Baddeley, 1986, 1995; Baddeley & Hitch, 1974)은 작업기억 체계의 세 부분에 대해 소개했는데, 이는 시공간 스케치(visuospatial sketchpad)와 음운 고리(phonological loop)라고 불리는 두 가지의 하위 체계를 통제하는 중앙 관리(central executive) 통제 체계가 포함된다.

중앙 관리 체계는 명령과 통제를 통하여 두 하위 체계와 장기기억 사이에 상호작용을 주도한다(Gazzaniga et al., 2002). Norman과 Shallice(1980)는 중앙 관리 체계를 주의 감독 체계(Supervisory attentional system, SAS)라고 불렀다. 음운 고리는 말하기와 관련된 정보의 일시적인 저장을 담당한다고 여겨진다(Baddeley et al., 2008). 시공간 스케치는 시각과 공간적 정보의 일시적인 유지를 담당한다고 여겨진다(Baddeley et al., 2008).

Baddeley(2000)는 2000년 작업기억 모형에 두 가지 주요 변화를 주었다. 첫 번째 변화는 음운적, 시공간적 하위 체계와 장기기억의 연결고리이다. 장기기억과 음운 고리 연결은 언어 습득을 가능하게 한다. 장기기억과 시공간 잡기장은 시공간적 정보 습득을 가능하게 한다.

Baddeley와 Hitch의 초기 작업기억 모형(1974)에 생긴 두 번째 변화는 임시 완충기(episodic buffer)의 포함이다(Baddeley, 2000). 임시 완충기는 정해진 양(네 가지)의 정보를 유지시킬 수 있는 저장 체계로 여겨진다. 임시 완충기에 저장된 정보는 현실 다차원적인데, 이는 이러한 정보들이 우리의 감각, 감정, 그리고 기억으로부터 복합적으로 온다는 것을 뜻한다. 이러한 다차원적인 정보 저장의 결과로, 임시 완충기는 음운 고리/시공간 잡기장 그리고 장기기억과 우리의 인지 과정으로부터 오는 입력 정보 사이의 연결고리 역할을 한다. Baddeley(2000)에 의하면 임시 완충기는 복합적인 인지 활동 수행을 돕는 정신적 작업공간이다. 그림 11.3은 현재 Baddeley의 작업기억 모형을 나타내고 있다.

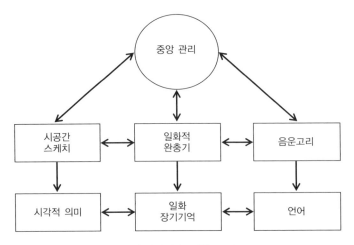

그림 11.3 Baddeley의 현재 작업기억 모형(2000)

작업기억의 신경해부학

Baddeley의 작업기억 모형에는 신경해부학적 증거도 있다. 좌측 연상회(정수리 관자놀이 경사)에 병변을 가진 환자들에게서 음운적 작업기억에 결여가 보인다. 음운 고리의 예행 과정은 좌측 전운동 영역과 관련되어 있다. 그러므로, 음운적 작업기억 체계는 뇌의 측면 전두, 상측 측두엽, 그리고 하위 체벽 영역과 관련이 있는 것으로 여겨진다(Gazzaniga et al., 2002).

반구의 어느 쪽이든 뒤통수 두정 부위에 일어나는 손상은 시공간 잡기장에 손실을 가져올 수 있으나, 우측 뒤통수 두정 부위에 일어나는 손상은 더 심한 손상을 발생시킨다(Gazzaniga et al., 2002). 우측 뒤통수 두정 부위에 병변 또는 손상을 가지고 있는 아동들은 검사 시행자가 블록을 만진 순서와 동일하게 블록을 만져야 하는 통합된 WISC-IV(Wechsler et al., 2004) 공간 폭 검사 과제 수행에 어려움을 겪는다.

작업기억 문제 확인

아동이 종합검사를 받도록 의뢰되기 전에 부모/보호자와 최소 1명의 선생님이 소아·청소년을 위한 신경심리학적 처리 과정 체크리스트, 제3판(NPCC-3 : Miller, 2012a)을 작성하도록 권한다. NPCC-3에 포함된 작업기억과 관련된 결손사항들은 빠르게 찾기 11.7에서 소개된다. 이 항목들 중 보통에서 심각한 범위 안에 드는 항목들에 대해서는 학교신경심리학자를 통한 공식적인 평가 측정이 필요하며 후속 조치를 취해야 한다. 학령기 아

빠르게 찾기 11.8

작업기억 촉진제와 억제제에 대한 통합된 SNP/CHC 모형 분류

대분류	이차적 분류	삼차적 분류
작업기억 촉진/억제	작업기억	• 언어적 작업기억 • 시각적 작업기억 • 질적 행동

동을 위한 주요 작업기억 검사는 다음 절에서 소개된다.

작업기억 평가

빠르게 찾기 11.8은 종합 SNP/CHC 모형 안에 학습과 기억 과정의 이차적, 삼차적 분류에 대해 소개한 것이다. 다음 절에서는 학습과 기억에 대한 단일 검사에 대해 이야기하며, 종합 SNP/CHC 모형의 학습과 기억에 대한 이차적·삼차적 분류를 측정하기 위해 만들어진 종합검사들도 소개한다.

종합 SNP/CHC 모형에서 작업기억은 작업기억 촉진/억제라는 대분류에 속해 있다. 작업기억은 다시 삼차적 분류로 나뉘는데 이는 (1) 언어적 작업기억, (2) 시각적 작업기억을 포함한다. 작업기억은 학습 성취에 있어 다방면에서 중요한 영향을 발휘한다(더 자세한 검토를 위해 *Working Memory and Academic Learning: Assessment and Intervention*, Dehn, 2008 참조). 빠르게 찾기 11.9는 언어적 또는 시각적 작업기억을 측정하기 위해 개발된 주요 검사들을 소개한다.

작업기억의 질적 행동

WISC-IV(Wechsler, 2003)와 WISC-IV 종합본(Wechsler et al., 2004)에서 작업기억 하위검사는 학생의 수행과 같은 나이 또래의 기준 비율을 비교하여 계산한 질적 점수들로 구성되어 있다(빠르게 찾기 11.10 참조).

빠르게 찾기 11.9

작업기억 촉진/억제 검사

검사-하위 검사 : 설명	연령대	출판사
언어적 작업기억		
CMS – 숫자 거꾸로 시행자가 말한 숫자 배열을 거꾸로 말한다.	5~16세 11개월	피어슨
CMS – 순서 배열 언어적 정보를 빠르게 조작하고 순서를 배열할 수 있다.		
DAS-II – 숫자 거꾸로 회상 시행자가 앞서 말한 순자 배열을 거꾸로 말한다.	2세 6개월~ 17세 11개월	
DAS-II – 순서 배열 회상 단어의 배열이 긴 순서에서 짧은 순서로 배열한다.		
KABC-II – 단어 순서(색상 간섭 있음) 시행자가 이야기하는 순서를 바탕으로 사진을 순서대로 가리킨다.	3~18세	
NEPSY-II – 단어 목록 방해 회상 서로 관련없는 단어들을 방해 목록을 본 후 회상한다.	7~16세	
PAL-II M – 숫자 부호화 작업기억에 쓰여진 숫자를 정확하고 빠르게 부호화할 수 있다.	유치원~ 초등 6학년	
PAL-II M – 양적 작업기억 작업기억에 숫자를 저장하고 양적 활동을 수행할 수 있는 능력		
PAL-II RW – 철자+단어 작업기억에 철자 또는 숫자를 저장하고 조작할 수 있다.		
PAL-II RW – 문장 : 듣기+문장 작업기억에 문장들을 조작할 수 있다.		
SB5 – 언어적 작업기억 언어적 정보를 단기기억에 저장하고, 그 정보를 분류 또는 변환할 수 있다.	2~85세 이상	리버사이드
TAPS-3 – 역 숫자 기억 시행자가 앞서 말한 숫자를 반대로 말한다.	4~18세 11개월	아카데믹 테라피 출판사

(계속)

TOMAL-2 – 숫자 거꾸로 시행자가 앞서 말한 숫자를 반대로 말한다.	5~59세 11개월	PRO-ED
TOMAL-2 – 철자 거꾸로 시행자가 앞서 말한 철자를 반대로 말한다.		
WISC-IV – 산수 제한된 시간 안에 구두로 소개된 산수 문제를 연산하여 푼다.	6~16세 11개월	피어슨
WISC-IV – 숫자 폭 거꾸로 시행자가 앞서 말한 숫자를 반대로 말한다.		
WISC-IV – 철자-숫자 배열 시행자가 이야기하는 숫자와 철자의 배열을 듣고 숫자는 오름차순으로, 철자는 알파벳순으로 회상해낸다.		
WJIII-COG NU – 청각적 작업기억 물체의 이름과 숫자가 녹음된 녹음물을 듣고 물체의 이름 과 숫자를 배열 순서대로 말한다.	2~90세 이상	리버사이드
WJIII-COG NU – 숫자 거꾸로 시행자가 앞서 말한 숫자를 반대로 말한다.		
WRAML-2 – 언어적 작업기억 자극의 요소(예 : 단어 순서, 물체의 크기 등)에 따라 단어 의 순서 재배치 능력이 필요하며, 세 가지 난이도가 있다.	5~90세	PAR

시각적 작업기억

PAL-II – 공간적 작업기억 이차원의 시각적 배열에 물체를 배치시키고 그 양을 부호 화할 수 있다.	유치원~ 초등 6학년	피어슨
SB5 – 비언어적 작업기억 비언어적 정보를 단기기억에 저장하고, 그 정보를 분류 또는 변환할 수 있다.	2~85세 이상	리버사이드
WISC-IV 종합본 – 공간 폭 거꾸로 시행자가 보여준 것과 반대되는 순서로 블록을 가리킨다.	6세 1개월~ 16세 11개월	피어슨
WMS-IV – 공간적 추가 규칙을 바탕으로 동그라미의 위치를 추가하거나 뺄 수 있다.	16~90세	
WMS-IV – 부호 폭 앞서 소개된 순서와 동일하게 집합체로부터 부호를 선택 한다.		

(계속)

WNV - 공간 폭   4~21세 11개월

시행자가 정방향으로 보여준 것과 반대되는 순서로 블록
배열을 가리킨다.

WRAML-2 - 상징적 작업기억   5~90세   PAR

회상되는 숫자 또는 철자를 가리킨다.

≡ **빠르게 찾기 11.10**

WISC-IV와 WISC-IV 종합본의 질적 행동 : 작업기억

- 가장 긴 숫자 폭 정방향 vs. 역방향 : 같은 나이 또래에서 더 나은 언어적 즉시 기억(숫자 순방향)과 언어적
  작업기억(숫자 역방향)을 비교한 비율
  - 가장 긴 숫자 폭 순방향 : 같은 나이 또래에서 순방향의 가장 긴 폭의 숫자를 수행한 아동의 비율(언어
    적 즉시 기억)
  - 가장 긴 숫자 폭 역방향 : 같은 나이 또래에서 역방향의 가장 긴 폭의 숫자를 수행한 아동의 비율(언어
    적 작업기억)
- 가장 긴 시각적 숫자 폭 : 같은 나이 또래에서 가장 긴 시각적 숫자를 수행한 아동을 비교한 비율(시각적
  즉각 기억)
- 가장 긴 공간적 폭 정방향 vs. 역방향 : 같은 나이 또래에서 더 나은 시각적 즉시 기억(공간적 폭 정방향)과
  시각적 작업기억(공간적 폭 역방향)을 비교한 비율
  - 가장 긴 공간적 폭 정방향 : 같은 나이 또래에서 가장 긴 정방향의 공간적 폭을 수행한 아동의 비율(공
    간적 폭 순방향)
  - 가장 긴 공간적 폭 역방향 : 같은 나이 또래에서 가장 긴 역방향의 공간적 폭을 수행한 아동의 비율(공
    간적 폭 역방향)
- 가장 긴 철자 폭 비운율 vs. 운율 : 같은 나이 또래에서 더 나은 비운율 철자와 운율 철자 부호화를 수행한
  아동을 비교한 비율
  - 가장 긴 철자 폭 비운율 : 같은 나이 또래에서 가장 긴 비운율의 철자 폭을 수행한 아동의 비율(언어적
    즉시 기억)
  - 가장 긴 철자 폭 운율 : 같은 나이 또래에서 가장 긴 운율의 철자 폭을 수행한 아동의 비율(언어적 즉시
    기억)
- 가장 긴 철자-숫자 배열 vs. 과정 접근 : 같은 나이 또래에서 가장 긴 철자-숫자 배열(언어적 즉시 기억)에
  대해 더 높은 숫자를 성취한 아동과 과정 접근을 사용한 가장 긴 철자-숫자 배열(언어적 작업기억)을 비교
  한 아동의 비율
  - 가장 긴 철자-숫자 배열 : 같은 나이 또래에서 가장 긴 철자-숫자 배열(언어적 즉시 기억)을 수행한 아

(계속)

동의 비율
- 가장 긴 철자 숫자 배열 과정 접근 : 같은 나이 또래에서 과정 접근을 이용한 가장 긴 철자 숫자 배열(언어적 작업기억)을 수행한 아동의 비율

요약

이 장에서는 주의력과 작업기억의 인지 촉진/억제와 관련된 이론, 용어, 신경해부학과 주요 검사들에 검토해보았다. 주의력과 작업기억은 학습의 기본 구성을 촉진하며 학교 신경심리학자로부터 체계적으로 평가되어야 한다. 주의와 작업기억 결여는 대부분의 발달적 장애에서 관찰된다.

자기점검

1. 다음 중 Mirsky의 주의력 모형에 포함되지 않는 것은 무엇인가?

   a. 부호화

   b. 지향

   c. 지속

   d. 집중적/선택적

2. 지미는 교실의 여러 가지 요인에 방해를 받아 수업에 집중하지 못한다(예 : 에어컨에서 나는 소리 등). 지미가 어떠한 주의의 하위 구성에 문제를 겪고 있다고 볼 수 있는가?

   a. 지속 주의

   b. 주의 전환

   c. 주의 수용력

   d. 선택적/집중적 주의

3. 참인가 거짓인가? 신경영상 연구는 뇌의 우측 전두 영역이 지속 주의력을 통제한다는 것을 보여준다.

4. Mirsky의 모형을 바탕으로 아동의 주의력을 측정하는 종합검사의 이름은 무엇인가?

   a. 아동을 위한 일상적인 주의 검사

   b. Wisconsin 카드 분류 검사

   c. NEPSY-II

   d. Das-Naglieri 인지 평가 체계

5. 학습과 추리와 같은 복잡한 인지 과제를 위해 일시적으로 기억을 저장하고 정보를 조종하며, 제한적인 수용량을 가진 기억의 종류는 무엇인가?

   a. 장기기억

   b. 단기기억

   c. 작업기억

   d. 감각 기억

답 : 1. b 2. d 3. 참 4. d 5. c

처리 과정 촉진/억제의 속도, 유창성, 그리고 효율성

앞장에서 다루었던 처리 과정들과 달리 정보 처리 과정의 속도와 효율성 구성은 연구자들이 명확하게 정의하지 않은 상태이다. 이 장에서는 정보 처리 구성 속도의 정의와, 이 구성에 대한 이론적인 신경해부학적 근거, 그리고 이 구성을 평가하기 위해 사용되는 검사들에 대해 검토할 것이다.

처리 속도에 대한 정의

후안의 선생님은 후안이 과제를 올바른 시간에 제출할 수 있게 늘 설득한다. 후안은 주어진 과제를 정확하게 수행해내는 편이지만, 반 친구들에 비해 과제 완수 시간이 오래 걸린다. 후안은 또한 빨리 읽는 것에 어려움을 느낀다. 가끔은 읽는 시간이 너무 오래 걸려 한 단락을 다 읽어갈 때쯤 방금 무엇을 읽었는지 기억을 못 할 때도 있다. 후안은 인지 처리 과정의 속도와 효율성에 문제가 있는 것이다.

처리 과정 속도에 대한 측정은 1980년대 후반부터 2개의 주요 인지 검사에 명확하게 포함되었다[Wechsler Intelligence Scale for Children-3rd ed(WISC-III) : Wechsler, 1991; Woodcock-Johnson Revised Test of Cognitive Ability(WJ-R COG) : Woodcock & Johnson, 1989]. 처리 속도 구성은 검사들이 최근 버전으로 바뀌어도 누락되지 않고 유

지되었다(WISC-IV : Wechsler, 2003; WJIII-COG; Woodcock, McGrew, & Mather, 2001, 2007a).

그럼에도, 모든 처리 속도가 같은 구성을 측정하는 것은 아닌데(Feldmann, Kelly, & Diehl, 2004; Floyd, Evans, & McGrew, 2003), 이는 임상의들의 해석에 혼동을 가져 올 수 있다. 운동 속도(정신운동 능력, 글을 쓸 때의 근육운동 능력, 또는 지필 능력 등) 와 수에 대한 인식부터 수 세기, 간단한 수학 계산까지 포함하는 숫자 처리 능력 등이 포 함된 수 편의가 개인의 처리 속도에 대한 수행 측정에 기여하는 것으로 가정되고 있다 (Feldmann et al., 2004; Floyd et al., 2003).

Feldman 등(2004)은 정보 처리 속도의 WISC-III 부호화, WISC-III 부호 탐색, WJR 시각적 일치, WJR 지우기, 그리고 변별 능력 척도 제2판(DAS-II; Elliott, 2007)을 포함 한 다섯 가지 측정의 상관관계에 대해 검토하였다. Feldman과 그의 동료들(2004)은 운동 속도가 저조하지만(7~17%가량) 다섯 가지 과정 처리 속도 검사에서 상당한 양의 변화 를 이끌어낸다는 것을 발견하였다. 수 편의는 WJR 시각적 일치와 DAS-II 정보 처리의 속도 검사에 대한 변화에 14% 정도 영향을 끼치고, WISC-III 부호 탐색 하위 검사에 8% 의 변화를 이끌어내는 것으로 밝혀졌다.

아동들은 발달할수록 좀 더 빠르게 정보를 처리한다(Kail & Miller, 2006). 처리 과정 속도 결여는 ADHD(예 : Fuggetta, 2006), 조울증 진단 청소년(Doyle et al., 2005), 태아 기에 알코올에 노출된 아동(예 : Burden, Jacobson, & Jacobson, 2005), 독해 장애를 가진 아동(Willcutt, Pennington, Olson, Chhabildas, & Hulslander, 2005)을 포함한 아동의 임 상 인구에서 발견된다.

CHC 모형을 따라, 처리 속도(Gs)는 개인의 단순 인지 과제 수행에 대한 속도를 측정 한다(Schrank, Miller, Wendling, & Woodcock, 2010). 처리 속도 측정을 위한 과제들은 일반적으로 고정된 간격으로 시간이 제한적이고, 약간의 복합적인 사고 또는 인지 처리 를 필요로 한다. Schneider와 McGrew(2012)는 처리 과정 속도가 과제의 초기 학습 단계 에서는 그리 중요하지 않지만 "그 과제를 어떻게 하는지 알게 되었을 때 능숙한 수행에 대한 중요한 예측 변수"(p. 119)로 작용한다고 하였다. 처리 과정 속도의 중요성은 학생 들이 특정한 과제 또는 기술을 이미 학습했을 때 고려되며, 과제 또는 기술 수행의 속도 차이가 측정된다. 예를 들어 두 학생이 매우 좋은 독해 능력을 가지고 있다면, 한 학생은 느리고 체계적으로 읽는 반면, 다른 학생은 매우 빠르게 읽을 수 있다.

정보 처리 속도의 모형

처리 속도는 여러 가지 구체적인 능력을 확인할 수 있도록 구성된 항목들에 의해 개념화된다(Carroll, 1993). Carroll은 처리 속도가 운동 시간, 반응 시간, 정답 결정 속도, 오답 결정 속도, 지각 속도, 단기 회상 속도, 그리고 회상 유창성과 같은 구체적인 능력들이 상호 배타적으로 구성되어 있다는 근거를 찾아냈다. Horn과 Blankson(2012)은 속도가 인간의 지능으로 널리 알려진 반응 시간, 의사결정, 지각, 그리고 문제 해결 등과 같은 능력과 관련이 있다고 하였다. 그들은 처리 속도 내에 명확하게 다른 종류가 존재하지만, 생각의 속도와 관련하여 통일된 일반적 요인은 없다고 하였다. 처리 속도는 아동이 청소년기를 지나며 연습을 통해 발전하는 것으로 나타났다(Kail, 2007).

여러 가지 탐색과 확증적 요인 분석 연구들을 종합해보았을 때, McGrew(2005), McGrew와 Evans(2004)는 처리 속도(Gs)는 위계적인 속도 분류로 표현된다고 판단하였다. Schneider와 McGrew(2012)는 앞서 언급한 처리 속도의 위계 모형에 일반 속도 g요인을 포함시키고, 인지 속도, 결정 속도와 정신운동 속도 구성과 같은 폭넓은 요인도 포함시켰다. 이러한 요인들은 지각 속도, 시험 속도, 반응 시간, 운동 시간, 그리고 회상 유창성을 포함하고 있다.

종합 SNP/CHC 모형은 처리 과정 속도, 유창성, 그리고 효율성은 촉진/억제의 한 종류로 분류된다. 앞서 언급한 것처럼, 대부분 모든 인지와 행동 과제는 반응의 자동성을 증가시키기 위해 약간의 처리 속도를 필요로 한다. 그러나 과제를 빨리 해내지만 과제 완수에 있어 실수가 잦은 아동들을 생각해보면 처리 속도 과정이 빠른 것이 늘 좋은 결과라고 볼 수 없다. 처리 속도의 촉진과 억제 영향을 평가할 때는 처리 속도, 효율성, 유창성, 그리고 정확도의 상호작용에 대해 고려해야만 한다. 의식적으로 처리 속도를 늦추어 정확도를 개선하려는 아동들의 시도는 그 반대 상황보다 더 바람직하다. 이는 아동의 보상 전략의 일부일 뿐, 처리 속도 결여를 뜻하는 것이 아니다.

처리 촉진/억제 속도, 유창성, 그리고 효율성에 대한 대분류는 네 가지(수행 유창성, 회상 유창성, 습득한 지식 유창성, 그리고 유창성과 정확도) 이차적 분류로 구성된다(그림 12.1 참조). 수행 유창성은 단순하며, 반복적인 과제를 재빠르게 수행해내는 능력을 말한다. 회상 유창성은 장기기억으로부터 얼마나 빠르게 정보를 회상할 수 있는지를 나타낸다. 수행 유창성 과제들은 앞서 습득하거나 저장된 정보에 대한 접근을 요구하지 않는 반면, 회상 유창성은 장기기억에 저장된 정보에의 빠른 접근을 필요로 한다.

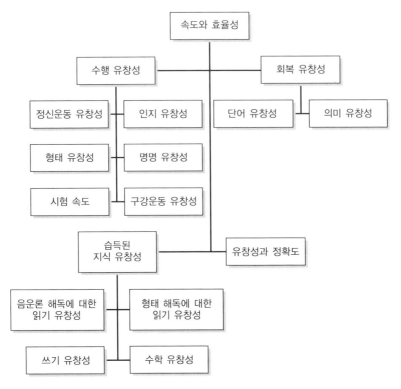

그림 12.1 Miller의 통합된 속도, 유창성, 그리고 효율성 모형

습득된 지식 유창성은 읽기 유창성, 쓰기 유창성, 그리고 수학 유창성과 같은 학업 성취의 자동성과 연관되어 있다. 처리 속도와 유창성 분야의 마지막 이차적 분류는 정확도와 관련이 있다. 처리 속도는 수행 정확도의 맥락에 맞추어 해석되어야 한다. 예를 들어 과제를 서둘러 하지만 많은 오류를 범하는 아동과 과제 완수를 늦추며 정확도를 개선하는 아동은 질적으로 다르다. 다음 절에서는 각 이차적 분류와 관련된 삼차적 분류에 대해 다룰 것이다.

처리 속도, 유창성, 그리고 효율성의 해부학

처리 속도, 유창성, 그리고 효율성에 대해 신경해부학적으로는 아직 명확히 밝혀진 것이 없다. 정보 처리 속도에 대한 신경해부학은 뇌의 수초화와 밀접한 관계가 있는 것으로 생각된다(Kail, 2000). 수초화는 신경섬유 수초가 형성되는 것을 일컫는다. 수초는 뇌의 백질을 구성한다. 뇌의 수초화된 경로는 더욱 효율적이고 빠른 과정을 생성한다.

처리 속도에 부정적인 영향을 미치는 소아와 성인의 임상적 증후군은 속도와 효율성을 통제하는 뇌의 원리에 대한 통찰을 제공한다. 신경세포의 축색돌기 절단을 일으킨 두부 손상을 겪은 아동들은 처리 속도와 읽기 유창성에 결여를 보인다(Barnes, Dennis, & Wilkinson, 1999). 6~17세 아동의 시각적 탐색 속도는 두정부의 백색 물질 증가의 기능 변화로 보고되고 있다(Mabbott, Laughlin, Noseworthy, Rockel, & Bouffett, 2005). 또 급성 림프구성 백혈병(acute lymphoblastic leukemia, ALL)으로 인해 방사선 치료를 받는 아동들은 수초에 이차적 손상을 입는데, 이는 느린 과정 처리 속도의 원인이 된다(Cousins, Ungerer, Crawford, & Stevens, 1991; Schatz, Kramer, Ablin, & Matthay, 2000, 2004).

어린아이들을 위한 대부분의 처리 속도 검사는 색상, 숫자, 익숙한 그림과 철자를 빠르고 자동적으로 명명하는 것 등이다. 이러한 시각적-언어적 학습 종류는 뇌 후두엽의 시각중추와 측두엽의 언어중추를 잇는 신경 통로인 배쪽 연결로에서 중재된다. 시각적 자극을 재빨리 보고 언어적 명칭을 붙이는 것을 필요로 하는 검사들은 기본적으로 배쪽 연결로의 상태를 측정한다.

처리 속도, 유창성과 효율을 평가해야 하는 시기

학교 과제 또는 숙제를 적당한 시간 안에 완수해내는 데 어려움을 겪는 학생들은 처리 속도 결여 평가를 받아볼 필요가 있다. 처리 속도 결여로 볼 수 있는 다른 증상으로는 너무 긴 지시나 수업 등을 이해하는 데 어려움을 겪는 것, 복잡한 수학 계산에 어려움을 겪는 것, 제한된 시간 안에 시험을 보는 것에 어려움을 느끼는 것, 그리고 눈과 손의 협응 기술을 필요로 하는 과제에 어려움을 겪는 것 등을 포함한다. 유창성 결여는 느린 언어 구사 능력, 또는 읽기, 쓰기, 수학에 대한 학습적 유창성에서 나타난다. 회상 결여는 현재의 사용을 위해 장기기억에서 정보를 꺼내오는 것에 어려움을 느끼는 것으로 나타난다.

만약 전문적 처치가 필요한 아동들을 확인하기 위한 IDEA법을 바꿀 수 있다면 여러 가지 변화가 필요한데, 그중 특정학습장애로 처리 과정 속도를 포함시키는 것이 다른 무엇보다 중요하다. 많은 아동들이 생리적 손상 또는 뇌의 백질 저하로 인한 신경심리학적 결여가 있는데, 이는 처리 속도 결여의 원인이 된다[비언어적 학습장애와 기타 백질 관련 질병에 대해서는 Davis & Broitman(2011), Yalof & McGrath(2010) 참조]. 느린 처리 과정 속도를 가진 학생들은 최소한의 교육환경 변화가 필요하며, 과제 완수에 있어서도 연장된 시간이 주어져야 한다.

처리 속도, 유창성, 효율성 결여 확인

학생이 종합 검사를 받도록 의뢰되면 1명 이상의 선생님과 부모님/보호자가 소아 · 청소년을 위한 신경심리학적 처리 과정 체크리스트, 제3판(NPCC-3; D. Miller, 2012a)을 시행하도록 권장한다. 빠르게 찾기 12.1은 NPCC-3에 포함되어 있는 인지 처리 과정의 속도와 효율성 결여에 관련된 의문들을 소개한다. 이 문항들에서 보통 또는 심각한 범위로 여겨지는 항목들에 대해서는 학교신경심리학적 평가 측정을 통한 공식적인 평가와 후속 관찰이 필요하다.

인지 처리 속도와 효율성 평가

빠르게 찾기 12.2는 종합 SNP/CHC 모형에 포함되는 처리 속도와 효율성에 대한 이차적/삼차적 분류에 대해 다시 언급한다. 또 여기에서는 이러한 분류들을 측정하기 위해 만들어진 검사들을 다룰 것이다.

수행 유창성 평가

앞서 정의된 것처럼 수행 유창성은 간단하고 반복적인 과제를 빠르게 수행하는 능력을 일컫는다. 수행 유창성 과제는 그 어떤 기억 회상도 요구하지 않는다. 이 분야의 과제들은 모두 숙달되고 자동적인 처리 과정과 관련이 있다. 수행 유창성의 이차적 분류는 정신운동 유창성, 인지 유창성, 그림 유창성, 명명 유창성, 수행 속도 유창성, 언어운동 유창성과 같은 분류를 포함한다(그림 12.2 참조).

정신운동 유창성 검사

정신운동 유창성 과제는 빠른 정신적 생산을 필요로 한다. CHC 명명법에서, 정신운동 유창성은 정신운동 속도(Gps)와 운동 시간(MT)으로 측정된다. 이러한 종류의 과제로는 미로를 따라 연필로 선을 최대한 빨리 긋는 것 등을 예로 들 수 있다. 정신운동 속도와 정확성이 결여된 학생들은 운동 생산을 필요로 하는 과제를 완수하는 데 긴 시간이 걸린다. 속도와 정확성 사이의 상호작용에 대해서는 이 장에서 좀 더 자세히 다룰 것이다. 어떤 학생들은 속도를 위해 정확성을 포기하는 반면, 어떤 학생들은 좀 더 정확하기 위해 속도를 줄이기도 한다. 이상적으로 학생들은 느리고 부정확하기보다, 충분히 빠르고 정

빠르게 찾기 12.1

NPCC-3(Miller, 2012a)를 통한 처리 과정의 속도, 유창성, 효율성 결여 확인

처리 과정 속도와 효율성 장애

- 같은 나이의 아동들보다 과제 완수에 더 오랜 시간이 걸린다.
- 숙제 완수에 너무 오래 걸린다.
- 시험을 끝내기 위해 추가 시간이 필요하다.
- 질문에 대한 응답이 늦다.

처리 과정 속도와 정확도 장애

- 제한된 시간 안에 시험 문제 푸는 것을 잘 하지 못한다.
- 정보를 정확하고 빠르게 기억해내는 것에 어려움을 느낀다.

읽기 유창성 장애

- 이해 어휘가 제한적이다.
- 독해 능력을 저하시킬 만큼 읽는 속도가 느리다.
- 빠르고 정확하게 읽는 것에 어려움을 느낀다.
- 느리게 읽는다.
- 읽을 때, 말이나 감정 표현을 적절히 하는 것에 어려움을 느낀다.

쓰기 유창성 장애

- 간단한 문장을 쓰는 것에도 긴 시간이 걸린다.
- 작문할 때 따르기 쉽게 정리된 배열을 구사한다.
- 작문의 주된 주제가 명확하고, 그 초점을 유지한다.

수학 유창성 장애

- 간단한 수학 문제를 푸는 것에 긴 시간이 걸린다.
- 기억으로부터 기본적인 수학적 사실을 빠르게 기억해내는 것에 어려움을 겪는다.

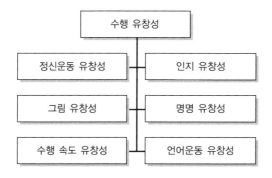

그림 12.2 수행 유창성의 삼차적 분류

빠르게 찾기 12.2

통합된 SNP/CHC 모형 인지 처리 과정의 속도와 효율성 분류

대분류	이차적 분류	삼차적 분류
처리 과정 촉진/억제의 속도, 유창성, 효율성	• 수행 유창성	• 정신운동 유창성 • 인지 유창성 • 그림 유창성 • 명명 유창성 • 수행 속도 유창성 • 언어운동 유창성
	• 회상 유창성	• 단어 유창성 • 의미 유창성
	• 습득한 지식 유창성	• 읽기 유창성 : 빠른 형태 해독 • 쓰기 유창성 • 수학 유창성
	• 유창성과 정확성	

확하다. 빠르게 찾기 12.3은 정신운동 유창성의 삼차적 분류를 측정하기 위해 만들어진 검사들을 나열한다.

NEPSY-II의 시각운동 정확도 검사(Korkman et al., 2007)는 종합 점수를 산출하며, 이는 전문가들이 유일하게 보고하는 점수이기도 하다. 이 검사는 총 완수 시간, 총 오류 수, 그리고 연필을 들어올린 총 횟수(규칙 위반 행동)를 포함한 세 가지의 추가적 측정도 하는데, 이에 대해서도 해석되어야 한다. 종합 점수는 총 수행 시간과 총 오류의 수를 포함한다. 전문가들은 수행시간과 오류의 상호작용에 대해서도 검토해야 한다. 과제를 느리고 정확하게 수행하는 학생은 과제를 느리고 부정확하게 하거나 빠르고 부정확하게 하는 학생보다 낫다. 연필을 들어올리는 횟수는 학생이 얼마나 규칙을 잘 따르는지 측정하고, 자기관찰을 하는지 반영한다. 이는 행동 실행 기능이라고 볼 수 있다. 정신운동 유창성 결여를 가진 아동들은 일반적으로 쓰기 유창성에 어려움을 겪고, 컴퓨터 화면이나 칠판 등에 보여지는 정보를 정확하게 복사해내는 것에 어려움을 느낀다.

빠르게 찾기 12.3

수행 유창성 검사 : 정신운동 유창성

검사-하위 검사 : 설명	연령대	출판사
D-KEFS-선 추적 조건 5 - 운동 속도 점선을 최대한 빠르게 따라 잇는다.	8~89세	피어슨
NEPSY-II - 시각운동 정확도 경로의 시작과 끝을 최대한 빠르게 따라 그을 수 있음과 동시에 선에서 이탈하지 않으려 노력한다.	3~12세	
WISC-IV 종합본 - 부호 복사 부호들을 빠르고 정확하게 복사해낸다.	6세 1개월~ 16세 11개월	

지각 유창성과 수행 속도 검사

지각 속도 또는 지각 유창성(P)은 비슷하지만 다른 시각적 배열을 재빨리 구분하고, 제한된 시간 조건에서 집중을 유지하는 능력으로 정의된다(Horn & Blankson, 2012). 수행 속도($R9$)는 CHC 명명법에 있어 사소한 능력으로, 쉽고 매우 간단한 결정을 필요로 하는 검사 수행과 관련이 있다(Horn & Blankson, 2012). 인지 능력의 주요 검사들에는 지각 유창성 또는 수행 속도를 측정하도록 만들어진 여러 검사가 포함되어 있다. 빠르게 찾기 12.4는 지각 유창성과 수행 속도 유창성의 삼차적 분류를 측정하기 위해 만들어진 검사들을 소개한다.

그림 유창성 검사

그림 유창성은 별개의 규칙을 따르며 독특한 선들로 구성된 패턴으로 점들을 이을 수 있는 능력을 뜻한다. 그림 유창성 장애는 오른쪽 배측면의 전두 회로 손상 또는 기능장애와 관련이 있다(Baldo, Shimamura, Delis, Kramer, & Kaplan, 2001). D-KEFS 그림 유창성 검사(Delis et al., 2001)의 총 점수는 조건 1(채워진 점들)과 조건 2(빈 점들)에서의 올바른 응답 개수를 통해 생성된다. 각 조건에서의 추가 점수들은 임상적 해석을 보조한다. 빠르게 찾기 12.5는 그림 유창성의 삼차적 분류를 측정하도록 개발된 검사들에 대해 소개한다.

수행 유창성 검사 : 지각 유창성과 수행 속도

검사-하위 검사 : 설명	지각 유창성	수행 속도	연령대	출판사
CAS - 일치하는 숫자 각 줄에 있는 같은 숫자 2개에 밑줄을 긋는다.	X	X	2~90세 이상	PRO-ED
CAS - 계획된 암호 밑에 철자가 쓰여진 빈칸들에 철자와 상응하는 범례에서 온 알맞은 부호들을 빠르게 채워 넣 는다.		X	5~17세 11개월	
DAS-II - 정보 처리 속도 비슷한 물체 또는 숫자를 포함하고 있는 행렬에 서 목표 형태 또는 숫자를 표시한다.	X		6~18세 11개월	피어슨
WISC-IV - 무효화 특정한 시간 동안 시각적 그림 집합체에서 목표 그림을 표시한다.	X	X	6~16세	
WISC-IV - 해독 기하학적 형태나 숫자와 짝지어져 있는 부호를 제한된 시간 안에 복사해낸다.		X	4~16세	
WISC-IV - 부호 탐색 탐색 대상들을 훑어본 후 제한된 시간 안에 목표 부호의 존재 또는 부재에 대해 표시한다.	X	X	4~89세	
WNV - 해독 제한된 시간안에 기하학적인 형태 또는 숫자와 짝지어진 부호를 복사해낸다.		X	4~21세	
WJIII-COG DS - 지우기 19개의 그림을 재빠르게 훑어보고, 목표 그림과 일치하는 5개를 표시한다.	X		4~90세 이상	리버사이드
WJIII-COG NU - 시각적 일치 숫자열에서 빠르게 두 숫자를 일치시킨다.	X	X	2~90세 이상	

빠르게 찾기 12.5

그림 유창성 검사

검사-하위 검사 : 설명	연령대	출판사
D-KEFS-형태 유창성 : 총 정답 조건 1+2 조건 1과 2의 총 정답 개수	8~89세 11개월	피어슨
NEPSY-II-형태 유창성 독특한 선 패턴으로 점을 잇는다.	3~16세	

명명 유창성 검사(빠른 자동 명명)

빠르게 찾기 12.6은 명명 유창성 측정을 위해 흔히 사용되며, 빠른 자동 명명(rapid automatized naming, RAN)이라고 불리는 검사들을 소개한다. 이 과제들은 학생들로 하여금 물건, 색상, 단어 또는 철자들에 가능한 빠르게 이름을 붙이도록 요구한다. 명명 유창성 또는 RAN 검사들은 아동들의 읽기장애 진단을 위해 흔히 사용된다.

명명 유창성 검사는 효율적인 처리 속도와 정확도를 필요로 한다. 이러한 측정 도구들(KTEA-II : A. Kaufman & Kaufman, 2005; CTOPP : Wagner, Torgesen, & Rashotte, 1999)은 언어 유창성 측정을 위해 수행 시간만을 포함하고 있다. 이 분야에서의 다른 측정 도구들은 추가적 점수를 포함하고 있는데 이는 임상가들의 처리 속도, 정확도, 자가 수정 오류에 대한 결과 해석을 돕는다.

D-KEFS 색상-단어 추리 검사의 첫 번째 조건에서(Delis et al., 2001) 학생들은 가능한 빠르게 나열된 네모들의 색상을 알아맞혀야 한다. 이 조건의 색상-단어 추리 검사는 총 수행 시간과 분리된 오류 수 점수를 발생시킨다. 전문가들이 이 정도의 세부적인 검사를 선택하는 것은 매우 중요한데, 이는 수행 시간에 대한 분석이 정확도 기능과도 관련되어 있기 때문이다. 어떠한 학생들은 정확도를 높이기 위해 과제 수행 속도를 늦추는데 이는 바람직한 보상 기술이다. 또 다른 학생들은 충동성을 보이며 과제 수행을 서둘러 평균 시간보다 빨리 끝내지만 많은 오류를 만들기도 한다. 색상-단어 추리 검사의 두 번째 조건에서 학생들은 색상 단어(예 : 빨강, 파랑, 초록)를 가능한 빠르게 읽어야 하며, 이 또한 수행 시간과 오류의 수 점수를 포함한다.

이러한 명명 유창성 검사를 해석할 때 신경 써야 하는 또 다른 요인은 검사 수행 시 드

빠르게 찾기 12.6

명명 유창성 검사

검사-하위 검사 : 설명	연령대	출판사
CTOPP-빠른 숫자 명명 가능한 빠르게 숫자를 명명한다.	7~24세 11개월	PRO-ED
CTOPP-빠른 철자 명명 가능한 빠르게 철자를 명명한다.		
CTOPP-빠른 색상 명명 가능한 빠르게 색상을 명명한다.	5~24세 11개월	
CTOPP-빠른 물체 명명 가능한 빠르게 물체를 명명한다.		
DAS-Ⅱ-빠른 명명 색상 또는 사진을 가능한 빠르게 명명한다.	5~17세 11개월	피어슨
D-KEFS-색상-단어 추리 조건 1(색상 명명) 색상이 칠해진 네모의 색상을 말하는 데 걸리는 시간	8~89세 11개월	
D-KEFS-색상-단어 추리 조건 2(단어 읽기) 색상 단어(예 : '빨강')를 빠르게 말하는 데 걸리는 시간		
KTEA-Ⅱ-명명 기능(RAN) 물체, 색상, 그리고 철자를 빠르게 명명한다.	4세 6개월~25세	
NEPSY-Ⅱ-억제 : 명명 형태를 빠르고 정확하게 명명한다.	5~16세	
NEPSY-Ⅱ-가속 명명 숫자와 철자 또는 물체에 부여된 이름을 빠르게 명명한다.	3~16세	
PAL-Ⅱ M-RAN 숫자와 두 자릿수 한 자릿수 숫자와 두 자릿수 숫자를 빠르게 읽는 데 걸리는 시간	유치원~ 초등 6학년	
PAL-Ⅱ RW-RAN 철자+철자 무리+단어 철자, 철자 무리, 그리고 단어를 빠르게 읽는 데 걸리는 시간		
RAN/RAS-빠른 자동화 물체 명명 가능한 빠르게 물체 그림을 정확하게 알아맞힌다.	5~18세 11개월	PAR
RAN/RAS-빠른 자동화 색상 명명 가능한 빠르게 색상 이름을 정확하게 알아맞힌다.		

(계속)

RAN/RAS-빠른 자동화 철자 명명
가능한 빠르게 철자의 이름을 정확하게 알아맞힌다.

RAN/RAS-빠른 변환적 철자와 숫자
가능한 빠르게 철자와 숫자를 정확하게 알아맞힌다.

RAN/RAS-빠른 변환적 철자, 숫자, 그리고 색상   5~18세 11개월
가능한 빠르게 철자, 숫자, 그리고 색상을 정확하게 알아
맞힌다.

WJIII-COG NU-빠른 그림 명명   2~90세 이상   리버사이드
5개의 물체 중 빠르게 물체의 그림을 명명한다.

러내는 자가수정 또는 수정되지 않은 오류와 관련이 있다. NEPSY-II(Korkman et al., 2007)는 이 영역에 두 가지 검사로 분류되는데 이는 전문가적 해석을 더욱 구체화할 수 있게 한다. 억제 검사의 명명은 학생들에게 흔히 접했던 그림의 이름을 가능한 빨리 말하도록 한다. 이 과제에 있어 주된 점수는 수행 시간이지만, 학생들은 검사가 진행되는 동안 자가수정을 할 수 있으며, 자가수정을 하는 동안에도 시간은 흐른다. 느린 수행 시간과 높은 비수정 오류의 수를 보이는 학생은 높은 자가수정 오류의 수로 인해 느린 수행 시간을 보이는 학생과 매우 다르다. 자가수정 오류는 자기관찰이라 불리는 실행 기능 기술로 과제 도중 오류가 발생하고 있다는 사실을 깨닫지 못하는 학생들보다 더 나은 상태이다.

 학습자의 처리과정 평가 제2판 : 수학을 위한 진단(PAL-II M; Berninger, 2007a)은 한 자릿수와 두 자릿수에 대한 RAN 검사를 포함하고 있으며, 수행 시간과 총 오류의 수를 포함한 두 가지 점수를 발생시킨다. 이와 비슷하게 PAL-II RW(Berninger, 2007b)도 철자, 철자 무리, 단어에 대한 RAN 검사를 포함하고 있으며 수행 시간과 총 오류의 수를 포함한 두 가지 점수를 발생시킨다. 만약 전문가가 어떠한 학생에게 명명 유창성의 결여가 있다고 의심한다면, 수행 시간을 초과한 오류 수와 오류 종류같은 추가적 점수를 제공하는 검사를 선택할 것을 추천한다.

언어 유창성 검사

빠르게 찾기 12.7은 언어운동 유창성 측정을 위해 널리 사용되는 검사들을 소개한다. 언어운동 유창성을 측정하는 많은 검사들은 학생으로 하여금 실제 단어가 아닌 단어들을

빠르게 찾기 12.7

언어운동 유창성 검사

검사-하위 검사 : 설명	연령대	출판사
CAS – 문장 반복 의미 없는 문장을 반복한다.	5~17세 11개월	PRO-ED
CAS – 언어 속도/문장 질문 높은 심상과 관련된 세 가지 단어와, 단일 또는 2개의 음절 단어를 순서대로 반복한다.		
CTOPP – 분절 단어 단어를 반복하고 그 단어의 소리를 한 음절씩 이야기한다.	7~24세 11개월	
CTOPP – 분절 비어 비어를 듣고 반복한 후, 한 음절씩 이야기한다.		
DWSMB – 표현적 언어 잇따라서 어려워지는 단어와 문장을 반복한다.	4~90세	리버사이드
KTEA-II – 언어 표현 실화적인 시나리오의 문맥으로 구체적인 언어과제를 수행한다.	4세 6개월~25세	피어슨
NEPSY-II – 언어운동 연속 발음하기 어려운 어구를 반복한다.	3~12세	
NEPSY-II – 의미 없는 단어 반복 의미 없는 단어들을 반복한다.	5~12세	
OWLS-II – 언어 표현 질문에 응답하고 문장을 완성시키거나, 구두적 또는 언어적 자극에 대한 응답의 문장을 만든다.	3~21세	웨스턴 사이콜로지 서비스
PAL-II RW – 언어운동 계획 시간 변환하는 음절을 생산하는 데 걸리는 시간과 동일한 음절 생산을 반복하는 데 걸리는 시간을 비교한다.	유치원~ 초등 6학년	피어슨
PAL-II RW – 언어운동 계획 오류 변환하는 음절을 생산할 때 발생하는 오류의 수와 동일한 음절 생산을 반복할 때 발생하는 오류의 수를 비교한다.		
WIAT-III – 언어 표현 개념, 단어, 또는 반복적인 문장을 명명한다.	4~50세 11개월	

음운적 규칙을 적용하여 반복하게 한다. 이 영역에 결여를 가진 학생들은 언어치료사에게 의뢰되어 더욱 자세한 평가를 받아보아야 한다.

NEPSY-II 언어운동 순서 검사(Korkman et al., 2007)의 세 가지 처리 과정 점수는 전문가들의 임상적 해석을 보조한다. 이 세 가지 처리 과정 점수는 구강운동 긴장 저하, 속도 변화, 그리고 지속적인 구음착오를 포함한다. 각 점수에는 기준 비율이 정해지기도 한다. 구강운동 긴장 저하는 근긴장도의 장애로 인해 언어의 구두적 생산에 지장이 생기는 것을 뜻한다. 속도 변화는 운동 응답 속도의 변동성을 뜻한다. 지속적인 구음착오는 언어운동 순서 검사에서 오류로 간주되지 않지만 전문가에게는 보고된다. 만약 이러한 행동들이 관찰되거나 전문가로부터 의심을 받는다면, 해당 학생은 더욱 자세한 평가를 위해 언어병리학자에게 의뢰되어야 한다.

회상 유창성 평가

회상 유창성 과제는 특정 철자로 시작하는 단어나 특정한 의미론적 범주 안에 포함되는 단어들(예 : 가구의 예)을 가능한 빠르게 기억해내는 것을 요구한다. 앞서 다룬 수행 유창성 측정들은 대부분 자동적 과제로 이를 완수하는 데 기억력이 요구되지 않는 반면, 회상 유창성 과제는 회상과 기억 회상의 속도를 결합하였다. Schrank와 Wendling(2012)은 WJIII-COG 회상 유창성 검사가 기억의 해독과 저장 구성은 측정하지 않으나, 회상 속도 또는 자동성을 강조한다고 하였다. 이러한 과제들의 기억 요소는 매우 중요하여 결과 해석 시 반드시 고려되어야 하지만, 종합 SNP/CHC 모형의 분류 목적으로 회상 속도가 강조된 것이다.

회상 유창성을 측정하기 위해 개발된 검사들은 빠르게 찾기 12.8에서 소개된다. 언어 회상 유창성 장애는 왼쪽 배측변 전두엽 회로 손상 또는 장애(Butler, Rorsman, Hill & Tuma, 1993), 또는 선조체 손상 또는 장애(Stuss et al., 1998)와 관련이 있다. 회상 유창성 장애를 가진 학생들은 말하거나 서술할 때 올바른 단어를 찾는 것에 어려움을 느낀다.

습득된 지식 유창성 평가

종합 SNP/CHC 모형에서 습득된 지식 유창성은 처리 과정 촉진/억제의 속도, 유창성, 그리고 효율성 대분류의 이차적 분류에 속한다. 그림 12.3은 습득된 지식 유창성의 삼차적 분류를 나타낸 것이다. 이러한 학습 유창성 측정은 빠른 읽기, 쓰기, 수학 문제 해결 처리 과정의 자동성을 나타낸다. 또 학습 유창성 측정은 이들의 기능에 따라 촉진/억제

빠르게 찾기 12.8

회상 유창성 검사

검사-하위 검사 : 설명	연령대	출판사
단어 유창성		
D-KEFS – 언어 유창성 – 조건 1(철자 유창성) 특정한 철자로 시작하는 단어들을 제한된 시간 안에 가능한 많이 명명한다.	8~89세 11개월	피어슨
NEPSY-II – 시작 철자 단어 생산 특정한 철자로 시작하는 단어를 빠르게 회상한다.	3~16세	
의미 유창성		
D-KEFS – 언어 유창성 – 조건 2(범주 유창성) 같은 범주 안에 속하는 단어들을 제한된 시간 안에 가능한 많이 명명한다(예 : 과일).	8~89세	피어슨
KTEA-II – 연상 유창성 같은 의미적 범주에 속하는 같은 철자로 시작하는 단어를 빠르게 명명한다.	4세 6개월~25세	
NEPSY-II – 의미적 단어 생산 어떠한 범주에 속하는 단어를 빠르게 회상한다.	3~16세	
WJIII-COG NU – 선택 속도 같은 범주안에 속하는 두 그림을 나란히 배열한다.	2~90세 이상	리버사이드
단어와 의미 유창성		
WJIII-COG NU – 회상 유창성 특정한 철자로 시작하는 단어나 같은 범주 안에 속하는 단어들(예 : 동물)을 가능한 빠르게 명명한다.	2~90세 이상	리버사이드

로 분류된다. 예를 들어 읽기 유창성은 무언가를 읽을 때 매끄러운 이해의 흐름을 유지할 수 있게 하기 때문에 중요하다. 그러므로, 좋은 읽기 유창성은 독해 능력을 촉진하며, 좋지 못한 읽기 유창성은 독해 능력을 억제한다. 쓰기와 수학에도 같은 논리가 적용된다.

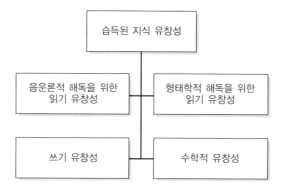

그림 12.3 습득된 지식 유창성의 삼차적 분류

읽기 유창성 검사

2004년에 수정된 IDEA(U.S. Department of Education, 2004)에서 읽기 유창성은 특정학습장애의 한 종류로 추가되었다. 이에 따라 주요 학습 검사 출판사들은 다양한 읽기 유창성 측정 도구를 검사들에 포함시켰다. 빠르게 찾기 12.9는 읽기 유창성의 삼차적 분류를 측정하기 위해 만들어진 검사들을 소개한다.

일반적으로, 읽기 유창성이 부족한 학생은 독해 능력이 좋지 못하여 읽기 자동성이 느려지고, 이는 이해력에 부정적인 영향을 미친다. 많은 학력 검사들은 빠른 음운론적 독해를 바탕으로 한 읽기 유창성 측정을 포함하고 있다. *Process Assessment of the Learner : Diagnostic Assessment for Reading and Writing*(PAL-II RW; Berninger, 2007b)에는 읽기 유창성 측정으로 빠른 음운론적 해독을 포함하고 있으며, 빠른 형태학적 해독 또한 추가되어 있다. 형태학적 해독 유창성은 단어를 읽고 공통적으로 시작하는 철자 패턴이 기반이 되는 단어에 형태소로 작용하는지, 또는 접두사로 작용하는지 구별할 줄 아는 능력을 측정한다(예 : take, taken, taking). 또 Berninger(2007b)는 PAL-II RW에 문장 감각 유창성 검사를 추가하였는데, 이는 무음 읽기 유창성을 측정한다. 문장 감각 유창성 검사는 단어 해독과 문장의 이해를 통합하는 능력을 평가한다. 읽기 유창성에 결여를 보이는 학생들에게 전문의의 더욱 자세한 평가를 원한다면 PAL-II RW 검사를 사용하는 것이 좋다.

쓰기 유창성 검사

쓰기 유창성이 아직 IDEA로부터 특정학습장애라고 인식되지는 않은 상태지만, 이는 평

빠르게 찾기 12.9

읽기 유창성 검사

검사-하위 검사 : 설명	연령대	출판사
읽기 유창성 : 빠른 음운론적 독해		
GORT-5 – 속도 이야기를 읽는 데 걸리는 시간	6~23세	PRO-ED
GORT-5 – 유창성 속도와 정확도 점수 결합		
KTEA-II – 해독 유창성 의미 없는 단어들을 빠르게 해독한다.	4세 6개월~25세	피어슨
KTEA-II – 단어 인식 유창성 고립 단어들을 빠르게 읽는다.		
PAL-II RW – 유사비단어 해독 유창성 60초 후에 정확하게 해독해낸 단어의 수	유치원~ 초등 6학년	
ROSWRF – 무음 단어 읽기 유창성 철자를 알맞게 단어로 분절해내는 능력	6세 6개월~ 17세 11개월	PRO-ED
WIAT-III – 구두 읽기 유창성 문항을 소리내어 읽고 이해력 문제에 구두로 응답한다.	초등 1학년~ 고등 3학년	피어슨
WJIII COG NU – 읽기 유창성 짧고 간단한 문장을 읽고 3분 간격을 두고 그 문장이 상식적인지 그렇지 않은지 '예' 또는 '아니요'에 동그라미 친다.	2~90세 이상	리버사이드
읽기 유창성 : 빠른 형태학적 독해		
PAL-II RW – 형태학적 독해 구성 같은 단어 기반에 다른 접미사들이 추가되었을 때 빠르고 정확하게 단어를 발음한다.	유치원~ 초등 6학년	피어슨

- **PAL-II RW – 올바른 접미사 또는 접두사 찾기** : 접미사와 접두사의 올바른 철자 패턴을 구분할 줄 안다.
- **PAL-II RW – 형태학적 독해 유창성 정확도** : 단어 기반에 다른 접미사들이 추가되었을 때 정확하게 발음해내는 단어의 수
- **PAL-II RW – 형태학적 독해 유창성** : 같은 단어 기반에 다른 접미사가 추가되었을 때 재빠르게 단어를 발음한다.

(계속)

PAL-II RW – 문장 감각 유창성
제한된 시간에 무음의 단어 인식과 문장 이해력을 재빠르게 조절할 수 있는 능력

≡ 빠르게 찾기 12.10

쓰기 유창성 검사

검사-하위 검사 : 설명	연령대	출판사
PAL-II RW – 묘사 구성적 유창성 • **묘사 구성적 유창성 단어의 수 :** 총 쓰인 단어의 수 • **묘사 구성적 유창성 철자가 올바른 단어의 수 :** 철자가 올바르게 쓰인 단어의 수	유치원~ 초등 6학년	피어슨
WIAT-III – 알파벳 쓰기 유창성 알파벳 철자를 빠르게 쓰는 능력	유치원~ 초등 3학년	
WJII ACH NU – 쓰기 유창성 읽을 수 있는 간단한 문장들을 쓰는 능력	2~90세 이상	리버사이드

가가 필요한 중요한 능력이다. 빠르게 찾기 12.10은 쓰기 유창성의 삼차적 분류를 측정하기 위해 개발된 검사들을 소개한다. 쓰기 유창성은 쓰기의 자동성을 나타내는데, 이는 쓰기 언어 부족 또는 언어 능력 부족과 같은 다양한 결핍 증세와 관련이 있다.

수학 유창성 검사

수학 유창성도 아직 IDEA에서는 특정학습장애로 인식되지 못하였다. 그러나 이 또한 평가해볼 필요가 있는 중요한 능력 중 하나이다. 수학 유창성은 수학 문제를 빠르고 효율적으로 완수하는 자동성을 뜻한다. 빠르게 찾기 12.11은 수학 유창성의 삼차적 분류를 측정하기 위해 만들어진 검사들을 소개한다.

정확도를 동반한 유창성 평가

학교신경심리학적 평가 시 중요하게 측정해야 하는 사항은 유창성과 정확도의 상관관계

빠르게 찾기 12.11

수학적 유창성 검사

검사-하위 검사 : 설명	연령대	출판사
PAL-II M – 숫자 쓰기 숫자를 읽을 수 있게 자동적으로 쓰는 능력	유치원~ 초등 6학년	피어슨

- **15초 안에 자동적으로 숫자 쓰기** : 15초 안에 읽을 수 있는 숫자를 쓴다.
- **숫자 쓰기** : 3분 안에 읽을 수 있는 숫자를 쓴다.
- **총 시간** : 26개의 숫자를 쓰는 데 걸리는 시간

검사-하위 검사 : 설명	연령대	출판사
WIAT-III – 수학 유창성 – 더하기 간단한 덧셈 문제를 푼다.	초등 1학년~ 고등 3학년	
WIAT-III – 수학 유창성 – 빼기 간단한 뺄셈 문제를 푼다.		
WIAT-III – 수학 유창성 – 곱하기 간단한 곱셈 문제를 푼다.	초등 3학년~ 고등 3학년	
WJII ACH NU – 수학 유창성 간단한 수학 문제를 푼다.	2~90세 이상	리버사이드

이다. 어떠한 검사가 수행 시간을 기록하도록 한다면 처리 과정 속도는 간접적으로 측정되고 있는 것이다. 일반적으로, 수행 시간을 측정하는 검사들은 수행 정확도 측정 또한 제공한다. 그림 12.4는 처리 속도를 검사하는 D-KEFS와 NEPSY-II에서 기록하는 수행 시간이다. 이 표에서 보여지는 검사들은 수행 시간과 정확도의 상관관계를 평가하는 방법을 제공한다.

전문가들은 학생의 검사 수행을 묘사하는 도표의 빈칸 안에 X 표시를 하도록 한다. 그림 12.5에서 보이는 도표는 점수 프로필을 기반으로 한 해석 가이드이다. 평균 이하의 수행 시간과 높은 오류 수를 해석하는 것은 매우 복잡하다. 검사 시행자는 각각의 검사가 필요로 하는 신경 인지적 요구를 이해하고 좋지 못한 수행에 대한 가설을 제기할 수 있어야 한다. 예를 들어 빠른 명명 하위 검사에서 느리고 부정확한 결과는 단어 인출 장애 또는 언어 표현 장애를 반영할 수 있다. 검사 시행자들은 또한 NEPSY-II 검사 결과의 다른 부분들과 보고되어 온 학습 기록을 살펴보고 느리고 부정확한 과제 수행의 원인에 대

검사	평균보다 낮은 오류의 수			평균보다 높은 오류의 수		
	빠른 수행 시간	평균 수행 시간	느린 수행 시간	빠른 수행 시간	평균 수행 시간	느린 수행 시간
D-KEFS 색상 단어 추리 검사 : 색상 명명						
D-KEFS 색상 단어 추리 검사 : 단어 읽기						
D-KEFS 색상 단어 추리 검사 : 억제 조건						
D-KEFS 색상 단어 추리 검사 : 억제/변환 조건						
NEPSY-II 빠른 명명						
NEPSY-II 시각-운동 정확도						
NEPSY-II 억제 : 명명						
NEPSY-II 억제 : 억제						
NEPSY-II 억제 : 변환						
PAL-II RW : RAS 단어와 숫자						
TEA-Ch 하늘 탐색 : 정답 수와 표적당 걸리는 시간						
TEA-Ch 생물 세기 : 정답 수와 시간 점수						

그림 12.4 수행 시간과 정확도 사이의 상관관계 분석을 위한 도표

	낮은 오류의 수	높은 오류의 수
빠른 수행 시간	아동이 매우 뛰어난 처리 과정 속도와 정확도를 가졌다는 것을 나타낸다.	충동적 행동을 반영한다.
평균 수행 시간	아동이 좋은 억제 능력을 가졌다는 것을 나타낸다.	아동이 속도를 맞추려 시도하지만, 억제 능력이 부족하여 오류율을 낮추지 못한 상태를 나타낸다.
느린 수행 시간	아동이 정확도의 증가를 위해 선택적으로 느리게 수행하였다는 것을 나타낸다. 또는 느린 처리 과정 속도를 나타내기도 한다.	아동이 수행을 늦추었음에도 불구하고 정확도가 증가하지 못했음을 나타낸다. 대부분 검사가 시행된 분야에서 낮은 능력치를 나타낸다.

그림 12.5 수행 기간-정확도 상관관계에 대한 해석

해 확인할 수 있어야 한다.

요약

이 장에서는 처리 과정 촉진/억제의 속도, 유창성, 그리고 효율성에 대해 검토하였다. 수행 유창성, 회상 유창성, 습득된 지식 유창성, 그리고 유창성과 정확도 간의 상호작용은 모두 처리 과정의 자동성, 효율성과 연관되어 있다. 이러한 측정에서 결여가 나타났을 때 이는 전체적인 정보 처리 과정의 속도 결여, 근본적인 처리 과정 장애(예 : 시공간적 결여), 또는 기술 부족(예 : 음운론적 독해) 등이 원인일 수 있다. 전문가들은 충분한 학교신경심리학적 평가를 통해 처리 속도, 유창성, 효율성 결여의 원인에 대해 확인할 필요가 있다.

자기점검

1. 다음 중 실행 유창성의 이차적 분류의 예가 아닌 것은 무엇인가?
   - a. 지각 유창성
   - b. 명명 유창성
   - c. 의미 유창성
   - d. 심리운동 유창성

2. 다음 중 정보 처리 과정 속도와 가장 밀접하게 연관되어 있는 신경해부학적 부위는 어디인가?
   - a. 뇌 신경섬유 수초화
   - b. 뇌량
   - c. 전두엽
   - d. 소뇌

3. 참인가 거짓인가? 빠른 음운론적 부호화 기술을 측정하는 것은 읽기 유창성을 측정하는 유일한 방법이다.

4. 다음 실행 유창성 측정 중 읽기장애를 예측할 수 있는 것은 무엇인가?
   - a. 심리운동 유창성
   - b. 명명 유창성
   - c. 형태 유창성
   - d. 지각 유창성

5. 구두 유창성의 NEPSY-II 평가에는 근긴장도를 측정하는 질적 행동이 있는데 이는 언어 구사의 구두적 생산에 영향을 미칠 수 있다. 이 질적 행동은 무엇인가?
   - a. 지속적 구음착오
   - b. 말더듬증
   - c. 작화
   - d. 구두운동 긴장 감퇴증

6. 참인가 거짓인가? 언어적 회상 유창성 장애는 좌측 배측변 전두 회로 손상 또는 기능 장애와 관련이 있다.

7. 다음 중 빠른 음운론적 부호화를 넘어 더욱 넓은 범위의 읽기 유창성 평가를 제공하는 검사는 무엇인가?
   - a. KTEA-II
   - b. WJIII ACH NU
   - c. PAL-II RW
   - d. WIAT-III

답 : 1. c 2. a 3. 거짓 4. b 5. d 6. 참 7. c

획득된 지식 : 문화 변용 지식과 언어 능력

이해력 지식(Gc), 특수 영역 지식(Gkn), 읽기와 쓰기(Grw), 그리고 양적 지식(Gq)은 CHC 이론에서 습득된 지식으로 분류되는데, 이는 "이들이 유용한 지식의 습득과 인간 기능의 중요한 영역에 대한 이해와 관련이 있고" "이러한 요소들이 장기기억에 대한 정보를 묘사"(Schneider & McGrew, 2012, p. 122)하기 때문이다. 이 단원에서는 습득된 지식의 문화 변용 지식과 언어 능력 구성에 대해 검토할 것이다.

문화 변용 지식

문화 변용 지식이라는 용어는 Horn과 Blankson(2012)이 이해력 지식(Gc)을 묘사하기 위해 사용하였다. 종합 SNP/CHC 모형에서 문화 변용 지식이라는 명칭이 대분류로 사용되었다. 의미 기억이라는 용어는 초기의 SNP 모형에서 Miller(2007)에 의해 처음 사용되었고, 이는 문화 변용 지식의 이차적 분류였다. 의미 기억은 종합 SNP/CHC 모형에서 세 가지의 삼차적 분류로 나뉘는데, 언어 이해력, 일반적 정보, 그리고 특수 영역 지식이 그 예이다. CHC 명명법에서 의미 기억은 이해력-지식(Gc)의 측정이며, 언어 이해력은 어휘 지식(VL)을 측정하고, 언어 발달(LD), 일반적 정보 측정, 일반적인 언어적 정보(KO), 그리고 특수 영역 지식 수준(Gkn)을 측정한다.

의미 기억 평가 시기

의미 기억은 장기기억에서 인출되는 백과사전적인 정보이다. 4~6세의 학습과 기억에 어려움을 겪는 어린 아동들은 의미 기억 측정에서 평균보다 아주 살짝 낮은 점수를 보이기도 한다. 의미 기억의 이른 측정은 아동들이 TV 시청을 통해 배운 정보들에 의존하는 것이 대부분이다. 그러나 학습과 기억 문제가 유년기 중반과 청소년기까지 지속된다면 의미 기억 점수는 현저히 저하되는데 이는 해당 학생이 그의 백과사전적인 지식 기반에 새로운 정보를 습득하지 못하기 때문이다. 또 사회에 완전하게 문화적으로 동화되지 못한 아동들도 의미 기억 측정에서 낮은 점수를 받을 수 있는데 이러한 경우 해당 아동의 의미 기억에 문제가 있다기보다는 문화 변용 결핍 때문이다. 일반적으로 학생의 장기기억에 문제가 있다고 여겨진다면, 해당 학생의 의미 기억을 평가하는 것이 임상적으로 바람직하다.

의미 기억 평가

빠르게 찾기 13.1은 종합 SNP/CHC 모형에 포함되는 의미 기억의 이차적, 삼차적 분류를 다시 언급한다. 의미 기억의 이차적, 삼차적 분류를 측정하기 위해 개발된 검사들에 대해서는 다음 부분에서 소개할 것이다.

　의미 기억과 관련된 신경해부학적인 면에서 볼 때, 이 처리 과정들은 전외측 측두엽이 손상되었을 때 심각한 장애가 생긴다(Levy, Bayley, & Squire, 2004). 빠르게 찾기 13.2는 의미 기억을 측정하도록 만들어진 주요 검사들을 소개한다.

≡ 빠르게 찾기 13.1

종합 SNP/CHC 모형의 습득된 지식 분류 : 문화 변용 지식

대분류	이차적 분류	삼차적 분류
문화 변용 지식	• 의미 기억	• 언어적 이해력 • 일반적 정보 • 영역 특수 지식

빠르게 찾기 13.2

의미 기억 검사

검사-하위 검사 : 설명	연령대	출판사
언어적 이해력		
KABC-II – 수수께끼 검사 시행자가 제공하는 언어적 특징(수수께끼)을 기반으로 구체적인 또는 추상적인 언어적 개념을 지목하거나 명명한다.	3~18세	피어슨
WJIII-COG NU – 언어적 이해력 기억을 측정하는 네 부분(그림 어휘력, 동의어, 반의어, 그리고 언어적 비유)	2~90세 이상	리버사이드
WJIII-COG DS – 2개 국어 언어적 이해력 스페인 아동의 의미 기억을 측정하는 네 부분(그림 어휘력, 동의어, 반의어, 그리고 언어적 비유)		
일반적 정보		
KABC-II – 언어적 지식 어휘 단어 또는 일반적 질문 응답에 상응하는 사진 하나를 선택한다.	3~18세	피어슨
SB-V – 비언어적 지식 축적된 비언어적 정보를 회상해내는 능력	2~85세 이상	리버사이드
SB-V – 언어적 지식 축적된 언어적 정보를 회상해내는 능력		
WISC-IV – 정보 광범위한 지식 주제와 관련된 질문에 응답한다.	6~16세 11개월	피어슨
WJIII-COG-NU – 일반적 정보 "어디에서"와 "무엇을"을 바탕으로 한 언어적 지식의 깊이	2~90세 이상	리버사이드
영역 특수 지식		
WJIII-ACH-NU – 학습 지식 기본적인 학습 분야의 지식(예 : 과학, 인문학 등)	2~90세 이상	리버사이드

언어 능력

학교에서 배우는 대부분의 것들은 언어를 기반으로 한다. 언어는 각자의 경험을 서로 나눌 수 있도록 하고 경험으로부터 얻은 지식을 다음 세대에 전달하기도 한다(Carlson, 2010). 언어 능력은 아동들의 학업적 성공에 있어 필수적이다. 언어 발달(*LD*)은 CHC 이론에서 *Gc* 안에 속하는 능력이다(Schneider & McGrew, 2012). 종합 SNP/CHC 모형에서 언어 능력은 습득된 지식과 구분되어 있지만 같은 대분류로 여겨진다.

언어의 신경해부학

이 절에서는 언어 기능의 신경해부학에 대해 검토할 것인데, 이는 언어의 편측화, 구두 표현과 수용언어 중 활성화되는 뇌 부위, 그리고 언어 기능에 대한 우측 반구의 관여 등을 포함한다.

언어의 편측화

인구의 90%는 언어 능력이 뇌의 왼쪽에 편측화되어 있다(Carlson, 2010). Knecht 등(2001)은 좌측 반구 언어가 건강한 오른손잡이의 96%에 해당하고, 85%의 양손잡이, 73%의 왼손잡이에 해당한다고 하였다. Vikingstad 등(2004)에 의하면 만약 좌측 반구가 초기 발달 시기에 기형이 생기거나 손상을 입으면 우측 반구가 언어 기능을 대체하기도 한다. 좌측 반구가 언어 생산과 이해에 주요 역할을 맡는다면, 우측 반구는 언어의 공간적 측면을 주로 담당한다.

언어 표현

버지니아는 구두언어 생산에 어려움을 겪는다. 그녀의 말은 느리고, 힘겨우며, 유창하지 못하다는 특징을 가지고 있다. 버지니아는 언어를 생산해내는 것보다 다른 사람들이 하는 말을 이해하는 것을 훨씬 수월해한다. 그녀는 또한 약간의 표현 문제와, 적절한 단어를 찾아내는 것에 어려움을 겪는다. 버지니아는 표현언어 상실증이라고 불리는 장애의 증상을 보이고 있는 것이다.

우리가 알고 있는 대부분의 언어에 대한 신경심리학적 줄기는 실어증 환자에 대한 연구로부터 비롯되었다. 실어증은 뇌손상 또는 장애로 인해 언어의 생산 또는 이해 능력에 결여가 생긴 상태를 일컫는다. 1861년, Paul Broca는 표현언어 상실증을 앓고 있던 환자의 사후 부검 중 뇌에서 좌측 반구의 하위 전전두엽 피질에 손상을 발견한 첫 번째 임상의다. 이 부위는 **브로카 영역**이라고 알려졌다. 최근 연구에서는 브로카 영역 손상만으로는 표현언어 실어증이 발생하지 않는다는 의견이 제기되고 있다. 표현언어 실어증이 발생하는 것은, 뇌손상이 전두엽 안의 브로카 영역을 감싸고 있는 뇌 조직과 그 하부에 있는 피질하 백질까지 이어져야 한다(Naeser, Palumbo, Helm-Estabrooks, Stiassny-Eder, & Albert, 1989). 또한 기저핵에 있는 꼬리핵의 머리 부분에 생긴 병변은 브로카 실어증과 비슷한 실어증을 발생시킨다(Damasio, Eslinger, & Adams, 1984). 또 측두엽의 바로 뒤에 있는 대뇌 반구의 전벽에 위치한 좌측 중심전회 병변은 말 실행증의 원인이 된다. 말 **실행증**은 언어 생산을 위한 입술, 혀, 목의 움직임을 계획하는 능력의 손상을 일컫는다(Dronkers, 1996).

브로카 실어증은 느리고 힘겨우며 유창하지 못한 언어로 특징지어진다. 브로카 실어증 또는 표현언어 실어증을 가진 아동들은 언어를 생산하는 것보다 이해하는 것을 더 수월하게 여긴다. 브로카 실어증은 언어 생산을 위한 구강운동 계획 부족, 실문법증, 명칭 실어증, 그리고 조음장애 등과 같은 여러 결여와 관련이 있다(Carlson, 2010). 실문법증은 아동이 문법적이거나 이해할 수 있는 문장을 만드는 것에 어려움이 있는 경우를 말한다. 명칭 실어증은 단어를 찾는 것에 어려움을 느끼는 것으로 다양한 종류의 실어증에서 발견되는 증상이나 브로카 실어증에서 매우 두드러진다. 조음장애는 표현언어 실어증 또는 브로카 실어증을 가진 아동들에게서 자주 관찰된다. 이는 아동들이 단어를 발음하는 것에 문제가 있고 소리의 배열을 변환하는 상태를 일컫는다(Carlson, 2010).

수용언어 또는 청취 이해력

저스틴은 이해할 만한 구강언어를 생산하는 것에 어려움을 느낀다. 그는 심지어 구두로 소개된 지침을 반복하는 것에도 어려움을 느낀다. 또 서술할 때, 그가 쓰는 단어들은 진짜 단어처럼 보이는 철자 배열로 구성되어 있지만 사실은 의미 없는 단어인 경우가 있다. 저스틴은 수용언어 상실증의 증상을 보이고 있는 것이다.

1874년, Carl Wernicke는 실어증을 가진 환자의 뇌에서 다른 손상 부위를 확인하였다. 이 추가적인 언어 부위는 좌측 전두엽에 위치하며, 측두평면이라고 알려진 일차 청각피질의 뒤쪽에 위치한다. 이 부위는 **베르니케 영역**으로, 이 부위의 손상은 **베르니케 실어증**으로 알려져 있다. 베르니케 실어증은 언어 이해력 장애와 유창하지만 의미 없는 말로 특징지어진다. 이는 말의 샐러드(word salad)라고도 불린다(Carlson, 2010). 베르니케는 또한

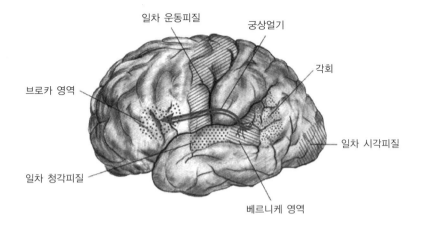

그림 13.1 언어의 Wernicke-Geschwind 모형

궁상얼기라고 불리는 브로카와 베르니케 영역을 연결하는 경로의 중요성에 대해서도 논의하였다. 궁상얼기에 생긴 손상은 제3의 실어증의 원인이 되는데 베르니케는 이를 전도 언어 상실증이라고 불렀다. 베르니케는 궁상얼기에 손상을 입은 환자들은 이해력이 온전하고, 자발적인 언어를 구사하지만 방금 들은 단어를 반복하는 데 어려움을 겪는다고 하였다.

단어의 뜻을 이해하지 못하는 상태와 생각을 의미 있는 언어 구사를 통해 표현하지 못하는 등의 언어 이해력 장애는 베르니케 영역을 감싸고 있는 피질 부위와 관련이 있는 것으로 보인다. 이 부위들을 통틀어 후두부의 언어 부위라고 칭하기도 한다(Carlson, 2010). 후두부의 언어 부위는 청각적으로 소개된 단어와 이 단어들의 의미 사이의 정보 교환에서 주요 역할을 담당하며, 감각과 관련된 피질에 기억을 저장하는 것으로 알려져 있다(Carlson, 2010). 네 번째 종류의 실어증은 후두부의 언어 부위에는 영향을 끼치지 않은 채 베르니케 영역에만 손상이 생겼을 때 발생한다. 이 종류의 실어증은 연결피질 감각성 실어증이라고 불린다. 연결피질 실어증을 가진 아동들은 타인이 말한 것을 따라 말할 수 있으나, 그들이 들은 것이 무슨 뜻인지 전혀 이해하지 못하며, 스스로 의미 있는 언어를 구사할 수 없다(Carlson, 2010).

빠르게 찾기 13.3은 여러 유형의 실어증을 신경해부학적, 특징 등을 바탕으로 정리하였다. 그림 13.1은 표현, 수용언어와 관련된 뇌의 주요 기능을 그린 것이다.

빠르게 찾기 13.3

실어증 요약

실어증 종류	관련 뇌 영역	특징
표현언어 상실증		
• 브로카 실어증	• 좌측 반구의 하위 전전두엽 피질(브로카 영역) • 기저핵 안 미상핵의 머리 • 브로카 영역과 주변 피질 영역 밑 백질	• 느리고 힘겨우며 유창하지 못한 언어 구사 • 언어의 생산보다 이해가 수월함
• 말 실행증	• 좌측 중심전회	• 언어 구사를 위한 입술, 혀, 목의 움직임을 계획하는 능력 손상
수용언어 상실증		
• 베르니케 실어증	• 좌측 측두엽, 측두평면으로 알려진 일차 청각피질의 뒤쪽	• 언어 이해력 부족과, 유창하지만 의미 없는 언어 구사
• 전도 언어 상실증	• 전두와 후부의 언어 영역을 연결하는 궁상얼기 경로의 손상	• 이해력과 언어 구사 능력에 문제가 없으나 방금 들은 단어를 복창할 수 없는 상태
• 연결피질 감각성 실어증	• 후두부의 언어 영역과 분리되어 베르니케의 영역에만 손상이 생긴 경우	• 다른 사람이 한 말을 복창할 수 있으나, 이해하거나 스스로 의미 있는 언어를 구사해낼 수 없는 상태

우측 반구의 언어 개입

비록 위에서 언급한 대부분의 언어 장애가 좌측 반구에 초점이 맞추어져 있지만, 우측 반구 또한 언어에 중요한 역할을 담당한다. 우리의 구두 언어에는 대부분 억양 또는 리듬이 있다. 우리의 말 또한 음조와 음량 변화를 지니고 있다. 우리의 언어는 또한 우리의 감정 상태를 암시하기도 한다. 언어의 율동적, 감정적, 그리고 선율적인 측면을 언어의 운율학이라고 한다. 운율학은 음조의 변화를 사용하고, 언어의 의미 전달을 강조한다. 운율학은 우측 반구의 기능으로 여겨진다. 빠르게 찾기 13.4는 언어 손상과 관련된 신경심리학적 용어를 나열한다.

▬▬▬ **빠르게 찾기 13.4**

언어 손상과 관련된 신경심리학적 용어

- 명칭 실어증(anomia) : 물체의 이름 또는 알맞은 단어를 찾지 못하는 상태
- 음치증(amusia) : 음악을 처리하지 못하는 상태
- 실어증(aphasia) : 언어 또는 청각 장기의 손상 없이, 뇌손상으로 인해 언어 기능이 손상된 상태
  - 브로카 실어증 : 유창하지 못한 실어증으로 비문법적인 언어를 구사함
  - 전도언어 상실증 : 유창한 실어증으로 복창하는 능력이 손상되었으나 언어 이해력은 비교적 온전함
  - 표현언어 실어증 : 유창한 언어를 구사하지 못하는 상태
  - 완전언어 상실증 : 유창성, 이해력, 반복, 읽기, 쓰기를 포함한 모든 언어 기능을 상실한 상태
  - 혼합언어 상실증 : 표현 언어 상실증과 수용 언어 상실증이 동반하는 실어 상태
  - 수용언어 실어증 : 이해력 장애가 주된 특징임
  - 연결피질 운동성 실어증 : 표현언어 상실증, 브로카 실어증과 비슷하며 복창은 가능한 상태
  - 연결피질 감각성 실어증 : 유창한 실어증으로 언어 이해력이 손상되었으나 복창은 가능한 상태
  - 베르니케 실어증 : 수용 언어와 복창이 심하게 손상된 상태
- 실율증(aprosodia) : 언어의 운율학 또는 선율적 구성이 손상된 상태
- 청각 인식 불능증(auditory agnosia) : 청력이 손실되지 않았음에도 소리를 인지하지 못하는 상태
- 돌려 말하기(circumlocution) : 이야기의 시작이 특정 주제로 시작하여 다른 주제들을 이야기하다가 다시 원래의 주제로 돌아오는 상태
- 색상 명칭 실어증(color anomia) : 색상의 이름을 말하지 못하는 상태
- 강박적 외설증(coprolalia) : 음담 욕설 또는 그 시작 음소를 포함하는 음성 틱
- 구음장애(dysarthria) : 입술, 혀, 턱 등의 근육 조절 문제로 발음이 어려운 상태
- 명칭 실어증(dysnomia) : 올바른 단어 선택에 어려움을 겪는 상태
- 심적 어휘(mental lexicon) : 단어 정보에 대한 심적 저장
- 철자법적 묘사(orthographic representation) : 단어의 시각 기반 저장
- 음운론적 묘사(phonological representation) : 단어의 소리 기반 저장
- 운율 체계(prosody) : 언어의 음조 변화

출처 : Ayd, 1995; Loring, 1999.

언어 능력 평가 시기

대부분의 아동이 특수교육을 찾게 되는 이유는 언어 지연과 관련이 있는데, 이 언어 지연은 조음장애와 관련된 경우가 많다. 언어장애는 조음장애와는 다르며, 구두 표현 능력과 수용언어 능력을 아우른다. 만약 학생이 심각한 언어 표현 또는 수용언어 장애를 가지고 있다면 공식적인 평가를 추가적으로 받아 목적이 있는 개선방안을 찾아야 한다. 또

한 ADHD 의심 학생들에게 세밀한 언어 평가를 시행해 청각적 또는 수용언어 장애를 배제하는 것도 중요하다. 대부분의 청각 처리 과정 장애를 가진 아동들은 수련받지 못한 관찰자의 눈에는 집중을 하지 않는 것으로 보여 ADHD — 부주의 형태라는 오진을 내릴 수 있다.

언어장애는 매우 다양한 신경발달적 장애와 관련이 있는 것으로 보인다. 이 신경발달적 장애는 자폐(Lang, 2010), 비특이성 발육 지연(Dooley, 2010), 외현적 장애(Jiron, 2010), 내재화 장애(J. Miller, 2010), 청각장애와 난청(Metz, Miller, & Thomas-Presswood, 2010), 읽기장애(Feifer, 2010), 쓰기 언어 장애(Berninger, 2010), 몇몇 유형의 수학장애(Maricle, Psimas-Fraser, Muenke, & Miller, 2010), 만성 질환(Colaluca & Ensign, 2010 참조), 몇몇 유형의 뇌종양(Begyn & Castillo, 2010 참조), 몇몇 유형의 발작장애(Youngman, Riccio, & Wicker, 2010 참조), 그리고 몇몇 유형의 외상성 뇌손상(Morrison, 2010 참조)을 포함한다.

언어 능력 문제 확인

종합 평가를 받기 전에 부모/보호자와 1명 이상의 선생님이 소아 · 청소년을 위한 신경심리학적 처리 과정 체크리스트, 제3판(NPCC-3; Miller, 2012a)을 작성하는 것을 추천한다. NPCC-3에 포함되어 있는 언어 문제와 관련된 문항들은 빠르게 찾기 13.5에 나열되어 있다. 이 항목들 중 보통 또는 심각한 범위라고 여겨지는 부분에 대해서는 공식적인 학교신경심리학적 평가를 통한 평가 측정이 필요하며 관찰되어야 한다.

언어능력 평가 : 언어 표현

빠르게 찾기 13.6은 종합 SNP/CHC 모형에 속한 언어 처리 과정의 이차적, 삼차적 분류에 대해 소개한다. 언어 능력의 이차적, 삼차적 분류를 측정하기 위해 개발된 검사들은 다음 절에서 이야기할 것이다.

언어 표현 검사 : 어휘 지식

빠르게 찾기 13.7은 어휘 지식의 측정을 위해 널리 쓰이는 검사들을 소개한다. 어휘 검사는 SNP 모형에 분류하기 어려운데 이는 해당 측정들이 다양한 인지 처리 과정을 측정하고 환경적, 문화적 요인으로부터 영향을 받기 때문이다. 많은 어휘 검사들은 물체 사진의 이름을 알아맞히거나 단어 뜻을 정의하도록 한다. 빠르게 찾기 13.8에 소개된 모든

≡ 빠르게 찾기 13.5

NPCC-3(Miller, 2012a)에 포함된 언어 능력 항목

언어 표현 장애

- 느리고 힘겨운 언어 구사
- 제한된 양의 언어 구사
- 소리 왜곡(예 : 불분명한 발음, 말을 더듬는 행동)
- 적절한 단어를 찾는 것에 어려움을 느낌

수용언어 장애

- 다른 사람이 하는 이야기를 이해하는 데 어려움을 겪음
- 구두로 소개되는 지시사항을 잘 따르지 못함
- 무언가 하라고 지시된 것을 잘 따르지 못함
- 대화를 잘 따라오지 못함

검사들은 어느 정도의 구두 응답을 필요로 하는데, 이것이 이 검사들이 언어 표현의 하위 분류에 속한 까닭이다. 그러나, 숙련된 검사 시행자는 학생의 제한적인 어휘 능력이 교육 기회가 부족한 언어적으로 결핍된 환경에서 자란 배경이 원인이 있을 수도 있다는 것을 알고 있어야 한다. 이러한 경우, 어휘 능력 결핍은 언어 표현 장애라고 판단될 수 없다.

어휘 평가에서 낮은 잠수는 인출 결여가 그 원인일 수도 있다. 이러한 종류의 과제에서 학생들은 명칭 실어증 증세 또는 단어 인출 장애를 보일 수 있다. 예를 들어 어떤 학생에

≡ 빠르게 찾기 13.6

종합 SNP/CHC 모형의 습득된 지식 분류 : 언어 능력

대분류	이차적 분류	삼차적 분류
언어 능력	• 언어 표현	• 어휘 지식
		• 질적 행동
	• 수용언어	• 언어적 응답을 동반하는 수용언어
		• 비언어적 응답 질적 행동을 동반하는 수용언어

빠르게 찾기 13.7

어휘 지식과 인출 검사

검사-하위 검사 : 설명	연령대	출판사
CREVT-2 – 표현 어휘 검사 시행자가 말하는 단어를 정의할 수 있는 능력	4~89세 11개월	PRO-ED
DAS-II – 이름 어휘 사진을 명명한다.	2세 6개월~ 8세 11개월	피어슨
DAS-II – 단어 정의 각 단어의 의미를 설명한다.		
DWSMB – 물체 사진 명명 물체가 그려진 사진에 대한 의미적 명명의 지식을 측정 한다.	4~90세	리버사이드
EOWPVT – 4 사진에 그려진 물체, 행동, 또는 개념을 명명할 수 있다.	2~80세 이상	아카데믹 테라피 출판사
EOWPVT-SBE – 영어 표현 언어 물체, 행동, 또는 개념 등이 그려진 사진을 보고 영어로 명명한다.	2~80세 이상	
EOWPVT-SBE – 스페인어 표현 언어 물체, 행동, 또는 개념 등이 그려진 사진을 보고 스페인어 로 명명한다.		
EVT-2 어휘 단어를 정의하는 능력	2세 6개월~ 90세 이상	피어슨
KABC-II – 표현 어휘 그림을 명명한다.	3~18세	
NEPSY-II – 신체 부위 명명 신체 부위를 명명한다.	3~4세 11개월	
SPELT-P 2 일상적인 상황이나 물건과 관련된 표현 어휘를 평가한다.	3~5세 11개월	자넬 출판사
SPELT-3 일상적인 상황이나 물건과 관련된 표현 어휘를 평가한다.	4~9세 11개월	
WIAT-III – 구두 표현(표현 어휘) 그림에서 보여지는 개념에 대해 명명하거나 주어진 카테 고리 안에서 단어를 말하고 문장을 복창한다.	4~50세 11개월	피어슨

(계속)

WISC-IV – 어휘   6~16세 11개월
자극 책에서 보여지는 그림의 개념을 명명하거나, 주어진
카테고리 안에서 단어를 말하고 문장을 복창한다.

WISC-IV 종합본 – 어휘 객관식   6세 1개월~
어휘 하위 검사의 객관식 버전. 언어적 요구와 단어 회상   16세 11개월
요구가 줄어든 검사이다.

WISC-IV 종합본 – 사진 어휘 객관식
WISC-IV 어휘 검사와 항목은 동일하나, 기억과 언어적 표
현 요구가 줄어든 검사이다.

WJIII-ACH NU – 사진 어휘   2~90세 이상   리버사이드
물체 그림을 인식하고 명명한다.

게 장미 그림을 보여주고 이름을 말하도록 하면, 해당 학생은 "꽃잎이 있고, 향을 맡을 수 있고, 빨갛다"라고 말할 수 있지만 "장미"라는 이름을 떠올리지는 못한다. 어휘 지식의 결여는 구두 표현 결여보다는, 단어의 초기 부호화 결여(기억장애) 또는 단어의 인출 결여(실행 기능)와 관련이 있는 경우가 많다. 전문가들은 학생의 어휘 검사를 조심스럽게 해석해야 하며, 이 검사들에서 발생한 오류의 종류를 고려해 결과를 해석할 수 있어야 한다.

구두 표현의 질적 행동

NEPSY-II의 구강 순서 검사(Korkman et al., 2007)는 전문의들의 검사 해설을 돕는 세 가지 추가적인 질적 행동을 제공하는데 이는 구강운동 긴장 감퇴, 속도 변화, 그리고 지속적인 구음 착오를 포함한다. 구강운동 순서 검사는 학생들에게 발음하기 어려운 문장을 구두로 복창하게 한다. 구강 긴장 감퇴는 근긴장 저하를 반영하는 질적 행동으로 언어 생산의 구강운동 능력에 영향을 끼친다. 만약 학생의 과제 수행에 여러 차례의 언어 구사 속도 변화가 관찰되면, 이 질적 행동은 속도 변화로 보고된다. 지속적인 구음 착오 또한 NEPSY-II의 의미 없는 단어 복창 검사와 더불어 이 검사에서 보고된다. 이 질적 행동들은 모두 누계 백분율로 표시되며, 이는 규범적 표본에 속한 학생들의 백분율을 반영한다. 이 규범적 표본에 속한 학생들은 일반적으로 검사를 받는 학생의 나이와 같고, 기질적 행동 중 하나를 가진 학생들로 구성된다. 만약 같은 나이의 학생 중 기질적 행동이

관찰된 백분율이 너무 작으면(10% 이하), 해당 학생을 언어치료사에게 의뢰하는 것을 추천한다.

D-KEFS(Delis et al., 2001)의 20개 질문 검사는 올바른 답을 찾기 위한 효율적인 예/아니요 질문을 사용하는 능력을 측정한다. 20개 질문 검사의 공간적 질문 질적 점수는 학생이 답을 가리기 위해 답이 아닌 자극을 제거하기 위한 시도로 사용된 예/아니요 질문의 수를 반영한다. 이 질문들은 자극들의 위치를 바탕으로 질문된다(예 : "이 물체가 밑에 두 줄에 있습니까?"와 같은 질문). 공간적 질문은 이 검사에서 언어적 질문보다 매우 드문 편으로, 규범적 표본의 2.7%에 해당하는 학생들이 이러한 공간적 질문을 던진다(Delis et al., 2001). 높은 공간적 질문의 수는 발달적 또는 습득된 실어증과 같은 구두 언어 장애를 나타내는 것일 수 있다. 높은 공간적 질문의 수를 가진 학생의 문제 해결 능력은 온전할 수도 있고 그렇지 않을 수도 있지만, 그의 언어적 표현 결여는 정상적인 과제 수행을 방해한다. 이러한 반응 스타일을 가진 학생들은 대부분의 학습 과제에 접근할 때 언어적 전략을 외면한 채 시각적 전략을 사용하여 접근할 수 있다.

언어 능력 평가 : 수용언어

빠르게 찾기 13.8은 수용언어 또는 청취 이해력 측정에 널리 쓰이고 있는 검사들을 소개한다. 수용언어 검사는 과제의 출력 요구를 바탕으로 언어적 반응, 비언어적 반응 또는 운동적 반응으로 하위 분류될 수 있다. 이러한 과제들은 학생들로 하여금 구두로 소개되는 내용을 듣고 질문에 응답하거나 시각적 자극을 보고 자극들의 여러 방면에 대해 언어적으로 곧장 말하도록 한다.

이 장 앞부분에서 말한 것처럼, 수용언어 장애가 있는 아동들은 꽤 자주 부주의한 유형의 ADHD로 오진되곤 한다. ADHD와 청각 처리 장애를 구분하여 진단하는 것은 매우 중요하다. 수용 언어 장애를 가진 아동들은 마치 주의를 기울이지 않는 것처럼 보이기도 하는데, 사실상 이들은 언어를 처리하는 데 어려움을 겪고 있을 뿐이다.

수용 언어에 대한 기질적 행동

지시사항 이해력, 음운론 처리 과정, 문장 반복, 그리고 단어 목록 추리를 포함한 NEPSY-II의 여러 검사에서 언어적으로 소개된 문제에 대하여 반복을 요청하는 것은 기질적 행동이다. 이러한 반복을 요청하는 기질적 행동은 누적되는 백분율로 표시되며, 이는 해당 학생의 나이를 바탕으로 구성되며 같은 기질적 행동을 가진 학생들로 구성된 규

⟰ 빠르게 찾기 13.8

수용언어 검사

검사-하위 검사 : 설명	연령대	출판사
언어적 반응을 동반하는 수용언어		

CAS – 문장 질문　　5~17세 11개월　　PRO-ED
언어적으로 읽은 문장의 내용에 대해 응답한다.

KTEA-II – 청취 이해력　　6~18세 11개월　　피어슨
단락을 듣고 질문에 응답한다.

ROWPVT-4　　2~80세 이상　　아카데믹 테라피 출판사
검사 시행자가 이야기하는 단어를 듣고 물체, 행동, 또는
개념이 그려진 그림을 언어적으로 또는 가리킴을 통해
일치시키는 능력

ROWPVT-SBE – 영어 수용언어　　4~12세
검사 시행자가 이야기하는 영어 단어를 듣고 물체, 행동,
또는 개념이 그려진 그림을 언어적으로 또는 가리킴을
통해 일치시키는 능력

ROWPVT-SBE – 스페인어 수용언어
검사 시행자가 이야기하는 스페인어 단어를 듣고 물체,
행동, 또는 개념이 그려진 그림을 언어적으로 또는 가리
킴을 통해 일치시키는 능력

TAPS-3 – 청취 이해력　　4~18세 11개월
구두로 소개되는 단락을 듣고 질문에 응답한다.

WIAT-III – 청취 이해력　　4~50세 11개월　　피어슨
단어를 듣고 그 단어가 그려진 그림을 가리킨다. 단락을
듣고 각 질문에 응답한다.

WJIII-ACH NU – 구두 이해력　　2~90세 이상　　리버사이드
단락을 듣고 빈칸에 들어가는 알맞은 단어를 채워 넣
는다.

WJIII-ACH NU – 지시사항 이해
지시사항을 듣고 따른다.

비언어적 운동 반응을 동반하는 수용언어		

CAS – 언어-공간적 관계　　5~17세 11개월　　PRO-ED
물체의 가상적 공간구조와 언어적 설명을 일치시킨다.

(계속)

CREVT-2 – 수용적 어휘 4개의 그림 중, 단어와 일치하는 하나를 고른다.	4~89세 11개월	
DAS-II – 언어 이해력 구두로 소개되는 지시사항을 따른다.	6~18세 11개월	피어슨
NEPSY-II – 신체 부위 확인 지시에 따라 자신을 신체 부위를 가리킨다.	3~4세	
NEPSY-II – 지시에 대한 이해력 점점 복잡해지는 언어적 지시에 대해 빠르게 반응한다.	3~16세	
OWLS-II – 청취 이해력 검사 시행자가 이야기하는 단어와 일치하는 그림을 가리킨다.	3~21세	웨스턴 사이콜로지 서비스
PPVT-IV – 총 점수 4개의 그림 중, 소개되는 단어와 일치하는 그림 하나를 가리킨다.	2~90세 이상	피어슨
WJIII-ACH NU – 지시사항 이해력 녹음된 지시사항을 듣고 그림 속의 여러 물체를 가리킨다.	2~90세 이상	리버사이드

준 표본에 반영된다. 만약 같은 나이의 학생과 비교했을 때 10% 이하에 해당하는 기질적 행동이 관찰되면 해당 학생은 언어병리학자에게 의뢰되어야 한다.

언어병리학자들을 위한 검사

비록 학교신경심리학자들이 이 검사들을 시행하지 않더라도, 빠르게 찾기 13.9에서는 이 검사들에 대한 간단한 설명을 제공한다. 이 목록은 언어병리학자들이 사용할 수 있는 모든 평가를 포함한 것은 아니다. 언어병리학자들이 일반적으로 이 검사들을 학령기의 아동들에게 시행하지만, 학교신경심리학자들은 이 검사들이 어떠한 측정을 하는지 알아두고 언제 아동이 특정 검사를 받도록 의뢰되어야 하는지 알 필요가 있다. 학교신경심리학자들은 언어병리학자들과 협력하여 평가가 겹치는 것을 피하고 평가의 기회를 최대화할 수 있게 계획해야 한다.

언어병리학자들이 일반적으로 시행하는 언어 기능 검사

검사	측정	연령대
• 구어 종합 평가[Comprehensive Assessment of Spoken Language (CASL), Carrow-Woolfolk, 1999]	• 언어 처리 능력(이해, 표현, 인출) • 언어 구성(어휘/의미적, 구문론적, 탈언어학적, 실용적)	3~21세
• 언어 기본의 임상적 평가 제4판 [Clinical Evaluation of Language Fundamentals – Fourth Edition (CELF-4), Semel, Wiig, & Secord, 2003)	• 수용언어 • 표현언어 • 언어 구성 • 언어 내용 • 언어 내용과 기억 • 작업기억	5~21세
• Goldman-Fristoe 조음 검사 2 (Goldman-Fristoe Test of Articulation 2)(Goldman & Fristoe, 2000)	• 자음 소리 표현	2~21세 11개월
• Khan-Lewis 음운론적 분석 제2판 [(KLPA-2), Khan & Lewis, 2002]	• 음운론적 처리	2~21세
• Lindamood 청각 개념화 검사 (LAC-3; P.C. Lindamood & p. Lindamood, 2004)	• 시각적 매체를 사용해 언어 소리를 개념화하고 인식하는 능력	5~18세 11개월
• 단어 탐색 검사 제2판(TWF-2; German, 2000)	• 표현언어 탐색	4~12세 11개월
• 초기 언어 발달 검사 제3판(TELD-3; Hresko, Reid, & Hammill, 1999)	• 수용언어 • 표현언어	2~7세 11개월
• 언어 발달 검사(초급) 제3판(TOLD-3; Hammill & Newcomer, 1997b)	• 표현언어	4~8세 11개월
• 언어 발달 검사(중급) 제3판(TOLD-3; Hammill & Newcomer, 1997a)	• 표현언어	8~12세 11개월
• 유타 언어 발달 검사(Mecham, 2003)	• 표현언어	3~9세 11개월

요약

이 장에서는 습득된 지식의 두 가지 대분류인 문화 변용 지식과 언어 능력에 대해 검토하였다. 언어 기능의 신경해부학에 대해서도 언제 언어 능력을 평가해야 하는지 다루었다. 이 장에서 언급된 것처럼, 학교 교육은 대부분 언어를 기반으로 한다. 그러므로 학교 신경심리학자들은 언어병리학자들과 협력하여 표현언어 장애와 수용언어 장애를 평가할 수 있어야 한다.

자기점검

1. 다음 중 의미 기억의 삼차적 분류에 포함되지 않는 것은 무엇인가?

   a. 절차 기억
   b. 언어 이해
   c. 일반적 정보
   d. 영역-특수적 지식

2. 인구 중 약 몇 %가 좌측 반구에 언어 능력이 편측화되어 있는가?

   a. 65%
   b. 70%
   c. 80%
   d. 90%

3. 느리고 힘겨우며 유창하지 못한 언어 구사로 특징지어지는 실어증의 종류는 무엇인가?

   a. 베르니케 실어증
   b. 브로카 실어증
   c. 전도 언어 상실증
   d. 연결피질 감각성 실어증

4. 이해력과 자발적 언어 구사는 온전하나 단어를 복창하는 것에 어려움을 느끼는 실어증의 종류는 무엇인가?

   a. 베르니케 실어증
   b. 브로카 실어증
   c. 전도 언어 상실증
   d. 연결피질 감각성 실어증

5. 참인가 거짓인가? 언어의 운율체계는 우측 반구의 기능이다.

6. 다음 중 올바른 단어를 찾거나 물체를 명명하는 것에 어려움을 느끼는 것을 묘사하는 용어는 무엇인가?

   a. 명칭 실어증
   b. 음치증
   c. 실어증
   d. 실율증

7. 언어치료사가 가장 많이 사용하는 언어 종합검사는 무엇인가?

   a. WJIII-ACH 표현언어와 듣기 이해 척도의 하위 검사
   b. 언어 기초의 임상적 평가 제4판(CELF-4)
   c. NEPSY-II 언어영역 하위 검사
   d. Kaufman 교육 성취 검사 제2판(KTEA-II)

8. 다음 중 입술, 혀, 턱 등의 근육이 약해짐으로 인한 발음의 어려움을 묘사하는 용어는 무엇인가?

   a. 구음장애
   b. 명칭 실어증
   c. 실어증
   d. 돌려 말하기

답 : 1. a 2. d 3. b 4. c 5. 참 6. a 7. b 8. a

획득된 지식 : 학업 성취도

제7장부터 제10장은 성공적인 학교생활과 일상을 위해 필요한 기본적인 감각 운동 기능부터 고차원의 실행 기능을 포함한 기초적인 인지 구성에 대해 소개하고 있다. 제11장과 제12장에서는 인지 처리 과정에 영향을 미치며 습득된 지식을 측정하는 인지 촉진과 억제에 대하여 검토하였다. 제13장에서는 문화 변용 지식과 언어 능력의 습득된 지식 능력에 대해 소개하였다. 이 장에서는 읽기, 쓰기 그리고 수학 분야의 습득된 지식에 대해 언급할 것이다.

대부분의 학교 관계자들에게 학업 성취도는 아동들의 학교 생활 발달상황에 대한 '측정 도구'로 여겨진다. 학업 성취도는 학생의 인지적 강점 및 약점과 밀접하게 관련되어 있다. 학교신경심리학자는 종합평가에 학업 성취도를 반드시 포함시켜야 하지만, 이에 대한 해석은 표준 점수만이 아닌 그 이상을 고려해야 한다.

이 장은 (1) 학습 기능에 대한 평가 시기, (2) 학습장애와 관련하여 사용되는 신경심리학적 용어, (3) 읽기장애의 신경심리학, (4) 쓰기장애의 신경심리학, (5) 수학의 신경심리학, 그리고 (6) 학습 분야별로 세분화된 성취도 검사들에 대해 언급할 것이다.

학습 기능에 대한 평가 시기

교육통계센터(U.S. Department of Education, 2011)에 따르면 2008년부터 2009년에 공립학교에 입학한 학생 중 5%에 해당하는 수가 특정학습장애(Specific Learning Disability, SLD)를 가진 것으로 분류된다. 읽기와 쓰기장애 발생률은 학령기 아동의 약 2~8%로 나타나고 있으며, 학령기 아동의 약 7%가 수학에 특정학습장애를 겪는다(Geary, Hoard, & Bailey, 2011). 이 발생률은 SLD 진단의 근거가 되는 읽기, 쓰기 또는 수학에 심각한 문제를 겪고 있는 학생을 바탕으로 추측한 것으로, SLD 진단을 받은 아동들보다 정도가 심하지 않으나 일상적으로 학습에 문제를 겪는 많은 수의 아동들은 포함하지 않은 수치이다. 이렇게 많은 수의 아동이 학습장애를 겪고 있으므로 학교신경심리학자들은 이 문제들과 관련된 장애를 정확하게 파악하여 적절한 처방 교육 방안을 제시할 수 있어야 한다. 아동의 읽기, 쓰기, 그리고 수학적 장애에 대해 올바르게 파악하기 위해 학교신경심리학자들은 학습장애와 관련된 신경심리학적 전문용어들과(빠르게 찾기 14.1 참조), 각 학습 분야와 관련된 하위 구성의 특징들을 이해하고 있어야 한다. 한 가지 성취도 평가를 시행하는 것으로는 읽기, 쓰기, 그리고 수학장애의 신경심리학적 하위 유형들을 올바르게 인지해낼 수 없다. 학교신경심리학자는 반드시 오류 분석, 실수 분석, 질적 행동 평가를 시행하여 아동이 겪고 있는 학습장애를 충분히 이해하도록 해야 한다. 이 장에서는 읽기, 쓰기, 수학과 관련된 장애의 하위 유형에 대해 검토할 것이다.

읽기장애

2학년인 타이런은 읽기에 어려움을 겪는다. 타이런은 익숙한 단어들을 읽는 것에는 문제가 없지만 익숙하지 않은 단어들 또는 무의미하나 발음할 수 있는 단어들을 읽는 데 어려움을 겪는다. 단어를 소리내어 읽는 것에 어려움을 느끼기 때문에 타이런은 단어의 시각적 표현에 지나치게 의존하는 경향이 있다. 특히 주어진 문단 안에 알지 못하는 단어가 많을수록 타이런의 독해 능력은 떨어진다.

  타이런은 아동들이 겪을 수 있는 여러 읽기장애의 하위 유형 중 하나인 **음성장애 난독증**을 가진 상태이다. 이 절의 해당 부분에서는 읽기와 언어장애의 관계, 읽기의 신경해부학적 회로, 그리고 읽기장애와 관련된 하위 유형들에 대해 알아볼 것이다.

🏁 빠르게 찾기 14.1

학습장애와 관련된 신경심리학적 전문용어

- 계산 불능(acalulia) : 수학적 계산을 수행하지 못하는 상태
- 필기 불능증(agraphia) : 쓰기 또는 철자에 어려움을 느끼는 후천적인 상태
  - 중심부 필기 불능증(central agraphia) : 철자 쓰기에 필요한 운동 또는 감각 시스템과는 관련이 없으며, 언어적 방해와 관련된 철자 쓰기와 구두 철자 장애를 말한다.
- 독서 불능증 (alexia) : 읽지 못하는 상태
  - 후천적 독서 불능증(acquired alexia) : 어떠한 형태의 뇌 외상으로 인해 독서 능력을 상실한 상태
  - 필기 불능증을 동반하는 독서 불능증(alexia with agraphia) : 독서와 필기가 불가능한 상태
  - 순수 실독증(pure alexia) : 필기 불능증을 동반하지 않는 단어 인식 불능증 또는 독서 불능증을 뜻한다.
- 난산증(dyscalculia) : 수학장애
- 실서증(dysgraphia) : 쓰기 언어 장애
- 난독증(dyslexia) : 읽기장애
  - 심층 난독증(deep dyslexia) : 시각과 의미론적 단서에 의존한다. 음운론 처리 과정의 장애로 뜻이 없는 단어를 읽는 데 어려움이 있다. 의미론적 오류를 보이는 것이 이 장애의 특징이다(예 : '식사' 대신 '음식'을 사용)
  - 발달적 난독증(developmental dyslexia) : 후천적으로 습득된 것이 아닌 태어날 때부터 존재하는 읽기장애
  - 음성장애 난독증(dysphonetic dyslexia) : 음운적 능력 부족으로 인한 읽기장애의 상태로 시각적 단서에 지나치게 의존한다.
  - 혼합 난독증(mixed dyslexia) : 의미론적 단서에 지나치게 의존하는 데 원인이 있는 읽기장애의 상태로, 읽기의 청각적 시각적 처리 과정이 결여된 상태
  - 표면성 난독증(surface dyslexia) : 언어의 상징들을 인식하는 것에 대한 장애가 원인이 되는 읽기장애로, 청각적 단서에 지나치게 의존한다.

출처 : Ayd, 1995; Loring, 1999.

해부학적 회로

Shaywitz(2003), S. Shaywitz와 Shaywitz(2005)는 효율적인 읽기 능력을 가진 사람과 비효율적인 읽기 능력을 가진 사람의 읽기를 연구하기 위해 여러 개의 주요 기능적 뇌영상 기법들(예 : fMRI)을 검토하였다. 이들은 연구를 통해 난독증을 가진 사람들이 느리고 좀더 비효율적인 2개의 경로를 사용하는 반면 능숙하게 읽는 능력을 가진 사람들은 하나의 빠른 경로를 사용한다는 것을 발견하였다. 아동이 단어를 읽을 때, 단어의 시각적 이미지가 우측 후두엽의 일차 시각피질에 비추어진다. 단어의 시각적 특징들(예 : 철자를 만드

는 선이나 곡선)에 대한 정보는 후두엽에서 처리된다. 다음으로, 뇌는 이 철자들을 언어의 소리로 변형하고, 궁극적으로는 이 소리들에 의미를 첨부해야 한다. 후두엽에서 처리된 단어의 시각적 특징에 대한 정보는 2개의 다른 뇌 경로 중 하나로 전달된다 : 좌측 두정-측두 부위에서 나오는 **등쪽 연결로**라고 부르는 위쪽 경로와, 후두엽과 측두엽의 이음부에 있는 **배쪽 연결로**라고 부르는 아래쪽 경로가 그 예이다.

두정-측두 시스템은 읽기에서 음성 해독에 필수적이다 — 단어를 분석하고, 음소 단위로 분해하며, 철자들을 연결하여 소리로 만든다. 각회와 연상회를 포함한 뇌의 두정-측두 부분이 활성화된다. 읽기를 배우기 시작하는 아동들은 독점적으로 두정-측두 시스템을 사용하게 된다.

읽기에 조금 더 능숙해진 아동들은 후두-측두 경로를 더 활용하게 된다. 섬 피질 또한 쓰여진 단어를 자동적으로 인식하는 것과 관련이 있으며, 후두-측두 경로와 함께 유창하게 읽는 것에 중요한 역할을 한다. 후두-측두 경로는 독해 접근 단어를 사용한다. 단어들은 후두-측두 시스템에서 한눈에 자동적으로 인식되며, 두정-측두 시스템에서처럼 음성학적으로 해체될 필요가 없다. 뇌의 후두-측두부가 활성화되면, 단어의 정확한 신경적 형태가 해당 단어의 철자, 발음, 그리고 의미와 함께 회상되는 것이다. 단어를 읽을 때마다 그 소리와 의미를 분석하는 것에 의존하기보다, 후두-측두부는 단어를 한눈에 빠르게 회상하여 읽기 과정을 보다 유연하고 자동적일 수 있게 한다. 그림 14.1은 뇌의 두정-측두 또는 후두-측두를 바탕으로 단어를 읽는 것에 대한 모형을 소개하고 있다.

읽기의 세 번째 경로는 전두엽의 브로카 영역과 관련이 있다. 이 경로 또한 단어의 음성학적 해독을 돕고, 두정-측두 경로와 같이 후두-측두 경로만큼 효율적이지 않다. 브로카 영역 주변의 하전두회는 뇌 내부 분절 체계의 끝부분으로 보여진다. 요컨대 읽기 처리 과정에는 세 가지 경로가 존재한다고 밝혀졌다. 이 중 두 가지는 음소론적 해독에 의존하며, 하나는 전체-단어 처리 접근법에 의존한다.

읽기를 잘하는 사람들은 뇌의 뒷부분을 지속적으로 활성화시키며, 뇌의 앞쪽 부분은 상대적으로 덜 활성화시키는 양상을 보인다. 반면에 효율적으로 읽지 못하는 사람 또는 난독증을 가진 아동은 반대의 양상을 보이는 것으로 나타난다(Shaywitz, 2003; S. Shaywitz & Shaywitz, 2005). 난독증을 가진 아동들은 크게 두 양상으로 구분된다. 첫 번째는 독서장애가 세 가지 뇌 경로를 각각 활성화할 수 있으나, 세 가지 모두를 동시에 활성화하는 것에 어려움이 있는 경우이다(Feifer, 2010, 2011). 두 번째는 난독증이 읽을 때 브로카 영역을 과잉활성화하는 경우이다. 전두 체계를 사용하여, 난독증을 가진 사

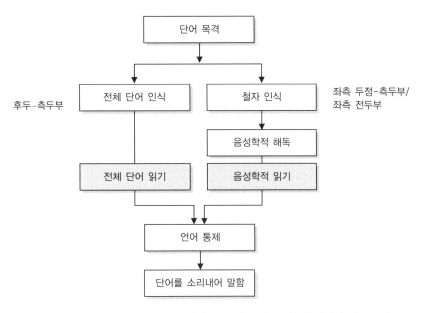

그림 14.1 단어를 소리내어 읽는 것에 대한 전체-단어 접근 또는 음성학적 접근 모형

출처 : Carlson (2010).

람은 단어의 소리 구성을 구축하고 읽는 동안 단어를 소리내지 않고 말할 수 있다. 이러한 보상적 전략은 난독증이 있는 사람들로 하여금 단어를 소리내어 읽도록 하여 도움을 준다. 그러나 뒤쪽 체계로부터 조정되는 유연성과 자동성은 찾기 힘든 채로 남아 있다. Shaywitz(2003), S. Shaywitz와 Shaywitz(2005)는 여러 fMRI 연구를 통해 초기의 해결방안과 효과적인 읽기 지도가 얼마나 뇌 뒤쪽의 자동적 읽기 체계 발달에 도움이 되는지 보고하였다.

요약하자면, 읽는 것에 숙련된 사람들은 자동적 경로를 더 빠르게 활성화해 쓰여진 단어들을 더욱 신속하게 해독한다는 증거가 나타났다(McCandliss & Noble, 2003; Owen, Borowsky, & Sarty, 2004; S. Shaywitz, 2003). 이 경로는 주로 뇌의 뒤쪽 부분과 함께 방추상회라고 불리는 뇌의 후두엽과 측두엽의 경계면에 자리하고 있다. 반대로, 난독증을 가진 사람들은 이와 같은 경로를 활성화하기보다 보상기전으로 구축된 다른 경로들에 의존하는데, 이는 단어 인식을 보조하기에는 너무 느리고 효율적이지 못하다(S. Shaywitz & Shaywitz, 2005). 각 단어들을 음운론적으로 나누는 데 지나치게 의존하는 느린 경로들은 등쪽 연결로라고 불린다. 단어를 어휘 단계에서 처리하는 빠르고 자동적인 경로는 배쪽 연결로라고 불린다. 이 경로는 다른 뇌 부분인 섬 피질에서도 보조를 받는데, 이는 영어에서는 흔한 특이한 철자를 가진 단어를 자동적으로 처리할 때 사용된다(Owen et al., 2004).

읽기장애의 하위 유형

읽기장애의 하위 유형들에 대한 명칭은 여러 분류가 존재한다. 학교신경심리 평가 모형의 목적으로 우리는 순수 실독증, 음성학적 난독증, 표면적 난독증, 철자 또는 단어-형태 난독증, 직접적 난독증, 그리고 의미론적 난독증에 대해 논할 것이다. 빠르게 찾기 14.2에서는 이러한 독서장애의 하위 유형에 대해 간단히 소개한다.

순수 실독증은 어맹증 또는 실서증을 동반하지 않는 실독증이라고도 불리며, 이는 인지적 읽기장애이다. 순수 실독증은 시각 경로에 생긴 병변이 시각 정보가 후두엽의 선조 외측 피질에 닿는 것을 방해함으로써 발생한다(Carlson, 2010). 순수 실독증을 앓고 있는 아동들은 읽을 수 없지만, 만약 실독증이 발생하기 전에 배운 단어들을 철자로 읽어주면 이를 인식할 수 있다. 순수 실독증을 앓고 있는 아동들은 애초에 시각 정보를 처리하지 못하기 때문에 전체 단어 접근법이나 음성학적 접근법 둘 다 사용할 수 없다. 그러나, 만약 아동이 뇌손상으로 인한 순수 실독증을 앓기 전에 읽고 쓰는 것을 배웠다면, 해당 아동은 읽기 능력을 상실했음에도 불구하고 조금은 쓸 수 있다.

음성학적 난독증을 앓는 사람들은 익숙한 단어는 읽을 수 있지만, 익숙하지 않거나 발음은 가능하지만 의미가 없는 비어들을 읽는 데 어려움을 느낀다(Carlson, 2010). 그림 14.2는 음성학적 난독장애에 대한 모형을 소개하고 있다. 음성학적 읽기는 의미 없는 단어나 아직 배우지 않은 새로운 단어를 접할 때 필수적이다. 음성학적 난독증을 가진 아동들은 전체 단어를 외우는 것에 지나치게 의존하는데 이는 그들이 음성학적으로 단어를 소리내어 읽을 수 없기 때문이다.

표면적 난독증은 단어를 음성학적으로는 읽을 수 있으나 전체 단어 방법으로 불규칙적인 철자로 이루어진 단어를 읽는 데 어려움을 보이는 읽기 장애이다(Carlson, 2010). 표면적이라는 용어는 이 유형의 장애를 가진 아동들이 단어와 관련된 의미를 알기보다 단어가 어떻게 생겼는지 그 '표면'만 고려하여 오류를 범하기 때문에 붙여졌다. 표면적 난독증은 대부분 좌측 측두엽에 병변이 생긴 경우 발생한다(Patterson & Ralph, 1999). 표면적 난독증을 가진 아동들은 전체 단어를 외우는 것에 어려움을 겪는데, 이로 인해 아동들은 단어들을 음성적으로 소리내어 읽는 것에 지나치게 의존하게 된다. 음성적 해독에 지나치게 의존하는 것은 읽기 유창성을 감소시키고 읽기 독해에 부정적인 영향을

빠르게 찾기 14.2

독서 장애의 하위 유형

독서 장애 하위 유형	증상
• 순수 실독증	• 아동이 시각 정보를 받아들이지 못하는 데 원인이 있는 인지 장애 • 어맹증 또는 실서증을 동반하지 않은 실독증이라고도 불린다. • 순수 실독증을 앓기 전에 글쓰기를 배운다면 제한된 범위 안에서의 글쓰기는 가능하다.
• 음성학적 난독증	• 전체 단어 읽기에는 문제가 없다. • 음성적으로 읽는 것에 장애를 보인다. • 음성학적 해독을 하기보다 단어 전체를 외우는 것에 지나치게 의존한다.
• 표면적 난독증	• 음성적으로 읽는 것에는 문제가 없다. • 전체 단어 읽기에 어려움을 보인다.
• 철자/단어-형태/복합적 난독증	• 전체 단어 읽기에 어려움을 보인다. • 음성적으로 읽는 것에 어려움을 보인다. • 단어의 철자는 읽을 수 있다.
• 직접적 난독증	• 음성적으로 읽는 데는 문제가 없다. • 전체 단어를 읽는 것에 문제가 없다. • 독해에 어려움을 느낀다.
• 의미론적 난독증	• 시각적, 의미론적 단서에 의존한다. • 의미론적 오류를 범한다(예 : '음식'을 '식사'라고 읽음). • 'of', 'an'이나 'not'과 같은 기능적 단어를 읽는 데 어려움을 느낀다.

끼칠 수 있다. 또, 표면적 난독증을 가진 아동들은 'bat', 'fist', 'chin'과 같은 규칙적인 철자를 가진 단어들은 곧잘 읽지만, 'pint'나 'yacht' 같은 규칙에서 벗어난 철자의 단어들을 읽는 데 어려움을 느낀다. 그림 14.3은 표면적 난독증의 모형을 소개하고 있다.

철자 또는 단어 형태 난독증은 혼합 난독증이라고도 알려져 있다. 이는 시각적 경로는 온전하지만 전체 단어 접근법과 음성적 접근법 둘 다 작용하지 않는 읽기장애이다. 단어 형태 난독증을 가진 아동은 단어 전체를 인식하거나 음성적으로 소리내어 말하지 못하지만, 개별적인 철자들은 인지할 수 있다. 이 아동들은 철자를 개별적으로 읽음으로써

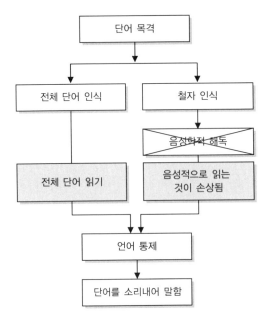

그림 14.2 음성학적 난독증의 읽기 모형. 전체 단어를 읽는 것은 온전하나 음성적으로 읽는 것이 손상된 상태

출처 : Carlson (2010).

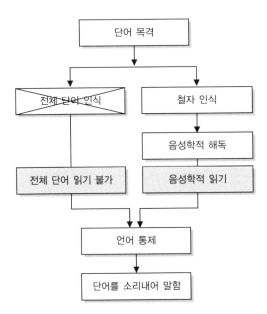

그림 14.3 표면적 난독증의 읽기 모형. 음성학적으로 읽기는 온전하나 전체 단어 읽기가 손상된 상태

출처 : Carlson (2010).

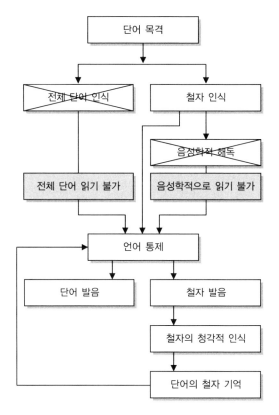

그림 14.4 철자 또는 단어-형태 난독증 읽기 모형. 전체 단어와 음성학적 읽기능력이 손상된 상태이다. 아동은 철자들을 발음하고, 단어를 인지한 후 말할 수 있다.

출처 : Carlson (2010).

단어를 읽는다(예 : 'cat'을 c-a-t로 읽는다). 그림 14.4는 단어 형태 난독증의 모형을 소개하고 있다.

　직접적 난독증은 뇌손상으로 인해 발생하는 언어장애로, 직접적 난독증을 가진 사람은 단어를 소리내어 읽을 수 있으나 그 의미를 이해하지 못한다(Carlson, 2010). 제13장에서 실어증의 한 유형인 연결피질 감각성 실어증에 대해 묘사하였다. 이는 아동이 다른 사람이 말하는 것을 반복할 수는 있으나, 그 의미를 이해하는 것은 불가능하고, 그들 스스로 의미 있는 언어를 구사하는 것이 불가능한 상태를 말한다. 직접적 난독증은 구어가 아닌 문어라는 점만 제외하고 연결피질 감각성 실어증과 흡사하다(Carlson, 2010).

　심층 난독증이라고도 알려진 의미론적 난독증은 '음식'이라는 단어를 '식사'로 읽는 등 의미론적 오류를 내는 것이 특징인 읽기장애이다(Feifer, 2010, 2011). 의미론적 난독증을 가진 아동들은 읽는 동안 시각적 단서와 의미론적 단서에 지나치게 의존하며, 음성학적 해독은 최소한으로 사용한다. 음성학적 해독이 손상된 상태이며, 단어의 시각적 이미지를 떠올리는 데 어려움을 느끼기 때문에 아동들은 추상적인 단어를 읽는 것에 어려움을 느낀다.

학교신경심리학자가 읽기에 어려움을 겪는 학생이 가지고 있는 읽기장애의 하위 유형을 확인하는 것은 매우 중요한데, 이는 모든 개선방안의 효율성은 학생의 읽기 하위 유형에 따라 개선방안의 적합성이 좌우되기 때문이다. 읽기 개선방안에 대한 하위 유형은 Feifer(2010), Mather와 Wendling(2012)을 참조하라.

읽기 성취에 대한 문제점 확인

학생이 종합검사를 받기 전에 부모/보호자와 최소 1명 이상의 선생님이 소아·청소년을 위한 신경심리학적 처리 과정 체크리스트, 제3판(NPCC-3 : Miller, 2012a)을 작성하도록 추천한다. 빠르게 찾기 14.3은 NPCC-3가 포함하고 있는 읽기 문제점에 관련된 질문들을

≡ 빠르게 찾기 14.3

NPCC-3(Miller, 2012a)의 읽기 성취 항목

읽기 해독 장애

- 익숙한 단어들을 포함한 모든 단어를 소리내어 읽는 것에 지나치게 의존한다.
- 단어들을 소리내어 읽기보다 단어가 어떻게 생겼는지 외우는 것에 지나치게 의존한다.
- 표적단어와 유사한 소리가 나는 단어들로 교체한다(예 : 'bear'를 'pear'로 읽음).
- 읽은 단어와 의미가 같은 다른 단어들로 대체한다(예 : '차'를 '트럭'으로 읽음).

읽기 이해력 장애

- 읽은 것을 이해하는 데 어려움을 느낀다.
- 이야기의 주요소를 알아내는 것에 어려움을 느낀다.
- 읽는 것에 집중하지 못한다.
- 이야기의 중요한 세부사항을 놓친다.

태도 문제

- 읽기 활동을 꺼린다.
- 독서 시 불안/초조/긴장 증세를 보인다.
- 정보 또는 흥미를 위한 독서에 관심을 보이지 않는다.

보여준다. 보통에서 심각한 범위에 드는 항목들에 대해서는 학교신경심리 평가를 통해 공식적인 평가를 측정하고 추가적인 관찰이 필요하다.

읽기 성취 평가

빠르게 찾기 14.4는 SNP/CHC 모형의 읽기 처리 과정의 이차적 분류와 삼차적 분류를 소개한다. 읽기 성취의 이차적 분류와 삼차적 분류를 측정하기 위해 만들어진 검사들은 빠르게 찾기 14.5에서 소개된다.

빠르게 찾기 14.4

읽기 성취의 분류에 대한 SNP 모형

대분류	이차적 분류	삼차적 분류
습득된 지식 : 읽기 성취	• 기본적 읽기 능력	• 음성학적 해독 • 맞춤법 부호화 • 형태학적/구문론적 부호화
	• 읽기 이해 능력	

빠르게 찾기 14.5

수 읽기 성취도 검사

검사-하위 검사 : 설명	연령대	출판사
기본적 읽기 능력 : 음성학적 해독		
GORT-5 – 정확도 이야기 속의 각 단어들을 정확하게 발음할 수 있다.	6~18세 11개월	피어슨
KTEA-II – 철자와 단어 인식 점점 어려워지는 철자들을 알아내고 단어를 발음할 수 있다.	4세 6개월~25세	
KTEA-II – 의미 없는 단어 해독 만들어진 단어를 해독하기 위해 발음법과 구조적 분석 능력을 적용한다.		

(계속)

PAL-II RW - 유사비단어 해독 정확도 유사비단어를 음성학적으로 해독할 수 있다.	유치원~ 초등 6학년	
TOWRE-2 - 읽기 효율성 지표 읽기 효율성의 전반적 지표	6세~24세 11개월	PRO-ED
WIAT-III - 초기 읽기 능력 기초적인 철자와 음소 인식 능력	유치원~ 초등 3학년	피어슨
WIAT-III - 유사비단어 해독 유사비단어를 음성학적으로 해독하는 능력	초등 1학년~ 고등 3학년	
WIAT-III - 단어 읽기 별개의 단어를 읽는다.		
WJIII ACH NU - 철자-단어 확인 별개의 단어를 읽는다.	2~90세 이상	리버사이드
WJIII ACH NU - 단어 공략 음성학적으로 규칙적이며 의미가 없는 단어를 구두로 읽 는다.		
WIST - 소리-형태 지식 구체적인 철자들과 관련된 적합한 소리를 생산할 수 있다.	7~18세 11개월	PRO-ED
WIST - 단어 확인 단어를 소리내어 정확하게 읽을 수 있다.		

기본적인 읽기 능력 : 맞춤법 부호화

PAL-II RW - 맞춤법 부호화
전체 단어를 기억으로 부호화하고, 이 단위들을 해당하
는 단위와 관련시킬 수 있다.
 	
• **표현적 부호화** : 쓰여진 전체 단어를 기억으로 부호
  화하고 필기 시 해당 단어를 전체적 또는 부분적으
  로 사용할 수 있다.
• **수용적 부호화** : 쓰여진 전체 단어를 기억으로 부호
  화하고 각각 다른 크기의 단어 단위로 나눌 수 있다.
	유치원~
	초등 6학년
		피어슨

기본적인 읽기 능력 : 형태학적/구문론적 부호화

PAL-II RW - 형태학적/구문론적 부호화 접미사와 같은 의미를 전달하는 단어 구성에 대한 지식 을 평가한다. • **관련이 있는가?** 말하기와 쓰기에 나타나는 형태소를 이해한다.	유치원~ 초등 6학년	피어슨

(계속)

- **알맞은가?**
  말하기와 쓰기에 나타나는 형태소와 구문론을 이해
  한다.
- **문장 구성** : 말하기와 쓰기에 나타나는 형태소와 구
  문론을 이해한다.

독해 능력		
GORT-5 - 이해 읽은 이야기의 내용과 관련된 질문에 대한 답변이 적절 하다.	6~18세 11개월	피어슨
KTEA-II - 독해 독해 능력을 측정하기 위해 만들어진 여러 단계의 과제	4세 6개월~25세	
WIAT-III - 독해 시간제한이 없는 상태에서 구절을 소리내거나 조용히 읽 고, 질문에 답한다.	초등 1학년~ 고등 3학년	
WJIII ACH NU - 구절 이해 구절을 조용히 읽고 빠진 단어를 채워 넣는다.	2~90세 이상	리버사이드
WJIII ACH NU - 단어 읽기 동의어, 반의어, 또는 언어적 유추를 구두로 생성한다.		
PAL-II RW - 문장 정확도 제한된 시간 안에 문장을 소리내지 않고 읽고 그 의미를 이해한다.	유치원~ 초등 6학년	피어슨

문자 언어(문어) 장애

데이비드는 처음 보는 단어의 철자를 쓰는 것에 어려움을 느낀다. 그는 단어를 복사하
거나 선생님으로부터 배운 단어들을 쓰는 것에는 문제가 없다. 피터 또한 쓰기에 문제를
겪고 있는데 그가 겪는 어려움은 데이비드와는 다르다. 피터는 종이에 글을 쓰는 것에
어려움을 겪고 있다. 그는 매우 천천히 쓰고 제대로 쓰기 위한 적절한 운동 행위를 하는
데 어려움을 겪고 있다. 둘은 모두 문자 언어에 장애를 가지고 있지만 데이비드는 음운
론적 실서증을, 피터는 표상적 실서증이라는 각기 다른 하위 유형의 장애를 가지고 있다.
 필기 과정은 매우 복잡하여 언어, 생각, 그리고 운동의 조화가 수반되는 행위이다
(Mather & Wendling, 2011). 이 절에서는 쓰기장애와 관련된 하위 유형에 대해 검토하

고, 쓰기의 신경해부학적 회로, 그리고 종합 SNP/CHC 모형의 주요 문자 언어 검사들에 대해 소개하고 검토할 것이다.

문자 언어 장애의 하위 유형

문자 언어에는 세 가지 유형이 존재한다. 하나는 단어의 철자를 쓰지 못하는 것과 관련이 있고, 나머지 두 가지는 운동 제어 장애와 관련된 것들이다. 빠르게 찾기 14.6은 난독성 실서증(언어 기반), 실행 실서증(비언어 기반), 그리고 기계적 실서증으로 구분되는 쓰기 장애의 하위 유형을 소개하고 있다.

≣ 빠르게 찾기 14.6

문자 언어 장애의 하위 유형

문자 언어 장애 하위 유형	증상
난독성 실서증(언어 기반 장애)	
• 음성학적 실서증	• 음성학적 독해가 손상된 상태 • 익숙하지 않은 단어들, 비단어, 그리고 음성학적으로 규칙적이지 않은 단어들의 철자를 쓰지 못한다. • 단어를 복사하거나, 받아쓰기, 익숙한 단어들에 대한 철자는 올바르게 쓸 수 있다.
• 정자법적 실서증	• 단어를 시각적으로 회상하지 못하며, 음성학적으로 지나치게 의존한다. • 음성학적으로 규칙적인 단어들의 철자를 쓸 수 있다. • 음성학적으로 규칙적이지 못한 단어들의 철자를 쓰는 데 어려움이 있다. • 단어의 어휘 표상 능력이 결여되었다. • 단어의 특이한 성질에 대한 지식이 결여되었다.
• 혼합 실서증	• 철자 형성을 회상하지 못하는 상태 • 맞춤법 능력이 불완전하다. • 음운적 오류와 맞춤법 오류를 범한다. • 단어의 철자를 정확하게 배열하지 못한다.
• 의미론적/구문론적 (직접적) 실서증	• 받아쓸 수 있다. • 쓰여진 단어를 이해하지 못한다. • 내포된 문법에 대한 이해력이 부족하다.

(계속)

운동 불능 실서증 (비언어 기반)

• 관념 운동적 실서증	• 구두 명령에 대한 응답으로 운동적 행동 또는 제스처를 이행하는 것이 불가능하다.
	• 이해력과 운동 능력이 온전하나 조화가 되지 않는다.
• 관념적 실서증	• 운동 처리 과정이 순조롭지 못하다.
	• 느리게 쓴다.
	• 복사할 수 있다.
	• 받아쓰기를 약간 어려워한다.
	• 자연스럽게 쓰지 못한다.
• 구조적 실서증	• 시공간적 장애
	• 복사하지 못한다.

기계적 실서증

• 운동적 실서증	• 인지적 장애가 쓰기와 관련이 없다.
	• 글씨를 잘 못 쓴다.
	• 실서를 겪는 이유가 손의 운동적 결핍(예 : 손의 경련, 떨림, 소근육 운동 결여 등)에 의한 것이다.

출처 : Feifer and DeFina (2002).

난독성 실서증

음성학적 실서증을 앓고 있는 사람들은 단어들을 소리내어 읽지 못하고, 음성학적으로 쓰지 못한다(Carlson, 2010). 음성학적 실서증을 가진 아동들은 음성학적 해독 능력이 결핍되어 익숙하지 않은 단어들, 비단어, 음성학적으로 비규칙적인 단어들의 철자를 쓰지 못한다. 이 아동들은 시각적으로 본 적이 있는 비교적 익숙한 단어들은 쓸 수 있다. 또 단어를 복사하여 쓰거나 받아쓰기를 하는 것은 가능하다.

정자법적 실서증은 시각을 기반으로 한 쓰기 장애를 말한다(Carlson, 2010). 이 장애를 가진 아동들은 단어를 소리내어 읽는 것에 지나치게 의존하기 때문에, 음성학적으로 규칙적인 단어들의 철자는 쓸 수 있으나, 음성학적으로 불규칙한 단어들은 쓰지 못한다. 정자법 실서증을 가진 아동들은 전체 단어를 시각적으로 기억하기 못하기 때문에 단어를 소리내어 읽을 수밖에 없는 것이다. 결과적으로 그들은 규칙적인 철자를 가진 단어들과 의미가 없지만 발음은 가능한 단어들을 쓸 수 있다. 그러나 불규칙한 단어들의 철자를 쓰는 데는 어려움을 겪는데 half는 haff로, said는 sed로 쓰는 등의 실수를 한다. 이 아동들은 악필이거나 철자를 잘 틀리고, 연속적인 손가락 동작을 이행하는 데 어려움을 느끼기도 한다(Berninger, 2010).

혼합 실서증은 단어의 철자 배열을 정확하게 쓰지 못하고, 철자의 형태를 제대로 기억하지 못하며, 철자를 쓰는 능력이 일관성이 없는 것이 특징인 쓰기 장애이다(Feifer & Defina, 2002). 이러한 유형의 실서 장애를 가진 아동은 쓰여진 문구를 복사하거나 철자의 형태를 정확하게 쓰는 데는 문제를 보이지 않는다. 그러나 철자를 쓰는 데 있어 음성학적 오류를 범하고 advantage를 advangate라고 쓰는 등 철자의 위치 배열에 실수를 보이는 정자법 오류를 범하기도 한다.

의미론적/구문론적(직접적) 실서증은 단어와 구절이 어떻게 결합되는지 알도록 하는 문법을 이해하지 못하는 것이 특징이다(Feifer & DeFina, 2002). 앞서 소개된 읽기 장애 부분에서 직접적 난독증은 소리내어 읽을 수 있으나 읽은 것을 이해하지 못하는 것이 특징적인 읽기 장애라고 소개하였다. 의미론적/구문론적 또는 직접적 실서증은 이와 비슷하여 이를 앓고 있는 아동들은 받아 적도록 지시받은 단어들을 쓸 수 있으나 이 단어들의 의미를 이해하지 못한다(Carlson, 2010).

운동 불능 실서증

운동 불능이라는 용어는 여러 가지 운동 기능이 결여되어 아동이 능숙함을 요하는 움직임을 뜻대로 이행하지 못하는 상태를 말한다. 운동 장애는 마비, 부전 마비, 또는 이해력 결핍의 결과가 아니다. 쓰기 문제는 철자 또는 단어를 쓰기 위한 연필이나 펜의 움직임에 부정적인 영향을 미치는 운동 통제 결여로 인하여 생길 수 있다.

관념 운동적 실서증은 구두 명령에 따른 운동 실행 또는 제스처를 취하는 것을 실패하는 상태를 말한다. 관념 운동적 실서증을 가진 아동은 이해력과 운동 반응을 실행하는 데 필요한 운동 능력이 온전한 상태이나, 구두 명령을 이해하고 이것을 운동 실행으로 연결하는 것이 결여되었음을 보인다. 관념 운동적 실서증은 일반적으로 좌측 두정엽 또는 좌측부 운동 중추 영역의 병변과 관련이 있거나, 뇌량에 병변이 생긴 경우 발생할 수 있다.

관념적 실서증은 움직임을 위한 실행 계획(관념)이 상실되어 제스처를 취하는 것이 불가능해진 상태를 말한다. 관념적 실서증이 있는 아동들은 쓰는 것을 동반하는 과제를 계획하고 생각을 순서대로 정리하는 것에 문제를 겪는다. 이러한 실서 장애를 겪는 아동들은 명령에 따른 단독적인 운동은 이행할 수 있지만, 여러 운동 동작들을 연결 지어 함께 이행하지는 못한다. 그러므로 아동은 단독적인 알파벳 'b'는 쓸 수 있지만 같은 글자여도 단어 'ball' 안에 쓰여진 b를 쓰는 데는 어려움을 겪는다. 이러한 장애를 가진 아동들은 매우 느리고 힘겹게 글씨를 쓰고 자주 지우거나 수정을 하는 등의 특징적인 행동을 보인다(Feifer & DeFina, 2002).

구조적 실서증은 '철자와 단어 쓰기의 공간 제약으로부터 오는 결핍으로 인해 문자 언어를 쓰거나 조절하지 못하는 상태'를 말한다(Feifer & DeFina, 2002, p. 79). 대부분의 문자 언어 처리 과정은 좌측 반구 기능과 관련되어 있으나, 쓰는 행동(예 : 밑줄에 맞추어 쓰기, 문장을 수평으로 유지하여 쓰기, 종이의 왼쪽 위부터 시작하여 오른쪽으로 써 내려가기 등)에 필요한 시공간적 측면은 우측 반구 기능과 관련되어 있다. 쓰기를 잘하지 못하는 것은 대부분 일관성이 없는 공간적 제약을 준수하지 못하는 경우에 발생한다.

기계적 실서증

운동적 실서증은 쓰기에 영향을 미치는 인지적(언어적/비언어적) 장애와 관련이 없는 실서 상태를 말한다. 이러한 경우 쓰기 장애는 운동 출력 결핍에서 비롯된다. 운동적 실서증은 아동이 펜이나 연필을 올바르게 잡지 못하는 것의 원인이 되며, 필기구에 적절하지 못한 압력을 가하게 하기도 한다. 운동 실서증은 대부분 손의 기계적 문제와 관련되어 있다(예 : 마비, 떨림, 소근육 운동 결핍 등). 작업치료사는 아동의 운동 실서증을 평가하고 해결방안을 제시하는 데 훌륭한 자원이 될 수 있다(평가 항목들에 대해서 제7장을 참조하라).

필기와 철자

IDEA에서 쓰기는 특정학습장애(SLD)의 요건으로 여겨지는 여덟 가지 분야 중 하나이다. 필기와 철자에 어려움이 있는 것은 실서 장애의 증상으로 여겨지지만 이것만으로는 SLD 진단을 내리기에 부족하다(Mather & Wendling, 2011). Berninger(2010)는 IDEA의 문자언어 SLD 규준이 학생들에게 특수교육 서비스 자격을 주는 것에 기반하고 있으며, 증거에 기반한 구별적 진단에는 근거하지 않는다고 말하였다. Fayol, Zorman과 Lété(2009)는 실서증을 가진 대부분의 사람들이 필기에 어려움이 있으며 이는 철자 문제와 관련이 있을 수도 있고 그렇지 않을 수도 있다는 것을 발견하였다. 그러므로 필기와 철자 능력의 결손만으로는 특수교육 서비스의 자격 여부를 판단할 수 없지만 학교신경심리학자는 이 결여사항을 무시해선 안 된다.

쓰기에 있어 운동 출력 장애는 잘못된 연필 잡는 방법, 읽을 수 없는 글씨체, 또는 피로로 인해 쓰기를 멈추는 등의 행동을 포함한다(Mather & Wendling, 2011). Berninger(2010)는 가독성, 자동성, 속도, 그리고 지속적으로 유지되는 쓰기 활동 등이 필기의 하위 구성으로서 평가되어야 한다고 주장한다. 학생을 위한 처리 과정 평가-제2 판: 읽기와 쓰기 진단[Process Assessment for the Learner-Second Edition : Diagnostics for Reading and Writing(PAL-2 RW) : Berninger, 2007b]은 필기의 세 가지 하위 구성을 측정하기 위해 개발된 검사이다. Berninger와 Wolf(2009)는 필기를 포함한 실서증을 위한 특수교육 치료 방법을 개발하였다.

철자는 소리-상징 연관성과 밀접하게 관련되어 있다. 어떠한 아동들은 단어의 철자를 소리내어 읽는 것에 지나치게 의존하고 전체 단어를 시각적으로 기억하지 못하기도 한다. 이러한 철자 문제를 가진 아동들은 철자가 불규칙한 단어들을 쓰는 데 어려움을 겪는다. 또 어떤 아동들은 단어 철자의 정자 표현에 지나치게 의존하여 음성학적 규칙을 적용하지 못하는 경우도 있다. 철자를 잘 쓰지 못하는 학생들은 익숙하고 단순한 단어들을 쓰려는 경향이 있기 때문에 문자 표현이 제한적일 수 있다(Mather & Wendling, 2011).

쓰기의 신경해부학적 회로

Benson과 Geschwind(1985)는 음성학적 실서증이 상측 측두엽 손상으로 발생하고, 표면적(정자법) 실서증은 하위 두정엽에 생긴 손상으로 발생한다고 하였다. 최근의 기능적 영상 연구와 뇌병변 환자의 사후 연구들에 의하면 뒤쪽 하측두 피질이 음성학적 실서증과 표면적 실서증 두 가지 모두와 연관이 있는 것으로 밝혀졌다(Carlson, 2010). 특히 모서리위이랑의 전측 부분에 손상을 입거나 기능이 저하된 사람들은 음성학적 실서증을 보이는 것으로 나타난다.

혼합 실서증은 좌측 하부 두정엽의 기능 저하와 관련이 있는 것으로 보인다. 또한 철자를 적절하게 배열하기 위해서는 계획과 순차적인 정돈 능력이 필요하기 때문에 혼합 실서증을 겪는 아동에게서는 전두엽 피실 손상도 의심해볼 수 있다. 쓰기의 운동적 측면은 등쪽 두정엽, 전운동피질, 그리고 일차적 운동피질과 관련되어 있다(Carlson, 2010).

문자 언어 성취 문제점 확인

학생이 종합검사를 받기 전에 부모/보호자와 최소 1명 이상의 선생님이 소아·청소년을 위한 신경심리학적 처리 과정 체크리스트, 제3판(NPCC-3)을 작성하도록 추천한다. 빠르게 찾기 14.7은 NPCC-3가 포함하고 있는 문자 언어 문제점에 관련된 질문들을 보여준다. 보통에서 심각한 범위에 드는 항목들에 대해서는 학교신경심리 평가를 통해 공식적인 평가를 측정하고 추가적인 관찰이 필요하다.

문자 언어 성취 평가

빠르게 찾기 14.8은 SNP/CHC 모형의 문자언어 처리 과정의 이차적 분류와 삼차적 분류를 소개한다. 쓰기 성취의 이차적 분류와 삼차적 분류를 측정하기 위해 만들어진 검사들은 빠르게 찾기 14.9에서 소개된다.

≡ 빠르게 찾기 14.7

NPCC-3(Miller, 2012a)의 문자 언어 성취 항목

공간 생산 기능
- 단어와 철자 사이에 일정하지 않은 공간을 보인다.
- 글을 수평한 선에 맞추어 쓰지 못한다.
- 아동이 쓴 것을 다른 사람이 읽는 데 어려움이 있다.
- 철자나 단어를 쓰는 데 문제를 겪는다.
- 철자나 단어를 지나치게 크게 적는다.

표현 언어 기능
- 나이에 비해 제한된 어휘능력을 가지고 있다. 쉬운 단어를 많이 쓴다.
- 생각을 단어로 표현해내는 데 어려움이 있다.
- 문상의 구성이 단순하고, 다양성이 없다.
- 글을 쓸 때 철자를 자주 틀린다.
- 글을 쓸 때 문법을 자주 틀린다.

서기 운동 출력 기능
- 연필이나 펜을 올바르게 잡는 데 어려움을 겪는다.
- 글을 쓸 때 연필/펜을 너무 부드럽게 눌러 쓴다.
- 철자나 단어를 지나치게 작게 적는다.
- 필기체를 사용하는 것보다 인쇄체를 더 선호한다.

태도 문제
- 쓰기와 관련된 활동을 피한다.
- 글을 쓸 때 불안/초조/긴장된 모습을 보인다.
- 글을 쓰는 활동에 흥미를 보이지 않는다.

빠르게 찾기 14.8

문자언어 성취의 분류에 대한 SNP 모형

대분류	이차적 분류	삼차적 분류
습득된 지식 : 문자언어 성취	• 문자적 표현 • 해설적 구성 • 정자법의 철자 • 필기 능력 • 질적 행동	

빠르게 찾기 14.9

문자언어 성취 검사

검사-하위 검사 : 설명	연령대	출판사
문자적 표현		
KTEA-II – 문자적 표현 모든 단계의 쓰기 능력을 측정한다.	4세 6개월~25세	피어슨
OWLS-II – 문자적 표현 검사자가 즉각적으로 구두적, 문자적, 그림 등을 보여주면, 검사자는 이에 대한 반응을 책자에 적는다.	6~21세 11개월	PRO-ED
WIAT-III – 문자적 표현 모든 단계의 쓰기 능력을 측정한다.	유치원~ 고등 3학년	
WJIII ACH NU – 문자적 표현 모든 단계의 쓰기 능력을 측정한다.	2~90세 이상	리버사이드
해설적 구성		
PAL-II RW – 해설적 노트와 리포트 적기 문장을 읽은 후 5분 안에 노트를 적을 수 있으며, 작문을 계획하고 보고서를 작성하는 능력	유치원~ 초등 6학년	피어슨
PAL-II – 혼합 장르 작문과 설명적 글쓰기 글쓰기 샘플 중 총 단어의 개수, 철자가 올바른 단어 수, 완성된 문장에 대한 혼합 점수		

(계속)

WIAT-Ⅲ - 문장 작문   초등 1학년~
2~3개의 문장에서 정보를 혼합하여 하나의 문장으로 만   고등 3학년
들고, 특정 단어를 사용하여 의미 있는 문장을 쓴다.

WIAT-Ⅲ - 수필 작문   초등 3학년~
10분 안에 수필을 작성한다.   고등 3학년

WJⅢ ACH NU - 작문 샘플   2~90세 이상   리버사이드
의미 있는 문장들을 쓴다.

정자법의 철자

KTEA-Ⅱ - 철자   4세 6개월~25세   피어슨
지시에 따라 단어를 받아쓴다.

PAL-Ⅱ RW - 정자법 철자   유치원~
단어 선택 정확도와 철자쓰기의 유연성을 측정한다.   초등 6학년

TOC - 정자법 능력   PRO-ED
읽고 쓸 때의 정자법 능력을 측정한다.

- 표시와 상징 : 표시와 상징을 알아맞힐 수 있다.   6~7세
- 문자소 맞추기 : 5개 중 똑같은 2개를 알아맞힐 수   6~7세
  있다.
- 동음어 선택 : 단어에 대한 시각적 그림을 보고 이와   6~12세
  관련된 여러 선택지 중 철자가 올바른 단어를 고를
  수 있다.
- 관습 : 기본적인 언어 사용 관습을 이해하고 있다.   8~17세
- 구두법 : 문장에서 올바른 구두법을 적용할 수 있다.   6~17세
- 축약어 : 각 축약어가 무엇을 뜻하는지 쓸 수 있다.
- 철자 속도 : 철자 유연성   8~17세
- 철자 선택 : 단어에서 비어 있는 철자를 채워 넣을   8~17세
  수 있다.   8~17세
- 섞인 단어 : 철자들을 풀어 단어를 만들 수 있다.
- 철자 정확도 : 철자의 정확도   8~17세
- 철자 보기 : 구두로 소개된 단어를 듣고 빠진 철자를   8~17세
  채워 넣을 수 있다.   8~17세
- 단어 선택 : 구두로 소개된 단어를 듣고 여러 선택지
  중 올바른 철자의 해당 단어에 동그라미 친다.   13~17세

WIAT-Ⅲ - 철자   유치원~   피어슨
문장 안에 있는 단어 하나를 받아 적는다.   고등 3학년

WIST - 철자   7~18세 11개월   PRO-ED
지시에 따라 단어의 철자를 올바르게 받아 적는다.

(계속)

필기 능력

PAL-II RW – 알파벳 쓰기
알파벳 순서대로 소문자 철자를 순서대로 쓴다.

유치원~
초등 6학년

피어슨

PAL-II RW – 문장 복사(과제 A)
모든 알파벳 글자를 포함하고 있는 하나의 문장을 복사
할 수 있다.

PAL-II RW – 문단 복사(과제 B)
문단을 복사해 쓸 수 있다.

PAL-II RW – 필기 오류
반전, 거꾸로 쓰기, 누락 같은 필기 오류의 수를 센다.

쓰기의 질적 행동

PAL-II RW(Berninger, 2007b)는 쓰기 하위 검사에서 여러 가지 질적 행동을 제공하고 있는데 이는 밑줄에 맞추기, 철자 크기, 전체적인 크기 일정도, 그리고 설명식 노트와 보고서 적기의 관찰 과정 등을 포함한다. 이러한 질적 행동들은 기준 비율로 점수가 매겨지거나, 같은 나이 아동 중 이러한 유형의 행동을 보이는 아동의 비율로 나타난다. 이 처리과정 점수들은 진단적 해설에 도움이 된다.

수리장애

패트리스는 수리에 어려움을 겪는다. 그녀는 숫자를 정확하게 열 맞추는 데 어려움을 겪고, 심지어 숫자를 시각적으로 인지하는 것조차 어려움을 느낀다. 그녀에게는 기본적인 수리적 사실들을 기억하고 숫자를 읽는 데는 문제가 없다. 패트리스는 시공간적 계산곤란증이라고 불리는 하위 유형의 수리장애를 앓고 있는 것이다.

읽기와 쓰기의 신경심리 연구는 많은 주목을 받아 왔지만, 이와 다르게 수리에 대한 신경심리 연구는 최근까지도 널리 연구된 바가 없다. 2008년 미국 교육부의 국제수학자문패널(National Mathematics Advisory Panel)은 미국과 같은 선진국의 수학 교육에 대한 중요성을 강조하였다. 이 부분에서는 수리장애의 하위 유형, 수리의 신경심리학적 회로, 그리고 종합 SNP/CHC 모형의 주요 수리 성취도 검사들에 대해 소개하고 검토할 것이다.

정의

계산 불능은 후천적으로 생긴 계산 능력 장애를 뜻하며 이는 숫자를 쓰고 읽는 능력에 결여가 생긴 상태를 뜻하는 신경심리학적 용어이다(Loring, 1999). 계산곤란증은 계산 불능과 다르며 이는 숫자를 이해하거나 계산하는 능력에 문제가 생긴 상태를 표현하는 구체적인 신경학적 장애를 뜻한다. 계산 불능/계산곤란증은 매우 드물며, 일반적으로 두부 손상 또는 기타 신경적 손상을 입은 아동에게서 나타난다. Hale과 Fiorello(2004)에 의하면 '순수' 계산곤란증이 아이들에게 발견될 가능성은 거의 희박하다.

수리장애와 신경학적 기질의 하위 유형

수학 장애의 하위 유형에 대한 신경심리학적 해석과 신경영상 증거는 아직 발전하는 중이며 의견이 분분한 단계이다(Maricle, Psimas-Fraser, Muenke, & Miller, 2010). Geary(1993, 2003)와 Mazzocco(2001)는 계산곤란증의 세 가지 하위 유형을 제시하였는데 이는 의미론적, 절차적, 그리고 시공간적 유형을 포함한다. Wilson과 Dehaene(2007)은 성인의 세 가지 계산곤란증 하위 유형을 소개하였는데 이는 병변 증거와 신경영상 연구를 바탕으로 입증되었다. 이 세 가지 계산곤란증 하위 유형들은 숫자 감각, 언어-상징적, 그리고 공간적 주의력을 포함하고 있다. Wilson과 Dehaene(2007)은 이 똑같은 하위 유형들이 수학적으로 발달 중에 있는 아동들에게는 존재하지 않을 수도 있다고 강조했으며, 아동들에게는 다음과 같은 계산곤란증의 하위 유형이 관찰될 수 있다고 하였다.

- 숫자의 언어적 상징 표현이 결여된 상태
- 실행 기능이 결여된 상태
- 공간적 주의력이 결여된 상태

Hale, Fiorello, Dumont 등(2008)은 일반적인 아동들과 수리학습장애를 가진 아동들의 신경심리학적 처리 과정의 차이점을 변별 능력 척도-제2판(Differential Ability Scales-Second Edition : Ellliott, 2007)을 통해 검사하였다. Hale, Fiorello, Miller 등(2008)은 비슷한 수리와 비수리장애 아동을 WISC-IV(Wechsler, 2004a)와 WIAT-II(Wechsler, 2001)를 통해 검사하였다. 이를 통하여 이 연구자들은 계산곤란증의 다섯 가지 발달적 하위 유형을 소개하였다.

1. 숫자 양적 지식

2. 계산곤란증/거스트만 증후군

3. 경도의 실행/작업기억

4. 유동적/양적 추리

5. 비언어적 학습 장애/우측 반구

빠르게 찾기 14.10은 신경적 기질과 함께 이러한 계산곤란증 하위 유형의 강점과 결여에 대해 소개한다.

숫자 감각 또는 숫자 양적 지식 계산곤란증

Hale, Fiorello, Miller 등(2008)은 해당 수리의 하위 유형을 숫자 양적 지식 계산곤란증이라고 칭하며, 이는 Wilson과 Dehaene(2007)의 숫자 감각 계산곤란증의 증상과 그 묘사가 비슷하다. 숫자 감각은 아동들에게 내포되었으며 타고난 능력으로 보인다(Butterworth & Reigosa, 2007). 숫자 감각은 '양을 표현하는 소수의 물체와 상징들(예 : 아라비아 숫자)의 정확한 양을 이해하고, 많은 양의 대략적인 규모를 이해하는 것'이다(Geary, Hoard, & Bailey, 2011, p. 46). 세어보지 않고 물건들의 양을 알아내는 능력은 직산(subitizing)이라고 칭한다. 수리학습장애를 가진 아동들은 직산과 어떠한 양의 근사값을 표현하는 능력에 결여를 보인다는 증거가 존재한다(Geary, Hoard, Nugent, & Byrd-Craven, 2008). 숫자 감각에 대한 신경학적 기질은 두정피질 안의 가로 두정 간구이다.

어떠한 임상의에 의하면 수리능력 결핍은 비언어적 특정학습장애와 같다(Maricle et al., 2010). Hale, Fiorello, Miller 등(2008)은 수리학습장애 아동들은 WISC-IV의 숫자, 수학, 그리고 처리 속도 검사에서 평균보다 낮은 점수를 받았다는 것을 알아냈다. Hale과 동료들은 수리능력 결핍을 가진 아동들의 이러한 점수는 그들의 언어, 쓰기, 읽기 특정학습장애에 대한 동반질환을 나타낸다고 강조하였다.

언어적-상징적 계산곤란증 또는 거스트만 증후군

언어적-상징적 계산곤란증은 Wilson과 Dehaene(2007)에 의해 밝혀진 수학적 하위 유형이다. Hale과 그의 동료들은 비슷한 수리능력 결핍을 거스트만 증후군이라고 지칭한다. 이러한 계산곤란증의 하위 유형을 가진 아동들은 숫자를 언어적으로 표현하는 것에 어려움을 느끼고, 수학적 사실을 인출하기 위해 언어를 기반으로 한 절차를 사용하는 것에도 어려움을 느낀다.

빠르게 찾기 14.10

수학 장애와 관련된 신경학적 기질의 하위 유형

수학 장애 하위 유형	증상	신경적 기질
• 숫자 감각 계산곤란증(Wilson & Dehaene, 2007) 또는 숫자 양적 지식(Hale, Fiorello, Dumont et al., 2008; Hale, Fiorello, Miller et al., 2008)	• 결여 　• 숫자의 의미를 이해 　• 점의 근사치와 비교 　• 숫자적 비교, 더하기와 빼기 　• 수 단어와 숫자의 양에 대한 자동적 활성화 • 강점 　• 수 세기 　• 사실 인출	• 두정피질 안의 가로 두정간구
• 언어적-상징적 계산곤란증 (Wilson & Dehaene, 2007) 또는 거스트만 증후군(Hale, Fiorello, Dumont et al., 2008; Hale, Fiorello, Miller et al., 2008)	• 결여 　• 수 세기 　• 재빠른 숫자 확인 　• 저장된 사실 인출 　• 더하기와 곱하기 　• 숫자적 추리 　• 읽기/쓰기 장애가 동반할 수도 있음 • 강점 　• 숫자 질 　• 숫자 비교 　• 기본적 개념 이해 　• 시공간적 능력	• 좌측 모이랑 • 하전두와/또는 측두의 언어 영역 • 좌측 기저핵
• 시공간적 계산곤란증 (Geary, 1993, 2003; Mazzocco, 2001; Wilson & Dehaene, 2007)	• 결여 　• 숫자를 열 맞춰 쓰기 　• 숫자에 대한 시각적 인지 　• 공간 속성(예 : 크기, 위치) 　• 규모 비교 • 강점 　• 저장된 기억 인출 　• 숫자 읽기 　• 수학적 알고리즘 　• 언어적 전략	• 뒤쪽의 상측 정엽
• 실행 기억 기능장애(Wilson & Dehaene, 2007) 또는 경도의 실행/작업기억 기능장애 (Hale, Fiorello, Dumont et at., 2008; Hale, Fiorello, Miller et al., 2008)	• 결여 　• 사실 인출 　• 전략과 절차 사용 • 강점 　• 숫자적 연산 　• 수학적 추리	• 전두 선조 기능 장애

언어적 계산곤란증을 가진 아동들은 수를 세는 것과 숫자를 빠르게 확인하는 것에 어려움을 겪는다. 또한 앞서 배운 수학적 사실을 회상하거나 인출해내는 것에도 어려움을 느낀다. 언어적 계산곤란증은 대부분 읽기와 철자 쓰기에 어려움을 느끼는 증상과 동반하는데 이는 일반적인 언어 처리 과정에 결여가 있기 때문이다(von Aster, 2000). 언어적 계산곤란증을 가진 아동들은 수리적 우수함을 느끼고, 수리적 개념을 이해하거나 숫자 간 비교를 할 수 있다.

거스트만 증후군은 좌측 두정엽, 특히 모이랑, 좌측 하전두부, 그리고 측두의 언어 영역이나 좌측 기저핵에 생긴 기능장애 또는 손상과 관련이 있다(Maricle et al., 2010). Hale, Fiorello, Miller 등(2008)은 계산곤란증의 해당 하위 유형을 가지고 있는 아동들이 WISC-IV의 정보, 수, 블록 디자인, 그림 완성, 그리고 처리 과정 속도 등의 하위 검사에서 낮은 점수를 받는다는 것을 알아냈다. 이 낮은 점수들은 해당 아동들이 일반적으로 좌측 반구에 결여가 있어 읽기 장애를 동반하기 때문이라는 것을 보여준다.

시공간적 계산곤란증

시공간적 계산곤란증은 기둥 방향 정렬 결여, 위치값 결여, 그리고 수학적 기호에 집중하지 못하는 점(예 : 문제를 모두 더하거나 빼기 등[Hale & Fiorello, 2004]) 등이 특징이다. 시각 공간적 계산곤란증은 Rourke(1994)의 비언어 학습 장애 분류와 연관지어지곤 한다. 시공간적 계산곤란증 증상으로는 시각 공간적 결여, 정돈, 정신 운동적, 촉지각, 그리고 개념 형성 능력 결여 등이 있다. 다시 말해 해당 아동들은 기하학과 같은 추상적인 수학 문제 해결에 필수적인 그림을 생각하는 것에 어려움을 느낀다. 그러나 시공간 계산곤란증을 가진 아동들은 좋은 암기실력과 자동적, 언어 능력을 가졌다. 시각 공간적 계산곤란증은 뒤쪽의 상측 정엽의 기능장애에 의한 것이다.

실행 기억 또는 경도 실행/작업기억 기능장애

Hale과 Fiorello(2004)는 2개의 세분화된 시공간적 계산곤란증의 하위 유형이 있을 수 있다고 제안하였다. 하나는 우측 뒤쪽 두뇌 영역의 결손이 시공간의 문제를 일으켜 배열과 세부사항 집중을 방해하는 것과 관련이 있고(위에서 묘사된 시공간적 계산곤란증), 다른 하나는 우측 전두 영역과 관련되어 문제 해결 능력과 개념 형성을 방해하는 것이다. Wilson과 Dehaene(2007)은 이 하위 유형을 실행 기억 기능장애라고 칭한다. Hale, Fiorello, Miller 등(2008)은 실행 기능 장애와 함께 작업기억 결여 또한 포함시켜 이 수학

장애 하위 유형을 경도 실행/작업기억 기능 장애라고 부른다.

　실행 기능과 작업기억 결여를 가지고 있는 아동들은 숫자 연산과 수학적 수리에 우수하다. Hale, Fiorello, Miller 등(2008)은 이러한 처리 과정 결여를 가진 아동들은 정보, 숫자 거꾸로, 산수, 그리고 행렬 추리에서 낮은 점수를 받는다고 보고하였다. 일반적으로 해당 아동들은 다른 하위 유형을 가지고 있는 아동들에 비해 수학적 결여의 정도가 경미하다. 이 하위 유형과 관련된 신경학적 기질은 전두 선조 기능 장애이다.

수학 성취 문제점 확인

학생이 종합검사를 받기 전에 부모/보호자와 최소 1명 이상의 선생님이 소아 · 청소년을 위한 신경심리학적 처리 과정 체크리스트, 제3판(NPCC-3; D. Miller, 2012a)을 작성하도록 추천한다. 빠르게 찾기 14.11은 NPCC-3가 포함하고 있는 수리 문제에 관련된 질문들을 보여준다. 보통에서 심각한 범위에 드는 항목들에 대해서는 학교신경심리 평가를 통해 공식적인 평가를 측정하고 추가적인 관찰이 필요하다.

수학 성취 평가

빠르게 찾기 14.12는 SNP/CHC 모형의 수학적 처리 과정의 이차적 분류와 삼차적 분류를 다시 언급한다. 수학 성취의 이차적 분류와 삼차적 분류를 측정하기 위해 개발된 검사들은 빠르게 찾기 14.13에서 소개된다.

수학의 질적 행동

PAL-II M(Berninger, 2007a)는 숫자 쓰기 오류의 질적 행동을 제공한다. 이러한 질적 행동들은 기준 비율로 점수가 매겨지거나, 같은 나이 아동 중 이러한 유형의 행동을 보이는 아동의 비율로 나타난다. 이 처리 과정 점수들은 진단적 해석에 도움이 된다.

요약

이 장에서는 학업 성취 분야와 관련된 이론, 용어, 신경해부학, 그리고 주요 검사들에 대해 검토해보았다. 읽기, 쓰기, 수학의 신경심리학적 측면은 주요 성취도 검사와 함께 소개되었다. 성취 결여는 많은 발달적 장애에서 관찰되므로, 학업 성취도 측정은 일반적인 주요 학교신경심리학적 평가에 포함되어 있다. 더욱 종합적인 성취도 검사에 대한 검토

▤ 빠르게 찾기 14.11

NPCC-3(Miller, 2012a)의 수학 성취 항목

계산과 절차 장애

- 수학 문제 해결 시 어떠한 단계를 거쳐야 하는지 잊는다.
- 계산 오류를 범한다.
- 수학 문제를 푸는 것이 느리다.
- 수학 문제를 풀 때 부주의한 실수를 범한다.
- 수학 문제 표기에 늘 주의를 기울이지 않는다.

시공간적 장애

- 숫자 배열에 어려움을 느낀다.
- 숫자의 크기 및 위치와 같은 공간적 속성을 이해하는 것에 어려움을 느낀다.
- 규모의 시각적 차이를 인지하는 데 어려움을 느낀다(예 : 두 그룹 중 어떤 그룹에 더 많은 물체가 속해 있는가?).

언어적 장애

- 기초적인 수학적 사실을 인출하는 것에 어려움을 느낀다.
- 서술형 문제를 푸는 것에 어려움을 느낀다.
- 수를 세는 것에 어려움을 느낀다.
- 숫자를 확인하는 것이 느리다.

태도 문제

- 수학 활동을 꺼린다.
- 수학을 할 때 불안/초조/긴장된 모습을 보인다.
- 수학에 흥미를 보이지 않는다.

▤ 빠르게 찾기 14.12

수학 성취 분류의 SNP 모형

대분류	이차적 분류	삼차적 분류
습득된 지식 : 수학 성취	• 구두로 수 세기 • 사실 인출 • 수학 계산 • 수학적 추리 • 질적 행동	

빠르게 찾기 14.13

수학 성취도 검사

검사-하위 검사	연령대	출판사
구두로 수 세기		
PAL-II－구두로 수 세기 수를 구두로 셀 수 있다.	유치원~ 초등 6학년	피어슨
사실 인출		
PAL-II－사실 인출 여러 입력과 출력에 기반한 기초적인 수학적 사실을 인 출하는 정확도와 속도	유치원~ 초등 6학년	피어슨
수학 계산		
KTEA-II－수학 계산 여러 가지 수학 계산을 시행한다.	4세 6개월~25세	피어슨
KeyMath3－계산 종이에 써서 푸는 계산 능력과 암산 능력	4세 6개월~ 21세 11개월	
PAL-II M－계산 학생의 계산 알고리즘을 바탕으로 한 시공간적, 일시적- 배열 처리 과정 평가	유치원~ 초등 6학년	
PAL-II M－공간값 숫자가 구도 또는 서면으로 소개되었을 때 공간값 개념 의 이해에 대한 평가	유치원~ 초등 6학년	
PAL-II M－부분-전체 관계 전체의 부분에 대한 비교적 그리고 절대적 크기에 대한 이해도 평가. 분수와 혼합 숫자, 그리고 시간의 개념에 대해서도 측정한다.	유치원~ 초등 6학년	
WIAT-III－숫자 계산 여러 수학적 계산을 실행한다.	유치원~ 고등 3학년	
WJIII ACH NU－계산 여러 수학적 계산을 실행한다.	2~90세 이상	리버사이드
수학적 추리		
KeyMath3－적용 수학 문제의 주요 요소와 계산 방법 그리고 문제풀이의 전략을 파악하는 능력	4세 6개월~ 21세 11개월	피어슨

(계속)

KeyMath3 – 기초적 개념
기초적 수학 개념에 대한 개념적 이해

KTEA-II – 수학 개념과 응용 수학 문제를 풀고 분석한다.	4세 6개월~25세	
PAL-II M – 오류 찾기 계산적 또는 사실 인출 오류를 찾을 수 있는 능력	유치원~ 초등 6학년	
PAL-II M – 다단계 문제 해결 문제에서 묻는 수학 관련 단어를 이해하고 이를 풀기 위 한 계산 단계를 계획한다.		
SB5 – 비언어적 양적 추리 숫자 또는 숫자 개념을 동반하는 비언어적 문제를 푼다.	2~85세 이상	리버사이드
SB5 – 언어적 양적 추리 숫자 또는 숫자 개념을 동반하는 언어적 문제를 푼다.		
WIAT-III – 수학 문제 해결 수학 문제를 분석하고 푼다.	유치원~ 고등 3학년	피어슨
WJIII ACH NU – 응용 문제 수학 문제를 분석하고 푼다.	2~90세 이상	리버사이드
WJIII ACH NU – 양적 개념 수학적 지식과 양적 추리 능력을 측정한다.		

는 Naglieri와 Goldstein(2009) 또는 Flanagan, Ortiz, Alfonso와 Mascolo(2006)를 참조하라. 또 증거에 기반한 학습 해결방안에 대한 검토는 Wendling과 Mather(2009)의 보고서를 참조하도록 한다.

평가에서 신경심리학적 관점의 주된 목적은 읽기, 쓰기, 수학의 하위 유형 장애를 가진 아동들에게 조금 더 선별적이고 증거에 기반한 해결방안을 제기하기 위함이다. 학교신경심리학자들은 일반적인 읽기 장애 진단을 넘어 변별 진단을 내리고 읽기 장애 내의 하위 유형까지도 진단하도록 훈련받는다. 같은 원리가 쓰기와 수리학습장애 확인에도 적용된다. 읽기, 쓰기, 수학의 하위 유형을 바탕으로 한 처방적 개선방안의 효율성을 높이기 위하여 지속적인 연구가 필요하다.

자기점검

1. 어떠한 하위 유형의 읽기 장애가 음성학적 해독보다 전체 단어를 암기하는 데 지나치게 의존하는 특징을 가졌는가?

   a. 순수 난독증
   b. 음성학적 난독증
   c. 표면적 난독증
   d. 직접적 난독증

2. 어떠한 하위 유형의 읽기 장애가 시각적/의미론적 단서에 지나치게 의존하고 지속적인 의미론적 오류를 범하는 특징을 가졌는가?

   a. 의미론적 난독증
   b. 직접적 난독증
   c. 혼합 난독증
   d. 직접적 실서증

3. 어떠한 하위 유형의 쓰기 장애가 단어의 철자를 정확하게 배열하여 쓰는 데 어려움을 느끼는 특징을 가졌는가?

   a. 음성학적 실서증
   b. 표면적 실서증
   c. 혼합 실서증
   d. 직접적 실서증

4. 어떠한 하위 유형의 쓰기 장애가 인지 구성과는 관련되지 않았지만 필기 결여의 원인이 되는 특징을 가졌는가?

   a. 음성학적 실서증
   b. 표면적 실서증
   c. 혼합 실서증
   c. 운동적 실서증

5. 어떠한 수학 장애의 하위 유형이 기둥적 숫자 배열에 어려움을 느끼는 것에 원인이 되는가?

   a. 시공간 계산곤란증
   b. 의미론적-기억 계산곤란증
   c. 절차적 계산곤란증
   d. 언어-상징적 계산곤란증

6. 어떠한 수학 장애의 하위 유형이 두정엽 안의 가로 두정간구에 손상 또는 원인과 관련이 있는가?

   a. 시공간적 계산곤란증
   b. 숫자 감각 계산곤란증
   c. 언어-상징적 계산곤란증
   d. 실행 기억 기능장애

답 : 1. b 2. a 3. c 4. d 5. a 6. b

참고문헌

A new era: Revitalizing special education for children and their families. (2002). Report of the Presidents Commission on Excellence in Special Education: Author. Washington, DC: U.S. Department of Education, Author.

Achenbach, T. (2007a). *Child behavior checklist.* Burlington, VT: ASEBA.

Achenbach, T. (2007b). *Teacher rater form.* Burlington, VT: ASEBA.

Achenbach, T. (2007c). *Youth self report.* Burlington, VT: ASEBA.

Adams, W., & Sheslow, D. (1995). *Wide range assessment of visual motor abilities.* Odessa, FL: Psychological Assessment.

Alexander, G. E., DeLong, M. R., & Strick, P. L. (1986). Parallel organization of functionally segregated circuits linking the basal ganglia and cortex. *Annual Review of Neuroscience, 9,* 357–381.

Allen, A. B., Jesse, M. T., & Forsyth, B. (2011). Pediatric HIV/AIDS. In A. S. Davis (Ed.), *Handbook of pediatric neuropsychology* (pp. 865–876). New York, NY: Springer.

American Psychiatric Association. (2000). *Diagnostic and statistical manual of mental disorders: DSM-IV-TR.* Washington, DC: American Psychiatric Association.

Anderson, V. A., & Taylor, H. G. (2000). Meningitis. In K. O. Yeates, M. D. Ris, & H. G. Taylor (Eds.), *Pediatric neuropsychology: Research, theory, and practice* (pp. 117–148). New York, NY: Guilford Press.

Anderson, V., & Yeates, K. O. (2007). New frontiers in pediatric traumatic brain injury. *Developmental Neurorehabilitation, 10,* 269–270.

Apps, J. N., Newby, R. F., & Roberts, L. W. (2008). *Pediatric neuropsychology case studies: From the exceptional to the commonplace.* New York, NY: Springer.

Ardila, A. (2008). On the evolutionary origins of executive functions. *Brain and Cognition, 68*(1), 92–99.

Ardila, A., Roselli, M., & Puente, A. E. (1994). *Neuropsychological evaluation of the Spanish speaker.* New York, NY: Plenum Press.

Armengol, C. G., Kaplan, E., & Moes, E. J. (2001). *The consumer-oriented neuropsychological report.* Lutz, FL: Psychological Assessment Resources.

Arnstein, L. M., & Brown, R. T. (2005). Providing neuropsychological services to children exposed prenatally and perinatally to neurotoxins and deprivation. In D. C. D'Amato, E. Fletcher-Janzen, & C. R. Reynolds. (Eds.), *Handbook of school neuropsychology* (pp. 574–595). Hoboken, NJ: Wiley.

Atkinson, R. C., & Shiffrin, R. M. (1968). Human memory: A proposed system and its control processes. In K. W. Spence & J. T. Spence (Eds.), *The psychology of learning and motivation* (Vol. 2, pp. 89–195). New York, NY: Academic Press.

Awh, E., Jonides, J. J., Smith, E. E., Schumacher, E. H., Koeppe, R. A., & Katz, S. (1996). Dissociation of storage and rehearsal in verbal working memory: Evidence from positron emission tomography. *Psychological Science, 7,* 25–31.

Ayd, F. J. (1995). *Lexicon of psychiatry, neurology, and the neurosciences.* Baltimore, MD: Williams & Williams.

Baddeley, A. (1986). *Working memory.* New York, NY: Oxford University Press.

Baddeley, A. (1995). Working memory. In M. S. Gazzaniga (Ed.), *The cognitive neurosciences* (pp. 755–764). Cambridge, MA: MIT Press.

Baddeley, A. (2000). The episodic buffer: A new component of working memory? *Trends in Cognitive Sciences, 4*(11), 417–423.

Baddeley, A., Eysenck, M. W., & Anderson, M. C. (2008). *Memory.* New York, NY: Psychology Press.

Baddeley, A., & Hitch, G. (1974). Working memory. In G. H. Bower (Ed.), *The psychology of learning and motivation* (Vol. 8, pp. 47–89). New York, NY: Academic Press.

Baldo, J. V., Shimamura, A. P., Delis, D. C., Kramer, J., & Kaplan, E. (2001). Verbal and design fluency in patients with frontal lobe lesions. *Journal of the International Neuropsychological Society, 7,* 586–596.

Ball, M. F. (2002). *Developmental coordination disorder: Hints and tips for activities of daily living.* Philadelphia, PA: Kingsley.

Baraff, L. J., Lee, S. I., & Schriger, D. L. (1993). Outcomes of bacterial meningitis in children: A meta-analysis. *Pediatric Infectious Disease Journal, 12,* 389–394.

Barkley, R. A. (1996). Critical issues in research on attention. In G. R. Lyon & N. A. Krasnegor (Eds.), *Attention, memory, and executive function* (pp. 45–56). Baltimore, MD: Brookes.

Barkley, R. A. (2012a). *Barkley deficits in executive functioning scale: Children and adolescents.* New York, NY: Guilford Press.

Barkley, R. A. (2012b). *Executive functions: What are they, how they work, and why they evolved.* New York, NY: Guilford Press.

Barnes, M. A., Dennis, M., & Wilkinson, M. (1999). Reading after closed head injury in childhood: Effects on accuracy, fluency, and comprehension. *Developmental Neuropsychology, 15,* 1–24.

Baron, I. S. (2004). *Neuropsychological evaluation of the child.* New York, NY: Oxford University Press.

Baron, I. S., Wills, K., Rey-Casserly, C., Armstrong, K., & Westerveld, M. (2011). Pediatric neuropsychology: Toward subspecialty designation. *Clinical Neuropsychologist, 25*(6), 1075–1086.

Batchelor, E. S., Jr., & Dean, R. S. (1996). *Pediatric neuropsychology: Interfacing assessment and treatment for rehabilitation.* Boston: Allyn & Bacon.

Battro, A. M., Fischer, K. W., & Léna, P. J. (2008a). *The educated brain: Essays in neuroeducation.* New York, NY: Cambridge University Press.

Battro, A. M., Fischer, K. W., & Léna, P. J. (2008b). Introduction: Mind, brain, and education in theory and practice. In A. M. Battro, K. W. Fischer, & P. J. Léna (Eds.), *The educated brain: Essays in neuroeducation* (pp. 3–19). New York, NY: Cambridge University Press.

Bauman, M. L., & Kemper, T. L. (Eds.). (2005). *The neurobiology of autism.* Baltimore, MD: Johns Hopkins University Press.

Beery, K. E., Buktenica, N. A., & Beery, N. A. (2010). *Beery-Buktenica developmental test of visual-motor integration* (6th ed). San Antonio, TX: Pearson.

Begyn, E., & Castillo, C. L. (2010). Assessing and intervening with children with brain tumor. In D. C. Miller (Ed.), *Best practices in school neuropsychology: Guidelines for effective practice, assessment, and evidence-based intervention* (pp. 737–765). Hoboken, NJ: Wiley.

Belloni, K. C. (2011). *A confirmatory factor analytic comparison of the test of everyday attention for children.* Unpublished doctoral dissertation. Texas Woman's University, Denton, Texas.

Benson, D. F. (1991). The role of frontal dysfunction in attention deficit hyperactivity disorder. *Child Neurology, 6,* 9–12.

Benson, D. F., & Geschwind, N. (1985). Aphasia and related disorders: A clinical perspective. In M.-M. Mesulam (Ed.), *Principles of behavioral neurology* (pp. 193–238), Philadelphia, PA: Davis.

Berninger, V. W. (2007a). *Process assessment for the learner—Second edition: Diagnostics for math.* San Antonio, TX: Pearson.

Berninger, V. W. (2007b). *Process assessment for the learner—Second edition: Diagnostics for reading and writing*. San Antonio, TX: Pearson.

Berninger, V. W. (2010). Assessment and intervention with children with written language disorders. In D. C. Miller (Ed.), *Best practices in school neuropsychology: Guidelines for effective practice, assessment, and evidence-based intervention* (pp. 507–520). Hoboken, NJ: Wiley.

Berninger, V. W., & Richards, T. L. (2002). *Brain literacy for educators and psychologists*. New York, NY: Academic Press.

Berninger, V. W., & Wolf, B. J. (2009). *Teaching students with dyslexia and dysgraphia: Lessons from teaching and science*. Baltimore, MD: Brooks.

Billingsley, R. L., Jackson, E. F., Slopis, J. M., Swank, P. R., Mahankali, S., & Moore, B. D. (2004). Functional MRI of visual-spatial processing in neurofibromatosis, type I. *Neuropsychologia, 42*, 395–404.

Block, G. W. (2002). Diagnostic subgroups and neuropsychological attention deficits in fetal alcohol syndrome. *Dissertation Abstracts International: Section B: The Sciences and Engineering, 62*(11-B), 5362.

Blondis, T. A. (2004). Neurodevelopmental motor disorders. In D. Dewey & D. E. Topper (Eds.), *Developmental motor disorders: A neuropsychological perspective* (pp. 113–136). New York, NY: Guilford Press.

Boehm, A. E. (2000). *Boehm test of basic concepts* (3rd ed.). San Antonio, TX: Harcourt.

Boehm, A. E. (2001). *Boehm test of basic concepts* (3rd ed . *preschool*). San Antonio, TX: Harcourt.

Boll, T. (1993). *The children's category test*. San Antonio, TX: Harcourt.

Bracken, B. A., & Boatwright, B. S. (2005). *Clinical assessment of attention deficit—Child*. Odessa, FL: Psychological Assessment.

Bracken, B. A., & McCallum, R. S. (1998). *Universal nonverbal intelligence test*. Itasca, IL: Riverside.

Brannigan, G. G., & Decker, S. L. (2003). *Bender visual-motor gestalt test* (2nd ed.). Itasca, IL: Riverside.

Brown, T. E. (1996). *Brown attention-deficit disorder scales for adolescents and adults*. San Antonio, TX: Harcourt.

Brown, T. E. (2001). *Brown attention-deficit disorder scales for children and adolescents*. San Antonio, TX: Harcourt.

Brownell, R. (Ed.). (2000a). *Expressive one-word picture vocabulary test: Spanish-bilingual edition*. Novato, CA: Academic Therapy.

Brownell, R. (Ed.). (2000b). *Receptive one-word picture vocabulary test: Spanish-bilingual edition*. Novato, CA: Academic Therapy.

Brownell, R. (Ed.). (2010a). *Expressive one-word picture vocabulary test, fourth edition*. Novato, CA: Academic Therapy.

Brownell, R. (Ed.). (2010b). *Receptive one-word picture vocabulary test, fourth edition*. Novato, CA: Academic Therapy.

Bruer, J. T. (1997). Education and the brain. *Educational Researcher, 26*, 4–16.

Bruer, J. Y. (2008). Building bridges in neuroeducation. In A. M. Battro, K. W. Fischer, & P. J. Léna (Eds.), *The educated brain: Essays in neuroeducation* (pp. 43–58). New York, NY: Cambridge University Press.

Burden, M. J., Jacobson, S. W., & Jacobson, J. L. (2005). Relation of prenatal alcohol exposure to cognitive processing speed and efficiency in childhood. *Alcoholism: Clinical and Experimental Research, 29*, 1473–1483.

Burden, M. J., Jacobson, S. W., Sokol, R. J., & Jacobson, J. L. (2005). Effects of prenatal alcohol exposure on attention and working memory at 7.5 years of age. *Alcoholism: Clinical and Experimental Research, 29*(3), 443–452.

Butler, R. W., Rorsman, I., Hill., J., & Tuma, R. (1993). The effects of frontal brain impairment on fluency: Simple and complex paridigms. *Neuropsychology, 7*, 519–529.

Butterworth, B., & Reigosa, V. (2007). Information processing deficits in dyscalculia. In D. B. Berch & M.M.M. Mazzocco (Eds.), *Why is math so hard for some children? The nature and origins of mathematical learning difficulties and disabilities* (pp. 65–81). Baltimore, MD: Brookes.

Carlson, N. R. (2010). *Physiology of behavior* (10th ed.). New York, NY: Allyn & Bacon.

Carroll, J. B. (1983). Studying individual differences in cognitive abilities: Through and beyond factor analysis. In R. F. Dillon (Ed.), *Individual differences in cognition* (Col. 1, pp. 1–33). New York, NY: Academic Press.

Carroll, J. B. (1993). *Human cognitive abilities: A survey of factor-analytic studies*. Cambridge, UK: Cambridge University Press.

Carrow-Woolfolk, E. (1999). *Comprehensive assessment of spoken language*. Austin, TX: PRO-ED.

Carrow-Woolfolk, E. (2011). *Oral and written language scales* (2nd ed.). San Antonio: Pearson.

Casey, B. J., Tottenham, N., & Fossella, J. (2002). Clinical, imaging, lesion, and genetic approaches toward a model of cognitive control. *Developmental Psychobiology, 40,* 237–254.

Castellanos, F. X., Lee, P. P., Sharp, W., Jeffries, N. O., Greenstein, D. K., Clasen, L. S., et al. (2002). Developmental trajectories of brain volume abnormalities in children with attention-deficit hyperactivity disorder. *Journal of American Medical Association, 288,* 1740–1748.

Castillo, C. L. (Ed.). (2008). *Children with complex medical issues in schools: Neuropsychological descriptions and interventions*. New York, NY: Springer.

Centers for Disease Control and Prevention. (2007). *National health 7. Interview survey data. Table 1–1, lifetime asthma population estimates—In thousands—By age, United States: National health interview survey, 2007.* Atlanta, Georgia.

Centers for Disease Control and Prevention. (2010). Increasing prevalence of parent-reported attention deficit/hyperactivity disorder among children—United States, 2003 and 2007. *Morbidity and Mortality Weekly Report, 59*(4), 1439–1443.

Chan, R.C.K., Wang, L., Ye, J., Leung, W.W.Y., & Mok, M.Y.K. (2008). A psychometric study of the test of everyday attention for children in the Chinese setting. *Archives of Clinical Neuropsychology, 23,* 455–466.

Chaytor, N., & Schmitter-Edgecombe, M. (2003). The ecological validity of neuropsychological tests: A review of the literature on everyday cognitive skills. *Neuropsychology Review, 13,* 181–197.

Chow, T. W., & Cummings, J. L. (1999). Frontal-subcortical circuits. In B. L. Miller & J. L. Cummings (Eds.), *The human frontal lobes: Functions and disorders* (pp. 3–26). New York, NY: Guilford Press.

Cohen, M. J. (1997). *Children's memory scale*. San Antonio, TX: Harcourt.

Colaluca, B., & Ensign, J. (2010). Assessment and intervention with chronically ill children. In D. C. Miller (Ed.), *Best practices in school neuropsychology: Guidelines for effective practice, assessment, and evidence-based intervention* (pp. 693–736). Hoboken, NJ: Wiley.

Conners, C. K. (2008a). *Conners comprehensive behavior rating scales*. North Tonawanda, NY: Multihealth Systems.

Conners, C. K. (2008b). *Conners* (3rd ed.). North Tonawanda, NY: Multihealth Systems.

Conners, C. K., & Multihealth Systems Staff. (2004a). *Conners' continuous performance test II version 5 for windows (CPT II V.5)*. North Tonawanda, NY: Multihealth Systems.

Conners, C. K., & Multihealth Systems Staff. (2004b). *Conners' kiddie continuous performance test*. North Tonawanda, NY: Multihealth Systems.

Connolly, A. J. (2011). *KeyMath3 diagnostic assessment*. San Antonio, TX: Harcourt.

Constantine, R. J., Boaz, T., & Tandon, B. (2010). Antipsychotic polypharmacy in children and adolescents in the fee-for-service component of a large scale Medicaid state. *Clinical Therapeutics, 32*(5), 949–959.

Cousins, P., Ungerer, J. A., Crawford, J. A., & Stevens, M. M. (1991). Cognitive effects of childhood leukemia therapy: A case for four specific deficits. *Journal of Pediatric Psychology, 16,* 475–488.

Craik, F.I.M., & Lockhart, R. S. (1972). Levels of processing: A framework for memory research. *Journal of Learning and Verbal Behaviors, 11,* 671–684.

Crespi, T. D., & Cooke, D. T. (2003). Specialization in neuropsychology: Contemporary concerns and considerations for school psychology. *School Psychologist, 57,* 97–100.

Cutting, L. E., Clements, A. M., Lightman, A. D., Yerby-Hammack, P. D., & Denckla, M. B. (2004). Cognitive profiles of neurofibromatosis type I: Rethinking nonverbal learning disabilities. *Learning Disabilities Research & Practice, 19,* 155–165.

Dallas Independent School District website. Retrieved from http://www.dallasisd.org/inside_disd/

Damasio, H., Eslinger, P., & Adams, H. P. (1984). Aphasia following basal ganglia lesions: New evidence. *Seminar in Neurology, 4,* 151–161.

D'Amato, R. C., Fletcher-Janzen, E., & Reynolds, C. R. (Eds.). (2005). *Handbook of school neuropsychology.* Hoboken, NJ: Wiley.

Davis, A. S. (2011). *Handbook of pediatric neuropsychology.* New York, NY: Springer.

Davis, J. M., & Broitman, J. (2011). *Nonverbal learning disabilities in children: Bridging the gap between science and practice.* New York, NY: Springer.

Dawson, J., Stout, C., & Eyer, J. (2003). *Structured photographic expressive language test—3.* DeKalb, IL: Janelle.

Dawson, J., Stout, C., Eyer, J., Tattersall, P., Fonkalsrud, J., & Croley, K. (2005). *Structured photographic expressive language test—Preschool 2* DeKalb, IL: Janelle.

Dawson, P., & Guare, R. (2010). *Executive skills in the children and adolescents, second edition: A practical guide to assessment and intervention.* New York, NY: Guilford Press.

Dean, R. S., & Woodcock, R. W. (1999). *The WJ-R and Bateria-R in neuropsychological assessment* (Research Report No. 3). Itasca, IL: Riverside.

Dean, R. S., & Woodcock, R. W. (2003). *Dean-Woodcock neuropsychological battery.* Itasca, IL: Riverside.

Dehn, M. J. (2006). *Essentials of processing assessment.* Hoboken, NJ: Wiley.

Dehn, M. J. (2008). *Working memory and academic learning: Assessment and intervention.* Hoboken, NJ: Wiley.

Dehn, M. J. (2010). *Long-term memory problems in children and adolescents: Assessment, intervention, and effective instruction.* Hoboken, NJ: Wiley.

Delis, D. (2012). *Delis-rating of executive function.* San Antonio, TX: Pearson.

Delis, D., Kaplan, E., & Kramer, J. H. (2001). *Delis-Kaplan executive function system examiner's manual.* San Antonio, TX: Psychological Corporation.

Delis, D. C., Kramer, J. H., Kaplan, E., & Ober, B. A. (1994). *California verbal learning test: Children's version.* San Antonio, TX: Harcourt.

DeOrnellas, K., Hood, J., & Novales, B. (2010). Assessment and intervention with children with reading disorders. In D. C. Miller (Ed.), *Best practices in school neuropsychology: Guidelines for effective practice, assessment, and evidence-based intervention* (pp. 305–328). Hoboken, NJ: Wiley.

DeRenzi, E., Perani, D., Carlesimo, G. A., Silveri, M. C., & Fazio, F. (1994). Prosopagnosia can be associated with damage confined to the right hemisphere—An MRI and PET study and a review of the literature. *Neuropsychologia, 32,* 893–902.

Dewey, D., & Tupper, D. E. (2004). *Developmental motor disorders: A neuropsychological perspective.* New York, NY: Guilford Press.

Dhurat, R., Manglani, M., Sharma, R., & Shah, N. K. (2000). Clinical spectrum of HIV infection. *Indian Pediatrics, 37,* 831–836.

Diller, L., Ben-Yishay, Y., Gerstman, L. J., et al. (1974). *Studies in cognition and rehabilitation in hemiplegia*. (Rehabilitation Monograph 50). New York, NY: New York University Medical Center Institute of Rehabilitation Medicine.

Division 40. (1989). Definition of a clinical neuropsychologist. *Clinical Neuropsychologist, 3,* 22.

Doman, R. J., Spitz, E. B., Zucman, E., Delacato, C. H., & Doman, G. (1960). Children with severe brain injuries. Neurological organization in terms of mobility. *JAMA, 174,* 257–262.

Donnelly, J. P. (2005). Providing neuropsychological services to learners with chronic illness. In D. C. D'Amato, E. Fletcher-Janzen, & C. R. Reynolds. (Eds.), *Handbook of school neuropsychology* (pp. 511–532). Hoboken, NJ: Wiley.

Donovan, M. S., & Cross, C. T. (Eds.). (2002). *Minority students in special and gifted education*. Washington, DC: National Academies Press.

Dooley, C. B. (2005). The behavioral and developmental outcome of extremely low birth weight infants: A focus on emotional regulation. (Doctoral Dissertation, Texas Woman's University, 2005). *Dissertations Abstracts International, 66,* 1755.

Dooley, C. B. (2010). Assessment and intervention with children with developmental delays. In D. C. Miller (Ed.), *Best practices in school neuropsychology: Guidelines for effective practice, assessment, and evidence-based intervention* (pp. 329–358). Hoboken, NJ: Wiley.

Doyle, A. E., Wilens, T. E., Kwon, A., Seidman, L. J., Faraone, S. V., Fried, R., . . . Biederman, J. (2005). Neuropsychological functioning in youth with bipolar disorder. *Biological Psychiatry, 58,* 540–548.

Dronkers, N.F.A. (1996). A new brain region for coordinating speech articulation. *Nature, 384,* 159–161.

Dunn, L. M., & Dunn, L. M. (2006). *Peabody Picture Vocabulary Test* (4th ed.). Minneapolis, MN: Pearson.

Dunn, L. M., Lugo, D. E., Padilla, E. R., & Dunn, L. M. (1986). *Test de Vocabulario en Imágenes Peabody*. Minneapolis, MN: Pearson.

Durston, S. A. (2003). A review of the biological bases of ADHD: What have we learned from imaging studies? *Mental Retardation and Developmental Disabilities Research Reviews, 9,* 184–195.

Elliott, C. D. (2007). *Differential ability scales* (2nd ed.). San Antonio, TX: Pearson.

Ernhart, C. B., Graham, F. K., & Eichman, P. L. (1963). Brain injury in the preschool child: Some developmental considerations II. Comparison of brain injured and normal children. *Psychological Monographs, 77* (11, Whole No. 574), 17–33.

Eslinger, P. J. (Ed.). (2002). *Neuropsychological interventions*. New York, NY: Guilford Press.

Espy, K. A., Moore, I. M., Kaufmann, P. M., Kramer, J. H., Matthay, K., & Hutter, J. J. (2001). Chemotherpeutic CNS prophylaxis and neuropsychologic change in children with acute lymphoblastic leukemia: A prospective study. *Journal of Pediatric Psychology, 26,* 1–9.

Evans, J. J., Floyd, R. G., McGrew, K. S., & Leforgee, M. H. (2002). The relations between measures of Cattell-Horn-Carroll (CHC) cognitive abilities and reading achievement during childhood and adolescence. *School Psychology Review, 31,* 246–262.

Ewing-Cobbs, L., Prasad, M., Fletcher, J. M., Levin, H. S., Miner, M. E., & Eisenberg, H. M. (1998). Attention after pediatric traumatic brain injury: A multidimensional assessment. *Child Neuropsychology, 4,* 81–86.

Fastenau, P. (1996). *Extended complex figure test*. Los Angeles, CA: Western Psychological Services.

Fayol, M., Zorman, M., & Lété, B. (2009). Associations and dissociations in reading and spelling French: Unexpectedly poor and good spellers. *BJEP monograph series II, 6—Teaching and learning writing, 1,* 63–75.

Feifer, S. G. (2010). Assessment and intervention with children with reading disorders. In D. C. Miller (Ed.), *Best practices in school neuropsychology: Guidelines for effective practice, assessment, and evidence-based intervention* (pp. 483–506). Hoboken, NJ: Wiley.

Feifer, S. G. (2011). How SLD manifests in reading. In D. P. Flanagan & V. C. Alfonso (Eds.), *Essentials of specific learning disabilities identification* (pp. 21–41). Hoboken, NJ: Wiley.

Feifer, S. G., & DeFina, P. A. (2000). *The neuropsychology of reading disorders: Diagnosis and intervention*. Middletown, MD: School Neuropsych Press.

Feifer, S. G., & DeFina, P. A. (2002). *The neuropsychology of written language disorders: Diagnosis and intervention*. Middletown, MD: School Neuropsych Press.

Feifer, S. G., & DeFina, P. A. (2005). *The neuropsychology of mathematics disorders: Diagnosis and intervention*. Middletown, MD: School Neuropsych Press.

Feifer, S. G., & Della Toffalo, D. A. (2007). *Integrating RTI with cognitive neuropsychology: A scientific approach to reading*. Middletown, MD: School Neuropsych Press.

Feifer, S. G., & Rattan, G. (2009). *Emotional disorders: A neuropsychological, psychopharmacological, and educational perspective*. Middletown, MD: School Neuropsych Press.

Feldmann, G. M., Kelly, R. M., & Diehl, V. A. (2004). An interpretative analysis of five commonly used processing speed measures. *Journal of Psychoeducational Assessment, 22,* 151–163.

Fennell, E. B. (2000). End-stage renal disease. In K. O. Yeates, M. D. Ris, & H. G. Taylor (Eds.), *Pediatric neuropsychology: Research, theory, and practice* (pp. 366–380). New York, NY: Guilford Press.

Finn, C. E., Rotherham, A. J., & Hokanson, C. R. (Eds.). (2001). *Rethinking special education for a new century*. Washington, DC: Thomas B. Fordham Foundation and the Progressive Policy Institute.

Fiorello, C. A., Hale, J. B., & Wycoff, K. L. (2012). Cognitive hypothesis testing. In D. P. Flanagan & P. L. Harrison (Eds.), *Contemporary intellectual assessment: Theories, tests, and issues* (pp. 484–496). New York, NY: Guilford Press.

Fischer, K. W., Gaowami, U., & Geake, J. (2010). The future of educational neuroscience. *Mind, Brain, and Education, 4*(2), 68–80.

Flanagan, D. P., & Alfonzo, V. C. (2011). *Essentials of specific learning disability identification*. Hoboken, NJ: Wiley.

Flanagan, D. P., Alfonso, V. C., Mascolo, J. T., & Sotelo-Dynega, M. (2012). Use of ability tests in the identification of specific learning disabilities within the context of an operational definition. In D. P. Flanagan & P. L. Harrison (Eds.), *Contemporary intellectual assessment: Theories, tests, and issues* (pp. 643–669). New York, NY: Guilford Press.

Flanagan, D. P., Alfonso, V. C., & Ortiz, S. O. (2012). The cross-battery assessment approach. In D. P. Flanagan & P. L. Harrison (Eds.), *Contemporary intellectual assessment: Theories, tests, and issues* (pp. 459–483). New York, NY: Guilford Press.

Flanagan, D. P., Alfonso, V. C., Ortiz, S. O., & Dynda, A. M. (2010). Integrating cognitive assessment in school neuropsychological evaluations. In D. C. Miller (Ed.), *Best practices in school neuropsychology: Guidelines for effective practice, assessment, and evidence-based intervention* (pp. 101–140). Hoboken, NJ: Wiley.

Flanagan, D. P., & Harrison, P. L. (2012). *Contemporary intellectual assessment: Theories, tests, and issues* (3rd ed.). New York, NY: Guilford Press.

Flanagan, D. P., & Kaufman, A. S. (2009). *Essentials of WISC-IV assessment* (2nd ed.). New York, NY: Wiley.

Flanagan, D. P., Ortiz, S. O., Alfonso, V. C., & Mascolo, J. T. (2006). *The achievement test desk reference (ATDR): Comprehensive assessment and learning disabilities*. Boston, MA: Allyn & Bacon.

Fletcher-Janzen, E. (2005). The school neuropsychological examination. In D. C. D'Amato, E. Fletcher-Janzen, & C. R. Reynolds. (Eds.), *Handbook of school neuropsychology* (pp. 172–212). Hoboken, NJ: Wiley.

Fletcher-Janzen, E., & Reynolds, C. R. (Eds.). (2008). *Neuropsychological perspectives on learning disabilities in the era of RTI: Recommendations for diagnosis and intervention*. Hoboken, NJ: Wiley.

Fletcher, J. M., Dennis, M., & Northrup, H. (2000). Hydrocephalus. In K. O. Yeates, M. D. Ris, & H. G. Taylor (Eds.), *Pediatric neuropsychology: Research, theory, and practice* (pp. 25–46). New York, NY: Guilford Press.

Fletcher, J. M., & Lyon, G. R. (1998). Reading: A research-based approach. In W. Evers (Ed.), *What's wrong in America's classrooms* (pp. 49–90). Stanford, CA: Hoover Institute Press.

Floyd, R. G., Bergeron, R., McCormack, A. C., Anderson, J. L., & Hargrove-Owens, G. L. (2005). Are Cattell-Horn-Carroll broad ability composite scores exchangeable across batteries? *School Psychology Review, 34,* 329–357.

Floyd, R. G., Evans, J. J., & McGrew, K. S. (2003). Relations between measures of Cattell-Horn-Carroll (CHC) cognitive abilities and mathematics achievement across the school-age years. *Psychology in the Schools, 40,* 155–171.

Frank, D. A., Augustyn, M., Knight, W. G., Pell, T., & Zuckerman, B. (2001). Growth, development, and behavior in early childhood following prenatal cocaine exposure. *Journal of the American Medical Association, 285,* 1613–1625.

Freeman, J. M., Vining, E.P.G., & Pillas, D. J. (2002). *Seizures and epilepsy in childhood: A guide* (3rd ed.). Baltimore, MD: Johns Hopkins University Press.

Freides, D. (1993). Proposed standard of professional practice: Neuropsychological reports display all quantitative data. *Clinical Neuropsychologist, 7,* 234–235.

Freides, D. (1995). Interpretations are more benign than data? *Clinical Neuropsychologist, 9,* 248.

Fried, P. A., & Simon, A. M. (2001). A literature review of the consequences of prenatal marijuana exposure: An emerging theme of a deficiency of executive function. *Neurotoxicology and Teratology, 23,* 1–11.

Fuggetta, G. P. (2006). Impairment of executive functions in boys with attention deficit/hyperactivity disorder. *Child Neuropsychology, 12,* 1–21.

Fundarò, C., Miccinesi, N., Baldieri, N. F., Genovese, O., Rendeli, C., & Segni, G. (1998). Cognitive impairment in school-age children with asymptomatic HIV infection. *AIDS Patient Care and STDs, 12*(2), 135–140.

Gadow, K. D., & Sprafkin, J. (1997). *ADHD symptom checklist-4.* Odessa, FL: Psychological Assessment Resources.

Gazzaniga, M. S., Ivry, R. B., & Mangun, G. R. (2002). *Cognitive neuroscience: The biology of the mind* (2nd ed.). New York, NY: Norton.

Geary, D. C. (1993). Mathematical disabilities: Cognitive, neuropsychological, and genetic components. *Psychological Bulletin, 114,* 345–352.

Geary, D. C. (2003). Learning disabilities in arithmetic: Problem solving differences and cognitive deficits. In H. L. Swanson, K. Harris, & S. Graham (Eds.), *Handbook of learning disabilities* (pp. 199–212). New York, NY: Guilford Press.

Geary, D. C., Hoard, M. K., & Bailey, D. H. (2011). How SLD manifests in mathematics. In D. P. Flanagan, & V. C. Alfonso (Eds.), *Essentials of specific learning disability identification* (pp. 43–64). Hoboken, NJ: Wiley.

Geary, D. C., Hoard, M. K., Nugent, L., & Byrd-Craven, J. (2008). Development of number line representations in children with mathematical learning disability. *Developmental Neuropsychology, 33,* 277–299.

German, D. J. (2000). *Test of word finding* (2nd ed.). Austin, TX: PRO-ED.

Gilliam, J. E. (1995). *Attention deficit/hyperactivity disorder test.* Austin, TX: PRO-ED.

Gioia, G. A., Espy, K. A., & Isquith, P. K. (2003). *Behavior rating inventory of executive function—Preschool version.* Odessa, FL: Psychological Assessment.

Gioia, G. A., Isquith, P. K., Guy, S. C., & Kenworthy, L. (2000). *Behavior rating inventory of executive function professional manual.* Odessa, FL: Psychological Assessment.

Golden, C. J. (1986). *Manual for the Luria-Nebraska neuropsychological battery: Children's revision.* Los Angeles, CA: Western Psychological Services.

Golden, C. J. (1997). The Nebraska neuropsychological children's battery. In C. R. Reynolds & E. Fletcher-Janzen (Eds.), *Handbook of clinical child neuropsychology* (2nd ed. , pp. 237–251). New York, NY: Plenum Press.

Golden, C. J. (2011). The Luria-Nebraska neuropsychological children's battery. In A. S. Davis (Ed.), *Handbook of pediatric neuropsychology* (pp. 367–378). New York, NY: Springer.

Golden, C. J., Hammeke, T. A., & Purish, A. D. (1978). Diagnostic validity of a standardized neuropsychological battery derived from Luria's neuropsychological tests. *Journal of Consulting and Clinical Psychology, 46*, 1258–1265.

Goldman, R. & Fristoe, M. (2000). *Goldman-Fristoe test of articulation 2*. Bloomington, MN: Pearson.

Goldschmidt, L., Richardson, G. A., Cornelius, M. D., & Day, N. L. (2004). Prenatal marijuana and alcohol exposure and academic achievement at age 10. *Neurotoxicology and Teratology, 26*, 521–532.

Goldstein, S., & Reynolds, C. R. (Eds.). (2010). *Handbook of neurodevelopmental and genetic disorders in children* (2nd ed.). New York, NY: Guilford Press.

Gordon, M. (1983). *The Gordon diagnostic system*. Dewitt, NY: Gordon.

Gordon, M., McClure, F. D., & Aylward, G. P. (1996). *Gordon diagnostic system interpretative guide* (3rd ed.). DeWitt, NY: Gordon.

Greenberg, L. M., & Waldman, I. D. (1993). Developmental normative data on the test of variables of attention (T.O.V.A.). *Journal of Child Psychology and Psychiatry, 34*, 1019–1030.

Guy, S. C., Isquith, P. K., & Gioia, G. A. (2004). *Behavior rating inventory of executive function—Self-report version*. Odessa, FL: Psychological Assessment Resources.

Hale, J. B., Alfonso, V., Berninger, V., Bracken, C., Christo, C., Clark, E., et al. (2010a). *White paper on evaluation, identification, and eligibility criteria for students with specific learning disabilities*. Learning Disabilities Association of American. Pittsburgh, Pennsylvania.

Hale, J. B., Alfonso, V., Berninger, V., Bracken, C., Christo, C., Clark, E., et al. (2010b). Critical issues in response-to-intervention, comprehensive evaluation, and specific learning disabilities identification and intervention: An expert white paper consensus. *Learning Disability Quarterly, 33*(1), 223–236.

Hale, J. B., & Fiorello, C. A. (2004). *School neuropsychology: A practitioner's handbook*. New York, NY: Guilford Press.

Hale, J. B., Fiorello, C. A., Dumont, R., Willis, J. O., Rackley, C., & Elliott, C. (2008). Differential ability scales—Second Edition: (Neuro)Psychological predictors of math performance for typical children and children with math disabilities. *Psychology in the Schools, 45*, 838–858.

Hale, J. B., Fiorello, C. A., Miller, J. A., Wenrich, K., Teodori, A., & Henzel, J. N. (2008). WISC-IV interpretation for specific learning disabilities identification and intervention: A cognitive hypothesis testing approach. In A. Prifitera, D. H. Saklofske, & L. Weiss (Eds.), *WISC-IV clinical assessment and intervention* (2nd ed. , pp. 109–171). New York, NY: Elsevier.

Hale, J. B., Reddy, L. A., Wilcox, G., McLaughlin, A., Hain, L., Stern, A., . . . Eusebio, E. (2010). Assessment and intervention practices for children with ADHD and other frontal-striatal circuit disorders. In D. C. Miller (Ed.), *Best practices in school neuropsychology: Guidelines for effective practice, assessment, and evidence-based intervention* (pp. 225–280). Hoboken, NJ: Wiley.

Halstead, W. (1952). The frontal lobes and the highest integrating capacities of man. *Halstead papers, M175*, 26 Akron, OH: Archives of the History of American Psychology.

Hammill, D. D. (1990). On defining learning disabilities: An emerging consensus. *Journal of Learning Disabilities, 23*, 74–84.

Hammill, D., & Newcomer, P. (1997a). *Test of language development (intermediate)* (3rd ed.). Austin, TX: PRO-ED.

Hammill, D., & Newcomer, P. (1997b). *Test of language development (primary)* (3rd ed.). Austin, TX: PRO-ED.

Hammill, D., Pearson, N. A., & Wiederholt, J. L. (2009). *Comprehensive test of nonverbal intelligence* (2nd ed.). Austin, TX: PRO-ED.

Hannay, H. J., Bieliauskas, L. A., Crosson, B. A., Hammeke, T. A., Hamsher, K. S., & Koffler, S. P. (1998). Proceedings: The Houston conference on specialty education and training in clinical neuropsychology. *Archives in Clinical Neuropsychology Special Issue, 13*, 157–250.

Harrison, P., Cummings, J., Dawson, M., Short, R., Gorin, S., & Palomares, R. (2004). Responding to the needs of children, families, and schools: The 2002 conference on the future of school psychology. *School Psychology Review, 33*, 12–33.

Hartlage, L. C., Asken, M. J., & Hornsby, J. L. (Eds.). (1987). *Essentials of neuropsychological assessment.* New York, NY: Springer.

Hartlage, L. C., & Telzrow, C. F. (1986). *Neuropsychological assessment and intervention with children and adolescents.* Sarasota, FL: Professional Resource Exchange.

Heaton, R. K. (1981). *Wisconsin card sorting test manual.* Odessa, FL: Psychological Assessment Resources.

Heaton, R. K., Chelune, G. J., Talley, J. L., Kay, G., & Curtiss, G. (1993). *Wisconsin card sorting test manual.* Odessa, FL: Psychological Assessment Resources.

Heaton, R. K., Grant, I., & Matthews, C. G. (1991). *Comprehensive norms for expanded Halstead-Reitan battery: Demographic corrections, research findings, and clinical applications.* Odessa, FL: Psychological Assessment Resources.

Hebben, N., & Milberg, W. (2009). *Essentials of neuropsychological assessment* (2nd ed.). Hoboken, NJ: Wiley.

Heilman, K. M., Voeller, K.K.S., & Nadeau, S. E. (1991). A possible pathophysiological substrate of attention deficit hyperactivity disorder. *Journal of Child Neurology, 6*, 76–81.

Hertza, J., & Estes, B. (2001). Developmental dyspraxia and developmental coordination disorder (pp. 593–602). In A. S. Davis (Ed.), *Handbook of pediatric neuropsychology.* New York, NY: Springer.

Hess, R. S., & Rhodes, R. L. (2005). Providing neuropsychological services to culturally and linguistically diverse learners. In D. C. D'Amato, E. Fletcher-Janzen, & C. R. Reynolds (Eds.), *Handbook of school neuropsychology* (pp. 637–660). Hoboken, NJ: Wiley.

Holland, M. L., Gimpel, G. A., & Merrell, K. W. (1998). *ADHD symptoms rating scale.* Odessa FL: Psychological Assessment Resources.

Hooper, S. R. (2010). Strengths and weaknesses of the NEPSY-II. In S. Kemp & M. Korkman (Eds.), *Essentials of NEPSY-II assessment* (pp. 227–249). Hoboken, NJ: Wiley.

Horn, J. L. (1988). Thinking about human abilities. In J. R. Nesselroade & R. B. Cattell (Eds.), *Handbook of multivariate psychology* (Rev. ed., pp. 645–685). New York, NY: Academic Press.

Horn, J. L. (1994). Theory of fluid and crystallized intelligence. In R. J. Sternberg (Ed.), *Encyclopedia of human intelligence* (pp. 443–451). New York, NY: MacMillan.

Horn, J. L., & Blankson, A. N. (2012). Foundations for better understanding of cognitive abilities. In D. P. Flanagan & P. L. Harrison (Eds.), *Contemporary intellectual assessment: Theories, tests, and issues* (pp. 73–98). New York, NY: Guilford Press.

Horton Jr., A. M., Soper, H. V., McHale, T., & Doig, H. M. (2011). Pediatric neuropsychology of substance abuse (pp. 943–954). In A. S. Davis (Ed.), *Handbook of pediatric neuropsychology.* New York, NY: Springer.

Hresko, W. P., Reid, D. K., & Hammill, D. D. (1999). *Test of early language development* (3rd ed.). Austin, TXPRO-ED.

Hurewitz, F., & Kerr, S. (2011). The role of the independent neuropsychologist in special education. *Clinical Neuropsychologist, 25*(6), 1058–1074.

Hynd, G. W. (1981). Training the school psychologist in neuropsychology: Perspectives, issues, and models. In G. W. Hynd & J. E. Obrzut (Eds.), *Neuropsychological assessment of the school-aged child* (pp. 379–404). New York, NY: Allyn & Bacon.

Hynd, G. W., & Obrzut, J. E. (1981). School neuropsychology. *Journal of School Psychology, 19,* 45–50.

Hynd, G. W., & Reynolds, C. R. (2005). School neuropsychology: The evolution of a specialty in school psychology. In D. C. D'Amato, E. Fletcher-Janzen, & C. R. Reynolds (Eds.), *Handbook of school neuropsychology* (pp. 3–14). Hoboken, NJ: Wiley.

Hynd, G. W., & Willis, W. G. (1988). *Pediatric neuropsychology.* New York, NY: Grune & Stratton.

Jeremy, R. J., Kim, S., Nozyce, M., Nachman, S., McIntosh, K., Pelton, S. I., et al. (2005). Neuropsychological functioning and viral load in stable antiretroviral therapy-experienced HIV-infected children. *Pediatrics, 115*(2), 380–387.

Jiron, C. (2004). *Brainstorming: Using neuropsychology in the schools.* Los Angeles, CA: Western Psychological Services.

Jiron, C. (2010). Assessing and intervening with children with externalizing disorders. In D. C. Miller (Ed.), *Best practices in school neuropsychology: Guidelines for effective practice, assessment, and evidence-based intervention* (pp. 359–386). Hoboken, NJ: Wiley.

Johnson, J. A., & D'Amato, R. C. (2011). Examining and using the Halstead-Reitan neuropsychological test battery: Is it our future or our past? In A. S. Davis (Ed.), *Handbook of pediatric neuropsychology* (pp. 353–365). New York, NY: Springer.

Jonides, J. J., Marshuetz, C., Smith, E. E., Reuter-Lorenz, P. A., Koeppe, R. A., & Hartley, A. (2000). Age differences in behavior and PET activation reveal differences in interference resolution in verbal working memory. *Journal of Cognitive Neuroscience, 12,* 188–625.

Jonides, J. J., Smith, E. E., Koeppe, R. A., Awh, E., Minoshima, S., & Mintun, M. A. (1993). Spatial working memory in humans revealed by PET. *Nature, 363,* 623–625.

Kail, R. (2000). Speed of information processing: Developmental change and links to intelligence. *School Psychology Review, 38,* 51–61.

Kail, R. V. (2007). Speed of processing in childhood and adolescence: Nature, consequences, and implications for understanding atypical development. In J. DeLuca & J. H. Kalmar (Eds.), *Information processing speed in clinical applications* (pp. 101–123). New York, NY: Taylor & Francis.

Kail, R. V., & Miller, C. A. (2006). Developmental change in processing speed: Domain specificity and stability during childhood and adolescence. *Journal of Cognition and Development, 7,* 119–137.

Kaplan, E., Fein, D., Kramer, J., Delis D., & Morris, R. (1999). *WISC-III PI manual.* San Antonio. TX: Psychological Corporation.

Kaufman, A. S., & Kaufman, N. L. (2004). *Kaufman assessment battery for children* (2nd ed.). Circle Pines, MN: American Guidance.

Kaufman, A. S., & Kaufman, N. L. (2005). *Kaufman test of educational achievement* (2nd ed.). Circle Pines, MN: American Guidance Service.

Kavros, P. M., Clarke, T., Strug, L. J., Halperin, J. M., Dorta, N. J., & Pal, D. K. (2008). Attention impairment in rolandic epilepsy: Systematic review. *Epilepsia, 49*(9), 1570–1580.

Keith, R. W. (1994). *Auditory continuous performance test examiner's manual.* San Antonio, TX: Harcourt.

Keith, T. Z., & Reynolds, M. R. (2012). Using confirmatory factor analysis to aid in understanding the constructs measured by intelligence tests. In D. P. Flanagan & P. L. Harrison (Eds.), *Contemporary intellectual assessment: Theories, tests, and issues* (pp. 758–799). New York, NY: Guilford Press.

Kemp, S., & Korkman, M. (2010). *Essentials of the NEPSY-II assessment.* Hoboken, NJ: Wiley.

Khan, N. & Lewis, L. (2002). *Khan-Lewis phonological analysis* (2nd ed.). Bloomington, MN: Pearson.

Kirk, S. A., McCarthy, J. J., & Kirk, W. D. (1968). *Illinois test of psycholinguistic abilities* (Rev. ed.). Urbana, IL: University of Illinois Press.

Kline, F. M., Silver, L. B., & Russell, S. C. (2001). *The educator's guide to medical issues in the classroom.* Baltimore, MD: Brookes.

Knecht, S., Drager, B., Deppe, M., Bobe, L., Lohmann, H., Floel, A., . . . Henningsen, H. (2001). Handedness and hemispheric language dominance in healthy humans. *Brain* 2000, *123*, 2512–2518.

Korkman, M., Kirk, U., & Kemp, S. (1997). *NEPSY: A developmental neuropsychological assessment.* San Antonio, TX: Psychological Corporation.

Korkman, M., Kirk, U., & Kemp, S. (2007). *NEPSY-II: A developmental neuropsychological assessment.* San Antonio, TX: Psychological Corporation.

Kovaleski, J. F., & Prasse, D. (2005, March). Response to intervention (RTI): Considerations for identification and instructional reform. In D. C. Miller (Chair), *President's special strand: Assessment that informs effective instruction and intervention.* Symposium conducted at the meeting of the National Association of School Psychologists, Atlanta, Georgia.

Koziol, L. F., & Budding, D. E. (2010). *Subcortical structures and cognition: Implications for neuropsychological assessment.* New York, NY: Springer.

Kranowitz, C. S. (2005). *The out-of-sync child.* New York, NY: Penguin.

Kratochwill, T., & Shernoff, E. (2004). Evidence-based practice: Promoting evidence-based interventions in school psychology. *School Psychology Review, 33,* 34–48.

Lang, M. J. (2010). Assessment and intervention with children with autism spectrum disorders. In D. C. Miller (Ed.), *Best practices in school neuropsychology: Guidelines for effective practice, assessment, and evidence-based intervention* (pp. 281–304). Hoboken, NJ: Wiley.

Lange, S. M. (2005). School neuropsychology redux: Empirical versus arbitrary conclusions. *School Psychologist, 58,* 113–115.

Learning Disabilities Roundtable. (2002). *Specific learning disabilities: Finding common ground.* Washington, DC: U.S. Department of Education. Division of Research to Practice. Office of Special Education Program.

Learning Disabilities Roundtable. (2004). *Comments and recommendations on the regulatory issues under the individual with disabilities education improvement act of 2004.* Available at http://www.nasponline.org/advocacy/2004LDRoundtableRecsTransmittal.pdf

Leckliter, I. N., & Forster, A. A. (1994). The Halstead-Reitan neuropsychological test battery for older children. A need for new standardization. *Developmental Neuropsychology, 10,* 455–471.

Leffard, S. A. (2009). Working memory deficits in children: Contributions of executive control processes and symptoms of ADHD. *Dissertation Abstracts International: Section B; The Sciences and Engineering, 69*(7–8), 4430.

Levy, D. A., Bayley, P. J., & Squire, L. R. (2004). The anatomy of semantic knowledge: Medial vs. lateral temporal lobe. *Proceedings of the National Academy of Sciences of the United States of America, 101*(17), 6710–6715.

Lewin, J. S., Friedman, L., Wu, D., Miller, D. A., Thompson, L. A., Klein, S. K. et al. (1996). Cortical localization of human sustained attention: Detection with functional MR using a visual vigilance paradigm. *Journal of Computer Assisted Tomography, 20,* 695–701.

Lewis, D. O., Pincus, J. H., Bard, B., Richardson, E., et al. (1988). Neuropsychiatric, psychoeducational, and family characteristics of 14 juveniles condemned to death in the United States. *American Journal of Psychiatry, 145,* 584–589.

Lichtenberger, E. O., Mather, N., Kaufman, N. L., & Kaufman, A. S. (2004). *Essentials of assessment report writing.* Hoboken, NJ: Wiley.

Lichter, D. G., & Cummings, J. L. (2001). Introduction and overview. In D. G. Lichter & J. L. Cummings (Eds.), *Frontal-subcortical circuits in psychiatric and neurological disorders* (pp. 1–43). New York, NY: Guilford Press.

Lindamood, P. C., & Lindamood, P. (2004). *Lindamood auditory conceptualization test.* Austin, TX: PRO-ED.

Litt, J., Taylor, H. G., Klein, N., & Hack, M. (1995). Learning disabilities in children with very low birth weight: Prevalence, neuropsychological correlates, and educational interventions. *Journal of Learning Disabilities, 38,* 130–141.

Loring, D. W. (1999). *INS dictionary of neuropsychology.* New York, NY: Oxford University Press.

Loss, N., Yeates, K. O., & Enrile, B. G. (1998). Attention in children with myelomeningocele. *Child Neuropsychology, 4,* 7–20.

Loveday, C., & Edginton, T. (2011). Spina bifida and hyprocephalus. In A. S. Davis (Ed.), *Handbook of pediatric neuropsychology* (pp. 769–783). New York, NY: Springer.

Lowe, D. G., & Mitterer, J. O. (1982). Selective and divided attention in a Stroop task. *Canadian Journal of Psychology, 36,* 684–700.

Luria, A. R. (1966). *The working brain: An introduction to neuropsychology.* New York, NY: Basic Books.

Luria, A. R. (1973). *Higher cortical function in man.* New York, NY: Basic Books.

Luria, A. R. (1980). *Higher cortical functions in man* (2nd ed.). New York, NY: Basic Books.

Mabbott, D. J., Laughlin, S., Noseworthy, M., Rockel, C., & Bouffett, E. (2005). *Age related changes in DTI measures of white matter and processing speed.* Paper presented at the annual meeting of the Organization for Human Brain Mapping. Toronto, Canada.

Manly, T., Robertson, I. H., Anderson, V., & Nimmo-Smith, I. (1999). *Test of everyday attention for children (TEA-Ch) manual.* San Antonio, TX: Harcourt.

Maricle, D. E., Johnson, W., & Avirett, E. (2010). Assessing and intervening in children with executive function disorders. In D. C. Miller (Ed.), *Best practices in school neuropsychology: Guidelines for effective practice, assessment, and evidence-based intervention* (pp. 599–640). Hoboken, NJ: Wiley.

Maricle, D., Miller, D. C., Hale, J. B., & Johnson, W. L. (2012). Let's not lose sight of the importance of the biological bases of behavior. *Trainer's Forum. 31*(1), 71–84.

Maricle, D. E., Psimas-Fraser, L., Muenke, R. C., & Miller, D. C. (2010). Assessment and intervention with children with math disorders. In D. C. Miller (Ed.), *Best practices in school neuropsychology: Guidelines for effective practice, assessment, and evidence-based intervention* (pp. 521–550). Hoboken, NJ: Wiley.

Martin, J. A., Hamilton, B. E., Sutton, P. D., Ventura, S. J., Menacker, F., & Minson, M. L. (2003). Births: Final data for 2002. *National Vital Statistics Reports, 5210.* Hyattsville, MD: National Center for Health Statistics.

Martin, J. A., Osterman, M.J.K., & Sutton, P. D. (2010). Are preterm births on the decline in the United States? Recent data from the national vital statistics system. *NCHS Data Brief, No. 39,* 1–8.

Martin, N. (2006). *Test of visual perceptual skills—3.* Novato, CA: Academic Therapy.

Martin, N., & Brownell, R. (2005). *Test of auditory processing skills—3.* Novato, CA: Academic Therapy.

Maslow, A. H. (1943). A theory of human motivation. *Psychological Review, 50*(4), 370–396.

Matarazzo, R. G. (1995). Psychological report standards in neuropsychology. *Clinical Neuropsychologist, 9,* 249–250.

Mather, N., Hammill, D. D., Allen, E. A., & Roberts, R. (2004). *Test of silent word reading fluency.* Austin, TX: PRO-ED.

Mather, N., Roberts, R., Hammill, D. D., & Allen, E. A. (2008). *Test of orthographic competence.* Austin, TX: PRO-ED.

Mather, N., & Wendling, B. J. (2011). How SLD manifests in writing. In D. P. Flanagan & V. C. Alfonso (Eds.), *Essentials of specific learning disabilities identification* (pp. 65–88). Hoboken, NJ: Wiley.

Mather, N., & Wendling, B. J. (2012). *Essentials of dyslexia assessment and intervention.* Hoboken, NJ: Wiley.

Mazzocco, M.M.M. (2001). Math learning disability and math LD subtypes: Evidence from studies of turner syndrome, fragile X syndrome, and neurofibromatosis type 1. *Journal of Learning Disabilities, 34*, 520–533.

McCandliss, B. D., & Noble, K. G. (2003). The development of reading impairment: A cognitive neuroscience model. *Mental Retardation and Developmental Disabilities, 9*, 196–205.

McCarney, S. B. (2004a). *Attention deficit disorders evaluation scale* (3rd ed.). Columbia, MO: Hawthorne.

McCarney, S. B. (2004b). *Attention deficit disorders evaluation scale: Secondary-age student.* Columbia, MO: Hawthorne.

McCloskey, G., & Maerlender, A. (2005). The WISC-IV integrated. In A. Prifitera, D. H. Saklofske, & L. G. Weiss (Eds.), *WISC-IV clinical use and interpretation: Scientist-Practitioner perspectives* (pp. 101–149). New York, NY: Elsevier Academic Press.

McCloskey, G., Perkins, L. A., & Diviner, B. V. (2009). *Assessment and intervention for executive function difficulties.* Florence, KY: Routledge.

McCloskey, G., & Wasserman, J. (2012). *Essentials of executive function assessment.* Hoboken, NJ: Wiley.

McDiarmid, M. D. (2003). The relation between low-lead exposure and attention in preschool children. *Dissertation Abstracts International: Section B: The Sciences and Engineering, 69*(9-B), 4395.

McGrew, K. S. (2005). The Cattell-Horn-Carroll theory of cognitive abilities. In D. P. Flanagan & P. L. Harrison (Eds.), *Contemporary intellectual assessment* (2nd ed. , pp. 136–181). New York, NY: Guilford Press.

McGrew, K. S., & Evans, J. (2004). *Carroll human cognitive abilities project: Research report No. 2. Internal and external factorial extensions to the Cattell-Horn-Carroll (CHC) theory of cognitive abilities: A review of factor analytic research since Carroll seminal 1993 treatise.* St. Cloud, MN: Institute for Applied Psychometrics.

Meadow, W., Lee, G., Lin, K., & Lantos, J. (2004). Changes in mortality for extremely low birth weight infants in the 1990s: Implications for treatment decisions and resource use. *Pediatrics, 113*(5), 1223–1229.

Mecham, M. J. (2003). *Utah test of language development.* Austin, TX: PRO-ED.

Medicaid Medical Directors Learning Network and Rutgers Center for Education and Research on Mental Health Therapeutics. (2010). Antipsychotic medication use in medicaid children and adolescents: Report and resource guide from a 16-state study. *MMDLN/Rutgers CERTs Publication #1*, 1–4.

Meningitis research foundation website. Retrieved from http://www.meningitis.org

Metritech Staff. (1998). *ACTeRS self report.* Champaign, IL: Metritech.

Metz, K., Miller, M., & Thomas-Presswood, T. N. (2010). Assessing children who are deaf or hard of hearing. In D. C. Miller (Ed.), *Best practices in school neuropsychology: Guidelines for effective practice, assessment, and evidence-based intervention* (pp. 419–463). Hoboken, NJ: Wiley.

Metzler, L. A. (2010). *Promoting executive functions in the classroom (what works with special-needs learners).* New York, NY: Guilford Press.

Meyers, C. A., Berman, S. A., Scheibel, R. S., & Lesser, I. M. (1993). Case report: Acquired antisocial personality disorder associated with unilateral left orbital frontal lobe damage. *Journal of Psychiatry and Neuroscience, 17*, 121–125.

Middleton, F. A., & Strick, P. l. (2001). A revised neuroanatomy of frontal-subcortical circuits. In D. G. Lichter & J. L. Cummings (Eds.), *Frontal-subcortical circuits in psychiatric and neurological disorders* (pp. 44–58). New York, NY: Guilford Press.

Milberg, W. P., Hebben, N., & Kaplan, E. (2009). The Boston process approach to neuropsychological assessment. In I. Grant & K. M. Adams (Eds.),

Neuropsychological assessment of neuropsychiatric disorders (3rd ed., pp. 42–65). NY: Oxford University Press.

Milberg, W. P., Hebben, N., & Kaplan, E. (1996). The Boston process approach to neuropsychological assessment. In I. Grant & K. M. Adams (Eds.), *Neuropsychological assessment of neuropsychiatric disorders* (2nd ed., pp. 58–80). NY: Oxford University Press.

Miller, B. L., Chang, L., Mena, I., Boone, K., & Lesser, I. M. (1993). Progressive right frontotemporal degeneration: Clinical, neuropsychological and SPECT characteristics. *Dementia, 4,* 204–213.

Miller, B. L., & Cummings, J. L. (1999). *The human frontal lobes: Functions and Disorders.* New York, NY: Guilford Press.

Miller, D. C. (2004). Neuropsychological assessment in the schools. In C. Spielberger (Ed.), *Encyclopedia of applied psychology* (Vol. 2, pp. 657–664). San Diego, CA: Academic Press.

Miller, D. C. (2007). *Essentials of school neuropsychological assessment.* Hoboken, NJ: Wiley.

Miller, D. C. (Ed.). (2010). *Best practices in school neuropsychology: Guidelines for effective practice, assessment, and evidence-based intervention.* Hoboken, NJ: Wiley.

Miller, D. C. (2011). *Neuropsychological processing concerns checklist for children and youth* (2nd ed.). Hickory Creek, TX: KIDS.

Miller, D. C. (2012a). *Neuropsychological processing concerns checklist for children and youth* (3rd ed.). Hickory Creek, TX: KIDS.

Miller, D. C. (2012b). *School neuropsychological report shell: Version 19.0.* Hickory Creek, TX: KIDS, Inc.

Miller, D. C., & DeFina, P. A. (2010). The application of neuroscience to the practice of school neuropsychology. In D. C. Miller (Ed.), *Best practices in school neuropsychology: Guidelines for effective practice, assessment, and evidence-based intervention* (pp. 141–157). Hoboken, NJ: Wiley.

Miller, D. C., DeFina, P. A., & Lang, M. J. (2004). Working definition of school neuropsychology. In D. C. Miller (Ed.), *The neuropsychology of reading and writing disabilities.* Chicago, IL: 1st Annual National Association of School Psychologists' Summer Workshop.

Miller, D. C., DeOrnellas, K., & Maricle, D. (2008). The time for recognizing subspecialties in school has come. *Communique, 37*(5), *Bethesda,* MD: National Association of School Psychologists.

Miller, D. C., & Maricle, D. (2012). The emergence of neuropsychological constructs into tests of intelligence and cognitive abilities. In D. P. Flanagan & P. L. Harrison (Eds.), *Contemporary intellectual assessment: Theories, tests, and issues* (pp. 800–819). New York, NY: Guilford Press.

Miller, D. C., Maricle, D., & DeOrnellas, K. (2009). A follow-up survey to the question: Is it time for our organization to recognize subspecialties within school psychology? *Communique, 38* (5), Bethesda, MD: National Association of School Psychologists.

Miller, D. C., Maricle, D., & Mortimer, J. (2010). Memory tests in pediatric neuropsychology. In A. S. Davis (Ed.), *Handbook of pediatric neuropsychology* (pp. 275–291). New York, NY: Springer.

Miller, D. C., & Palomares, R. (2000, March). Growth in school psychology: A necessary blueprint. *Communiqué, 28,* 1, 6–7.

Miller, G. (1994). The magical number seven, plus or minus two: Some limits on our capacity for processing information. *Psychological Review, 101,* 343–352.

Miller, J. A. (2010). Assessing and intervening with children with internalizing disorders. In D. C. Miller (Ed.), *Best practices in school neuropsychology: Guidelines for effective practice, assessment, and evidence-based intervention* (pp. 387–417). Hoboken, NJ: Wiley.

Miniño, A. M. (2011). Death in the United States, 2009. *NCHS Data Brief, No. 64,* 1–8.

Mirsky, A. F. (1987). Behavioral and psychophysiological markers of disordered attention. *Environmental Health Perspectives, 74,* 191–199.

Mirsky, A. F. (1996). Disorders of attention: A neuropsychological perspective. In G. R. Lyon & N. A. Krasnegor (Eds.), *Attention, memory and executive function* (pp. 71–95). Baltimore, MD: Brookes.

Mirsky, A. F., Anthony, B. J., Duncan, C. C., Ahearn, M. B., & Kellam, S. G. (1991). Analysis of the elements of attention: A neuropsychological approach. *Neuropsychology Review, 2,* 109–145.

Mirsky, A. F., & Duncan, C. C. (2001). A nosology of disorders of attention. *Annuals of New York Academy of Sciences, 931,* 17–32.

Mirsky, A. F., Pascualvaca, D. M., Duncan, C. C., & French, L. M. (1999). A model of attention and its relation to ADHD. *Mental Retardation and Developmental Disabilities, 5,* 169–176.

Mody, M., & Sullivan, E. R. (Eds.). (2008). *Brain, behavior, and learning in language and reading disorders.* New York, NY: Guilford Press.

Moore, B. D., & Frost, M. K. (2011). Neurofibromatosis type 1: From gene to classroom. In A. S. Davis (Ed.), *Handbook of pediatric neuropsychology* (pp. 821–831). New York, NY: Springer.

Morrison, J. R. (2010). Assessing and intervening with children with traumatic brain injury. In D. C. Miller (Ed.), *Best practices in school neuropsychology: Guidelines for effective practice, assessment, and evidence-based intervention* (pp. 793–816). Hoboken, NJ: Wiley.

Muñoz-Sandoval, A. F., Cummins, J., Alvarado, C. G., Ruef, M. L., & Schrank, F. A. (2005). *Bilingual verbal ability tests (BVAT) normative update.* Itasca, IL: Riverside.

Naeser, M. A., Palumbo, C. L., Helm-Estabrooks, N., Stiassny-Eder, D., & Albert, M. L. (1989). Severe nonfluency in aphasia: Role of the medial subcallosal fasciculus and other white matter pathways in recovery of spontaneous speech. *Brain, 112,* 1–38.

Naglieri, J., & Das, J. P. (1997). *Das-Naglieri cognitive assessment system.* Itasca, IL: Riverside.

Naglieri, J. A., & Goldstein, S. (2012). *Comprehensive executive function inventory.* North Tonawanda, NY: Multihealth Systems.

Naglieri, J. A., & Goldstein, S. (Eds.). (2009). *Practitioner's guide to assessing intelligence and achievement.* Hoboken, NJ: Wiley.

National Association of School Psychologists. (2010). *Standards for graduate preparation of school psychologists, 2010.* Bethesda, MD.

National Institutes of Health: Medline Plus—Medical encyclopedia: Brain tumor—Children. Retrieved from http://www.nlm.nih.gov/medlineplus/ency/article/000768.htm

National Institute of Neurological Disorders and Stroke. (2012, May). NINDS neurofibromatosis information page. Retrieved from http://www.ninds.nih.gov/disorders/neurofibromatosis/neurofibromatosis.htm

National Mathematics Advisory Panel. (2008). *Foundations for success: The final report of the national mathematics advisory panel.* Washington, DC: U.S. Department of Education. Retrieved from www2.ed.gov/about/bdscomm/list/mathpanel/report/final-report.pdf

Naugle, R. I., & McSweeney, A. J. (1996). More thoughts on the practice of routinely appending raw data to reports: Response to Freides and Matarazzo. *Clinical Neuropsychologist, 10,* 313–314.

Nell, V. (2000). *Cross-cultural neuropsychological assessment: Theory and practice.* Mahwah, NJ: Erlbaum.

Newborg, J. (2005). *Battelle developmental inventory* (2nd ed.). Itasca, IL: Riverside.

Newcomer, P., & Barenbaum, E. (2003). *Test of phonological awareness skills.* Austin, TX: PRO-ED.

No Child Left Behind Act of 2001 (Pub. L. No. 107–110). *Most recent set of amendments to the elementary and secondary education act of 1965.* Available at http://www.nochildleftbehind.gov/

Noggle, C. A., Horwitz, J. L., & Davis, A. S. (2011). Neuroimaging and pediatric neuropsychology: Implications for clinical practice. In A. S. Davis (Ed.), *Handbook of pediatric neuropsychology* (pp. 1065–1076). New York, NY: Springer.

Norman, D., & Shallice, T. (1980). *Attention to action: Willed and automatic control of behavior.* Center for Human Information Processing Report 99. La Jolla: University of California, San Diego.

Novick, B. Z., & Arnold, M. M. (1988). *Fundamentals of clinical child neuropsychology.* Philadelphia, PA: Grune & Stratton.

Obrzut, J. E., & Hynd, G. W. (1986a). *Child neuropsychology Volume 1—Theory and research.* San Diego, CA: Academic Press.

Obrzut, J. E., & Hynd, G. W. (1986b). *Child neuropsychology Volume 2—Clinical practice.* San Diego, CA: Academic Press.

Obrzut, J. E., & Hynd, G. W. (1996). *Neuropsychological foundations of learning disabilities: A handbook of issues, methods, and practice.* New York, NY: Academic Press.

Odegard, T. N., Ring, J., Smith, S., Biggan, J., & Black, J. (2008). Differentiating neural response to intervention in children with developmental dyslexia. *Annuals of Dyslexia, 58*(1), 1–14.

Olds, D. (1997). Tobacco exposure and impaired development: A review of the evidence. *Mental Retardation and Developmental Disabilities, 3,* 257–269.

Ortiz, S. O., Ochoa, S. H., & Dynda, A. M. (2012). Testing with culturally and linguistically diverse populations: Moving beyond the verbal-performance dichotomy into evidence-based practice. In D. P. Flanagan & P. L. Harrison (Eds.), *Contemporary intellectual assessment: Theories, tests, and issues* (pp. 526–552). New York, NY: Guilford Press.

Owen, W. J., Borowsky, R., & Sarty, G. E. (2004). FMRI of two measures of phonological processing in visual word recognition: Ecological validity matters. *Brain and Language, 90,* 40–46.

Pardo, J. V., Pardo, P., Janer, K., & Raichle, M. E. (1991). Localization of a human system for sustained attention by positron emission tomography. *Nature, 349,* 61–64.

Patel, N. C. (2005). Antipsychotic use in children and adolescents from 1996 to 2001: Epidemiology, prescribing practices, and relationships with service utilization. *Dissertation Abstracts International: Section B: The Sciences & Engineering, 65*(8-B), 3942.

Patterson, K., & Ralph, M.A.L. (1999). Selective disorders of reading? *Current Opinion in Neurobiology, 36,* 767–776.

Pearson, D. A., McGrath, N. M., Nozyce, M., Nichols, S. L., Raskino, C., Brouwers, P., et al. (2000). Predicting HIV disease progression in children using measures of neuropsychological and neurological functioning. *Pediatrics, 10*(6). Available at www.pediatrics.org/cgi/content/full/106/6/e76

Pelletier, S.L.F., Hiemenz, J. R., & Shapiro, M. B. (2004). The application of neuropsychology in the schools should not be called school neuropsychology: A rejoinder to Crespi and Cooke. *School Psychologist, 58,* 17–24.

Petersen, R. L., Yeates, K. O., Ris, M. D., Taylor, H. G., & Pennington, B. F. (2009). *Pediatric neuropsychology, second edition: Research, theory, and practice.* New York, NY: Guilford Press.

Posner, M. (1994). Attention: The mechanisms of consciousness. *Proceedings of the National Academy of Science U.S.A., 91,* 7398–7403.

Posner, M. I., & Peterson, S. E. (1990). The attention system of the human brain. *Annual Review of Neuroscience, 13,* 25–42.

Posner, M. I., & Raichle, M. E. (1994). *Images of mind.* New York, NY: Freeman.

Pontón, M. O., & Leon-Carrión, J. (2001). *Neuropsychology and the Hispanic patient: A clinical handbook.* Mahwah, NJ: Lawrence Erlbaum Associates, Inc.

Prifitera, A., Saklofske, D. H., & Weiss, L. G. (2005). *WISC-IV clinical use and interpretation: Scientist-practitioner perspectives.* New York, NY: Elsevier Academic Press.

Prout, H. T., Cline, G. D., & Prout, S. M. (2010). School re-entry for children recovering from neurological conditions. In D. C. Miller (Ed.), *Best practices in school neuropsychology: Guidelines for effective practice, assessment, and evidence-based intervention* (pp. 207–224). Hoboken, NJ: Wiley.

Pulsifer, M. B., & Aylward, E. H. (2000). Human immunodeficiency virus. In K. O. Yeates, M. D. Ris, & H. G. Taylor (Eds.), *Pediatric neuropsychology: Research, theory, and practice* (pp. 381–402). New York, NY: Guilford Press.

Reed, J. C., & Reitan, R. M. (1969). Verbal and performance difference among brain injured children with lateralized motor deficits. *Perceptual and Motor Skills, 29*, 747–752.

Reed, J., & Warner-Rigers, J. (Eds.). (2008). *Child neuropsychology: Concepts, theory, and practice.* New York, NY: Wiley-Blackwell.

Reitan, R. M. (1955). Discussion: Symposium on the temporal lobe. *Archives of Neurology and Psychiatry, 74*, 569–570.

Reitan, R. M. (1959). Impairment of abstraction ability in brain damage: Quantitative versus qualitative changes. *Journal of Psychology, 48*, 97–102.

Reitan, R. M. (1960). The significance of dysphasia for intelligence and adaptive abilities. *Journal of Psychology, 56*, 355–376.

Reitan, R. M. (1971). Sensorimotor functions in brain-damaged and normal children of early school age. *Perceptual and Motor Skills, 32*, 655–664.

Reitan, R. M., & Davidson, L. A. (Eds.). (1974). *Clinical neuropsychology: Current status and applications.* Washington, DC: Winston.

Reitan, R. M., & Wolfson, D. (1985). *The Halstead-Reitan neuropsychological test battery: Theory and clinical interpretation.* Tucson, AZ: Neuropsychological Press.

Reitan, R. M., & Wolfson, D. (1992). *Neuropsychological evaluation of older children.* Tucson, AZ: Neuropsychology Press.

Reitan, R. M., & Wolfson, D. (1993). *The Halstead-Reitan neuropsychological test battery: Theory and clinical interpretation* (2nd ed.). Tucson, AZ: Neuropsychology Press.

Report of the INS-Division 40 Task Force on Education, Accreditation, and Credentialing. (1987). Guidelines for doctoral training programs in clinical neuropsychology. *Clinical Neuropsychologist, 1*, 29–34.

Report of the surgeon general's conference on children's mental health: A national action agenda. (2000). Washington, DC: U.S. Public Health Service, Department of Health and Human Services.

Reschly, D. J., Hosp, J. L., & Schmied, C. M. (2003). *And miles to go . . . : State SLD requirements and authoritative recommendations.* Report to the National Research Center on Learning Disabilities. Retrieved from http://www.nrcld.org/html/research/states/MilestoGo.pdf

Reynolds, C. R. (2008). RTI, neuroscience, and sense: Chaos in the diagnosis and treatment of learning disabilities. In E. Fletcher-Janzen & C. R. Reynolds (Eds.), *Neuropsychological perspectives on learning disabilities in the era of RTI* (pp. 14–27). Hoboken, NJ: Wiley.

Reynolds, C. R., & Bigler, E. D. (1994). *Test of memory and learning: Examiner's manual.* Austin, TX: PRO-ED.

Reynolds, C. R., & Fletcher-Janzen, E. (Eds.). (1989). *Handbook of clinical child neuropsychology.* New York, NY: Plenum Press.

Reynolds, C. R., & Fletcher-Janzen, E. (Eds.). (1997). *Handbook of clinical child neuropsychology* (2nd ed.). New York, NY: Plenum Press.

Reynolds, C. R., & Fletcher-Janzen, E. (Eds.). (2008). *Handbook of clinical child neuropsychology* (3rd ed.). New York, NY: Plenum Press.

Reynolds, C. R., & Kamphaus, R. W. (2003). *Reynolds intellectual assessment scales.* Lutz, FL: PAR.

Reynolds, C. R., & Kamphaus, R. W. (2004). *BASC-2 structured developmental history.* Circle Pines, MN: American Guidance.

Reynolds, C. R., & Kamphaus, R. W. (2009). *Behavior assessment system for children* (2nd ed.). San Antonio, TX: Pearson.

Reynolds, C. R., & Voress, J. K. (2007). *Test of memory and learning* (2nd ed.). Austin, TX: PRO-ED.

Reynolds, C. R., Voress, J. K., & Pearson, N. A. (2008). *Developmental test of auditory perception.* Austin: TX: PRO-ED.

Rhodes, R. L. (2000). Legal and professional issues in the use of interpreters: A fact sheet for school psychologists. *Communiqué, 29*(1), 28.

Riccio, C. A., Imhoff, B., Hasbrouck, J. E., & Davis, G. N. (2004). *Test of phonological awareness in Spanish.* Austin, TX: PRO-ED.

Riccio, C. A., Reynolds, C. R., & Lowe, P. A. (2001). *Clinical applications of continuous performance tests: Measuring attention and impulsive responding in children and adolescents.* Hoboken, NJ: Wiley.

Riccio, C. A., Reynolds, C. R., Lowe, P. A., & Moore, J. J. (2002). The continuous performance test: A window on the neural substrates for attention? *Archives of Clinical Neuropsychology, 17,* 235–272.

Riccio, C. A., Sullivan, J. R., & Cohen, M. J. (2010). *Neuropsychological assessment and intervention for childhood and adolescent disorders.* Hoboken, NJ: Wiley.

Rohling, M. L., Lees-Haley, P. R., Langhinrichsen-Rohling, J., & Williamson, D. J. (2003). A statistical analysis of board certification in clinical neuropsychology. *Archives of Clinical Neuropsychology, 18,* 331–352.

Roid, G. H. (2003). *Stanford-Binet intelligence scales: Fifth edition.* Itasca, IL: Riverside.

Rourke, B. P. (1982). Central processing deficits in children: Toward a developmental neuropsychological model. *Journal of Clinical Neuropsychology, 4,* 1–18.

Rourke, B. P. (1994). Neuropsychological assessment of children with learning disabilities. In G. R. Lyon (Ed.), *Frames of reference for the assessment of learning disabilities* (pp. 475–509). Baltimore, MD: Brookes.

Rourke, B. P. (Ed.). (1995). *Syndrome of nonverbal learning disabilities: Neurodevelopmental manifestations.* New York, NY: Guilford Press.

Rourke, B. P., Bakker, D. J., Fisk, J. L., & Strang, J. D. (1983). *Child neuropsychology: An introduction to theory, research, and clinical practice.* New York, NY: Guilford Press.

Rovet, J. F. (2000). Diabetes. In K. O. Yeates, M. D. Ris, & H. G. Taylor (Eds.), *Pediatric neuropsychology: Research, theory, and practice* (pp. 336–365). New York, NY: Guilford Press.

Rubia, K., Overmeyer, S. O., Taylor, E., Brammer, M., Williams, S.C.R., Simmons, A., et al. (1999). Hypofrontality in attention deficit hyperactivity disorder during higher order motor control: A study with functional MRI. *American Journal of Psychiatry, 156,* 891–896.

Salpekar, J., Berl, M., & Kenealy, L. (2011). Seizure disorders. In A. S. Davis (Ed.), *Handbook of pediatric neuropsychology* (pp. 932–942x). New York, NY: Springer.

Sandford, J. A., & Turner, A. (1993 –2006). *Integrated visual and auditory continuous performance test.* Richmond, VA: BrainTrain.

Sbordone, R. J. (1996). Ecological validity: Some critical issues for the neuropsychologist. In R. Sbordone & C. Long (Eds.), *Ecological validity of neuropsychological tests* (pp. 301–314). Delay Beach, FL: GR Press/St. Lucie Press.

Schatz, J., Kramer, J. H., Ablin, A., & Matthay, K. K. (2000). Processing speed, working memory, and IQ: A developmental model of cognitive deficits following cranial radiation therapy. *Neuropsychology, 14,* 189–200.

Schatz, J., Kramer, J. H., Ablin, A., & Matthay, K. K. (2004). Visual attention in long-term survivors of leukemia receiving cranial radiation therapy. *Journal of the International Nueropsychological Society, 10,* 211–220.

Schneider, J. C., & Walsh, K. S. (2008). HIV/AIDS. In C. L. Castillo (Ed.), *Children with complex medical issues in schools* (pp. 253–277). New York, NY: Springer.

Schneider, W. J., & McGrew, K. S. (2012). The Cattell-Horn-Carroll model of intelligence. In D. P. Flanagan & P. L. Harrison (Eds.), *Contemporary intellectual assessment: Theories, tests, and issues* (pp. 99–144). New York, NY: Guilford Press.

Schrank, F. A., Miller, D. C., Wendling, B. J., & Woodcock, R. W. (2010). *Essentials of WJ III cognitive abilities assessment.* Hoboken, NJ: Wiley.

Schrank, F. A., & Wendling, B. J. (2012). The Woodcock-Johnson III normative update. In D. P. Flanagan & P. L. Harrison (Eds.), *Contemporary intellectual assessment: Theories, tests, and issues* (pp. 297–335). New York, NY: Guilford Press.

Semel, E., Wiig, E. H., & Secord, W. A. (2003). *Clinical evaluation of language fundamentals* (4th ed.). San Antonio, TX: Harcourt.

Semrud-Clikeman, M. (2001). *Traumatic brain injury in children and adolescents.* New York, NY: Guilford Press.

Semrud-Clikeman, M., & Teeter-Ellison, P. A. (2009). *Child neuropsychology: Assessment and interventions for neurodevelopmental disorders* (2nd ed.). New York, NY: Springer.

Shapiro, E. G., & Ziegler, R. (1997). Training issues in pediatric neuropsychology. *Child Neuropsychology, 3*, 227–229.

Shaywitz, S. (2003). *Overcoming dyslexia: A new and complete science-based program for reading problems at any level.* New York, NY: Knopf.

Shaywitz, S., & Shaywitz, B. (2005). Dyslexia: Specific reading disability. *Biological Psychiatry, 57*, 1301–1309.

Sheslow, D., & Adams, W. (1990). *Wide range assessment of memory and learning.* Wilmington, DE: Wide Range.

Sheslow, D., & Adams, W. (2003). *Wide range assessment of memory and learning* (2nd ed.). Wilmington, DE: Wide Range.

Shordone, R. J., & Saul, R. E. (2000). *Neuropsychology for health care professionals and attorneys.* New York, NY: CRC Press.

Schrank, F. A., Miller, D. C., Wendling, B. J., & Woodcock, R. W. (2010). *Essentials of WJ III cognitive abilities assessment.* Hoboken, NJ: Wiley.

Siantz-Tyler, J., & Mira, M. P. (1999). *Traumatic brain injury in children and adolescents: A sourcebook for teachers and other school personnel.* Austin, TX: PRO-ED.

Simon, H. A. (1975). The functional equivalence of problem solving skills. *Cognitive Psychology, 7*, 268–288.

Slattery, S. L., & Morrison, J. J. (2002). Preterm delivery. *Lancet, 360*, 1489–1497.

Slomine, B., & Locascio, G. (2009). Cognitive rehabilitation for children with acquired brain injury. *Developmental Disabilities Research Reviews, 15*, 133–143.

Sobel, N., Prabhalaran, V., Desmond, J. E., Glover, G. H., Goode, R. L., Sullivan, E. V., & Gabrielli, J. D. (1998). Sniffing and smelling: Separate subsystems in the human olfactory cortex. *Nature, 392*, 282–286.

Squire, L. R. (1987). *Memory and brain.* New York, NY: Oxford University Press.

Stirling, J. (2002). *Introducing neuropsychology.* New York, NY: Psychology Press.

Streissguth, A., & O'Malley, K. (2000). Neuropsychiatric implications and long-term consequences of fetal alcohol spectrum disorders. *Seminars in Clinical Neuropsychiatry, 5*, 177–190.

Stroop, J. R. (1935). Studies of interference in serial verbal reactions. *Journal of Experimental Psychology, 18*, 643–662.

Stuss, D. T., & Alexander, M. P. (2000). Executive functions and the frontal lobes: A conceptual view. *Psychological Research, 63*, 289–298.

Stuss, D. T., Alexander, M. P., Hamer, L., Palumbo, C., Dempster, R., Binns, M., et al. (1998). The effects of focal anterior and posterior brain lesions on verbal fluency. *Journal of the International Neuropsychological Society, 4*, 265–278.

Swanson, H. L. (2008). Neuroscience and RTI: A complementary role. In E. Fletcher-Janzen & C. R. Reynolds (Eds.), *Neuropsychological perspectives on learning disabilities in the era of RTI* (pp. 28–53). Hoboken, NJ: Wiley.

Sweet, J. J., Meyer, D. G., Nelson, N. W., & Moberg, P. J. (2011). The TCN/AACN 2010 "salary survey": Professional practices, briefs, and incomes of U.S. neuropsychologists. *Clinical Neuropsychologist, 25*(1), 12–61.

Talley, J. L. (1994). *Children auditory verbal learning test—2.* Lutz, FL: PAR.

Taylor, J. (Ed.). (1932). *Selected writing of John Hughlings Jackson* (Vol. II). London, UK: Hodder and Stoughton.

Teeter, P. A., & Semrud-Clikeman, M. (1997). *Child neuropsychology: Assessment and interventions for neurodevelopmental disorders.* Boston, MA: Allyn & Bacon.

Thaler, N. S., Allen, D. N., Park, B. S., McMurray, J. C., & Mayfield, J. (2010). Attention processing abnormalities in children with traumatic brain injury and attention-deficit hyperactivity disorder: Differential impairment of component processes. *Journal of Clinical and Experimental Psychology, 32*(9), 929–936.

Torgensen, J. K., & Bryant, B. R. (2004). *Test of phonological awareness—Second edition: Plus.* Austin, TX: PRO-ED.

Torgensen, J. K., Wagner, R. K., & Rashotte, C. A. (2011). *Test of word reading efficiency* (2nd ed.). Austin, TX: PRO-ED.

Tupper, D. E., & Sondell, S. K. (2004). Motor disorders and neuropsychological development: A historical appreciation. In D. Dewey & D. E. Tupper (Eds.), *Developmental motor disorders: A neuropsychological perspective* (pp. 3–25). New York, NY: Guilford Press.

Tramontana, M. G., & Hooper, S. R. (Eds.). (1988). *Assessment issues in clinical neuropsychology.* New York, NY: Plenum Press.

Tramontana, M. G., & Hooper, S. R. (Eds.). (1992). *Advances in child neuropsychology* (Vol. 1) New York, NY: Springer-Verlag.

Ullmann, R. K., Sleator, E. K., & Sprague, R. L. (1991). *ADD-H: Comprehensive teacher's rating scale* (2nd ed.). Champaign, IL: Metritech.

Ullmann, R. K., Sleator, E. K., Sprague, R. L. & Metritech Staff. (1996). *ADD-H: comprehensive teacher's rating scale: Parent form.* Champaign, IL: Metritech.

Ungerleider, L. G., & Mishkin, M. (1982). Two cortical visual systems. In D. J. Engle, M. A. Goodale, & R. J. Mansfield (Eds.), *Analysis of visual behavior* (pp. 549–586). Cambridge, MA: MIT Press.

United Cerebral Palsy Press Room. (n.d.). *What is cerebral palsy?* Retrieved from http://www.ucp.org/ucp_generaldoc.cfm/1/9/37/37–37/447

U.S. Department of Education. (2004). *Individuals with disabilities education improvement act of 2004, 108–466. Federal Register, 70,* 35802–35803.

U.S. Department of Education. (2008). *Foundations of Success: The Final Report of the National Mathematics Advisory Panel.* Retrieved fromhttp://www.ed.gov/about/bdscomm/list/mathpanel/index.html.

U.S. Department of Education, National Center for Education Statistics. (2011). *Digest of education statistics, 2010* (NCES 2011–015), Chapter 2.

U.S. Department of Education, Office of Special Education and Rehabilitative Services. (2011, January). *Memorandum to state directors of special education—A response to intervention (RTI) process cannot be used to delay-deny an evaluation for eligibility under the Individuals with Disabilities Act (IDEA).*

U.S. Department of Health and Human Services. U.S. Public Health Services. (2001). *Report of the surgeon general's conference on children's mental health: A national action agenda.* Washington, DC.

Vaidya, C. J., Austin, G., Kirkorian, G., Ridlehuber, H. W., Desmond, J. E., Glover, G. H., et al. (1998). Selective effects of methylphenidate in attention deficit hyperactivity disorder: A functional magnetic resonance study. *Proceedings of the National Academy of Sciences, 95,* 14494–14499.

Valera, E. M., Faraone, S. V., Murray, K. E., & Seidman, L. J. (2007). Meta-analysis of structural findings in attention-deficit/hyperactivity disorder. *Biological Psychiatry, 61,* 1361–1369.

Van Cleave, J., Gortmaker, S. L., & Perrin, J. M. (2010). Dynamics of obesity and chronic health conditions among children and youth. *Journal of the American Medical Association, 303*(7), 623–630.

Vaurio, L., Crocker, N., & Mattson, S. N. (2011). Fetal alcohol spectrum disorders. In A. S. Davis (Ed.), *Handbook of pediatric neuropsychology* (pp. 877–886). New York, NY: Springer.

Vikingstad, E. M., Cao, Y., Thomas, A. J., Johnson, A. F., Malik, G. M., & Welch, K.M.A. (2004). Language hemispheric dominance in patients with congenital lesions of eloquent brain. *Neurosurgery, 47*, 562–570.

von Aster, M. (2000). Developmental cognitive neuropsychology of number processing and calculation: Varieties of developmental dyscalculia. *European Child and Adolescent Psychiatry, 11*, 41–57.

von Bronin, G. (Trans.). (1960). *Some papers on the cerebral cortex.* Springfield, IL: Thomas. (Original work published 1865)

Waber, D. H., & Mullenex, P. J. (2000). Acute lymphoblastic leukemia. In K. O. Yeates, M. D. Ris, & H. G. Taylor (Eds.), *Pediatric neuropsychology: Research, theory, and practice* (pp. 300–319). New York, NY: Guilford Press.

Wagner, R., Torgesen, J., & Rashotte, C. (1999). *Comprehensive test of phonological processing.* Minneapolis, MN: Pearson.

Wallace, G., & Hammill, D. D. (2002). *Comprehensive receptive and expressive vocabulary test.* Austin, TX: PRO-ED.

Wang, W. (2007). Central nervous system complications of sickle cell disease in children: An overview. *Child Neuropsychology, 13*, 103–119.

Warrington, E. K. (1985). Agnosia: The impairment of object recognition. In P. J. Vinken, G. W. Bruyn, & H. L. Klawans (Eds.), *Handbook of clinical neurology* (pp. 333–349). New York, NY: Elsevier.

Webbe, F. M., & Salinas, C. M. (2011). Sport neuropsychology for children. In A. S. Davis (Ed.), *Handbook of pediatric neuropsychology* (pp. 1095–1110). New York, NY: Springer.

Wechsler, D. (1981). *Wechsler adult intelligence scale—Revised: Manual.* New York, NY: Psychological Corporation.

Wechsler, D. (1991). *Wechsler intelligence scale for children* (3rd ed.). San Antonio, TX: Harcourt.

Wechsler, D. (2001). *Wechsler individual achievement test* (2nd ed.). San Antonio, TX: Harcourt.

Wechsler, D. (2003). *Wechsler intelligence scale for children* (4th ed.). San Antonio, TX: Harcourt.

Wechsler, D. (2004a). *Wechsler intelligence scale for children* (4th ed . integrated). San Antonio, TX: Harcourt.

Wechsler, D. (2004b). *WISC-IV Spanish.* San Antonio, TX: Harcourt.

Wechsler, D. (2009a). *Wechsler individual achievement test* (3rd ed.). San Antonio, TX: Harcourt.

Wechsler, D. (2009b). *Wechsler memory scale* (4th ed.). San Antonio, TX: Harcourt.

Wechsler, D., Kaplan, E., Fein, D., Morris, E., Kramer, J. H., Maerlender, A., & Delis, D. C. (2004). *The Wechsler intelligence scale for children—Fourth edition integrated technical and interpretative manual.* San Antonio, TX: Harcourt.

Wechsler, D., & Naglieri, J. (2006). *Wechsler nonverbal scale of ability.* San Antonio, TX: Harcourt.

Weinstein, C. (2001). For your information: Definition of a clinical neuropsychologist—Official position of the National Academy of Neuropsychology (Draft). *Massachusetts Neuropsychological Society Newsletter, 11*, 9.

Wiederholt, J. L., & Bryant, B. R. (2012). *Gray oral reading tests* (5th ed.). Austin, TX: PRO-ED.

Wiig, E. H., Secord, W. A., & Semel, E. (2006). *CELF-4 Spanish.* San Antonio, TX: Harcourt.

Willcutt, E. G., Pennington, B. F., Olson, R. K., Chhabildas, N., & Hulslander, J. (2005). Neuropsychological analyses of comorbidity between reading disability and attention deficit hyperactivity disorder: In search of the common deficit. *Developmental Neuropsychology, 27,* 35–78.

Williams, K. T. (2006). *Expressive vocabulary test* (2nd ed.). Bloomington, MN: Pearson.

Wilson, A. J., & Dehaene, S. (2007). Number sense and developmental dyscalculia. In. D. Coch, G. Dawson, & K. W. Fischwer (Eds.), *Human behavior, learning, and the developing brain: Atypical development* (pp. 212–238). New York, NY: Guilford Press.

Wilson, B., & Fenton, R. (2004). *Word identification and spelling test.* Austin, TX: PRO-ED.

Wolf, M., & Denckla, M. B. (2005). *Rapid automatized naming and rapid alternating stimulus tests.* Austin, TX: PRO-ED.

Wolfe, M. E. (2006). Executive function processes: Inhibition, working memory, planning and attention in children and youth with attention deficit hyperactivity disorder. *Dissertation Abstracts International: Section B: The Sciences and Engineering, 66*(12-B), 6940.

Woodcock, R. W. (1990). Theoretical foundation of the WJ-R measures of cognitive ability. *Journal of Psychoeducational Assessment, 8,* 231–258.

Woodcock, R. W., & Johnson, M. B. (1989). *Woodcock-Johnson psychoeducational battery* (Rev.). Chicago, IL: Riverside.

Woodcock, R. W., McGrew, K. S., & Mather, N. (2001, 2007a). *Woodcock-Johnson III tests of cognitive abilities.* Itasca, IL: Riverside.

Woodcock, R. W., McGrew, K. S., & Mather, N. (2001, 2007b). *Woodcock-Johnson III tests of achievement.* Itasca, IL: Riverside.

Woodcock, R. W., McGrew, K. S., Mather, N., & Schrank, F. A. (2003, 2007). *The diagnostic supplement to the Woodcock-Johnson III tests of cognitive abilities.* Itasca, IL: Riverside.

Woodcock, R. W., Muñoz-Sandoval, A. F., McGrew, K. S., & Mather, N. (2005). *Bateróa III Woodcock-Muñoz.* Itasca, IL: Riverside.

Woodcock, R. W., Muñoz-Sandoval, A. F., Ruef, M. L., & Alcardo, C. G. (2005). *Woodcock-Muñoz language survey* (Rev.). Itasca, IL: Riverside.

Yalof, J., & McGrath, M. C. (2010). Assessing and intervening with children with nonverbal learning disabilities. In D. C. Miller (Ed.), *Best practices in school neuropsychology: Guidelines for effective practice, assessment, and evidence-based intervention* (pp. 579–596). Hoboken, NJ: Wiley.

Yeates, K. O., Bigler, E. D., Dennis, M., Gerhardt, C. A., Rubin, K. H., Stancin, T., et al. (2007). Social outcomes in childhood brain disorder: A heuristic integration of social childhood brain disorder: A heuristic integration of social neuroscience and developmental psychology. *Psychological Bulletin, 133,* 535–556.

Yeates, K. O., Ris, M. D., & Taylor, H. G. (Eds.). (2000). *Pediatric neuropsychology: Research, theory, and practice.* New York, NY: Guilford Press.

Youngman, A. R., Riccio, C. A., & Wicker, N. (2010). Assessing and intervening with children with seizure disorders. In D. C. Miller (Ed.), *Best practices in school neuropsychology: Guidelines for effective practice, assessment, and evidence-based intervention* (pp. 767–791). Hoboken, NJ: Wiley.

Zametkin, A., Liebenauer, L. L., Fitzgerald, G. A., King, A. C., Minkunas, D. V., Herscovitch, P. et al. (1993). Brain metabolism in teenagers with attention-deficit hyperactivity disorder. *Archives of General Psychiatry, 50,* 333–340.

Zametkin, A., Nordahl, T., Gross, M., King, A. C., Semple, W. E., Rumsey, J. et al. (1990). Cerebral glucose metabolism in adults with hyperactivity of childhood onset. *New England Journal of Medicine, 323,* 1361–1366.

Zimmerman, I. L., Steiner, V. G., & Ponds, R. E. (2002). *Preschool language scale, fourth edition (PLS-4) Spanish edition.* San Antonio, TX: Harcourt.

Zonfrillo M. R., Penn J. V., & Leonard, H. L. (2005). Pediatric psychotropic polypharmacy. *Psychiatry 2005, 8,* 14–19.

찾아보기